KB072619

SPECIAL
THANKS TO

《윈도우 10+엑셀&파워포인트&워드 2016+한글 2014 무작정 따라하기》에
함께해주신 30인의 '베타테스터' 여러분께 진심으로 감사드립니다.

고은별, 곽진영, 김경주, 김대산, 김명수, 김미나, 김민희, 김보미, 김수림, 김윤경, 김은지, 김지연, 김현주, 백수진, 손미경,
심재진, 유용상, 유태종, 윤혜경, 이선주, 이소은, 이혜정, 정재욱, 주희진, 최소영, 최유진, 최진우, 최혜원, 한유진, 한혜경

베타테스터는 최초의 '무작정 따라하기' 시리즈인 《인터넷 무작정 따라하기》를 만들 때 시행한
제도로, 도서가 출간되기 전 원고를 먼저 읽어보고, 오류나 개선 사항 등을 알려주거나 제목 및
표지 등의 설문 조사에 참여하는 활동을 말합니다.

여러분도 길벗의 베타테스터에 참여해 보세요!

길벗 출판사는 독자의 소리와 평가를 바탕으로 더 나은 책을 만들려고 합니다. 원고를 미리 따라 해보면서 잘못된 부분은 없는지,
더 쉬운 방법은 없는지 길벗과 함께 책을 만들어 보면서 여러분의 소중한 의견을 전달해 주세요.

참여 방법

길벗 홈페이지(www.gilbut.co.kr)
회원 가입 후 로그인하기 ➡ 독자 광장 – 베타테스터 ➡ 베타테스터 모집 공고 확인

길벗이 제안하는
윈도우 10+엑셀&파워포인트&워드 2016+
한글 2014 우선순위 키워드 학습법

무작정 따라하기

모르는 기능이 많아 일이 진행되지 않는다?!

그런데 익혀야 할 기능이 너무 많다?!

하지만 나에게는 시간이 없다!!

이럴 때, **우선순위**에 선정된 **키워드만 학습**하면

누구보다 빠르게! 남들과는 다르게!

 업무 능력을 **UP!** 시킬 수 있습니다.

우선순위는 네이버 지식iN, 오피스 실무 카페 및 블로그, 웹 문서, 뉴스 등에서 가장 많이 검색하고 찾아본 키워드를 토대로 선정한 것으로, 핵심 내용만 쏙 뽑아 빠르고 효율적으로 학습할 수 있는 방법을 제시합니다. 필요할 때마다 바로 찾아보세요.

윈도우 10 우선순위 TOP 10 키워드

사용자에게 딱 맞는 맞춤형 작업을 위한

순위 ▲	키워드	간단하게 살펴보기	빠른 페이지 찾기
1 ▲	업그레이드	자동 업데이트로 버전 업그레이드	13
2 ▲	[시작] 메뉴	[시작] 메뉴의 명칭과 기능 알아보기	21
3 ▲	앱 추가 / 제거	앱 타일 추가하고 삭제하기	25
4 ▲	작업 표시줄	작업 표시줄 구성 알아보고 설정하기	29
5 ▲	잠금 화면	잠금 화면 사진 바꾸기	31
6 ▲	엣지 / 인터넷 익스플로러	다양한 웹 브라우저 알아보기	35
7 ▲	인터넷 익스플로러	윈도우 10에서 인터넷 실행하기	42
8 ▲	윈도우 스토어	앱 다운로드하고 설치하기	48
9 ▲	컴퓨터 사양	컴퓨터 시스템 정보 확인하기	55
10	BitLocker	하드 디스크에 암호 지정하기	68

필수 기능
기본 익히기
편리한 기능
인터넷 실행
윈도우 즐기기

무엇이든 물어보세요

책을 읽다 막히는 부분이 있으면 '길벗 홈페이지(www.gilbut.co.kr)' 회원으로 가입하고 '독자지원/자료실' → '자료/문의/요청' 게시판에 질문을 올리세요. 지은이와 길벗 독자지원센터에서 친절하게 답해 드립니다.

참여 방법

길벗 홈페이지(www.gilbut.co.kr) 회원 가입 후 로그인하기		독자지원/자료실-자료/문의/요청-베타테스터		질문 검색 또는 문의/요청하기

윈도우 10 + 엑셀 파워포인트 워드 2016 한글 2014 무작정 따라하기 윈도우편

고경희, 박미정, 박은진 지음

길벗

윈도우 10＋엑셀&파워포인트&워드 2016＋한글 2014 무작정 따라하기

The Cakewalk Series - Windows 10+Excel&PowerPoint&Word 2016+Hangeul 2014

초판 발행 · 2016년 5월 15일
초판 7쇄 발행 · 2021년 3월 26일

지은이 · 고경희, 박미정, 박은진
발행인 · 이종원
발행처 · (주)도서출판 길벗
출판사 등록일 · 1990년 12월 24일
주소 · 서울시 마포구 월드컵로 10길 56(서교동)
대표 전화 · 02)332-0931 | **팩스** · 02)322-0586
홈페이지 · www.gilbut.co.kr | **이메일** · gilbut@gilbut.co.kr

기획 및 책임 편집 · 박슬기(sul3560@gilbut.co.kr) | **표지 디자인** · 신세진 | **일러스트** · 김제도
제작 · 이준호, 손일순, 이진혁 | **영업마케팅** · 임태호, 전선하, 차명환 | **웹마케팅** · 조승모, 지하영 | **영업관리** · 김명자 | **독자지원** · 송혜란, 윤정아
교정 교열 · 안혜희북스 | **전산편집** · An Design, 예다움 | **CTP 출력** · 벽호 | **제본** · 벽호 | **CD 제작** · 멀티미디어테크

ISBN 979-11-87345-06-0　03000
(길벗 도서코드 006887)

가격 19,000원

독자의 1초를 아껴주는 정성 길벗출판사

(주)도서출판 길벗 | IT실용서, IT/일반 수험서, 경제경영, 취미실용, 인문교양(더퀘스트)　www.gilbut.co.kr
길벗이지톡 | 어학단행본, 어학수험서　www.eztok.co.kr
길벗스쿨 | 국어학습, 수학학습, 어린이교양, 주니어 어학학습, 교과서　www.gilbutschool.co.kr

페이스북 | www.facebook.com/gilbutzigy
트위터 | www.twitter.com/gilbutzigy

작가의 말

편리함과 최신 기능을 모두 담은 윈도우 10!

윈도우 10이 발표된 후 달라진 윈도우 모습에 낯설기도 하고 다른 프로그램과 제대로 호환될지 걱정하는 분들도 계실 것입니다. 하지만 이제 윈도우 XP에 대한 공식 지원은 끝났기 때문에 보안이 취약한 상태입니다. 또한 마이크로소프트에서는 윈도우 10이 최종 버전이 될 것이라고 공식 발표했기 때문에 윈도우 10 무료 업그레이드 기회를 꼭 잡아야 합니다.

윈도우 7 이상을 사용했던 사용자라면 윈도우 10을 큰 문제없이 사용할 수 있으며, 자동 업데이트를 통해 새로운 기능이나 변경된 기능이 스스로 추가되어 항상 최신 윈도우를 사용할 수 있습니다. 이 책에서 알려주는 윈도우 10의 핵심 기능만 익혀도 획기적으로 달라진 운영체제를 경험해 볼수 있을 것입니다.

마지막으로, 이 책이 나오도록 물심양면으로 애써주신 박슬기 과장님께 감사드립니다.

저자 **고경희** 드림

스마트, 공유, 분석의 결정체 오피스 2016!

오피스 2016은 단순한 협업의 의미를 넘어 문서 동시 편집까지 가능한 강력한 도구가 되었습니다. 특히 엑셀 2016은 강력해진 분석 기능을 제공하고 있어서 고가의 전문적인 분석 솔루션 기능을 대치할 만한 툴로 자리잡게 되었으며, 이를 통해 독자 여러분의 업무 시간이 점차 단축되고 효율성은 높아질 것입니다.

오피스 2016은 지속적인 업데이트를 통해 우리에게 새롭게 다가오고 있습니다. 이를 통해 독자여러분의 업무 시간은 점차 단축되고 효율성은 높아질 것입니다. 이제 선택이 아닌 필수가 되어버린 오피스 2016의 새로운 세계를 마음껏 경험해 보시기 바랍니다.

저자 **박미정** 드림

클라우드 세상으로 한 발짝 다가서 보세요!

오피스 2016은 하루가 다르게 변화하고 있는 업무 환경에 맞춰 온라인 저장 공간인 클라우드 서비스를 한층 더 강화하였습니다.

새롭게 업그레이드된 오피스를 클라우드 환경에서 협업으로 업무의 효율성과 생산성을 높이는 방법을 익힘으로써 스마트 모바일 오피스 세상에 한 발짝 다가서 보세요. 또한 실무에서 사용된 다양한 예제와 디자인을 활용해 학습하고 실습하여 독자 여러분들의 시간을 보다 효율적으로 사용할수 있게 되기를 희망합니다.

이 책이 나오기까지 애써주신 박슬기 과장님을 비롯한 길벗 가족과 김민경 디자인 팀장, 그리고 항상 응원해 주고 지원을 아끼지 않은 제 가족에게도 감사드립니다.

저자 **박은진** 드림

활용제안 1 일단, 『무작정』 따라해 보세요!

실제 업무에서 사용하는 핵심 기능만 쏙 뽑아 실무 예제로 찾기 쉬운 구성으로 중요도별로 배치했기 때문에 **'무작정 따라하기'**만 해도 윈도우 사용 능력이 크게 향상됩니다. **'Tip'**과 **'잠깐만요'**는 예제를 따라하는 동안 주의해야 할 점과 추가 정보를 친절하게 알려줍니다.

반드시 알고 넘어가야 할 주요 내용 소개!
- 학습안 제시
- 결과 미리 보기
- 섹션별 주요 기능 소개

핵심 키워드로 업무 능력 업그레이드!
- 우선순위 TOP 10

필수 기능만 쏙 뽑아 실무에 딱 맞게!
- 핵심 기능/실무 예제
- 무작정 따라하기
- Tip/잠깐만요

검색보다 빠르다!
- 탭

활용제안 3 직접 먼저 따라해 본 『베타테스터』의 경험담을 들어보세요!

책이 출간되기 전, **베타테스터들이 원고를 직접 따라해 보면서 이해되지 않는 내용을 수정**하고 **잘못된 부분을 고쳐**가면서 꼭 맞는 학습 방법을 제안해 주었습니다. 자신과 비슷한 연령, 작업 환경, 성별의 베타테스터들이 엑셀을 어떻게 공부하고 활용하고 있는지 먼저 경험해 본 사람들의 이야기를 듣고 참고해 보세요!

학생
김명수

새로워진 윈도우 10, 쉽고 빠르게 적응할 수 있어요!

윈도우 10이 출시되기 이전부터 다양한 매체를 통해 윈도우 10 관련 뉴스를 접하면서 얼마나 달라졌을지 궁금했고, 빨리 써보고 싶었습니다. 하지만 기존 운영체제를 업데이트 했을 때 바뀔 컴퓨터 환경과 낯선 조작법이 걱정되기도 했습니다. 다행히 무료 업그레이드 기회와 함께 이 책을 접하게 되면서 나에게 꼭 필요한 기능과 활용 방법을 단숨에 익힐 수 있었습니다. 윈도우 10에 대한 호기심은 있지만, 새 환경에 대한 두려움이 앞선다면, 무작정 따라하기로 극복해 보세요! 새로운 세상이 열릴 것입니다.

『우선순위 TOP 10』과 『실무 난이도』를 적극 활용하세요!

윈도우 사용자들이 네이버 지식iN, 오피스 실무 카페 및 블로그, 웹 문서, 뉴스 등에서 **가장 많이 검색하고 찾아본 키워드를 토대로 우선순위 TOP 10**을 선정했어요. 이 정도만 알고 있어도 윈도우는 문제 없이 다룰 수 있답니다. 또한 각 예제마다 난이도를 표시하여 학습의 중요도를 살펴볼 수 있어요. 언제, 어디서든지 원하는 기능을 **금방 찾아 바로 적용**해 보세요!

순위 ▲	키워드	간단하게 살펴보기	빠른 페이지 찾기	
1 ▲	업그레이드	자동 업데이트로 버전 업그레이드	13	필수 기능
2 ▲	[시작] 메뉴	[시작] 메뉴의 명칭과 기능 알아보기	21	기본 익히기
3 ▲	앱 추가 / 제거	앱 타일 추가하고 삭제하기	25	
4 ▲	작업 표시줄	작업 표시줄 구성 알아보고 설정하기	29	편리한 기능
5 ▲	잠금 화면	잠금 화면 사진 바꾸기	31	
6 ▲	엣지 / 인터넷 익스플로러	다양한 웹 브라우저 알아보기	35	
7 ▲	인터넷 익스플로러	윈도우 10에서 인터넷 실행하기	42	인터넷 실행
8 ▲	윈도우 스토어	앱 다운로드하고 설치하기	48	
9 ▲	컴퓨터 사양	컴퓨터 시스템 정보 확인하기	55	윈도우 즐기기
10	BitLocker	하드 디스크에 암호 지정하기	68	

회사원
유태종

믿고 쓰는 윈도우 10, 나에게 딱 맞는 맞춤형 작업이 가능합니다!

업무 환경이 윈도우 10으로 바뀐다고 했을 때, 기존 데이터의 백업과 윈도우 10으로의 업그레이드를 잘 할 수 있을지 우려되었지만, 무작정 따라하기 덕분에 안심하고 처리할 수 있었습니다. 윈도우 10은 내가 원하는 디바이스로 언제, 어디서든 작업할 수 있어 효율적인 업무를 위한 필수 요소라고 생각합니다. 가장 많은 사람들이 선택한 운영체제인 만큼 믿고 사용해 보세요. 이 책만 있으면 윈도우 10을 능수능란하게 다룰 수 있습니다!

프리랜서
최소영

유용한 팁과 기능을 단숨에! 순식간에 윈도우 10에 익숙해져요.

프리랜서다 보니 정해진 장소에서만 일을 하는 것이 아니기 때문에 스마트폰이나 태블릿으로 업무를 확인하는 일이 많아요. 윈도우 10은 마이크로소프트 계정만 있으면 현재 사용중인 컴퓨터 외에 다른 컴퓨터나 태블릿에서도 현재와 같은 환경을 그대로 유지할 수 있어 매우 편리합니다. 또한 윈도우 10은 사진, 음악 등의 멀티미디어 기능까지 다양한 기능을 갖고 있어요. 새로운 운영체제에 적응할 시간이 부족하다고요? 이 책 한권이면 단숨에 익힐 수 있어요!

목차

C H A P T E R

3

윈도우 10 고수로 가는 길

목차

CHAPTER

4

오피스와 찰떡 궁합, 윈도우

방법 하나 길벗출판사 홈페이지를 방문해 보세요!

책을 읽다 막히는 부분이 있으면 길벗출판사 홈페이지(www.gilbut.co.kr)의 '독자지원/자료실' 〉 '자료/문의/요청' 게시판에 질문을 올리세요. 지은이와 길벗 독자지원센터에서 친절하게 답해 드립니다.

▲ 길벗출판사 www.gilbut.co.kr

방법 둘 고경희 저자의 홈페이지를 방문해 보세요.

마이크로소프트 최고 전문가 MVP 고경희 저자가 운영하는 홈페이지(http://windows.funnycom.net)에 방문해 보세요. 윈도우 10에 대한 소식과 유용한 정보가 가득합니다. 또한 저자에게 직접 질문하고 원하는 답변도 얻을 수 있어요.

▲ 저자 블로그 http://windows.funnycom.net

방법 셋 카카오스토리 채널을 구독하세요.

카카오스토리 검색 창에 『windowsguide』를 입력하여 카카오스토리 채널 소식을 받아보세요. 윈도우 10 사용을 쉽고 편리하게 도와주는 팁을 공유합니다.

▲ 카카오스토리 채널 https://story.kakao.com/ch/windowsguide

CHAPTER 1 윈도우 10 시작하기

윈도우 10은 마이크로소프트의 마지막 윈도우로, 정식 제품을 무료로 사용할 수 있다는 발표 때문에 관심이 매우 높아졌어요. 또한 윈도우 10은 데스크톱뿐만 아니라 태블릿과 폰에 이르기까지 모든 기기들에서 사용할 수 있도록 개발된 운영체제로, 사용자에게 딱 맞는 맞춤형 작업을 할 수 있도록 도와주죠. 윈도우 7과 같은 데스크톱 운영체제에 익숙했던 사용자들에게는 다소 생소할 수 있지만 몇 번만 사용해 보면 여러모로 다양한 기능들이 숨어있고 사용도 편리해졌다는 것을 느낄 수 있을 것입니다. 익숙해 보이면서도 생소해 보이는 윈도우 10, 지금부터 하나씩 마스터해 볼까요?

Windows 10
+Excel
& PowerPoint
&Word 2016
+Hangeul 2014

01

윈도우 10과의 첫 만남

윈도우 7이나 윈도우 8.1에서 '윈도우 자동 업데이트' 기능이 켜져 있다면 윈도우 10으로 업그레이드하기 위한 안내가 나타납니다. 해당 안내를 따라가면 윈도우 10으로 손쉽게 업그레이드 할 수 있는데요. 여기에서는 윈도우 10으로 업그레이드하는 방법과 알아두어야 할 윈도우 10의 새로운 기능들을 훑어보겠습니다.

❯ PREVIEW

▲ 윈도우 10 무료로 업그레이드하기

▲ 하나의 데스크톱에서 여러 화면 실행하기

실무
예제 | **01** **윈도우 10으로 업그레이드하기**

윈도우 10은 '윈도우 업데이트' 기능을 통해 사용자 컴퓨터에 업그레이드되기 때문에 윈도우 7이나 윈도우 8.1에서 윈도우 자동 업데이트 기능을 켜놓아야 합니다.

1 시스템에서 업그레이드할 준비가 되어 있으면 언제든 윈도우 10 업그레이드 메시지가 나타날 수 있습니다. 'Windows 10으로 무료 업그레이드하세요!' 화면이 나타나면 [네, 계속합니다.]를 클릭합니다.

Tip
윈도우 10으로 업그레이드할 때 사용자 컴퓨터에 있는 프로그램과 자료는 기본적으로 그대로 유지됩니다. 하지만 예상하지 못한 문제가 발생할 수도 있으므로 사용자 자료는 안전하게 백업해 두는 것이 좋습니다.

2 업그레이드를 위한 사용자 계약서가 표시되면 잘 읽어보고 [적용]을 클릭합니다. '업그레이드 설치 준비가 완료되었습니다.' 화면이 나타나면 [지금 업그레이드 시작]을 클릭하여 윈도우 10 업그레이드를 시작합니다.

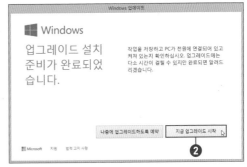

3 이제부터 윈도우 업그레이드가 시작됩니다. 업그레이드되는 동안 컴퓨터가 자동으로 반복해서 꺼지고 켜지면서 설치가 진행됩니다. 기존 윈도우에서 사용하던 사용자가 표시되면 [다음]을 클릭합니다.

4 업그레이드가 끝나고 기본 설정을 위해 '빠른 시작' 화면이 나타나면 [기본 설정 사용]을 클릭합니다.

5 윈도우 10의 새 앱에 대한 설명이 나타나면 자세히 읽어본 후 [다음]을 클릭합니다.

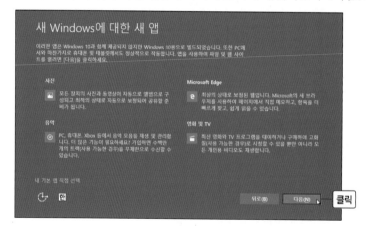

6 이제부터 사용자 환경과 기본 앱이 설정되는 과정이 진행됩니다. 여기에서도 어느 정도 시간이 걸리므로 기다리세요.

7 이전 윈도우에서 사용자 이름과 암호를 사용해 로그인했으면 사용자 로그인 창이 표시되는데, 암호를 입력하고 Enter 를 누릅니다. 이전 윈도우에서 암호를 사용하지 않았으면 이 과정은 건너뛰어도 됩니다.

8 윈도우 10으로 업그레이드가 끝났습니다. 기존 윈도우에서 사용하던 프로그램과 데이터가 그대로 유지되어 있는지 확인하세요.

업그레이드

시작메뉴

윈도우 설정

인터넷

응용앱설정

고급설정

특수기능 로그인

원드라이브

앱스토어

윈도우 10 새 기능 살펴보기

윈도우 10은 데스크톱과 태블릿, 스마트폰 등 여러 기기에서 똑같은 방법으로 자유롭게 사용할 수 있는 최초의 운영체제입니다. 윈도우 10에는 새로운 기능이 많이 추가되었지만 우리나라에서는 아직까지 모든 기능을 사용할 수 없습니다. 윈도우 10 한글 버전에서 만날 수 있는 윈도우 10의 새로운 기능을 알아보겠습니다.

1 │ 새롭고 더욱 강력해진 [시작] 메뉴

윈도우 10의 새로운 기능 중 가장 먼저 손꼽히는 것은 [시작] 메뉴입니다. 윈도우 10에 다시 되돌아온 [시작] 메뉴는 윈도우 7의 [시작] 메뉴와 윈도우 8.1의 [시작] 화면이 잘 어우러져서 모든 환경에서 윈도우를 쉽게 사용할 수 있게 지원합니다.

▲ [시작] 단추를 클릭하면 나타나는 시작 메뉴

2 │ 마이크로소프트 엣지(Microsoft Edge)

윈도우 10에 포함된 마이크로소프트 엣지 브라우저는 속도가 빠르고, 웹 표준을 지원하며, 웹 문서에 메모할 수 있고, 현재 상태로 공유할 수 있는 등 여러 가지 강력한 기능을 가지고 있습니다. 국내의 인터넷뱅킹이나 쇼핑몰 사이트에서는 윈도우 10에 포함되어 있는 인터넷 익스플로러 11을 사용하면 됩니다.

▲ 기능이 강력해진 마이크로소프트 엣지

3 │ 알림 센터

필요할 때만 화면의 오른쪽에 표시할 수 있는 알림 센터는 메일이나 일정, 시스템 설정의 변경뿐만 아니라 경고 메시지 등 사용자가 알아야 할 내용을 빠르게 전달해 주는 공간입니다. 시스템 설정 중에서 와이파이(Wi-Fi)나 블루투스(Bluetooth)를 설정하고 밝기 조절이나 배터리 절약 모드 등을 클릭으로 간단하게 조절할 수 있는 기능을 지원합니다.

▲ 정보를 빠르게 전달해 주는 알림 센터

4 | 작업 보기

'작업 보기'는 윈도우 10에서 동시에 실행중인 다양한 앱 사이에서 쉽게 전환시켜 주는 기능입니다. '작업 보기' 기능에서는 '가상 데스크톱' 기능을 제공하고 있어서 현재 보고 있는 바탕 화면 외에 아무것도 실행되지 않은 깨끗한 바탕 화면을 열고 또 다른 작업을 할 수 있습니다. 또한 여러 개의 가상 데스크톱을 만들어 놓은 상태에서 서로 전환하면서 사용할 수도 있습니다.

▲ 하나의 데스크톱 안에서 여러 화면 실행하기

5 | 새로워진 '설정' 앱

윈도우는 시스템 설정을 확인하거나 수정하기 위해 오랫동안 '제어판'을 사용해 왔습니다. 그런데 윈도우 8.1의 경우 일부 설정은 'PC 설정 변경'에서 지정해야 하고 또 다른 설정은 '제어판'에서 사용해야 했기 때문에 많이 불편했습니다. 윈도우 10에서는 제어판에서 자주 사용하는 기능을 '설정' 앱으로 만들었기 때문에 기존의 제어판보다 이해하기도 쉽고 사용하기도 편리해졌습니다.

▲ 제어판 기능을 제공하는 '설정' 앱

6 | 컨티뉴엄(Continuum)

최근 사용하는 태블릿 중에는 키보드를 연결하면 PC로 사용할 수 있고 키보드를 분리하면 태블릿이 되는, 일명 '투인원(2-in-1)' 기기가 있습니다. 윈도우 10의 '컨티뉴엄' 기능은 기기에서 키보드를 분리하면 태블릿 모드로 동작하고 키보드를 연결하면 데스크톱 모드로 전환하는 기능입니다. 이 기능을 이용하면 사용자가 따로 환경을 설정하지 않아도 PC와 태블릿을 편리하게 오고가면서 사용할 수 있어서 매우 편리합니다.

▲ 태블릿에서 키보드를 분리했을 때의 화면

시스템메뉴

윈도우 설정

인터넷

앱활용

고급설정

복구&보안

윈드라이브

원노트

윈도우 10 단축키 익히기

데스크톱에서는 주로 마우스와 키보드를 함께 사용하는데 키보드는 텍스트를 입력하는 용도로, 마우스는 클릭하거나 드래그하는 용도로 사용합니다. 키보드를 사용하다가 마우스로 옮기거나 마우스에서 키보드로 옮기는 경우 팔을 움직이는 시간이 필요한데 키보드에서 마우스의 역할까지 할 수 있다면 작업 시간이 훨씬 단축됩니다. 그만큼 윈도우 10을 사용하기도 편리해지겠죠. 이렇게 마우스로 해야 할 동작을 키보드로 할 수 있게 한 것을 '단축키(hot key)'라고 합니다.

윈도우 10의 단축키를 알고 있으면 키보드 옆의 마우스로 손을 옮기고 다시 마우스로 원하는 위치까지 이동한 후 클릭하는 몇 단계의 작업을 줄일 수 있습니다. 윈도우 10에서 자주 사용하는 작업의 단축키는 다음과 같습니다.

단축키	설명
기본 단축키	
Ctrl + A	모두 선택하기
Ctrl + C	선택한 항목 복사하기
Ctrl + V	복사하거나 잘라낸 항목 붙여넣기
Ctrl + X	선택한 항목 잘라내기
Ctrl + Z	이전 작업 취소
Alt + Tab	실행 중인 앱들 간 전환하기
Alt + F4	현재 창 종료하기
[윈도우 로고] 사용	
⊞	시작 메뉴 열기
⊞ + A	알림 센터 표시하기
⊞ + I	설정 창 열기
⊞ + D	모든 앱 최소화 (바탕 화면 보기)
⊞ + L	컴퓨터 잠그기
⊞ + S	검색 창 열기
⊞ + Home	현재 창을 제외한 모든 앱 최소화
⊞ + ,	키보드를 누르는 동안 일시적으로 바탕화면 보기

[파일 탐색기]	
⊞+E	파일 탐색기 열기
Alt+PgUp	부모 폴더로 이동하기
Alt+←	방문한 이전 폴더로 이동하기
Alt+→	방문한 다음 폴더로 이동하기

[작업 보기]	
⊞+Tab	작업 보기. 모든 가상 데스크톱과 실행 중인 앱 보기
⊞+Ctrl+D	새 가상 데스크톱 만들기
⊞+Ctrl+←	왼쪽 가상 데스크톱으로 이동하기
⊞+Ctrl+→	오른쪽 가상 데스크톱으로 이동하기
⊞+Ctrl+F4	현재 가상 데스크톱 닫기

[윈도우 스냅]	
⊞+Ctrl+←	현재 창을 왼쪽으로 스냅
⊞+Ctrl+→	현재 창을 오른쪽으로 스냅
⊞+Ctrl+↑	현재 창을 위쪽으로 스냅
⊞+Ctrl+↓	현재 창을 아래쪽으로 스냅

[인터넷 익스플로러]	
Ctrl+D	즐겨찾기에 추가하기
Ctrl+P	인쇄하기
Ctrl+J	다운로드 보기
Ctrl+T	새 탭 열기
Ctrl+Tab	탭 간에 전환하기
Ctrl+H	열어본 페이지 보기
Ctrl+Shift+Delete	열어본 페이지 삭제하기
Ctrl+W	탭 닫기
Ctrl+Shift+P	인프라이빗 브라우징
Alt+Home	홈페이지로 이동
F5	새로 고침

Tip
좀 더 다양하고 자세한 단축키가 알고 싶다면 http://windows.microsoft.com/en-us/windows-10/keyboard-shortcuts를 참고하세요.

프롤로그

시작메뉴

윈도우 설정

인터넷

앱활용

고급설정

복구&보안

원드라이브

워드노트

02 편리하고 다양한 시작 메뉴

윈도우 10의 이전 버전인 윈도우 8과 윈도우 8.1에서는 지금까지 사용자들에게 익숙했던 '시작 메뉴'가 사라지는 바람에 사용이 익숙해지기까지 많은 시간이 소요되어 시작 메뉴를 돌려달라는 사용자의 요구가 빗발쳤다고 합니다. 윈도우 10에서 다시 부활한 시작 메뉴는 이전 윈도우 버전과는 다른 모습을 하고 있습니다. 이번 섹션에서는 윈도우 10의 새로워진 시작 메뉴에 담긴 기능에 대해 알아볼게요.

PREVIEW

▲ 윈도우 10 시작 메뉴

▲ 시작 화면에 앱 추가 및 삭제하기

핵심 기능 01 윈도우의 시작은 [시작] 메뉴에서

윈도우 10의 [시작] 메뉴는 단순히 앱 목록을 나열하는 곳이 아니라 윈도우의 모든 기능에 접근하기 위한 출발점입니다. 보기에는 하나의 화면처럼 보이지만, 여러 영역으로 나뉘어 있으며 각 부분마다 의미와 역할이 다릅니다. [시작] 메뉴만 완벽하게 익혀도 윈도우 10을 훨씬 쉽게 사용할 수 있습니다.

❶ **자주 사용되는 앱** : 최근에 자주 사용했던 앱 목록이 표시됩니다.

❷ **앱 목록** : 시스템에 설치된 모든 앱이 목록으로 나타납니다.

❸ **사용자 계정** : 현재 로그인 중인 사용자의 사진이 표시됩니다.

❹ **설정** : 클릭하면 윈도우와 관련된 여러 설정을 관리할 수 있는 '설정' 앱을 실행합니다.

❺ **전원** : 시스템을 종료하거나 다시 시작할 수 있습니다.

❻ **시작 화면** : 기본 앱들이 타일 형식으로 표시되는데, 원하는 앱을 시작 화면에 추가해서 사용할 수 있습니다. 태블릿 모드일 경우 시작 화면이 전체 화면으로 표시됩니다.

02 윈도우 10 켜고 끄기

윈도우 7과 윈도우 8에서는 전원 단추의 위치가 달라 혼란스러웠기 때문에 윈도우 10에서는 다시 전원 단추의 위치가 바뀌었습니다. 윈도우 10의 전원 단추는 가장 접근하기 쉬운 [시작] 메뉴에 있습니다. [시작] 단추(⊞)를 클릭하여 [시작] 메뉴를 열고 [전원]을 선택하면 두 가지 하위 메뉴가 나타납니다.

❶ **시스템 종료** : 윈도우를 종료하고 시스템 전원을 차단시킵니다.

❷ **다시 시작** : 시스템을 종료한 후 자동으로 시스템을 다시 켜서 윈도우를 부팅합니다.

핵심 기능 **03** [시작] 메뉴에서 앱 실행하기

윈도우 10에서는 기존의 '프로그램(program)'이라는 용어를 모두 '앱(app)'으로 바꿔 부르는데, 윈도우 10에 있는 앱뿐만 아니라 윈도우 스토어를 통해서도 앱을 다운로드해서 설치할 수 있습니다.

방법1 '시작 화면'에서 실행하기

[시작] 단추를 클릭한 후 [시작] 메뉴에 있는 앱 타일을 클릭하세요.

◀ 시작 화면에서 '날씨' 앱 실행하기

방법2 앱 목록에서 실행하기

[시작] 메뉴에서 앱 목록에서 원하는 앱을 선택하세요.

◀ 자주 사용하는 앱에서 '그림판' 실행하기

23

컴퓨터에 설치된 앱이 많아서 앱 목록을 뒤져보는 것도 번거롭다면 검색 창에서 앱을 검색해 실행하는 것이 편리합니다.

◀ '알람 및 시계' 앱을 검색해서 실행하기

'모든 앱 보기' 화면에서 숫자나 알파벳, 표제어(ㄱ, ㄴ, ㄷ 등) 중 아무 것이나 클릭하면 알파벳과 표제어 목록이 나타나는데, 그 중에서 실행하려는 앱에 해당하는 표제어를 선택하면 됩니다.

▲ [ㄱ] 부분을 클릭하여 '계산기' 앱 실행하기

시작 화면에 앱 추가 및 제거하기

[시작] 메뉴 오른쪽의 시작 화면에는 앱 타일들이 나열되어 있어서 간편하게 앱을 실행할 수 있습니다. 자주 사용하는 앱 타일을 추가하는 방법과 불필요한 앱 타일을 제거하는 방법을 알아보겠습니다.

1 | 시작 화면에 앱 고정하기

[시작] 단추(⊞)를 클릭하고 시작 화면에 추가할 앱 항목에서 마우스 오른쪽 단추를 클릭하고 [시작 화면에 고정]을 선택합니다.

2 | 시작 화면에서 앱 제거하기

시작 화면에 있는 앱 타일이 더 이상 필요 없다면 제거할 앱 타일에서 마우스 오른쪽 단추를 클릭한 후 [시작 화면에서 제거]를 선택합니다.

03 내게 맞는 윈도우로 바꾸기

윈도우 10의 가상 데스크톱은 기능은 하나의 모니터에서 여러 작업을 동시에 실행할 수 있는 뛰어난 기능이며 바탕 화면의 작업 표시줄은 현재 진행중인 작업 상태와 시스템의 여러 정보들을 알려주는 곳입니다. 작업 표시줄에 앱을 추가하면 윈도우 10 사용이 더욱 편리해집니다. 이번 섹션에서는 잠금 화면의 사진을 좋아하는 사진으로 바꿔 좀 더 친숙한 시스템이 되도록 만들어 봅니다.

> **PREVIEW**

▲ 가상 데스크톱으로 여러 작업 연출 효과내기

▲ 잠금 화면 사진 바꾸기

가상 데스크톱으로 듀얼 모니터 효과 만들기

윈도우 10에는 용도에 따라 여러 개의 데스크톱을 만들어 사용할 수 있는데, 이것을 '가상 데스크톱'이라고 부릅니다. 가상 데스크톱을 이용해 프로젝트별로 서로 다른 가상 데스크톱을 만들어 사용할 수도 있고, 모니터가 하나여도 마치 여러 대의 모니터에서 작업하는 것과 같은 효과를 만들 수 있습니다.

1 여러 개의 앱을 실행하고 작업 표시줄에서 '작업 보기' 아이콘(■)을 클릭합니다. 현재 실행 중인 앱들이 작은 그림으로 표시되면 화면의 오른쪽 아래에 있는 [새 데스크톱](■)을 클릭합니다.

2 작업 보기 화면의 아래쪽에 '데스크톱 1'과 '데스크톱 2'가 나타나면 '데스크톱 2'를 클릭합니다.

3 아무것도 실행되지 않은 새 데스크톱 화면이 나타나면 '데스크톱 1'에서와 다른 앱을 실행할 수 있습니다. 몇 가지 앱을 실행한 후 작업 표시줄에서 '작업 보기' 아이콘(⊡)을 클릭합니다. 작업 보기 화면의 아래쪽에 두 개의 데스크톱이 표시되고 각 데스크톱을 클릭할 때마다 다른 앱이 실행됩니다.

Tip
Ctrl + ⊞ 를 누른 상태에서 ← 나 → 를 누르면 가상 데스크톱을 번갈아 사용할 수 있습니다.

4 가상 데스크톱 이름의 오른쪽 위에 있는 [닫기] 단추(☒)를 클릭하면 실행중인 가상 데스크톱을 종료할 수 있습니다. 이때 실행중인 앱이 있으면 기존의 가상 데스크톱으로 합쳐집니다.

작업 표시줄 편리하게 설정하기

1 | 작업 표시줄의 구성

윈도우 바탕 화면의 아랫부분에 있는 작업 표시줄은 윈도우에서 매우 유용하고 다양하게 사용하는 부분입니다.

① **[시작] 단추** : 클릭하면 [시작] 메뉴를 열 수 있습니다. [시작] 메뉴에 대해서는 21쪽을 참고합니다.

② **검색 창** : 시스템에 있는 파일이나 앱을 비롯해 웹 정보를 검색할 수 있습니다. 검색 창에 대해서는 24쪽을 참고합니다.

③ **작업 보기** : 현재 실행중인 모든 앱을 한눈에 볼 수 있고 새로운 데스크톱을 추가할 수 있습니다.

④ **앱 아이콘** : 작업 표시줄에 추가된 앱 아이콘이나 현재 실행중인 앱 아이콘이 표시됩니다. 작업 표시줄에 있는 앱 아이콘은 한 번만 클릭하면 즉시 앱을 실행할 수 있기 때문에 자주 쓰는 앱을 고정해 두면 편리하게 사용할 수 있습니다. 현재 실행중인 앱은 앱의 아래쪽에 파란색 선이 표시됩니다. 태블릿 모드에서는 기본적으로 앱 아이콘에 파란색 선이 나타나지 않습니다.

⑤ **시스템 아이콘** : 윈도우에서 기본으로 표시되는 시스템 아이콘으로, 태블릿 모드에서는 주요 아이콘만 표시됩니다. 여기에 표시할 시스템 아이콘은 사용자가 직접 켜거나 끌 수 있습니다.

⑥ **[바탕 화면 보기] 단추** : 눈에 쉽게 띄지는 않지만 작업 표시줄의 가장 오른쪽에 있는 [바탕 화면 보기] 단추를 클릭하면 열려있던 모든 앱이 한꺼번에 최소화되면서 즉시 바탕 화면을 볼 수 있습니다.

2 | 작업 표시줄에 앱 아이콘 추가하기

시작 화면에 있는 앱이라면, 앱 타일을 마우스 오른쪽 단추로 클릭하고 [자세히]-[작업 표시줄에 고정]을 선택합니다.

바탕 화면에 있는 프로그램 아이콘이라면, 프로그램 아이콘을 클릭한 상태에서 작업 표시줄로 드래그하다가 '작업 표시줄에 고정'이라는 풍선 도움말이 나타나면 마우스 단추에서 손을 뗍니다.

3 │ 작업 표시줄의 시스템 아이콘 켜고 끄기

윈도우 10에서는 네트워크의 상태나 오디오 볼륨의 상태 등을 아이콘으로 알려줍니다. 작업 표시줄에서는 아이콘을 확인하고 작업에 필요한 아이콘을 켜거나 끌 수 있습니다. 작업 표시줄에 있는 '알림 센터' 아이콘(🗔)을 클릭하고 [모든 설정]을 선택한 후 [개인 설정]-[작업표시줄]을 차례로 선택하고 [시스템 아이콘 켜기 또는 끄기]를 클릭합니다.

작업 표시줄에 표시할 아이콘은 '켜짐'으로, 작업 표시줄에서 감출 아이콘은 '꺼짐'으로 변경합니다.

실무
예제 | **03** | # 잠금 화면 사진 바꾸기

윈도우 10의 잠금 화면은 마이크로소프트에서 제공하는 사진으로 자동 설정되어 있지만 원하는
다른 사진으로 바꿀 수 있습니다.

1 작업 표시줄의 '알림 센터' 아이콘(🖵)을 클릭하고 [모든 설정]을 선택한 후 [개인 설정]-[잠
금 화면]을 선택합니다. '배경'에서 [사진]을 선택하고 윈도우 10에서 제공하는 기본 사진을
선택하거나, [찾아보기]를 클릭한 후 원하는 사진을 선택합니다.

2 🖽+ⓛ을 누르면 즉시 잠금 화면이 나타나서 바뀐 배경을 확인할 수 있습니다. Enter를 누르면
원래 화면으로 되돌아옵니다.

CHAPTER 2 똑똑하게 인터넷 활용하기

윈도우 10에는 최신 웹 경향을 반영한 '마이크로소프트 엣지(Microsoft Edge)' 브라우저가 기본 브라우저로 포함되어 있습니다. 엣지는 '읽기용 보기'나 '잉크' 등 편리한 기능들이 많이 포함되어 있지만 아쉽게도 국내의 인터넷 환경 때문에 일부 사이트는 인터넷 익스플로러를 계속 사용해야 합니다. 이번 챕터에서는 윈도우 10에서 두 가지 브라우저를 효율적으로 활용해 불편함 없이 인터넷을 사용하는 방법을 알아보겠습니다.

Windows 10
+Excel
& PowerPoint
&Word 2016
+Hangeul 2014

용도에 맞게 웹 브라우저 사용하기

'마이크로소프트 엣지'는 윈도우 10과 함께 발표된 새로운 웹 브라우저로, 최신 웹 표준 기술을 지원하고 있어서 스마트폰이나 PC, 웨어러블 컴퓨터 등 앞으로 등장하게 될 모든 스마트기기에서 사용할 수 있습니다. 아쉽게도 웹 표준 기술이 완전히 정착되기 전까지는 인터넷 익스플로러와 함께 사용하게 되겠지만 웹 표준에 맞는 사이트들이 점차 많아지면 엣지 브라우저가 대중화될 것입니다.

PREVIEW

▲ 엣지 브라우저 살펴보기

▲ 즐겨찾기 추가하기

핵심
기능 | **01** | # 엣지를 쓸까? 인터넷 익스플로러를 쓸까?

스마트폰이나 태블릿, 스마트 TV 등 인터넷 사이트에 접속할 수 있는 기기가 많아지면서 사용하는 웹 브라우저도 다양해지고, 쇼핑몰 결제나 인터넷 뱅킹 사이트를 제외한 많은 사이트들은 인터넷 익스플로러가 아닌 '구글 크롬'이나 '파이어폭스', '마이크로소프트 엣지' 등에서 접속하더라도 사용에 불편이 없습니다.

마이크로소프트 엣지는 윈도우 10의 기본 웹 브라우저이기 때문에 메일에 있는 사이트 주소를 클릭하거나 웹 사이트와 관련된 작업을 할 때 기본적으로 실행됩니다. 만일 인터넷 익스플로러에 맞춰 제작된 사이트에 접속했을 경우에는 인터넷 익스플로러를 사용하라는 알림 메시지가 나타납니다. 쇼핑몰 사이트나 인터넷 뱅킹 사이트가 아니라면 이 메시지를 무시하고 'Microsoft Edge에서 계속하기'를 눌러 엣지에서 계속 사용해도 됩니다. 하지만 결제가 필요한 쇼핑몰 사이트나 인터넷 뱅킹 사이트일 경우, [Internet Explorer에서 열기]를 클릭하면 자동으로 인터넷 익스플로러가 실행되면서 해당 사이트가 나타납니다.

핵심 기능 02 엣지 브라우저의 화면 구성

윈도우 10의 바탕 화면에 있는 작업 표시줄을 보면 기본적으로 고정되어 있는 앱 아이콘들이 있는데 그 중에서 '작업 보기' 아이콘(▢)을 제외하면 앱 중에서 첫 번째 아이콘(**e**)이 엣지 브라우저 아이콘입니다. 이 아이콘을 클릭하면 엣지 브라우저를 실행할 수 있습니다.

① **제목 표시줄** : 현재 보고 있는 사이트의 제목이 표시됩니다.

② **[새 탭] 단추(＋)** : 현재 창에 새 탭을 만들어 다른 사이트를 살펴볼 수 있습니다.

③ **[뒤로] 단추(←), [앞으로] 단추(→)** : 이전 페이지나 다음 페이지로 이동합니다.

④ **[새로 고침] 단추(↻)** : 현재 사이트를 다시 불러옵니다. 사이트를 불러오는 동안에는 이 단추가 [중지] 단추(✕)로 바뀝니다.

⑤ **주소 표시줄** : 현재 사이트 주소가 표시됩니다. 이곳에 사이트 주소를 입력해 다른 사이트로 이동할 수 있습니다.

⑥ **[읽기용 보기] 단추(▭)** : 현재 사이트에서 광고나 불필요한 배너를 제거한 후 읽기에 편한 형태로 표시됩니다.

⑦ **[즐겨찾기 또는 읽기 목록에 추가] 단추(☆)** : 클릭하면 현재 사이트를 즐겨찾기나 읽기 목록에 추가할 수 있습니다.

⑧ **[허브] 단추(☰)** : 클릭하면 즐겨찾기 목록과 읽기 목록, 검색 기록, 다운로드 기록 등을 한 곳에서 확인할 수 있습니다.

⑨ **[웹 메모 작성] 단추(✎)** : 현재 사이트에 설명 그림이나 설명을 추가하거나 원노트에 저장할 수 있습니다.

⑩ **[공유] 단추(⌂)** : 원노트에 현재 사이트를 공유합니다.

⑪ **[기타 작업] 단추(…)** : 엣지 브라우저를 사용하기 위한 다양한 기능이 모여있습니다.

실무예제 03 엣지 브라우저에서 즐겨찾기 추가하기

자주 가는 사이트는 매번 사이트 주소를 입력하지 않고 한 번의 클릭만으로 이동해야 훨씬 편리합니다. 이 경우 즐겨찾기에 자주 가는 사이트를 등록해 놓으면 매우 간단하게 원하는 사이트로 이동할 수 있습니다.

1 주소 표시줄에 『www.gilbut.co.kr』을 입력하고 Enter를 눌러 길벗 사이트로 이동합니다 [즐겨찾기 또는 읽기 목록에 추가] 단추(☆)를 클릭하고 [즐겨찾기] 창의 [즐겨찾기]에서 즐겨찾기에 등록할 이름을 확인한 후 [추가]를 클릭합니다.

2 즐겨찾기에 사이트를 추가하면 주소 표시줄의 오른쪽 끝에 있는 [즐겨찾기 또는 읽기 목록에 추가] 단추(☆)가 ★ 단추로 바뀝니다. 이것은 현재 사이트가 즐겨찾기 목록에 있다는 의미입니다.

3 즐겨찾기를 삭제하려면 [허브] 단추(≡)를 클릭하고 [즐겨찾기] 단추(☆)를 클릭한 후 [즐겨찾기] 창의 목록에 있는 즐겨찾기 항목을 마우스 단추로 클릭하고 [제거]를 선택합니다.

잠깐만요 **다른 웹 브라우저에서 즐겨찾기 가져오기**

기존에 사용하던 브라우저가 있으면 그 브라우저의 즐겨찾기를 엣지 브라우저로 가져와서 사용할 수 있습니다. 따라서 즐겨찾기를 이용하기 위해 다른 브라우저를 사용하지 않아도 됩니다.

[허브] 단추(≡)를 클릭하여 [즐겨찾기] 창을 열고 목록이 열려있는 상태에서 [즐겨찾기 가져오기]를 선택합니다. 현재 시스템에 설치된 브라우저가 모두 표시되면 즐겨찾기를 가져올 브라우저에 체크하고 [가져오기]를 클릭합니다.

인터넷 익스플로러에서 가져온 즐겨찾기는 엣지의 즐겨찾기 목록에 그대로 표시되지만 기타 다른 브라우저의 즐겨찾기는 [즐겨찾기 모음]에 포함됩니다.

어지러운 광고는 가라, 읽기용 보기

엣지의 '읽기용 보기' 기능을 이용하면 불필요한 광고와 사이트 메뉴를 감추고 웹 페이지의 실제
본문 내용만 볼 수 있습니다.

1 인터넷 뉴스 페이지를 보면 수많은 링크와 광고 때문에 내용을 읽기 힘든 경우가 많습니다. 그
럴 때는 [읽기용 보기] 단추(📖)를 클릭합니다.

2 웹의 불필요한 링크와 광고가 없어지고 본문 내용만 읽기 편하게 표시됩니다. [읽기용 보기]
단추도 📖로 바뀌어 현재 읽기용으로 보고 있음을 알려줍니다. 바뀐 . [읽기용 보기] 단추도
📖를 클릭하면 원래 광고가 표시되는 화면으로 되돌아갑니다.

웹 사이트에 메모하고 저장하기

엣지 브라우저의 멋진 기능 중 하나는 사이트 화면에 메모를 하고 저장해 두거나 다른 사람과 공유할 수 있는 '웹 메모'입니다. '웹 메모' 기능은 화면에 표시한 그대로 원노트(OneNote)에 저장됩니다. 메모하려는 웹 사이트에 접속하고 [웹 메모 작성] 단추( )를 클릭하면 메모를 작성할 수 있는 화면으로 바뀝니다.

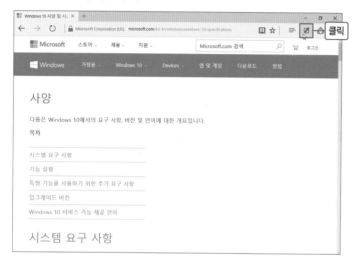

1 | 화면에 그리기

펜 도구( )나 형광펜 도구( )를 선택한 상태에서 도구를 한번 더 클릭하면 색이나 크기를 선택할 수 있습니다. 펜 도구로 화면에 자유롭게 도형을 그리거나 형광펜 도구를 이용해 드래그한만큼 강조 표시를 할 수 있습니다. 지우개 도구( )를 선택하면 화면에 그린 것을 지울 수 있어요.

2 | 텍스트 추가하기

노트 추가 도구(🖭)를 클릭한 후 노트를 추가할 위치를 클릭하면 텍스트를 입력할 수 있습니다.
화면에 입력한 텍스트는 클릭하는 순서에 따라 번호가 붙여집니다.

Tip

번호 부분을 클릭하면 텍스트 영역이 숨겨
지고 한 번 더 클릭하면 텍스트가 나타납
니다.

3 | 원노트에 저장하기

잘라내기 도구(🖭)를 클릭한 후 원하는 영역만큼 드래그하다가 마우스 단추에서 손을 떼면 '복사
되었습니다!'라는 말풍선이 나타납니다. [저장] 도구(🖬)를 클릭하면 선택한만큼의 영역을 원노
트로 내보낼 수 있습니다.

업그레이드

시작메뉴

윈도우 설정

인터넷

앱활용

고급설정

복구&보안

원드라이브

원노트

핵심
기능 | 06 | 윈도우 10에서 인터넷 익스플로러 실행하는 방법

윈도우 10에서는 기본 브라우저가 '마이크로소프트 엣지'이기 때문에 인터넷 익스플로러는 시작 화면이나 바탕 화면, 작업 표시줄의 어디에서도 실행 아이콘을 볼 수 없습니다. 인터넷 익스플로러를 실행하려면 어떻게 해야 할까요?

방법 1 [시작] 메뉴에서 실행하기

[시작] 단추(▦)를 클릭한 후 앱 목록에서 [Windows 보조프로그램] - [Internet Explorer]를 선택합니다.

방법 2 시작 화면 또는 작업 표시줄에 인터넷 익스플로러 고정시키기

[시작] 단추(▦)를 클릭한 후 앱 목록의 [Windows 보조프로그램]- [Internet Explorer]에서 마우스 오른쪽 단추를 클릭합니다. 시작 화면에 고정하려면 [시작 화면에 고정]을 선택하고, 작업 표시줄에 고정하려면 [자세히]-[작업 표시줄에 고정]을 선택합니다

실무
예제 **07** 기본 브라우저를 인터넷 익스플로러로 바꾸려면

마이크로소프트 엣지와 인터넷 익스플로러를 교대로 사용할 수도 있지만 인터넷 익스플로러를
주로 사용한다면 인터넷 익스플로러를 기본 브라우저로 바꿀 수 있습니다.

1 작업 표시줄에서 '알림 센터' 아이콘(▤)을 클릭하고 [모든 설정] – [시스템]을 선택합니다.
[시스템] 창이 나타나면 왼쪽 목록에서 [기본 앱]을 선택하고 오른쪽 목록에서 아래쪽으로 이
동합니다.

2 오른쪽 목록의 '웹 브라우저'에 [Microsoft Edge]가 지정되어 있는데, 이 부분을 클릭하고
[Internet Explorer]를 선택합니다.

윈도우 10 기본 앱 활용하기

윈도우 10에는 내장되어 있는 기본 앱들이 많습니다. 따로 설치하지 않고도 바로 사용할 수 있을 뿐 아니라 마이크로소프트 계정을 사용하면 PC에서 사용하던 앱을 그대로 이어서 노트북이나 태블릿에서 사용할 수 있어서 편리합니다. 윈도우 10의 여러 가지 앱들 중에서 자주 사용하는 주요 앱들에 대해 살펴보기로 하겠습니다.

> **PREVIEW**

▲ 메일 계정 추가하기

▲ 윈도우 스토어에서 앱 구입하기

섹션별
주요 내용

01 │ '메일' 앱에서 메일 계정 관리하기   02 │ '날씨' 앱으로 일기 예보 확인하기
03 │ 윈도우 스토어에서 게임 앱 구입하기

01 # '메일' 앱에서 메일 계정 관리하기

윈도우 10에는 기본적으로 '메일' 앱이 설치되어 있는데, 자주 사용하는 메일 주소를 등록해 놓으면 '메일' 앱에서 한 번에 모든 메일을 확인하고 관리할 수 있어서 편리합니다.

1 | 계정 추가하기

'메일' 앱에는 마이크로소프트 계정이 기본으로 등록되어 있는데, 이외에 다른 사용자 계정을 추가하려면 앱의 왼쪽 창에서 [계정]을 클릭한 후 '계정 관리' 창에서 [계정 관리]를 선택합니다.

추가할 계정에 맞는 항목을 선택하는데, 다음 메일이나 네이버 메일 같은 웹 메일 주소를 추가하려면 [다른 계정]을 선택합니다. 메일 주소와 암호를 입력하는 단계와 이름을 입력하는 단계를 거치면 계정 추가가 끝납니다. [로그인]을 클릭한 후 [완료]를 클릭하면 계정 추가가 끝납니다.

2 | 메일 계정 전환하기

'메일' 앱에 등록된 계정은 앱 화면의 '계정' 목록에 표시되어 한눈에 살펴볼 수 있습니다. 현재 보고 있는 계정 외에 다른 계정의 메일을 보고 싶다면 계정 목록 중에서 보고 싶은 계정을 클릭하면 됩니다.

3 | 메일 계정 편집하기

사용 중인 메일 계정의 암호를 수정하거나 계정을 삭제하려면 앱의 왼쪽 창에서 [계정]을 클릭하고 '계정 관리' 창에서 수정할 계정을 선택합니다. 암호를 수정할 수도 있고 '장치에서 이 계정을 제거하세요' 링크를 클릭해 계정을 삭제할 수도 있습니다.

'날씨' 앱으로 일기 예보 확인하기

윈도우 10의 '날씨' 앱을 이용하면 오늘부터 열흘 정도의 일기예보와 함께 시간대별 일기예보를
알 수 있고 작년 한 해 동안의 평균 기온과 강수량 등도 살펴볼 수 있습니다.

1 '날씨' 앱을 처음 실행하면 가장 먼저 온도 표시 단위와 기본위치를 설정하는 화면이 나타납
니다. 기본 위치 검색 입력 상자에 현재 살고 있는 지역을 입력해서 선택합니다.

2 지정한 지역의 일기예보 화면이 나타나면서 오늘을 기준으로 열흘 동안의 일기예보가 표시됩
니다. 시간대별 일기와 하루의 일기 정보가 자세하게 표시됩니다.

실무 예제 03 윈도우 스토어에서 게임 앱 구입하기

윈도우 10을 설치하면 기본 앱이 함께 설치되지만, 윈도우 스토어에서 필요한 앱을 다운로드해서 설치할 수 있습니다.

1 작업 표시줄에서 [스토어] 단추(⊡)를 클릭하여 윈도우 스토어에 접속합니다. 마이크로소프트의 게임 콘솔인 XBOX와 윈도우 10이 연동되면서 윈도우 스토어에서는 '앱'과 '게임'을 분리하여 제공하는데, '게임' 앱을 설치하기 위해 [게임]을 클릭합니다.

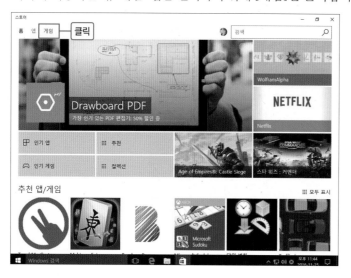

2 스토어에 있는 게임 중에서 원하는 게임을 클릭합니다. 여기에서는 [Microsoft Jigsaw]를 선택합니다.

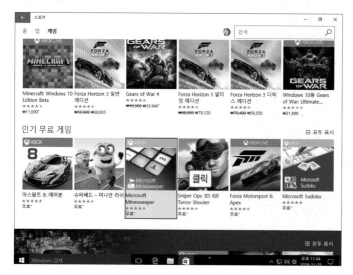

3 선택한 앱을 이용할 수 있는 연령과 스크린샷, 그리고 사용자 리뷰 등이 나타납니다. 게임을 설치하기 위해 [무료]를 클릭합니다. 자동으로 게임이 다운로드되어 컴퓨터에 설치되기 시작하면 잠시 기다립니다.

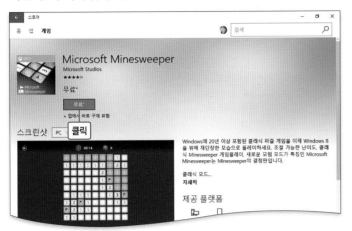

4 설치가 끝나면 게임을 플레이하기 위해 [플레이]를 클릭합니다.

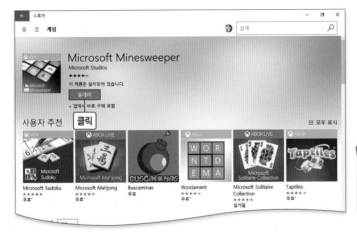

Tip

새로 설치한 앱이 사용자 정보에 액세스할 수 있도록 허용할 것인지 묻는 창이 나타나면 [예]를 클릭합니다

5 선택한 게임이 실행되면 게임을 재미있게 즐깁니다.

CHAPTER 3 윈도우 10 고수로 가는 길

윈도우 10은 설치할 때 기본적으로 일반 사용자에게 알맞은 환경이 제공되지만, 사용자가 가지고 있는 하드웨어를 연결하거나 자신의 취향에 맞게 다양하게 설정을 바꾸고 싶을 때가 있습니다. 이번 챕터에서는 윈도우 10의 '설정' 기능을 통해 자신에 맞게 윈도우를 설정하고 관리하는 방법을 배워보고 시스템 복구나 암호 지정 등 운영체제를 안심하고 사용할 수 있는 다양한 기능을 알려줍니다.

Windows 10
+Excel
& PowerPoint
&Word 2016
+Hangeul 2014

전문가 부럽지 않은 윈도우 10 사용법

윈도우 10은 설치할 때 기본으로 만든 환경에서도 사용하는데 불편이 없지만 사용자의 시스템 환경이나 상황에 따라 여러 가지 설정을 확인하고 수정할 수 있습니다. 특히 윈도우 10에는 브라우저나 사진, 음악 등과 관련된 앱들이 여러 개 포함되어 있기 때문에 기본 앱 대신 자신에게 편리한 앱으로 변경해서 사용할 수 있습니다. 이외에도 윈도우 10을 편리하면서 효율적으로 사용할 수 있는 여러 방법들에 대해 살펴봅니다.

PREVIEW

▲ 컴퓨터 사양 확인하기

▲ 필요없는 파일 정리하기

윈도우 '기본 앱'을 원하는 프로그램으로 바꾸기

윈도우 10에는 음악이나 동영상을 재생하는 앱이나 사진을 살펴볼 수 있는 앱이 기본으로 포함되어 있어서 해당 파일을 선택하면 자동으로 실행됩니다. 이런 기본 앱 대신 자주 사용하고 익숙한 다른 앱으로 바꿀 수 있습니다.

1 작업 표시줄에서 '알림 센터' 아이콘(🗩)을 클릭하고 [모든 설정]을 선택합니다.

2 [설정] 창이 나타나면 [시스템] – [기본 앱]을 차례대로 선택하면 윈도우 10의 기본 앱들이 표시될 것입니다. 예를 들어, 음악 플레이어를 바꾼다면 'Groove 음악'이라는 기본 앱을 클릭한 후 원하는 다른 플레이어를 선택합니다.

53

윈도우에서 직접 설치 이미지(iso 파일) 실행하기

ISO 형식은 CD용이나 DVD용 파일이기 때문에 CD나 DVD 디스크로 변환하거나 가상 디스크를 이용해서 설치해야 합니다. 하지만 윈도우 10의 파일 탐색기에는 ISO 파일에서 필요한 파일만 추출하는 기능이 있어서 CD나 DVD로 변환하지 않아도 곧바로 설치 이미지를 실행할 수 있습니다.

윈도우 탐색기에서 사용할 ISO 파일을 더블클릭해서 실행합니다.

> **Tip**
> ISO 파일을 선택하면 리본 메뉴에 [관리] 탭이 생깁니다. 따라서 관리자 권한으로 실행해야 하는 파일은 [응용 프로그램 도구]의 [관리] 탭 – [실행] 그룹에서 [관리자 권한으로 실행]을 클릭해야 합니다.

시스템에 프로그램을 설치하는 것이므로 [사용자 계정 컨트롤] 창이 나타납니다. [예]를 클릭하면 별도의 다른 프로그램 없이도 ISO 파일에서 설치 과정이 시작됩니다.

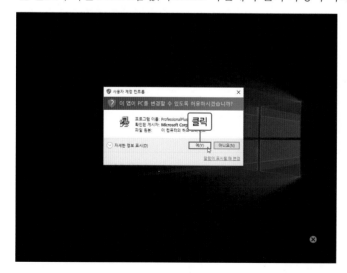

실무
예제 **03** # 내 컴퓨터 사양 확인하기

업그레이드

시작메뉴

윈도우 설정

인터넷

응용앱

고급설정

복구&보안

업그레이드

화노트

내 윈도우는 몇 비트짜리인지, 하드디스크와 램은 몇 기가인지, 그리고 사용중인 그래픽카드가 무엇인지 등은 컴퓨터 사용자라면 기본적으로 알고 있어야 할 것이 시스템 정보입니다.

1 [시작] 단추(▦)를 클릭하고 [설정]을 선택하여 [설정] 창을 나타낸 후 [시스템]을 선택합니다.

2 [시스템] 창이 나타나면 왼쪽 목록에서 [정보]를 선택합니다. 그러면 현재 시스템의 프로세서와 RAM 등 시스템 사양이 간단하게 나타납니다.

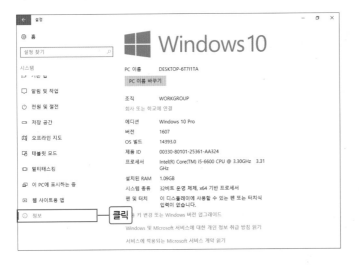

노트북 배터리 알뜰하게 사용하기

노트북 사용자나 태블릿 사용자에게 배터리는 매우 중요합니다. 급히 외부 전원을 연결할 수 없을 경우에는 남은 배터리의 양이 얼마인지, 몇 분이나 사용할 수 있는지를 반드시 확인해야 합니다.

1 │ 배터리 잔량 확인하기

작업 표시줄의 오른쪽에 있는 배터리 아이콘(🔋)을 클릭하면 현재 남은 배터리의 양과 사용 가능한 시간이 표시됩니다.

외부 전원이 연결되었으면 배터리 아이콘(🔌)은 로 표시되고 클릭하면 충전된 배터리의 양과 함께 완전히 충전될 때까지의 시간이 표시됩니다.

2 | 배터리 절약 모드로 전환하기

배터리의 양이 얼마 남지 않은 상태에서 조금이라도 배터리를 아껴서 사용하려면 '배터리 절약 모드'로 전환해야 합니다. 배터리 절약 모드에서는 화면이 좀 더 어두워지고, 백그라운드에서 실행중이던 앱의 실행이 중지되며, 푸시 알림도 받지 않습니다. 배터리가 20% 미만이면 자동으로 배터리 절약 모드로 바뀌지만 그 전에 직접 전환할 수 있습니다. 충전 중일 때는 절약 모드가 꺼집니다.

> **Tip**
>
> 백그라운드에서 실행하는 앱이란, '바이러스 체크' 앱처럼 화면에는 보이지 않으면서 계속 실행중인 앱을 말합니다. 그리고 푸시 알림이란, 증권 정보나 뉴스 속보처럼 일정 시간마다 웹에서 사용자에게 정보를 보내는 서비스를 말합니다.

방법 1 작업 표시줄에서 배터리 아이콘(▭)을 클릭하고 [배터리 절약 모드]를 선택합니다.

방법 2 작업 표시줄에서 '알림 센터' 아이콘(▤)을 클릭하고 [배터리 절약 모드]를 선택합니다.

업그레이드

시작메뉴

윈도우 설정

인터넷

앱활용

고급설정

복구&보안

원드라이브

원노트

방법 3 [시스템] 창의 왼쪽 목록에서 [배터리 절약 모드]를 선택하고 오른쪽 목록에서 '현재 배터리 절약 모드 상태'를 [켜짐]으로 변경합니다.

잠깐만요 **배터리의 추가 전원 설정하기**

[시스템] 창에서 [전원 및 절전]을 선택하고 오른쪽 목록에서 [추가 전원 설정]을 선택합니다. [전원 옵션] 창에서는 높은 성능을 우선시하는 [균형 조정]과 성능보다 배터리를 오래 사용하게 하는 [절전]이라는 두 가지 전원 옵션을 제공합니다. 기본적으로 [균형 조정]이 선택되어 있지만 배터리를 오래 사용하는 게 더 중요하면 [절전]을 선택합니다. 각 옵션의 세부 설정은 옵션의 오른쪽에 있는 [설정 변경]을 선택해서 바꿀 수 있습니다.

실무예제 05 저장소에서 필요없는 파일 정리하기

저장소의 공간이 너무 부족하면 앱을 실행하기 어렵기 때문에 적절하게 여분의 공간이 있어야 합니다. 저장소에서 불필요한 파일을 정리해서 공간을 확보하는 방법을 알아보겠습니다.

1 [시스템] 창에서 [저장 공간]를 선택하고 오른쪽 목록에서 윈도우가 설치된 [내 PC (C:)]를 선택합니다. 윈도우에서 공간을 확보할 때 가장 먼저 임시 파일을 삭제할 수 있으므로 [임시 파일]을 선택합니다.

2 임시 파일 중에 삭제할 항목을 선택한 후 [파일 제거]를 클릭하면 파일이 삭제되면서 그 만큼의 공간을 확보할 수 있습니다.

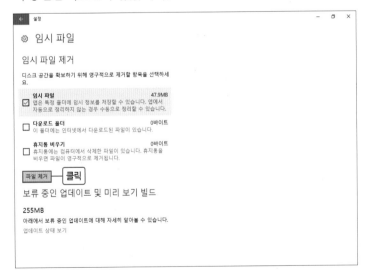

02 윈도우 10을 안전하게 사용하기

윈도우 업데이트는 윈도우를 최신으로 유지하면서 기능을 추가하고 시스템을 보호해 주기 때문에 켜놓아야 합니다. 또한 인터넷을 사용하면서도 악성 소프트웨어로부터 시스템을 안전하게 지키는 방법과 암호를 이용해 하드 디스크의 자료를 보호하는 방법과 시스템에 문제가 생겼을 때 복구하는 방법까지, 윈도우를 안전하게 사용할 수 있는 여러 방법에 대해 알아봅니다.

> **PREVIEW**

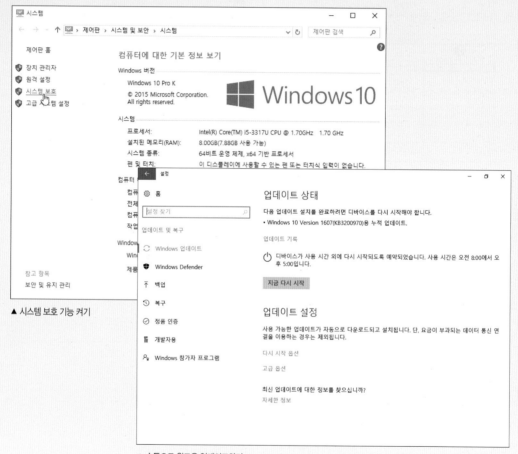

▲ 시스템 보호 기능 켜기

▲ 수동으로 윈도우 업데이트하기

01 # 불필요한 윈도우 시작 프로그램 실행 중지하기

윈도우를 부팅하고 사용자 계정으로 로그인하는 동안 자동으로 실행되는 프로그램을 '시작 프로그램'이라고 합니다. 다양한 앱을 설치하다 보면 시작 프로그램이 계속 추가되어 부팅하는 시간이 오래 걸립니다. 이번에는 시작 프로그램들 중에서 불필요한 프로그램의 실행을 멈춰보겠습니다.

1 [시작] 단추(⊞)에서 마우스 오른쪽 단추를 클릭하고 [작업 관리자]를 선택합니다. [장치 관리자] 창에서 [시작프로그램] 탭을 클릭하면 윈도우가 부팅될 때 사용되는 다양한 앱이 나열되어 있습니다. 이 중에서 사용하지 않아도 되는 앱을 선택하고 [사용 안 함]을 클릭합니다.

Tip
시작 앱의 사용을 멈추기 전에 '시작 시 영향' 칼럼을 먼저 확인하고 윈도우 시작에 큰 영향을 미치는 앱은 멈추지 말아야 합니다.

2 선택한 시작 앱의 '상태' 칼럼을 살펴보면 '사용 안 함'으로 표시되지만 필요할 경우에는 언제든지 사용할 수 있습니다.

실무 예제 02 시스템 보호 기능 켜기

윈도우에 문제가 생겼을 때 이리저리 시도해보다 그래도 문제해결이 안 될 경우에 가장 먼저 생각할 수 있는 것이 시스템이 정상적으로 동작되던 때로 시스템 상태를 돌려놓는 것입니다. 윈도우 10에서는 기본으로 시스템 보호 기능이 꺼져 있기 때문에 직접 시스템 보호 기능을 켜야 합니다.

1 윈도우 시작 단추(■)를 마우스 오른쪽 단추로 클릭한 후 [시스템]을 선택합니다. 그리고 [시스템] 창의 왼쪽에서 [시스템 보호]를 선택하세요.

2 [시스템 속성] 대화상자의 [시스템 보호] 탭이 나타나면 '보호 설정'에서 현재 연결된 하드디스크 중 '시스템 보호' 기능을 사용할 디스크를 선택하고 [구성]을 클릭합니다.

3 [시스템 보호 대상 로컬 디스크] 대화상자가 나타나면 '복원 설정'에서 [시스템 보호 사용]을 선택하고 [확인]을 클릭합니다.

4 [시스템 속성] 대화상자의 [시스템 보호] 탭으로 되돌아오면 '보호 설정'에서 선택했던 디스크의 오른쪽에 [설정]이라고 표시되었는지 확인합니다.

5 시스템 복원 지점을 만들기 위해 [시스템 속성] 대화상자의 [시스템 보호] 탭에서 [만들기]를 클릭합니다. [시스템 보호] 대화상자가 나타나면 알아보기 쉬운 이름을 입력하고 [만들기]를 클릭합니다. 이때 날짜와 시간은 자동으로 입력됩니다

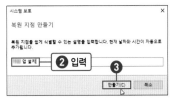

복원 지점을 이용한 시스템 복구

시스템 보호 기능이 켜졌으면 복원 지점을 만들 수 있습니다. 시스템에 변화를 줄만한 작업을 했을 때 복원 지점을 만들어 놓으면 나중에 쉽게 찾아서 수 있도록 그 때로 되돌릴 수 있습니다.

1 '시스템 보호' 기능을 이용해서 시스템을 복원하려면 [시스템 속성] 대화상자의 [시스템 보호] 탭에서 [시스템 복원]을 클릭합니다.

2 [시스템 복원] 창이 나타나면서 시스템 복원에 대한 안내글이 표시되면 꼼꼼하게 읽어본 후 [다음]을 클릭합니다.

3 [시스템 복원] 창에 가장 최근의 복원 지점이 표시되면 복원 날짜를 선택하고 [다음]을 클릭합니다.

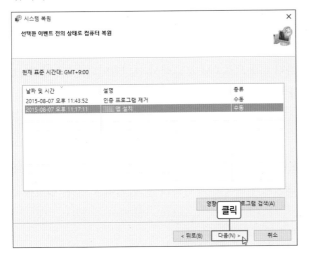

4 열려있는 프로그램 창이 있으면 안전하게 저장하고 종료한 후 [시스템 복원] 대화상자에서 [마침]을 클릭합니다. 윈도우가 자동으로 작업을 진행하고 윈도우를 재시작하는 과정이 지나면 복원이 완료되었다는 메시지가 나타납니다.

업그레이드

시작메뉴

윈도우 설정

인터넷

앱활용

고급설정

복구&보안

원드라이브

원노트

핵심 기능 | 04 | 윈도우 업데이트하기

윈도우 10은 새로운 기능이 추가될 때마다 자동으로 다운로드해서 설치합니다. 어떤 업데이트가 설치되었는지 확인할 수도 있고, 필요하다면 업데이트 기능을 잠시 지연할 수도 있습니다.

1 | 업데이트 상태 확인하기

현재 어떤 업데이트가 설치되었는지 알고 싶다면 [설정] 창에서 [업데이트 및 복구]-[Windows 업데이트]를 선택합니다. 지금까지 업데이트가 목록을 확인하려면 '업데이트 기록' 링크를 클릭합니다.

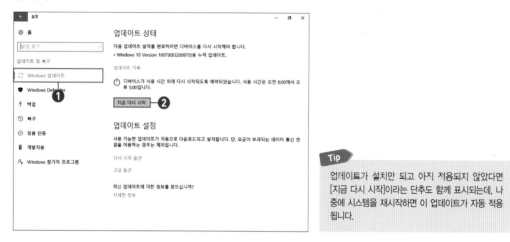

Tip

업데이트가 설치만 되고 아직 적용되지 않았다면 [지금 다시 시작]이라는 단추도 함께 표시되는데, 나중에 시스템을 재시작하면 이 업데이트가 자동 적용됩니다.

가장 최근에 설치된 업데이트 파일부터 시작하여 다양한 업데이트 파일이 표시될 것입니다.

2 | 윈도우 업데이트 설정하기

[설정] 창에서 [업데이트 및 복구]-[Windows 업데이트]를 선택한 후 '업데이트 설정' 항목에 있는 [고급 옵션]을 클릭합니다. 세 가지 항목 중에서 원하는 옵션을 선택합니다.

❶ **Windows 업데이트 시 다른 Microsoft 제품 업데이트 검색** : 윈도우 업데이트를 확인할 때 시스템에 설치되어 있는 MS 오피스 같은 마이크로소프트 제품이 있을 경우 해당 제품의 업데이트 상황도 함께 검색합니다.

❷ **기능 업데이트 연기** : Windows 10의 새로운 기능이 나오더라도 자동으로 업그레이드하지 않습니다. 단, 이 경우에도 보안 관련 업데이트는 자동 업데이트됩니다.

❸ **업데이트 후 로그인 정보를 사용하여 자동으로 디바이스 설정을 완료합니다.** : 업데이트 후 시스템을 재시작해야 하는데 이 항목에 체크하면 시스템이 켜진 후 자동으로 로그인해서 업데이트 설치를 완료합니다.

실무 예제 05 BitLocker 암호로 내 자료 보호하기

BitLocker 기능을 이용하면 시스템 내부에 장착된 하드 디스크에 암호를 걸어 자료를 보호할 수 있습니다. 특히 분실의 염려가 많은 노트북에 개인 데이터나 중요 데이터를 저장하고 있다면 암호를 걸어 안전하게 보관하는 것이 좋습니다. 단, 암호화하는데는 많은 시간이 걸릴 수 있고 암호 키를 잃어버리면 암호를 걸어 둔 자료에 접근할 수 없으니 주의해야 합니다.

> **Tip**
> 외장 하드 디스크나 USB 플래시 메모리에서는 BitLocker To Go를 이용해 저장 공간에 암호를 걸 수 있습니다.

1 [시작] 단추(⊞)에서 마우스 오른쪽 단추를 클릭하고 [제어판]을 선택하여 제어판을 연 후 [시스템 및 보안]-[BitLocker 드라이브 암호화]를 선택합니다.

> **Tip**
> 파일 탐색기를 열고 암호를 지정할 드라이브에서 마우스 오른쪽 단추를 클릭한 후 [BitLocker 켜기]를 선택해도 됩니다. 그리고 외장 하드디스크나 USB 플래시 메모리에서는 BitLocker To Go를 이용해 저장 공간에 암호를 지정할 수 있습니다.

2 시스템에 연결된 하드디스크 드라이브에 BitLocker가 켜져 있는지 표시되면 암호화하려는 하드디스크의 오른쪽에 있는 ⊙ 단추를 클릭합니다. 사용중인 드라이브가 나타나면 선택한 드라이브의 옆에 있는 [BitLocker 켜기]를 선택합니다.

3 [암호를 사용하여 드라이브 잠금 해제]에 체크하고 '암호 입력'과 '암호 다시 입력'에 사용할 암호를 입력한 후 [다음]을 클릭합니다.

4 암호를 잊어버렸을 때를 대비해서 복구 키를 보관해 두어야 합니다. 복구 키를 분실하면 드라이브에 있는 파일에 접근하지 못할 수도 있기 때문에 가장 안전한 방법을 사용하는 것이 좋으므로 [파일에 저장]을 선택하고 [다음]을 클릭합니다.

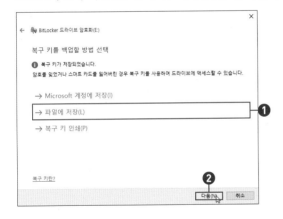

5 [다른 이름으로 BitLocker 복구 키 저장] 대화상자가 나타나면 저장할 폴더를 선택하고 [저장]을 클릭합니다. 복구 키를 저장할 것인지 묻는 메시지 창이 나타나면 [예]를 클릭합니다.

업그레이드

시작메뉴

윈도우 설정

인터넷

앱활용

고급설정

복구&보안

멀티미디어

원노트

6 드라이브 전체를 암호화할 것인지, 사용하고 있는 공간만 암호화할 것인지 선택합니다. 새 드라이브이면 [사용 중인 디스크 공간만 암호화]를, 이미 사용중인 하드 드라이브이면 [전체 드라이브 암호화]를 선택하고 [다음]을 클릭합니다.

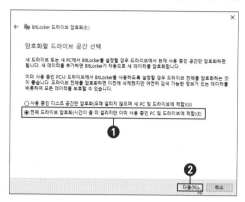

7 드라이브를 암호화할 준비가 끝났으면 [암호화 시작]을 클릭합니다. 암호화하는 데 시간이 오래 걸리기 때문에 암호화 작업 창이 작업 표시줄로 최소화되면서 암호화 과정 도중에 다른 작업을 할 수 있도록 윈도우의 백그라운드에서 암호화가 실행됩니다. 암호화가 끝나면서 암호화가 완료되었다는 메시지 창이 나타나면 [닫기]를 클릭합니다.

8 BitLocker가 켜진 저장 장치에 자물쇠 모양의 아이콘이 추가됩니다.

핵심 기능 06 윈도우 디펜더로 스파이웨어 검사하기

업그레이드

시작메뉴

윈도우 설정

인터넷

앱활용

고급설정

복구&보안

업드라이브

연노트

윈도우 10에는 '윈도우 디펜더(Windows Defender)'가 포함되어 있는데 기본으로 실시간 보호 기능이 켜져 있기 때문에 항상 사용자의 시스템을 검사해서 바이러스나 스파이웨어 같은 악성 소프트웨어로부터 시스템을 보호합니다.

[설정] 창에서 [업데이트 및 복구]-[Windows Defender]를 차례로 선택하면 '실시간 보호'가 켜져 있을 것입니다.

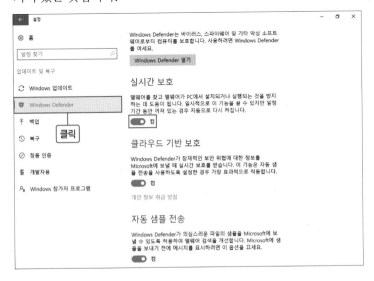

윈도우 디펜더를 실행하려면 Windows Defender 설정 화면에서 맨 위에 있는 [Windows Defender 열기]를 클릭하거나 시작 단추(⊞)를 클릭한 후 앱 목록에서 [Windows 시스템]-[Windows Defender]를 선택해도 됩니다.

오피스와 찰떡 궁합, 윈도우 10

휴대하기 쉬운 노트북과 집이나 사무실에 있는 데스크톱 컴퓨터, 무선 네트워크로 연결되는 태블릿 PC와 스마트폰에 이르기까지 각종 정보를 살펴보고 문서를 작성할 수 있는 기기들이 많아지고 있습니다. OneDrive 라고 하는 마이크로소프트 클라우드 서비스를 이용해 노트북과 데스크톱 PC, 그리고 태블릿 PC와 스마트폰에서 오피스 문서를 공유하는 방법에 대해 알아보겠습니다.

Windows 10
+Excel
& PowerPoint
&Word 2016
+Hangeul 2014

나만의 온라인 저장 공간, 원드라이브

업무용으로 들고 다니는 노트북과 집에 있는 데스크톱 컴퓨터, 이렇게 2대 이상의 컴퓨터를 사용하는 경우가 많아지고 있습니다. 게다가 무선 네트워크로 연결되는 태블릿 PC까지 연결한다면 한 집의 네트워크도 작은 규모가 아닙니다. 원드라이브(OneDrive) 라고 하는 마이크로소프트 클라우드 서비스를 이용해 윈도우 10을 사용하는 여러 시스템에서 파일과 폴더를 공유하는 방법에 대해 알아봅니다.

> **PREVIEW**

▲ 원드라이브 사이트 접속하기

▲ 온라인에서 엑셀 문서 수정하기

> **섹션별 주요 내용**
>
> **01** | 언제 어디서나 자료를 저장하고 가져오는 '원드라이브' **02** | 원드라이브 사이트에서 폴더/파일 관리하기
> **03** | 오피스 파일을 원드라이브에 저장하기 **04** | 오피스 프로그램이 없을 때 온라인에서 오피스 파일 사용하기

실무예제 **01** 언제 어디서나 자료를 저장하고 가져오는 '원드라이브'

원드라이브는 마이크로소프트에서 제공하는 클라우드 서비스로, 마이크로소프트 계정을 사용하는 사용자에게 모두 5GB의 무료 저장 공간을 제공합니다. 이 공간에는 사진이나 문서 등 원하는 자료를 저장할 수 있습니다.

1 [시작] 단추(⊞)를 클릭하고 앱 목록에서 [OneDrive]를 선택합니다.

2 윈도우를 설치할 때 마이크로소프 계정을 사용했다면 파일 탐색기가 열리면서 마이크로소프트 계정에 할당된 OneDrive 폴더가 열립니다.

> **Tip**
>
> 인터넷 상의 원드라이브 내용과 사용자 시스템에 내용을 똑같이 유지하는 것을 '동기화(synchronization)'라고 합니다.

3 탐색기에 있는 OneDrive 폴더에 간단한 파일을 저장해 보세요. 즉시 파일 이름 왼쪽에 초록색 체크 표시 아이콘이 생길텐데 이것은 OneDrive 폴더에 저장한 파일이 인터넷 상의 OneDrive에도 동기화되었다는 뜻입니다.

4 탐색기의 왼쪽 창에서 [OneDrive] 폴더를 마우스 오른쪽 단추로 클릭한 후 [온라인에서 보기]를 선택해 보세요.

5 OneDrive 사이트로 즉시 이동하면서 거기에는 방금 OneDrive 폴더에 저장한 파일도 포함되어 있을 것입니다. 이렇게 하드 디스크에도 저장하면서 동시에 인터넷 상에도 저장되므로 집이나 사무실 밖에서도 필요하다면 접속해서 파일을 열어보거나 수정할 수 있습니다.

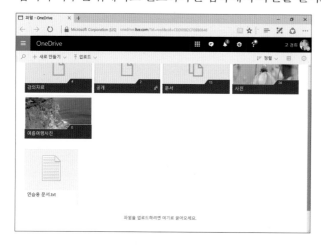

원드라이브 사이트에서 폴더/파일 관리하기

OneDrive 앱을 이용하면 쉽게 원드라이브에 접속할 수 있지만, 다른 사람의 컴퓨터를 사용할 때처럼 OneDrive 앱이 없는 상태에서 원드라이브에 접속해야 할 수도 있습니다. 이 경우에는 엣지나 기타 웹 브라우저로 원드라이브에 접속할 수 있습니다.

1 | 원드라이브 사이트에 접속하기

웹 브라우저를 실행하고 주소 표시줄에 『onedrive.live.com』을 입력해서 원드라이브 사이트에 접속합니다. 마이크로소프트 계정과 암호를 입력하고 로그인하면 원드라이브에 저장된 폴더와 파일들이 표시됩니다. 폴더는 파란색으로 표시되고 폴더에 포함되지 않은 파일들은 그 아래에 표시됩니다. 폴더명의 오른쪽에 있는 숫자는 폴더 안의 파일 개수로, 폴더를 클릭하면 폴더의 파일을 볼 수 있습니다.

> **Tip**
> 화면의 오른쪽 위에 있는 [자세히 보기] 단추(☰)를 클릭하면 파일명과 함께 업로드한 날짜와 파일 크기 등을 볼 수 있습니다.

2 | 파일 내용 보기

원드라이브 사이트에는 MS 오피스 프로그램 앱이 포함되어 있습니다. 그래서 사용자 컴퓨터에 오피스 프로그램이 없어도 파워포인트나 엑셀, 원노트 등으로 작성한 파일을 클릭하여 온라인에서 파일을 확인할 수 있습니다.

> **Tip**
> PDF 파일은 MS 워드 앱을 실행해서 볼 수 있습니다.

원드라이브에 있는 파일이 웹 앱에서 열 수 없는 파일이라면 파일을 클릭했을 때 파일을 열거나 저장할지 묻는 메시지 표시줄이 나타납니다. [저장]을 클릭하면 사용자 컴퓨터에 있는 연결 프로 그램이 실행되어 해당 내용이 표시됩니다.

3 │ 파일 업로드하기

사용자 컴퓨터의 파일 탐색기에서 원드라이브 폴더에 파일을 추가하면 원드라이브 사이트와 동 기화됩니다. 하지만 원드라이브 사이트에서 직접 파일을 업로드해서 연결된 컴퓨터와 동기화시 킬 수 있습니다.

방법 1 ┃ 드래그해서 업로드하기

파일을 업로드할 원드라이브 폴더를 열고 파일 탐색기에서 브라우저 창으로 파일을 드래그합 니다.

방법 2 **업로드 명령으로 업로드하기**

원드라이브에서 파일을 업로드할 폴더를 열고 화면의 위쪽에 있는 [업로드]를 클릭한 후 [파일]
이나 [폴더]를 선택해 직접 업로드해도 됩니다. [열기] 대화상자가 나타나면 업로드할 파일을 선
택하고 [열기]를 클릭하여 원드라이브 사이트로 파일을 업로드합니다.

4 │ 파일 선택하기

원드라이브 사이트에서 파일을 삭제하거나 다운로드하려면 원하는 파일을 선택해야 합니다. 파
일명 위에 마우스 포인터를 올려놓으면 파일 항목의 오른쪽 위에 작은 원이 표시되는데, 이 부분
을 클릭해서 체크합니다. 이때 한꺼번에 두 개 이상의 파일을 선택하여 체크할 수도 있습니다. 파
일을 선택했으면 삭제나 복사 등의 명령을 사용할 수 있습니다.

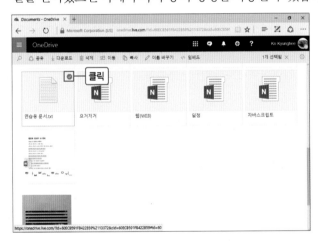

실무
예제 **03** # 오피스 파일을 원드라이브에 저장하기

OneDrive에 있는 파일은 데스크톱이나 태블릿, 스마트폰 등 어떤 기기를 통해서도 접속할 수 있고 내용을 보거나 수정할 수도 있습니다. 특히 MS 오피스 프로그램의 경우 파일 저장 옵션을 통해 손쉽게 OneDrive로 저장할 수 있습니다.

1 오피스 파일을 작성했다면 바로 OneDrive로 저장할 수 있습니다. [파일] 탭을 클릭한 후 '다른 이름으로 저장'을 선택하고 'OneDrive'를 선택합니다. OneDrive에 처음 저장한다면 아직 오피스 프로그램과 OneDrive가 연결되지 않았을 것입니다. 'Sign In'을 클릭합니다.

Tip
오피스 2010 버전이라면 [파일] 탭에서 '저장/보내기'-'웹에 저장'을 선택합니다.

2 마이크로소프트 계정과 암호를 차례로 입력한 후 [로그인]을 클릭합니다.

Tip
한번 로그인하고나면 다음부터는 이 과정이 생략됩니다.

3 OneDrive에 연결되었다면 저장할 폴더를 선택할 차례입니다. [찾아보기]를 클릭합니다.

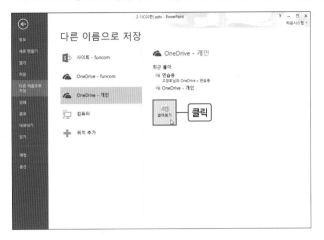

4 OneDrive의 폴더들이 표시될 것입니다. 저장할 폴더를 더블클릭해서 선택합니다. 기존 파일 이름을 그대로 사용하거나 파일 이름을 수정한 후 [저장]을 클릭합니다.

5 OneDrive 앱을 실행해서 OneDrive에 접속해 보면 지정한 폴더 안에 방금 저장한 파일이 업로드된 것을 볼 수 있습니다.

업그레이드

시작메뉴

윈도우 설정

인터넷

엣지 활용

고급 설정

복구&보안

원드라이브

원노트

오피스 프로그램이 없을 때 온라인에서 오피스 파일 사용하기

원드라이브에서는 오피스 앱(Office App)을 무료로 제공하고 있어서 시스템에 오피스 프로그램이 없어도 온라인에서 오피스 파일을 만들고, 수정하고, 저장할 수 있습니다.

1 웹 브라우저를 실행하고 'onedrive.live.com'에 접속한 후 파일이 저장된 폴더를 엽니다. 화면의 맨 위에 있는 [새로 만들기]를 클릭하고 오피스 문서 유형을 선택합니다.

2 웹 브라우저에 새 탭이 표시되면서 선택한 문서 유형에 맞는 앱이 열립니다.

3 '문서#' 부분을 클릭하고 원하는 파일명으로 바꿉니다. 이때 # 기호는 사용자에 따라 달라지는 숫자를 나타낸 부분입니다.

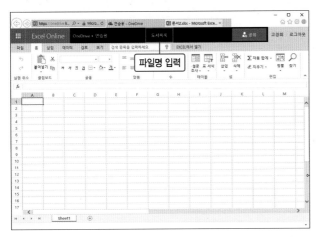

4 이 화면에서 내용을 입력하고 수정한 후 [닫기] 단추(☒)를 클릭해서 앱을 종료합니다. 앱에는 [저장] 메뉴가 없고 앱에서 작성하는 대로 원드라이브에 저장됩니다.

5 원드라이브 화면으로 되돌아오면 앱에서 작성한 문서가 저장되어 있는지 확인합니다.

02 모든 메모와 기록은
'원노트' 앱에서

윈도우 10의 시작 화면에 있는 '원노트' 앱은 메모나 자료를 모아두고 정리할 수 있는 앱입니다. 입력한 내용들은 마이크로소프트의 클라우드 서비스인 윈드라이브에 저장되기 때문에 PC나 태블릿, 스마트폰에 상관없이 윈드라이브에 접속할 수 있다면 어디에서든, 어떤 기기에서든 원노트를 사용할 수 있습니다. 원노트 사용법을 살펴봅니다.

PREVIEW

▲ 원노트에 글 입력하기

▲ 원노트에 작성한 글 수정하기

난이도 1 **2** 3 4 5

핵심 기능 **01** '원노트'로 정보 수집하고 메모하기

원노트는 이름에서 추측할 수 있는 것처럼 '디지털 노트'라고 생각하면 쉽습니다. 윈도우 10에 있는 '원노트' 앱은 강의 노트로 사용할 수도 있고 블로거들의 글감을 모아놓을 수도 있습니다. 원노트에서는 영수증을 사진으로 찍어 영수증 보관함으로 사용하기도 합니다.

1 │ '원노트' 앱 실행하기

시작 화면에서 원노트 앱 타일을 클릭하면 즉시 원노트가 실행됩니다. 원노트를 처음 실행했다면 간략하게 원노트를 설명하는 화면이 표시됩니다. 〉를 클릭해 내용을 살펴보고 마이크로소프트 계정의 이름이 표시되면 [OneNote 사용 시작]을 클릭합니다.

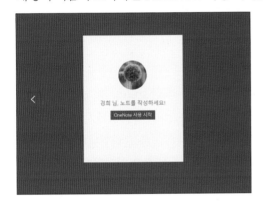

2 │ 전자 필기장 만들기

용도에 맞춰 여러 권의 노트를 사용하는 것처럼 원노트에서도 각 용도별로 전자 필기장을 만들어서 사용합니다. 새로운 전자 필기장을 추가하려면 '원노트' 앱의 왼쪽 위에 있는 [탐색 표시] 단추(≡)를 클릭한 후 [전자 필기장]의 오른쪽에 있는 ╋를 클릭하고 이름을 붙입니다.

3 | 섹션 만들기

전자 필기장이라는 커다란 노트는 주제별로 여러 섹션을 만들어 구분할 수 있습니다. 섹션은 마치 전자 필기장의 인덱스와 같습니다. 새로운 섹션을 만들려면 '원노트' 앱의 왼쪽 위에 있는 [탐색 표시] 단추(☰)를 클릭하고 섹션을 만들 전자 필기장을 선택한 후, 섹션 탭의 오른쪽에 있는 +를 클릭합니다. 섹션에는 원하는 이름을 붙일 수 있습니다.

 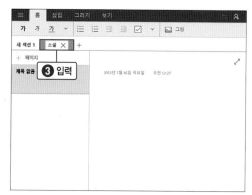

4 | 페이지 만들기

전자 필기장의 섹션에서는 각 정보마다 별도의 페이지를 정리할 수 있습니다. 즉, 한 섹션(인덱스) 안에 여러 페이지를 만들 수 있습니다. 페이지를 만들려면 여러 개의 섹션 중에서 페이지를 만들 섹션을 선택하고 섹션 목록이 나타나면 [페이지]의 왼쪽에 있는 +를 클릭합니다. 기존 페이지 아래에 '제목 없음'이라는 새로운 페이지가 만들어지는데 여기에 내용을 입력하면 됩니다.

 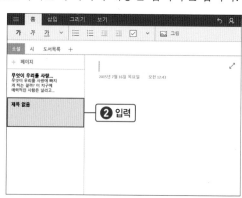

핵심
기능 | **02** 원노트에 내용 입력하기

원노트의 페이지 안에는 텍스트를 입력할 수도 있고, 그림이나 표를 삽입할 수도 있습니다. 또한 만들어 놓은 페이지 내용에 펜이나 손가락을 이용해 그리기를 할 수도 있습니다. 원노트에 입력하는 내용은 원드라이브에 저장됩니다.

1 │ 텍스트 입력하기

원노트에서는 화면 어디든 텍스트를 입력할 수 있습니다. 원하는 위치에 마우스로 클릭하고 텍스트를 입력하면 됩니다. 원노트의 '홈' 탭 아래 부분에 있는 글자색이나 스타일 등 여러 가지 도구가 있어서 문서 편집기를 사용하듯 텍스트를 수정할 수 있습니다.

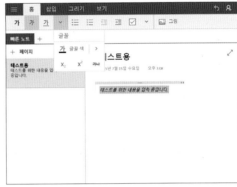

2 │ 그림 삽입하기

원노트의 '삽입' 탭을 클릭한 후 그림 도구 [🖼 그림]을 클릭합니다. 페이지에 삽입할 그림을 선택한 후 [열기]를 클릭합니다.

3 │ 펜이나 터치로 그리기

터치가 가능한 태블릿이나 스마트폰이라면 펜이나 터치를 이용해 그림을 그릴 수 있습니다. 원노트의 '그리기' 탭을 클릭한 후 마우스 또는 터치로 그리기 도구 ✏️를 클릭합니다. 가는 펜을 사용하려면 가늘게 도구 ▽를 클릭하고, 약간 굵은 펜을 사용하려면 보통 도구 🖊️를 클릭합니다. 잉크색을 바꾸려면 색 도구 🎨를 클릭한 후 원하는 색상을 선택합니다.

 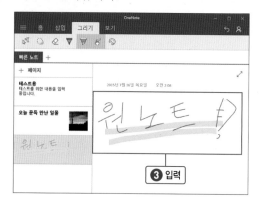

4 │ 잉크 지우기

잘못된 부분을 삭제하려면 지우개 도구 ◇를 이용합니다. 지우개 도구를 클릭하면 '중간 지우개'와 '획 단위 지우개'가 있는데 '중간 지우개'는 칠판 지우개로 지우듯 펜이나 터치가 지나는 자리가 지워지는 것이고 '획 단위 지우개'는 클릭하는 부분의 한 획을 지웁니다.

핵심 기능 **03** 웹에서 원노트 확인하고 수정하기

윈도우 10의 '원노트' 앱에서 작성한 내용은 원드라이브에 저장되기 때문에 인터넷에 접속할 수 있는 기기라면 원드라이브를 통해 원노트를 확인하고 수정할 수 있습니다.

스마트폰이나 태블릿, 노트북 등에서는 '원노트' 앱으로 접속해서 볼 수 있지만, 원노트 앱이 없더라도 http://www.onenote.com으로 접속한 후 마이크로소프트 계정으로 접속하면 언제든지 원노트를 확인할 수 있습니다. 또는 원드라이브 사이트에서 메뉴 단추 ⊞를 클릭한 후 'OneNote Online'을 클릭합니다. 전자 필기장 목록이 나타나면 확인하고 싶은 전자 필기장을 선택합니다.

페이지 제목 왼쪽의 메뉴 도구 ≡를 클릭하면 현재 전자 필기장의 섹션 목록과 함께, 현재 섹션의 페이지 목록이 표시됩니다. 원하는 섹션이나 페이지를 선택하면 내용을 볼 수 있습니다.

찾아보기

WINDOWS 10+EXCEL&POWERPOINT&WORD 2016+HANGEUL 2014

윈도우10 + 엑셀
파워포인트
워드 2016
한글 2014
무작정 따라하기

엑셀편

고경희, 박미정, 박은진 지음

길벗

활용제안 1 일단,『무작정』따라해 보세요!

실제 업무에서 사용하는 핵심 기능만 쏙 뽑아 실무 예제로 찾기 쉬운 구성으로 중요도별로 배치했기 때문에 **'무작정 따라하기'**만 해도 엑셀 사용 능력이 크게 향상됩니다. **'Tip'**과 **'잠깐만요'**는 예제를 따라하는 동안 주의해야 할 점과 추가 정보를 친절하게 알려줍니다. 또한 **'리뷰! 실무 예제'**로 자신의 실력을 점검해 보고 **'핵심! 실무 노트'**로 활용 능력을 업그레이드해 보세요.

반드시 알고 넘어가야 할 주요 내용 소개!

• 학습안 제시
• 결과 미리 보기
• 섹션별 주요 기능 소개

핵심 키워드로 업무 능력 업그레이드!

• NEW/UP
• 우선순위 TOP 20

필수 기능만 쏙 뽑아 실무에 딱 맞게!

• 핵심 기능/실무 예제
• 무작정 따라하기
• Tip/잠깐만요

검색보다 빠르다!

• 탭

UP무 능력 향상을 위한 활용 실습

• 리뷰! 실무 예제

프로 비즈니스맨을 위한 활용 TIP!

• 핵심! 실무 노트

자신의 『레벨에 맞는 학습법』을 찾아보세요!

엑셀을 최대한 쉽고 친절하게 알려주기 때문에 **초보 사용자**도 단기간에 **중급 사용자**로 **도약**할 수 있어요.
중, 고급 사용자라도 실무에서 다루는 현장감 넘치는 예제를 업무에 바로 적용할 수 있어서 **업무 활용 능력**을 높일 수 있어요! 자신의 단계에 맞는 **체계적인 학습법**을 찾아보세요.

'엑셀' 사용 수준에 따른 학습 단계는?

기초 완성	실무 핵심	프로 비즈니스
Chapter 1과 Chapter 2의 예제를 꼼꼼하게 실습하고 혼자해 보기를 통해 기본 문서와 서식으로 통합 문서 작성 방법을 익힙니다.	Chapter 3에서 수식과 함수에 대한 이해와 계산의 기본을 탄탄히 하고 실무 함수로 복잡하고 다양한 예제를 통해 현장에서의 실무 감각을 익힙니다.	Chapter 4에서 피벗 테이블 및 강력한 시각적 분석 기능으로 데이터를 보고서로 작성하는 방법을 익혀 현업의 대시보드 작성에 활용해 봅니다.

단기간에 끝내는 맞춤 학습 계획

하루에 한 장씩 일주일에 총 세 장을 공부하고 '리뷰! 실무 예제'와 '핵심! 실무 노트'로 복습하면 한 달 안에 이 책을 끝낼 수 있습니다. 만약 엑셀 기능을 급하게 익혀야 한다면 해당하는 기능을 찾아 익히세요. 만약 더 빠른 학습을 원한다면 New/Up 기능과 우선순위 TOP 20만 살펴보세요.

혼자가 아닌 여러 사람들과 스터디를 하거나 학생 대상 강의를 계획한다면 강의 계획표 중에서 '예습' 부분을 미리 공부한 후 함께 모여서(강의 시간에) 본문 예제를 따라해 봅니다. 수업 또는 스터디 이후에는 과제를 풀어보면서 배운 내용을 복습해 보세요.

주	해당 장	주제	예습	과제
1주	Chapter 1	엑셀 시작과 엑셀 데이터 다루기	Section 1~2	리뷰! 실무 예제
2주		워크시트 및 셀 편집과 인쇄 설정하기	Section 3~4	리뷰! 실무 예제, 핵심! 실무 노트
3주	Chapter 2	셀 서식과 조건부 서식 다루기	Section 1~2	리뷰! 실무 예제
4주		차트와 스파크라인으로 데이터 표현하기	Section 3	리뷰! 실무 예제, 핵심! 실무 노트
5주	Chapter 3	수식과 자동 함수 익히기	Section 1	리뷰! 실무 예제
6주		기본 함수 익히기	Section 2	리뷰! 실무 예제
7주		고급 실무 함수 익히기	Section 3	리뷰! 실무 예제, 핵심! 실무 노트
8주	Chapter 4	데이터베이스 작성, 데이터 검색과 추출하기	Section 1~2	리뷰! 실무 예제
9주		전문 분석 기능 다루기	Section 3	리뷰! 실무 예제, 핵심! 실무 노트

활용 제안 3 『우선순위 TOP 20』과 『실무 난이도』를 적극 활용하세요!

엑셀 사용자들이 네이버 지식iN, 오피스 실무 카페 및 블로그, 웹 문서, 뉴스 등에서 **가장 많이 검색하고 찾아본 키워드를 토대로 우선순위 TOP 20**을 선정했어요. 이 정도만 알고 있어도 엑셀은 문제 없이 다룰 수 있답니다. 또한 각 예제마다 난이도를 표시하여 학습의 중요도를 살펴볼 수 있어요. 언제, 어디서든지 원하는 기능을 **금방 찾아 바로 적용**해 보세요!

순위 ▲	키워드	간단하게 살펴보기	빠른 페이지 찾기	
1 ▲	IF	조건에 따라 달라지는 값을 구하는 논리 함수	129, 138	가장 많이 사용
2 ▲	VLOOKUP	기준 값으로 다른 열의 값을 구하는 함수	149, 159	현업 중요도↑
3 ▲	참조 유형	셀 참조 유형에 따라 달라지는 계산 이해	115	
4 ▲	셀 복사	다양한 옵션 붙여넣기	39	기본 기능
5 ▲	데이터 정렬	크기, 색상 등 조건에 따라 정렬	176~179, 195	
6 ▲	자동 필터	데이터를 추출하는 가장 쉬운 방법	187, 195	
7 ▲	데이터 입력	데이터 종류에 따른 입력 방법 이해	25~31	
8 ▲	피벗 테이블	함수 없이도 빠른 데이터 요약 가능	199~201, 212	강력한 분석 도구
9 ▲	페이지 인쇄	인쇄 전 용지 크기, 방향, 여백, 매수 등 설정 필요	51, 55	
10	표시 형식	숫자 데이터를 다양한 방법으로 표시	74	보고서 필수
11	사용자 지정 표시 형식	코드 값으로 숫자, 날짜, 시간 표시 형식 사용자 지정	77, 80	
12	셀 범위 지정	셀 복사, 이동을 위한 빠른 셀 범위 선택 방법	41~42	필수 기능
13	시트 편집	작업 시트의 복사, 이동, 삭제, 삽입 등	45	
14	차트 삽입	요약 데이터를 시각적으로 표현. 분석 보고서 필수 삽입	95~96, 105~108	분석 보고서 필수
15	자동 합계	셀 범위의 합계, 평균, 개수 등 자동 계산	121	
16	RANK.EQ	순위를 매기는 함수, 매출, 점수, 비용 계산도 가능	129, 131	
17	서식 파일	서식 파일로 빠르게 시작하기	20	
18	ROUND	계산 및 숫자값을 특정 위치까지 반올림하는 함수	135	
19	SUMIF	조건에 맞는 값을 모두 더하는 함수	148, 150	요약 함수 기본
20	INDEX	특정 값을 가져오는 함수. MATCH 함수 사용	149, 163	현업 활용도↑

4 직접 먼저 따라해 본 『베타테스터』의 경험담을 들어보세요!

책이 출간되기 전, 베타테스터들이 원고를 직접 따라해 보면서 이해되지 않는 내용을 수정하고 잘못된 부분을 고쳐가면서 꼭 맞는 학습 방법을 제안해 주었습니다. 자신과 비슷한 연령, 작업 환경, 성별의 베타테스터들이 엑셀을 어떻게 공부하고 활용하고 있는지 먼저 경험해 본 사람들의 이야기를 듣고 참고해 보세요!

주부

김미나

초보도 따라하기 쉬운 구성과 간결한 설명으로 단숨에 이해할 수 있어요!

실무에서나 다룰 수 있는 현장감 넘치는 예제로 구성되어 있어 막연하게 어렵지 않을까 하는 두려움이 들었지만, 친절하면서도 이해하기 쉬운 설명으로 단숨에 기능을 파악할 수 있었습니다. 예제를 따라해 보고 '리뷰! 실습 예제'로 복습해 보면서 엑셀에 대한 자신감이 부쩍 생겼습니다. 2016년에는 가계부부터 일정 관리까지 엑셀로 무엇이든지 해낼 수 있을 것 같습니다.

컴퓨터 강사

김수림

새로워진 엑셀 2016, 필요한 기능을 빠르게 찾을 수 있어요!

'무작정 따라하기' 시리즈의 장점 중 하나인 자세하고 친절한 설명 덕분에 엑셀 2016의 새로운 기능을 쉽게 익힐 수 있었습니다. 'NEW' 또는 'UP'을 표시하여 달라진 기능이 무엇인지, 더 좋아진 기능이 무엇인지 한눈에 파악할 수 있었으며, 책의 오른쪽에 표시된 탭 덕분에 필요할 때마다 원하는 기능을 빠르게 찾아볼 수 있어 더 이상 인터넷에서 헤맬 필요가 없습니다. 엑셀 2016은 이 책 한 권이면 든든합니다.

기술 영업

윤혜경

실무에 딱! 배운 내용을 업무에 바로 써먹을 수 있어요!

실무에 정말 필요한 핵심 스킬이 꼼꼼하게 담겨 있습니다. 단지 몇 개의 노하우만 익혔을 뿐인데도 업무 실력이 한층 더 업그레이드된 느낌이 들었습니다. 특히 '핵심! 실무 노트'에서 다루는 내용은 진작에 알고 있었으면 업무의 질이 달라졌을 것이라는 생각이 들 만큼 알찬 팁이었습니다. 베타테스터로 활동하면서 나와 같은 실무자들에게 꼭 도움이 되기 바라는 마음을 담아 성실하게 따라하기를 하고 나니 뿌듯합니다.

? 무엇이든 물어보세요

책을 읽다 막히는 부분이 있으면 '길벗 홈페이지(www.gilbut.co.kr)' 회원으로 가입하고 '독자지원/자료실 → '자료/문의/요청' 게시판에 질문을 올리세요. 지은이와 길벗 독자지원센터에서 친절하게 답해 드립니다.

참여 방법

길벗 홈페이지(www.gilbut.co.kr) 회원 가입 후 로그인하기 독자지원/자료실-자료/문의/요청-베타테스터 질문 검색 또는 문의/요청하기

목차

목차

CHAPTER 1 엑셀 기본 문서 작성하기

엑셀 2016을 실행하면 리본 메뉴와 수백 개의 빈 셀만 표시됩니다. 아무런 서식도 지정되지 않은 새 통합 문서에서 무엇부터 시작해야 할지 고민된다면 엑셀 2016에서 제공하는 다양한 서식 파일을 활용해 보세요. 일정 관리뿐만 아니라 수익 분석, 판매 보고 등 목적에 맞는 서식을 선택하여 빠르게 문서 작성을 시작할 수 있어요. 만약 원하는 서식을 찾지 못했다면 온라인 서식 파일 검색에서 키워드를 입력하여 자신에게 꼭 맞는 다양한 서식을 찾아보세요. 이번 챕터에서는 엑셀 문서를 작성할 때 꼭 알고 있어야 할 데이터 입력과 셀 및 워크시트의 편집, 그리고 인쇄 설정에 대해 배워봅니다.

Windows 10
+Excel
& PowerPoint
&Word 2016
+Hangeul 2014

Section 01

엑셀 2016 시작하기

엑셀은 가계부 정리부터 회계 분석, 고객 관리까지 누구나 쉽게 다룰 수 있는 프로그램이에요. 하지만 수식이나 함수에 대한 부담 때문에 엑셀 사용을 꺼리거나 어렵게 생각하는 사용자가 많아요. 엑셀 2016에서는 단 몇 번의 클릭만으로도 원하는 결과를 쉽게 얻을 수 있도록 분석 기능을 강화했어요. 특히 초보자라도 데이터를 쉽고 효과적으로 표현할 수 있는 분석 차트뿐만 아니라 다양한 검색 기능 등 편리하게 문서를 작성할 수 있는 다양한 옵션과 환경을 제공해요. 그리고 온라인 공유를 통해 공동으로 문서를 함께 작성할 수 있게 되었어요.

> PREVIEW

▲ 서식 파일 이용해 쉽게 새 문서 작성하기

▲ [Excel 옵션] 창 이용해 자신에게 맞는 엑셀 환경 설정하기

핵심
기능 **01**

엑셀 실행하기

1 | 윈도우 10에서 엑셀 2016 시작하기

윈도우 10이 설치된 데스크톱에서 엑셀 2016을 시작해 볼까요? 윈도우 바탕 화면에서 [시작] 단추
(■)를 클릭하고 [모든 앱]을 선택하세요. 앱 목록이 표시되면 [Excel 2016]을 선택하세요.

잠깐만요 윈도우 7 또는 윈도우 8에서 엑셀 2016 실행하기

윈도우 7 또는 윈도우 8에서는 다음과 같은 방법으로 엑셀 2016을 실행할 수 있어요.

- 윈도우 7 사용자 : [시작] 단추를 클릭하고 [모든 프로그램]−[Microsoft Office 2016]을 선택한 후 [Excel 2016]을 선택
  하세요.
- 윈도우 8 또는 윈도우 8.1 사용자 : 윈도우의 [시작]에서 [Excel 2016] 앱을 클릭하세요.

▲ 윈도우 7에서 엑셀 2016 실행하기   ▲ 윈도우 8에서 엑셀 2016 실행하기

13

2 | 엑셀 2016의 시작 화면 살펴보기

엑셀 2016 프로그램을 실행하면 최근에 사용한 항목이나 서식 파일을 선택할 수 있는 시작 화면이 열리는데, [새 통합 문서]를 클릭하면 아무 서식도 적용되지 않은 빈 통합 문서를 열 수 있어요. 수식이나 함수, 표나 차트 등의 사용에 자신이 없다면 엑셀 2016에서 제공하는 서식 파일로 문서를 빠르게 시작해 보세요. '최근 항목'이나 [다른 통합 문서 열기]를 선택하여 기존에 작업했던 문서를 찾아 실행하세요.

❶ **검색 입력 상자** : 찾으려고 하는 서식 파일의 검색어를 입력하여 원하는 문서를 검색한 후 다운로드할 수 있어요.

❷ **계정** : 사용하는 장치(PC, 태블릿 등)와 클라우드 서비스(OneDrive)에서 마이크로소프트 계정을 만들고 로그인하여 사용할 수 있어요.

클라우드 서비스를 이용하면 온라인 공간에 파일이나 문서를 저장해 놓고 여러 사람들과 공동으로 작업할 수 있으며, 언제 어디서든 파일을 열어볼 수 있어요.

❸ **최근 항목** : 최근에 작업한 파일 목록으로, 여기서 원하는 문서를 선택하여 빠르게 실행할 수 있어요.

❹ **다른 통합 문서 열기** : 최근에 사용한 통합 문서를 제외하고 다른 경로(내 컴퓨터, OneDrive 등)에 저장한 엑셀 문서를 열수 있어요.

❺ **새 통합 문서** : 빈 셀과 워크시트로 구성된 통합 문서로, 사용자가 원하는 문서 형태를 직접 작성할 수 있어요.

❻ **서식 파일** : 엑셀 2016에서 기본적으로 제공하는 파일로, 목적과 필요에 따라 다양한 서식 파일을 선택할 수 있어요.

새로운 기능 살펴보기

오피스 2016의 주요 기능은 문서 공유와 저장을 위한 클라우드 기반의 협업 및 생산성 서비스입니다. 따라서 어떤 장치를 사용하든지 여러 사람들과 공동으로 문서를 작업할 수 있는 스마트워크 환경을 제공하고 있어요. 특히 윈도우 10에서는 모바일 엑셀도 제공하기 때문에 정식 버전의 엑셀 프로그램이 없어도 언제든지 엑셀 문서를 자유롭게 작성하고 편집할 수 있어요. 이 외에도 엑셀 2016에서는 표와 차트 등 분석 기능이 더욱 업그레이드되어 초보자도 원하는 결과를 쉽게 구할 수 있게 되었어요.

1 | 엑셀 도움말 검색하기

엑셀 2016을 사용하다가 헷갈리거나 모르는 기능이 있다면 설명 상자에 검색어를 입력해 보세요. 그러면 원하는 정보나 기능에 대한 도움말이 검색되어 궁금증을 해결하도록 도와줍니다.

▲ 설명 상자 사용하기

> **Tip**
>
> '어떤 작업을 원하시나요?'는 엑셀 2016 버전에 추가된 설명 상자로, 영문명은 'tell me(텔미)'입니다. 해당 메뉴 이름은 프로그램 버전 업데이트 과정에서 변경될 수도 있습니다.

▲ 설명 상자에 검색어 「요약」 입력하여 추천 피벗 테이블 실행하기

2 │ 스마트 조회로 검색한 내용 삽입하기

스마트 조회는 도움말 검색처럼 문서 작업 도중에 원하는 내용을 빠르게 검색하여 적용할 수 있는 기능이에요. 검색한 이미지 중에서 사용하고 싶은 이미지가 있다면 선택한 후 셀로 드래그하여 끌어오기만 해도 곧바로 문서에 삽입됩니다. 스마트 조회는 설명 상자에서 실행하거나 셀에 입력된 내용을 마우스 오른쪽 단추로 눌러 [스마트 조회]를 선택해서 실행할 수 있어요.

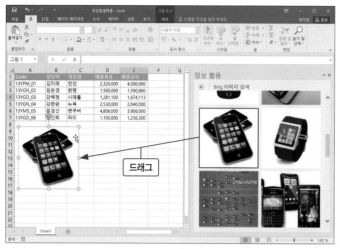

▲ 스마트 조회로 원하는 내용 찾아 셀로 드래그하여 바로 입력하기

3 │ 공동으로 통합 문서 작업하기

엑셀뿐만 아니라 오피스 2016으로 작성한 모든 문서를 OneDrive에 저장하면 여러 명의 사용자들과 공동으로 작업할 수 있어요. 문서를 저장한 후 생성된 링크 주소를 복사하여 메일로 초대하거나 사용자 편집 권한을 부여하면 공동으로 문서를 수정하고 편집할 수 있습니다.

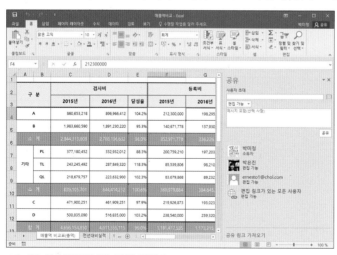

▲ OneDrive에서 공동 작업 문서 수정 및 편집하기

> **Tip**
>
> OneDrive(원드라이브)는 마이크로소프트(MS)에서 제공하는 클라우드 서비스로, 사용하는 장치에 상관없이 원하는 파일을 업로드하여 여러 사람들과 공유하면서 작업할 수 있는 저장 매체예요. 무료 제공 이상의 저장 공간(용량)이 필요하다면 추가로 요금을 결제하여 사용할 수도 있어요.

4 | 새롭게 추가된 여섯 가지 분석 차트 이용하기

엑셀 2016의 장점 중 하나는 바로 다양한 분석 차트입니다. 분석 차트는 데이터를 시각화해서 보여주기 때문에 전달하려는 핵심을 강조하여 표현할 수 있어요. 트리맵과 선버스트 형태로 데이터를 시각화해서 면적으로 나타내면 직관적 판단이 가능할 뿐만 아니라 데이터를 원하는 대로 쉽게 조작할 수 있어요. 특히 선버스트 형태는 방사형 원형으로 데이터를 시각화하여 역동적인 표현이 가능합니다.

▲ 트리맵 차트

▲ 선버스트 차트

▲ 파레토 차트

▲ 폭포 차트

▲ 수염 상자 그림 차트

▲ 히스토그램 차트

5 | 3D 맵 활용해 지리적 데이터 표시하기

마이크로소프트 엑셀용 3D 맵은 새로운 방법으로 정보를 확인할 수 있는 3D(3차원) 데이터 시각화 도구로, 기존의 2차원 표와 차트에는 나타나지 않는 정보까지 발견할 수 있습니다. 3D 맵을 사용하면 3D 지구본이나 사용자 지정 지도에 지리 및 시간에 따른 데이터를 그리고 시간의 경과에 따라 보여줄 수 있어요. 이렇게 만들어진 영화와 같은 가이드 비디오 투어는 다른 사용자와 공유하거나 스크린샷으로 캡처하여 문서에 삽입할 수 있습니다.

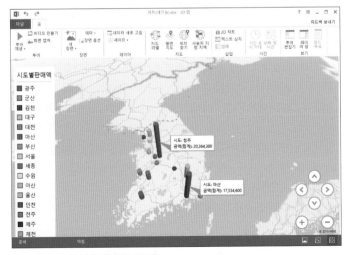

▲ 3D 맵으로 시도별 비디오 판매액 표시하기

화면 구성 살펴보기

엑셀 2016은 이전 버전과 비교하여 구성이 크게 달라지지는 않았지만, 기능이 업그레이드되고 명령 단추가 추가되어 헷갈릴 수도 있어요. 따라서 문서의 작업 속도를 향상시키고 일의 능률을 높이고 싶다면 여기서 알려주는 20가지의 메뉴를 잘 익혀두세요.

❶ **빠른 실행 도구 모음** : 자주 사용하는 도구를 모아놓은 곳으로, 사용자의 필요에 따라 도구를 추가 및 삭제할 수 있어요.

❷ **제목 표시줄** : 통합 문서의 이름이 표시됩니다.

❸ **[리본 메뉴 표시 옵션] 단추(▣)** : 리본 메뉴의 탭과 명령 단추들을 모두 표시하거나 숨길 수 있어요.

❹ **[최소화] 단추(▬), [최대화] 단추(▢)/[이전 크기로 복원] 단추(▢), [닫기] 단추(✕)** : 화면의 크기를 조정하는 단추로, 화면을 확대하거나 작업 표시줄에 아이콘으로 최소화할 수 있어요. 사용자가 창의 크기를 조정하면 최대화된 크기를 이전 크기로 복원시키고 [닫기] 단추(✕)를 클릭하면 프로그램이 종료됩니다.

❺ **[파일] 탭** : 파일을 열고 닫거나 저장 및 인쇄할 수 있으며 공유, 계정, 내보내기 등의 문서 관리도 가능합니다. 또한 다양한 엑셀 옵션도 지정할 수 있어요.

❻ **탭** : 클릭하면 기능에 맞는 도구 모음이 나타나요. 기본적으로 제공되는 탭 외에 그림, 도형, 차트 등을 선택하면 [그림 도구]나 [표 도구]와 같은 상황별 탭이 추가로 나타납니다.

❼ **설명 상자** : 엑셀 2016 기능에 대한 도움말을 실행할 수 있는데, 영문명은 'tell me(텔미)'입니다.

❽ **공유** : 해당 문서를 작업하고 있는 사용자를 확인하고 공유 옵션을 지정할 창을 열 수 있어요.

⑨ 리본 메뉴 : 선택한 탭과 관련된 명령 단추들이 비슷한 기능별로 묶인 몇 개의 그룹으로 구성되어 있어요.

⑩ 이름 상자 : 셀 또는 범위에 작성한 이름이 표시됩니다.

⑪ [취소] 단추(☒), [입력] 단추(☑), [함수 삽입] 단추(ƒₓ) : 데이터를 입력하거나 취소할 수 있고 [함수 삽입] 단추(ƒₓ)를 클릭하면 함수 마법사를 실행할 수 있어요.

⑫ 수식 표시줄 : 셀에 입력한 데이터 또는 계산한 수식이 표시됩니다.

⑬ [시트 전체 선택] 단추(◢) : 워크시트의 전체 범위를 한 번에 빠르게 선택할 수 있어요.

⑭ 행 머리글, 열 머리글 : 행 머리글은 워크시트에서 각 행의 맨 왼쪽에 표시되고 클릭하면 행 전체가 선택됩니다. 열 머리글은 워크시트에서 각 열의 맨 위에 표시되고 클릭하면 열 전체가 선택됩니다.

⑮ 워크시트 : 열과 행으로 구성된 셀로 이루어져 있어요. 데이터를 작업하는 공간으로, 항상 통합 문서에 저장됩니다.

⑯ 스크롤바 : 마우스로 가로로 또는 세로로 드래그하여 워크시트의 화면을 이동할 수 있어요.

⑰ 시트 이동 단추(◀, ▶) : 시트 이름을 스크롤할 때 사용해요. Ctrl을 누른 상태에서 마우스 왼쪽 단추를 누르면 처음 시트와 마지막 시트로 스크롤하고 마우스 오른쪽 단추를 누르면 [활성화] 대화상자가 열리면서 모든 시트 목록을 볼 수 있어요.

⑱ 시트 탭 : 기본적으로 워크시트의 이름이 [Sheet1], [Sheet2] 등으로 표시되지만, 사용자가 이름을 직접 지정할 수 있어요.

⑲ 화면 보기 단추 : 원하는 문서 보기 상태로 이동할 수 있는 단추입니다. [기본] 보기(▦), [페이지 레이아웃] 보기(▦), [페이지 나누기 미리 보기](▦) 등으로 화면 보기 상태를 선택할 수 있어요.

⑳ 확대/축소 슬라이드바 : 슬라이드바를 드래그하여 화면 보기 비율을 10~400%까지 확대 또는 축소할 수 있어요. 또한 비율 부분(100%)을 클릭하여 [확대/축소] 대화상자를 열고 비율을 직접 지정할 수도 있어요.

잠깐만요 ┃ 빠른 실행 도구 모음에 자주 사용하는 명령 추가하기

엑셀에서 자주 사용하는 기능을 매번 찾아 실행하기는 어렵습니다. 그러므로 빠른 실행 도구 모음에 자주 사용하는 명령을 추가하여 한 번의 클릭으로 실행해 보세요. 먼저 리본 메뉴에서 자주 사용하는 명령 단추에서 마우스 오른쪽 단추를 눌러 [빠른 실행 도구 모음에 추가]를 선택하세요.

▲ [필터] 명령 단추에서 마우스 오른쪽 단추 누르기

이렇게 추가된 명령은 한 번만 클릭하여 빠르게 실행할 수 있어요.

▲ 빠른 실행 도구 모음에 추가된 [필터] 도구

예제파일 : 새 문서에서 시작하세요.   결과파일 : 판매 수수료 계산서_완성.xlsx

실무
예제 **04** # 서식 파일로 문서 빠르게 시작하기

1 아무 것도 입력되어 있지 않은 빈 통합 문서가 아닌 엑셀 2016에서 제공하는 서식 문서로 시작해 볼까요? 시작 화면의 검색 입력 상자에 『계산서』를 입력하고 Enter를 누르세요.

> **Tip**
>
> 아직 엑셀로 문서를 만드는 데 자신이 없다면 다양한 스타일의 문서를 골라 사용할 수 있는 서식 파일을 적극 활용해 보세요. 그러면 초보자도 쉽게 고품질 엑셀 문서를 만들 수 있어요.

2 검색된 서식 파일 중에서 필요한 문서를 찾아 선택하세요. 여기서는 『판매 수수료 계산서』를 선택했어요.

> **Tip**
>
> 검색 입력 상자에 검색어를 입력하고 [검색 시작] 단추(🔍)를 클릭해도 서식 파일 결과를 볼 수 있어요.

3 '판매 수수료 계산서' 양식이 나타나면 [만들기]를 클릭하세요.

4 판매 수수료 계산서 서식 파일이 실행됩니다. 셀에 이미 입력된 값이나 수식을 원하는 내용으로 변경하여 문서를 완성해 보세요.

잠깐만요 **항상 빈 통합 문서로 엑셀 시작하기**

엑셀을 실행할 때마다 시작 화면을 표시하지 않고 곧바로 새로운
워크시트를 열 수 있어요. [파일] 탭-[옵션]을 선택하여 [Excel 옵
션] 창을 열고 '일반' 범주의 '시작 옵션'에서 [이 응용 프로그램을
시작할 때 시작 화면 표시]의 체크를 해제하고 [확인]을 클릭하세요.

📁 **예제파일** : 새 문서에서 시작하세요.

실무 예제 | 05 # 나에게 딱 맞는 엑셀 사용 환경 설정하기

1 엑셀 2016에서는 사용자의 작업 환경에 맞게 시트 수, 글꼴, 저장 형식 등을 지정할 수 있어요. **[파일] 탭-[옵션]**을 선택하세요.

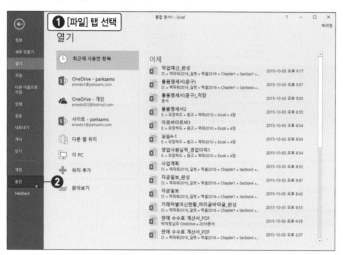

2 [Excel 옵션] 창이 열리면 [일반] 범주의 '새 통합 문서 만들기'에서 '글꼴 크기'는 [12], '포함할 시트 수'는 [3]으로 지정하세요. 'Microsoft Office 개인 설정'의 'Office 배경'에서 [기하 도형]을 선택하고 [확인]을 클릭하세요. 글꼴 변경에 대한 안내 메시지 창이 열리면 [확인]을 클릭하세요.

> **Tip**
>
> 현재 통합 문서를 닫고 다시 엑셀 2016을 실행하면 '기하 도형' 배경 화면의 이미지가 나타나고 기본적인 글꼴 크기가 '12pt'이면서 시트 탭이 세 개인 통합 문서가 열려요.

1 | '구간별 예산' 서식 파일로 문서 작성하기

결과파일 : 작업예산_완성.xlsx

[새로 만들기] 창의 기본 서식 중에서 '구간별 예산' 서식 파일을 다운로드하여 새 문서를 작성해 보세요.

Hint ① [파일] 탭-[새로 만들기]를 선택하고 [예산]을 검색하세요.
② 엑셀에서 기본 제공하는 서식 파일 중에서 [구간별 예산]을 선택하세요.
③ '구간별 예산' 양식이 나타나면 [만들기]를 클릭하여 서식 파일을 실행하고 내용을 수정하여 문서를 작성하세요.

2 | 엑셀 옵션에서 개인 설정 환경 변경하기

예제파일 : 새 문서에서 시작하세요.

[Excel 옵션] 창의 [일반] 범주에서 '글꼴 크기'는 [10pt], '배경'은 [도시락], '테마'는 [흰색]으로 변경해 보세요.

Hint ① [파일] 탭-[옵션]을 선택하여 [Excel 옵션] 창을 열고 [일반] 범주의 '새 통합 문서 만들기'에서 '글꼴 크기'를 [10pt]로 변경하세요.
② 'Microsoft Office 개인 설정'에서 'Office 배경'은 [도시락], 'Office 테마'는 [흰색]으로 변경하세요.

02

엑셀 데이터
정확하게 다루기

엑셀을 사용하여 데이터를 계산 및 분석하려면 엑셀에서 사용할 수 있는 데이터의 종류에 대해 정확하게 이해하고 있어야 해요. 데이터를 잘못 입력하면 서식이나 수식을 제대로 적용할 수 없어서 정확한 결과를 얻을 수 없기 때문이죠. 그러므로 엑셀 데이터를 정해진 규칙에 맞게 입력하고 편집할 줄 알아야 합니다. 이번 섹션에서는 엑셀의 기초 중의 기초이면서도 자칫 실수하기 쉬운 데이터의 입력과 편집 방법에 대해 자세하게 배워보겠습니다.

> ## PREVIEW

▲ 여러 종류의 데이터 입력해 보기

▲ 자동 채우기 핸들(➕) 사용해 데이터 입력 및 수정, 삭제하기

핵심
기능 **01** # 엑셀 데이터의 종류 알아보기

1 | 데이터 구분하기

엑셀에서 사용하는 데이터는 크게 '텍스트'와 '숫자'로 나눌 수 있어요. 데이터의 종류에 따라 입력 방식이 조금씩 다르지만, 날짜와 시간 등의 데이터 속성을 미리 알고 있으면 데이터를 가공할 때 걸리는 시간을 줄일 수 있어요. 자, 그러면 입력한 데이터의 종류에 따라 달라지는 결과를 미리 살펴볼까요?

구분		설명	입력 결과
텍스트	텍스트	• 텍스트형 데이터로 입력됩니다. • 기본적으로 왼쪽 맞춤으로 정렬됩니다. • 숫자 데이터의 앞에 어포스트로피(')를 입력하면 텍스트로 변경되어 입력됩니다.	길벗, Microsoft
	기호		₩, €, £, ‰, ╱, @, ☎, ♨
	한자		計算, 분석(分析)
	숫자와 텍스트의 혼용		2016년
	숫자형 텍스트		'123
숫자	숫자	• 숫자형 데이터로 입력됩니다. • 기본적으로 오른쪽 맞춤으로 정렬됩니다. • 날짜와 시간 데이터는 표시 형식이 지정된 숫자 데이터입니다.	1234
	날짜		2016-12-31
	시간		12:50:20

2 | 데이터 종류 살펴보기

엑셀에서는 데이터의 종류에 따라 입력 방법이 다릅니다. 이것은 아주 기초적인 내용이지만, 엑셀을 잘 다루는 사용자도 실수하기 쉬우므로 데이터의 속성에 맞는 입력 방식을 반드시 정확하게 알고 있어야 합니다.

❶ 숫자 데이터

숫자 데이터는 엑셀에서 가장 기본이 되는 데이터로, 0~9 사이의 숫자를 부호 등과 함께 입력할 수 있어요. 입력한 데이터가 숫자로 인식되면 셀의 오른쪽에 자동으로 표시됩니다. 아주 큰 수나 세밀한 숫자는 지수 형식과 같은 과학용 표시 방식(1.23457E+13)으로 표시되기도 합니다.

숫자	입력 및 설명	맞춤
36000	형식을 포함하지 않고 숫자만 입력	
1.23456E+11	열 너비보다 긴 숫자는 지수값으로 표시	
123,456,789,000	열 너비보다 긴 숫자이면서 표시 형식이 지정된 경우	오른쪽 맞춤
1/4	분수는 대분수 형식으로 입력 **예** 0 1/4로 입력	
-100	부호를 포함하여 입력하거나 『(100)』으로 입력	

> **Tip**
>
> 셀 너비가 좁을 때도 숫자 데이터는 지수 형식으로 표시되지만, 표시 형식이 추가되면 '######'으로 나타나요. 이 경우에는 행 머리글 사이의 경계선에 마우스 포인터를 올려 놓고 ✛ 모양으로 변경되면 더블클릭하여 셀 너비를 늘려주세요.

❷ 텍스트 데이터

한글, 영문, 한자, 특수 문자 등의 데이터는 텍스트로 인식됩니다. 숫자와 텍스트를 혼합한 데이터나 어포스트로피(')와 같이 입력한 숫자도 모두 텍스트로 인식되어 왼쪽 맞춤으로 표시됩니다.

문자	입력 및 설명	맞춤
엑셀	입력한 그대로 결과 표시	
123	어포스트로피(')를 입력한 후 숫자를 입력한 경우	
2017년	숫자와 문자를 혼용한 데이터	왼쪽 맞춤
Microsoft Excel 2016	Alt + Enter 를 눌러 한 셀 안에서 줄 바꿈	

❸ 날짜, 시간 데이터

날짜 데이터는 숫자로 인식되지만, 하이픈(-)이나 슬래시(/)로 년, 월, 일을 구분하여 입력하면 셀에 날짜 서식이 자동으로 적용되어 표시돼요. 날짜는 1900-1-1을 기준으로 입력한 날짜까지의 일련번호가 표시되고 표시 형식으로 서식을 변경할 수 있어요. 시간 데이터의 경우에는 콜론(:)을 사용하여 시간, 분, 초를 구분하여 입력하세요.

날짜와 시간	입력 및 설명	맞춤
2016-08-02	년월일을 하이픈(-), 슬래시(/)로 구분하고 오른쪽 맞춤이 기본	
01월 04일	연도를 빼고 1/4(월/일)로 입력	
12:50:30	시분초를 콜론(:)으로 구분하여 입력하고 오른쪽 맞춤이 기본	숫자형 데이터로 오른쪽 맞춤
2016-01-10	Ctrl + ; 을 눌러 현재 날짜 입력	
12:30	Ctrl + Shift + : 을 눌러 현재 시간 입력	

> 엑셀 초보자라면 날짜와 시간 데이터 입력이 조금 어려울 수 있으므로 33쪽의 설명을 읽고 예제를 따라해 보세요.

❹ 기호, 한자 데이터

엑셀에서는 워드 프로세서만큼 기호나 한자 데이터를 많이 입력하지는 않아요. 하지만 문서의 제목이나 특정 데이터를 강조하기 위해 기호를 사용하거나 한글 이름을 한자로 변환해서 표시하는 경우가 종종 있으므로 입력 방법을 알아두면 좋아요.

기호와 한자	입력 및 설명	맞춤
▶, め, た	[삽입] 탭-[기호] 그룹에서 [기호]를 클릭하여 입력	
ⓐ, ℃, ‰	한글의 자음을 입력한 후 한자 를 눌러 변환	
朴昭玟	한글을 입력한 후 한자 를 눌러 한 글자씩 변환	문자형 데이터로 왼쪽 맞춤
家族	한글을 입력한 후 [검토] 탭-[언어] 그룹에서 [한글/한자 변환] 클릭	

실무
예제 **02**　**텍스트와 기호 입력하기**

1 엑셀의 가장 기본 데이터인 텍스트를 입력하기 위해 [Sheet1] 시트의 B5셀에 『엑셀 2016』을 입력하고 Enter를 누르세요. 텍스트가 왼쪽 맞춤으로 입력되면 C5셀에 『마이크로소프트』를 입력하고 Alt + Enter를 눌러보세요. C5셀에 두 번째 줄이 삽입되면 『엑셀 2016』을 입력하고 Enter를 눌러보세요. 이렇게 하면 한 셀에 두 줄의 텍스트를 입력할 수 있어요.

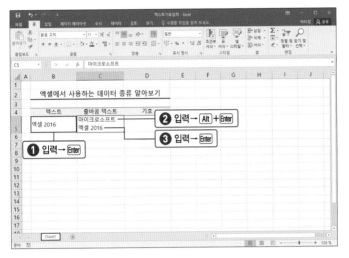

2 기호를 입력해 보기 위해 D5셀을 클릭하고 **[삽입] 탭-[기호] 그룹**에서 **[기호]**를 클릭하세요. [기호] 대화상자가 열리면 [기호] 탭에서 '글꼴'에서는 [(현재 글꼴)], '하위 집합'에서는 [통화 기호]를 선택하고 원하는 기호를 선택한 후 [삽입]과 [닫기]를 차례대로 클릭하세요. 여기서는 [€]를 선택했어요.

Tip
Alt + N + U를 누르면 [기호] 대화상자를 빠르게 열 수 있어요. 그리고 [기호] 대화상자에서 [삽입]을 클릭하면 [닫기]로 바뀝니다.

3 이번에는 [기호] 대화상자를 열지 않고 셀에 기호를 직접 입력해 볼게요. 한글 자음인『ㅁ』을 입력하고 (한자)를 눌러 기호를 선택할 수 있는 목록이 펼쳐지면 원하는 기호를 선택하세요. 원하는 기호가 없다면 [보기 변경] 단추(»)를 클릭하세요.

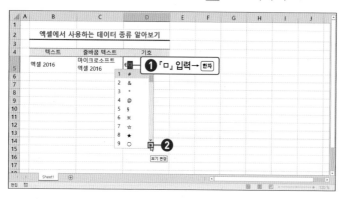

4 더 많은 기호가 나타나면 [■]를 선택하세요.

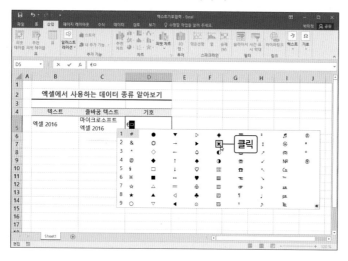

5 D5셀에 기호 ■가 삽입되었습니다.

실무
예제 **03**

숫자와 날짜/시간 데이터 입력하기

1 숫자 데이터를 입력하기 위해 [Sheet1] 시트에서 B8셀에는 『2345000』을 입력하고 Enter 를, B9셀에는 『1234567890123456』을 입력하고 Enter 를 누르세요.

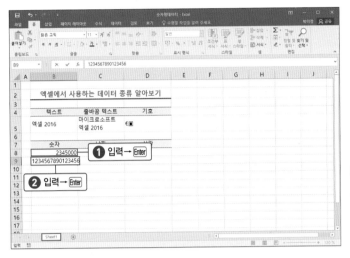

> **Tip**
>
> 숫자는 열다섯 자리만 표시되므로 B9 셀에 입력한 『1234567890123456』의 열여섯 번째 숫자인 숫자 '6'은 수식 표시줄에 '0'으로 바뀌어 표시됩니다.

2 B8셀과 B9셀 데이터가 모두 오른쪽 맞춤으로 입력되지만, B9셀에 입력한 숫자는 열다섯 자리 이상의 숫자이므로 지수 형태로 표시됩니다. 이번에는 C8셀에 『2016/12/31』을 입력하고 Enter 를 누르면 날짜 데이터이기 때문에 '2016-12-31'로 표시돼요. D8셀에는 시간 데이터인 『11:35:20』을 입력하고 Enter 를 누르면 날짜 데이터와 시간 데이터 모두 오른쪽 맞춤으로 입력 됩니다.

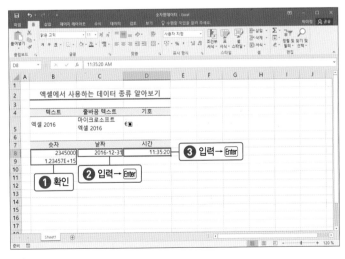

> **Tip**
>
> 날짜 데이터를 입력하려면 하이픈(-) 이나 슬래시(/)로 년, 월, 일을 구분해 야 합니다. 현재 시간을 빠르게 입력 하고 싶다면 Ctrl + : 을, 컴퓨터 시스 템 날짜를 입력하려면 Ctrl + ; 을 누 르세요. : 입력은 Shift 와 : 을 동시 에 누르면 됩니다.

실무
예제 **04** 한자로 변환하고 입력 지정하기

1 [Sheet1] 시트에서 B12셀에 한자로 변환할 텍스트인『예산』을 입력하고 [검토] 탭-[언어] 그룹
에서 [한글/한자 변환]을 클릭하세요.

Tip

『예산』 입력 후 한자를 눌러도 [한글/
한자 변환] 대화상자를 열 수 있어요.

2 [한글/한자 변환] 대화상자가 열리면 한자와 입력 형태를 선택할 수 있어요. 여기서는 '한자
선택'에서는 [豫算]을, '입력 형태'에서는 [한글(漢字)]를 선택하고 [변환]을 클릭하세요.

Tip

셀을 선택하고 한자 변환을 진행하면 한글 한자 변환을 계속 진행하겠는지 묻는 메시지 창이 열립니다. 이때 더 이상 변환할 문자가 없으면
[아니요]를 클릭하세요.

3 B12셀의 '예산'이 한자 '예산(豫算)'으로 제대로 변환되었는지 확인해 보세요.

잠깐만요 **'잉크 수식' 기능으로 복잡한 수식 직접 입력하기**

[삽입] 탭-[기호] 그룹에서 [수식]의 [수식]을 클릭하면 목록에서 제공된 수식을 그대로 선택하여 삽입할 수 있어요. 이렇게 하면 수식이 개체로 입력되어 이미지처럼 크기와 위치를 조절할 수 있어요. 직접 수식을 입력하고 싶다면 [삽입] 탭-[기호] 그룹에서 [수식]의 π를 클릭하고 명령을 선택한 후 수식 기호 및 구조 라이브러리를 사용하여 텍스트 상자에 입력해야 합니다.

그러나 엑셀 2016의 새 기능인 '잉크 수식' 기능을 이용하면 더 쉽게 수식을 입력할 수 있어요. '잉크 수식'은 마우스나 펜으로 수식을 직접 입력한 후 엑셀 문서에 삽입하기 때문에 복잡한 수식도 쉽게 작성할 수 있어요.

▲ 수식 직접 입력해 삽입하기

실무
예제 **05** 자동 채우기 핸들로 연속 데이터 입력하기

1 엑셀에서는 연속된 데이터의 경우 규칙만 잘 활용해도 많은 양의 데이터를 순식간에 입력할 수 있어요. '12월 업무 계획 일정표'에 일련번호를 입력하기 위해 [업무일정표] 시트의 A5셀에 『1』을 입력한 후 A5셀의 자동 채우기 핸들(✚)을 A34셀까지 드래그하세요.

2 A5셀부터 A34셀까지 '1'이 복사되어 채워지면 1씩 증가하는 수로 변경해 볼까요? [자동 채우기 옵션] 단추(🔳▾)를 클릭하고 [연속 데이터 채우기]를 선택하세요.

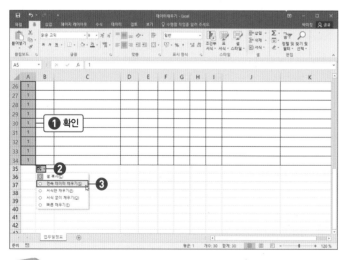

> **Tip**
>
> 숫자가 입력된 셀을 자동 채우기 핸들(✚)로 드래그하면 똑같은 숫자로 복사되어 채워지지만, 날짜나 요일, 분기와 같은 데이터는 자동으로 연속 데이터로 채워집니다.

3 이번에는 반복되는 데이터를 빠르게 입력하기 위해 B5셀부터 아래쪽 방향으로 『영업』,『생산』,『품질』,『전산』,『인사』를 순서대로 입력하세요. B5:B9 범위를 드래그하여 선택하고 B9셀의 자동 채우기 핸들(➕)을 B34셀까지 드래그하세요.

4 '구분' 항목에 데이터가 반복되어 채워졌는지 확인해 보세요. 이제 숫자와 문자가 섞인 데이터를 연속으로 입력해 볼게요. F4셀에 『1주』를 입력하고 F4셀의 자동 채우기 핸들(➕)을 I4셀까지 오른쪽 방향으로 드래그하세요.

5 F4:I4 범위에 숫자가 하나씩 증가한 데이터가 자동으로 채워졌는지 확인해 보세요.

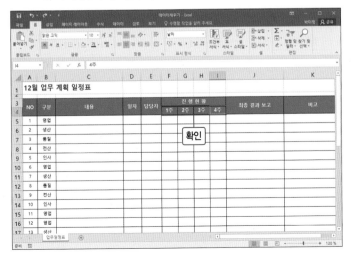

입력한 데이터 수정 및 삭제하기

1 [업무일정표] 시트에서 '12월 업무 계획 일정표'의 '12'를 '11'로 수정하기 위해 A1셀을 클릭하세요. 수식 입력줄에서 '12'를 드래그하여 선택하고 『11』을 입력한 후 Enter를 누르면 제목이 수정됩니다.

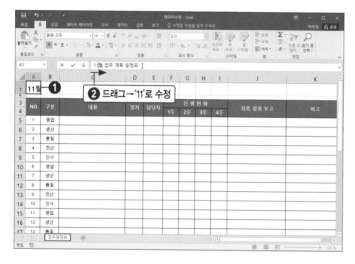

2 여러 셀들의 내용을 한꺼번에 수정하기 위해 F4:I4 범위를 드래그하여 선택하세요. **[홈] 탭–[편집] 그룹**에서 **[찾기 및 선택]**을 클릭하고 **[바꾸기]**를 선택하세요.

Tip

Ctrl+H를 눌러도 [찾기 및 바꾸기] 대화상자를 열 수 있어요.

3 [찾기 및 바꾸기] 대화상자의 [바꾸기] 탭이 열리면 '찾을 내용'에는 『주』를, '바꿀 내용'에는 『차』를 입력하고 [모두 바꾸기]를 클릭하세요. 항목이 바뀌었다는 메시지 창이 열리면 [확인]을 클릭하세요.

4 이번에는 '최종 결과 보고' 항목의 전체 데이터를 삭제하기 위해 J3:J34 범위를 드래그하여 선택하세요. 선택 영역에서 마우스 오른쪽 단추를 눌러 [삭제]를 선택하세요.

5 [삭제] 대화상자가 열리면 [셀을 왼쪽으로 밀기]를 선택하고 [확인]을 클릭하세요.

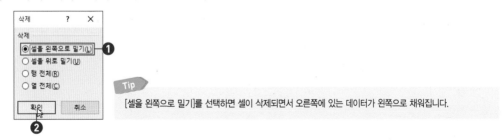

> **Tip**
> [셀을 왼쪽으로 밀기]를 선택하면 셀이 삭제되면서 오른쪽에 있는 데이터가 왼쪽으로 채워집니다.

6 '최종 결과 보고' 항목이 삭제되면서 '비고' 항목이 왼쪽으로 이동되었습니다.

잠깐만요 **셀에 입력된 데이터 깔끔하게 지우기**

셀 또는 범위에 입력된 데이터를 삭제하는 가장 간단한 방법은 Delete를 누르는 것입니다. 하지만 이렇게 삭제하면 내용만 지워질 뿐 서식은 그대로 남거나 셀 또는 범위가 삭제되면서 다른 셀이 왼쪽이나 오른쪽으로 밀려 셀의 위치가 변경되기 도 합니다. 따라서 셀에 입력된 데이터와 서식을 모두 깔끔하게 지우려면 [홈] 탭-[편집] 그룹에서 [지우기]를 클릭한 후 [모두 지우기]를 선택하세요.

▲ '2015년' 항목 데이터 지우기

1 | '상담직 파견 명단' 문서에 기본 데이터 입력하기

◐ 예제파일 : 상담직파견명단.xlsx   ◐ 결과파일 : 상담직파견명단_완성.xlsx

문서에 텍스트, 기호, 날짜, 숫자 데이터를 입력하여 상담직 파견 명단을 완성해 보세요.

Hint
① 문서 제목의 앞에 기호 『◆』를 입력하세요.
② 제목의 '명단'을 한자 '名單'으로 변환하세요.
③ A3셀에 『파견관리업체』를 입력하고 Alt + Enter를 눌러 다음 줄로 이동한 후 『No.』를 입력하세요.
④ A5:E5 범위에 『IMT100012』, 『홍길동』, 『2016-3-6』, 『29』, 『M1』을 차례대로 입력하세요.

2 | '실험실 환경 조건 점검표' 문서 데이터 빠르게 채우기

◐ 예제파일 : 실험실점검표.xlsx   ◐ 결과파일 : 실험실점검표_완성.xlsx

자동 채우기 핸들(╋)로 셀의 데이터를 복사하거나 연속 데이터를 입력하여 문서를 완성해 보세요.

Hint
① 'No.' 항목에서 A5:A24 범위까지 일련번호를 입력하세요.
② '주' 항목에는 실험실이 반복되는 위치마다 새로운 주가 입력되도록 연속 데이터를 입력하세요.
③ '실험실' 항목에는 [Lab1]부터 [Lab5]까지 반복되도록 C24셀까지 복사하세요.

셀과 워크시트
자유롭게 다루기

엑셀 학습을 시작하자마자 셀에 데이터를 입력하는 다양한 방법부터 배웠습니다. 왜냐하면 셀(cell)은 데이터를 입력하는 기본 단위이며, 작업 영역인 워크시트의 가장 중요한 구성 요소이기 때문이죠. 따라서 셀과 워크시트를 다루는 것은 엑셀 문서 편집의 기초 중의 기초라고 할 수 있습니다. 이번 섹션에서는 셀에 입력한 데이터를 자유자재로 다루기 위해 셀 범위의 선택부터 복사와 이동, 행과 열의 편집, 워크시트 기본 편집 기능까지 배워보겠습니다.

> PREVIEW

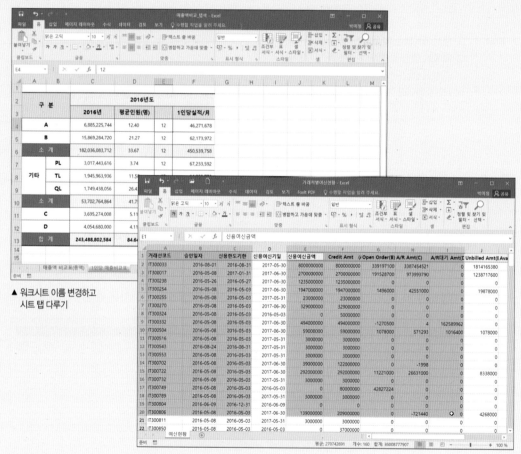

▲ 워크시트 이름 변경하고
시트 탭 다루기

▲ 마우스와 키보드로 다중 범위 선택하기

실무
예제 **01**

예제파일 : 매출액비교_셀복사이동.xlsx   결과파일 : 매출액비교_셀복사이동_완성.xlsx

셀 데이터 복사 및 이동하기

1 [매출액 비교표(총액)] 시트에서 복사할 항목인 '구분' 항목부터 '검사비' 항목까지 A2:E14 범위를 드래그하여 선택하고 **[홈] 탭-[클립보드] 그룹**에서 **[복사]**를 클릭하세요.

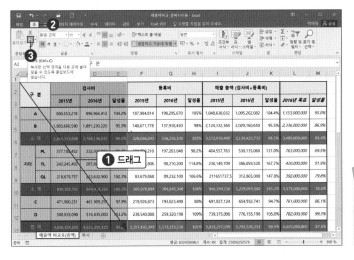

Tip

데이터 복사의 단축키는 Ctrl + C 이고 데이터 붙여넣기의 단축키는 Ctrl + V 입니다. 단축키를 사용하면 좀 더 빠르게 작업할 수 있어요.

2 [복사] 시트를 클릭하고 A2셀을 클릭한 후 **[홈] 탭-[클립보드] 그룹**에서 **[붙여넣기]**의 🗋를 클릭 하세요. ❶ 과정에서 복사한 데이터가 A2셀부터 삽입되면 [붙여넣기 옵션] 단추(🗋 (Ctrl)▾)를 클릭하고 '붙여넣기'의 [원본 열 너비 유지](🗋)를 클릭하세요.

Tip

열 너비에 대한 옵션은 지정할 수 있지만, 행 높이는 복사되지 않으므로 수동으로 조절해야 해요.

3 원본 데이터 범위의 열 너비까지 복사되었죠? 이번에는 복사한 데이터를 다른 셀로 이동하기 위해 범위가 선택된 상태에서 [홈] 탭-[클립보드] 그룹의 [잘라내기]를 클릭하세요.

Tip

데이터 잘라내기의 단축키는 Ctrl+X 입니다.

4 데이터를 이동하여 붙여넣을 위치인 G2셀을 클릭하고 [홈] 탭-[클립보드] 그룹에서 [붙여넣기]의 🗐를 클릭하거나 Ctrl+V를 누르세요.

5 잘라낸 데이터 범위가 G2셀부터 이동되었습니다.

확인

Tip

셀 너비가 좁아서 데이터가 '######' 으로 표시되었다면 열 머리글의 경계 선을 드래그하여 셀 너비를 넓게 조 정할 수 있어요. 자세한 내용은 29쪽 을 참고하세요.

핵심
기능 | **02** | # 셀 범위 빠르게 선택하기

셀에 입력한 데이터에 서식을 지정하거나 복사/이동과 같은 편집을 해야 한다면 해당 셀이나 범위를 선택해야 해요. 보통 셀 범위를 선택할 때는 해당 범위를 드래그하여 선택하는데, 여러 범위를 동시에 선택하거나 화면에서 벗어날 만큼 많은 양의 데이터를 선택할 때는 마우스만 사용하여 영역을 지정하는 것이 쉽지 않아요. 따라서 여기서는 키보드와 마우스를 사용하여 빠르고 다양하게 셀 범위를 선택하는 방법에 대해 알아보겠습니다.

1 | 마우스와 Shift 로 연속된 범위 지정하기

한 화면에 모두 보이지 않을 만큼 연속된 데이터의 범위를 선택해 볼까요? 선택해야 하는 전체 셀 범위에서 시작 셀을 클릭하고 화면 스크롤바를 아래쪽으로 드래그한 후 Shift 를 누른 상태에서 마지막 셀을 클릭하세요.

2 | 마우스와 Ctrl 사용해 떨어져 있는 범위 지정하기

서로 떨어져 있는 여러 범위를 동시에 선택하려면 먼저 첫 번째 범위를 드래그하여 선택하고 Ctrl 을 누른 상태에서 다른 범위를 드래그하여 선택하세요.

3 | 다중 열과 행 선택하기

열 머리글이나 행 머리글을 선택하면 열 전체 또는 행 전체를 선택할 수 있어요. 서로 떨어져 있는 다중 행을 범위로 지정하려면 먼저 선택할 행 머리글을 드래그하여 범위로 지정하고 Ctrl 을 누른 상태에서 다른 행 머리글을 드래그하여 선택하세요. 이와 같은 방법으로 열 범위도 지정할 수 있어요. 워크시트의 전체 셀을 선택하려면 화면의 왼쪽 맨 위에서 A열과 1행 사이에 위치한 [시트 전체 선택] 단추(▰)를 클릭하세요.

▲ 다중 행 선택하기　　　　　　　　　　　　　▲ 전체 셀 선택하기

4 | 키보드 사용해 범위 지정하기

한꺼번에 범위로 지정할 데이터가 많다면 마우스보다 키보드를 사용하는 것이 훨씬 더 편리합니다. 시작 범위를 드래그하여 선택하고 Ctrl + Shift 를 누른 상태에서 방향키(←, ↑, →, ↓)를 눌러 데이터 범위의 끝까지 한 번에 선택해 보세요. 전체 범위를 빠르게 선택하려면 데이터 범위에 있는 하나의 셀을 클릭하고 Ctrl + A 를 누르세요.

▲ 방향키로 데이터의 범위 선택하기　　　　　　▲ 연속된 전체 범위 선택하기

> **Tip**
>
> Shift 는 연속된 셀을 하나씩 선택하고 Ctrl 은 데이터 범위의 끝으로 선택 셀을 이동시킵니다. 따라서 Ctrl 과 Shift 를 함께 누르면 해당 범위의 맨 끝까지 연속된 모든 범위를 선택할 수 있어요.

● 예제파일 : 매출액비교_항목이동.xlsx   ● 결과파일 : 매출액비교_항목이동_완성.xlsx

실무
예제 **03** 항목 위치 이동하고 열 너비 조정하기

1 [매출액 비교표(총액)] 시트에서 '매출 총액(검사비+등록비)' 항목을 '검사비' 항목의 앞으로 이동해 볼게요. I2:M14 범위를 드래그하여 선택하고 **[홈] 탭-[클립보드] 그룹**에서 **[잘라내기]**를 클릭하세요.

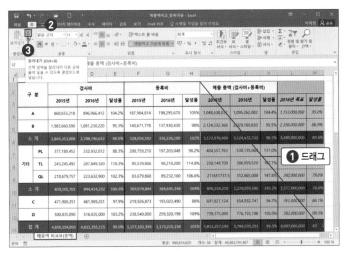

2 잘라낸 데이터를 삽입하기 위해 C2셀을 클릭하고 마우스 오른쪽 단추를 눌러 [잘라낸 셀 삽입]을 선택하세요.

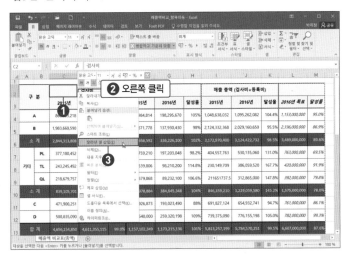

43

3 '매출 총액(검사비+등록비)' 항목의 모든 데이터가 '검사비' 항목의 앞으로 이동되었죠? 이번에는 달라진 열 너비를 조정하기 위해 F열 머리글부터 M열 머리글까지 드래그하여 선택하고 G열과 H열의 경계선에 마우스 포인터를 올려놓은 후 ✛ 모양으로 변경되면 더블클릭해 보세요.

Tip

데이터가 이동하면 열 너비는 해당 위치의 너비를 반영하기 때문에 셀에 데이터가 '#####'과 같이 표시될 수 있어요. 이때 열 머리글을 선택하고 경계선을 더블클릭하면 셀의 크기에 맞게 선택된 모든 열의 너비가 자동으로 조정됩니다.

4 열 너비가 모두 조정되었으면 Ctrl을 이용해서 '달성율'에 해당하는 E열, G열, J열, M열 머리글을 차례대로 클릭하여 모두 선택하세요. 머리글의 경계선에 마우스 포인터를 올려놓고 ✛ 모양으로 변경되면 드래그하여 열 너비를 [7]로 조정하세요.

잠깐만요 **시트 탭 색 지정하기**

시트 탭 위에서 마우스 오른쪽 단추를 눌러 [탭 색]을 선택하고 '표준 색'의 [빨강]을 선택하세요. 그러면 선택한 색으로 시트 탭 색을 지정할 수 있어요.

● 예제파일 : 매출액비교_시트편집.xlsx ● 결과파일 : 매출액비교_시트편집_완성.xlsx

실무
예제 **04** 시트 이름 변경하고 워크시트 편집하기

1 시트를 편집하고 서식을 지정하려면 리본 메뉴에서 해당 명령을 찾는 것보다 시트 탭에서 바로 가기 메뉴를 사용하는 것이 훨씬 더 빠르고 편리해요. 시트 이름을 바꾸기 위해 변경할 시트 탭에서 마우스 오른쪽 단추를 눌러 [이름 바꾸기]를 선택하세요. 여기서는 [Sheet1] 시트 탭을 선택했어요.

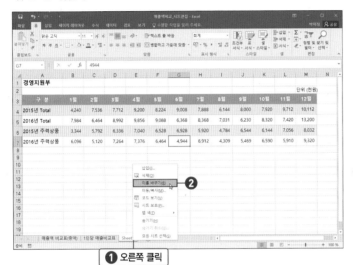

❶ 오른쪽 클릭

Tip

시트 탭을 더블클릭해도 이름을 바꿀 수 있어요. 또한 [홈] 탭-[셀] 그룹에서 [서식]을 클릭하고 '시트 구성'의 [시트 이름 바꾸기]를 선택해도 됩니다.

2 시트 탭에 『전년대비실적』을 입력하고 Enter 를 누르세요.

입력 → Enter

3 이번에는 시트의 위치를 이동해 볼까요? [전년대비실적] 시트 탭을 선택한 상태에서 왼쪽으로 드래그하여 [1인당 매출비교표] 시트 탭의 앞에 ▼ 표시가 위치하도록 합니다. [전년대비실적] 시트 탭의 위치가 원하는 곳으로 이동되었는지 확인해 보세요.

> **Tip**
>
> 이동할 시트 탭에서 마우스 오른쪽 단추를 눌러 [이동/복사]를 선택하고 [이동/복사] 대화상자가 열리면 원하는 시트의 앞 또는 뒤로 이동할 수 있어요.

잠깐만요 **하나의 시트만 다른 통합 문서로 복사하기**

여러 개의 시트가 포함된 엑셀 문서에서 원하는 하나의 시트만 복사하여 새로운 통합 문서로 열 수 있어요. 복사한 시트는 통합 문서로 저장하고 [파일] 탭-[공유]를 선택하여 전자메일이나 OneDrive로 공유할 수 있어요.

❶ 복사할 시트 탭에서 마우스 오른쪽 단추를 눌러 [이동/복사]를 선택하세요.

❷ [이동/복사] 대화상자가 열리면 '대상 통합 문서'에서 [(새 통합 문서)]를 선택하고 [복사본 만들기]에 체크한 후 [확인]을 클릭하세요.

시트를 묶어 한 번에 숨기기

❶ 숨기려는 첫 번째 시트를 클릭하고 [Shift]를 누른 상태에서 다른 시트를 모두 선택하세요.

❷ [홈] 탭-[셀] 그룹에서 [서식]을 클릭하고 '표시 유형'의 [숨기기 및 숨기기 취소]-[시트 숨기기]를 선택하세요. 숨겨진 시트 중에서 다시 숨기기를 취소하려면 시트 탭에서 마우스 오른쪽 단추를 눌러 [숨기기 취소]를 선택해야 합니다.

❸ [숨기기 취소] 대화상자가 열리면 숨기고 싶은 시트를 선택하고 [확인]을 클릭하세요.

1 | '정산내역' 문서에 데이터 복사하고 항목 편집하기

예제파일 : 정산내역.xlsx **결과파일** : 정산내역_완성.xlsx

'1월' 항목의 데이터를 복사하고 일부 항목을 이동 및 삭제하여 문서를 완성해 보세요.

Hint
① [2016정산] 시트의 1월분 데이터를 [1월] 시트에 열 너비를 유지해 복사하세요.
② '팀명' 항목은 삭제하고 '담당자' 항목은 '공급가액' 항목의 앞으로 이동하세요.
③ 열 너비를 모두 [16]으로 지정하세요.

2 | '2개년도 사업계획 매출목표' 문서의 항목 이동하고 시트 탭 편집하기

예제파일 : 사업계획.xlsx **결과파일** : 사업계획_완성.xlsx

항목을 삭제하거나 이동하고 시트 탭의 이름을 변경하여 탭 색을 지정해 보세요. 또한 필요 없는 일부 시트는 숨겨서 문서를 완성해 보세요.

Hint
① '2015년 실적'의 전체 항목을 삭제하고 '2016년 계획'의 '예상실적' 항목을 '수정계획' 항목의 뒤로 이동하세요.
② [Sheet2], [Sheet3] 시트 탭의 이름을 각각 [2017년계획], [2018년계획]으로 변경하세요.
③ 시트 탭 색을 [진한 파랑]으로 변경하고 [2017년계획] 시트 탭을 숨겨보세요.

인쇄 환경 설정 및 통합 문서 저장하기

워크시트에 입력한 데이터나 양식 문서는 화면에 보이는 대로 인쇄되지 않는 경우가 많아요. 따라서 용지의 크기와 여백 등을 고려하여 여러 페이지로 나눠 인쇄해야 하거나 비율을 축소 또는 확대하는 등의 인쇄 설정 작업이 필요하죠. 또한 작업한 파일을 여러 사람들과 공유하거나 다른 컴퓨터에서 오류 없이 열어보려면 문서의 저장 형식도 중요해요. 이번 섹션에서는 인쇄에 필요한 환경 설정과 다양한 형식의 문서 저장 방법에 대해 배워보겠습니다.

PREVIEW

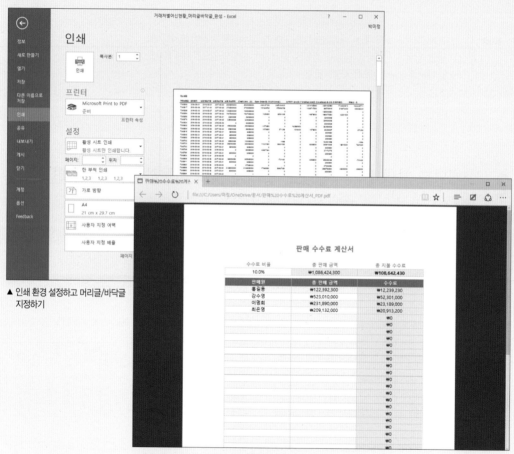

▲ 인쇄 환경 설정하고 머리글/바닥글 지정하기

▲ 통합 문서 저장하고 PDF 문서로 게시하기

난이도 1 **2** 3 4 5

실무
예제 **01** 　## 용지 방향과 여백 크기 지정하기

1 열에 입력한 항목이 많아 문서를 가로로 인쇄하려면 용지의 방향을 변경해야 해요. [여신현황]
시트에서 [페이지 레이아웃] 탭-[페이지 설정] 그룹의 [용지 방향]을 클릭하고 [가로]를 선택하세요.

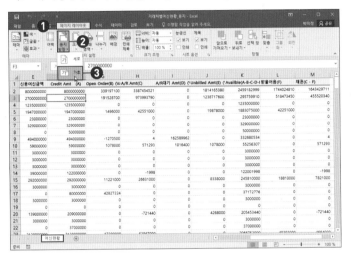

2 인쇄할 문서의 여백을 지정하기 위해 [페이지 레이아웃] 탭-[페이지 설정] 그룹에서 [여백]을 클릭
하세요. 원하는 여백 스타일이 없다면 [사용자 지정 여백]을 선택해 보세요.

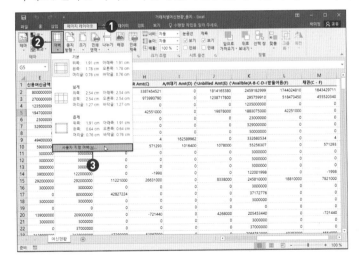

3 [페이지 설정] 대화상자의 [여백] 탭이 열리면 각 여백의 값을 변경해 보세요. 여기서는 '위쪽'과 '아래쪽'에는 『1.5』를, '왼쪽'과 '오른쪽'에는 『1.3』을 입력하고 [인쇄 미리 보기]를 클릭했어요.

4 인쇄 미리 보기에서 [다음 페이지] 단추(▶)를 클릭하면 인쇄할 화면을 차례대로 확인해 볼 수 있어요.

잠깐만요 **인쇄용지의 여백 직접 조정하기**

미리 보기 화면에서 용지 여백을 지정할 수 있어요. [파일] 탭-[인쇄]를 선택하고 인쇄 미리 보기 화면의 오른쪽 아래에 있는 [여백 표시] 단추(⊞)를 클릭하세요. 미리 보기 화면에 여백을 나타내는 선과 점이 표시되면 원하는 여백 크기를 드래그하여 직접 조절해 보세요.

◆ 예제파일 : 거래처별여신현황_페이지.xlsx   ◆ 결과파일 : 거래처별여신현황_페이지_완성.xlsx

실무
예제 **02**

인쇄할 페이지와 인쇄 제목 지정하기

1 [여신현황] 시트에서 인쇄할 페이지를 쉽게 지정하기 위해 [보기] 탭-[통합 문서 보기] 그룹에서 [페이지 나누기 미리 보기]를 클릭하세요. 페이지 나누기 미리 보기 화면으로 변경되면 페이지를 구분하는 점선과 실선을 볼 수 있어요. '1페이지'를 구분하는 수직 점선을 오른쪽으로 드래그 하여 1페이지의 영역을 '채권(C - F)' 항목까지 늘려보세요.

Tip
점선을 드래그해서 강제로 페이지를 조정하면 실선으로 바뀌어요.

2 이번에는 1페이지의 내용 중 36행부터 다음 페이지로 인쇄하기 위해 A36셀을 클릭하세요. [페이지 레이아웃] 탭-[페이지 설정] 그룹에서 [나누기]를 클릭하고 [페이지 나누기 삽입]을 선택하세요.

51

3 36행을 기준으로 인쇄 페이지가 2페이지로 조정되었습니다. 첫 페이지를 제외한 다음 페이지부터는 각 항목의 이름이 인쇄되지 않으므로 페이지가 바뀌어도 항목이 계속 표시되도록 [페이지 레이아웃] 탭-[페이지 설정] 그룹에서 [인쇄 제목]을 클릭하세요.

4 [페이지 설정] 대화상자가 열리면 [시트] 탭을 선택하고 '인쇄 제목'의 '반복할 행'에 커서를 올려놓은 후 제목 행인 1행 머리글을 클릭하세요. 제목 행에 『$1:$1』이 입력되면 [인쇄 미리 보기]를 클릭하세요.

Tip

제목 행의 머리글 선택이 어렵다면 '반복할 행'에 직접 『$1:$1』을 입력해도 됩니다.

5 [이전 페이지] 단추(◀)나 [다음 페이지] 단추(▶)를 클릭해 페이지를 이동해 보면서 각 페이지마다 제목 행이 추가되었는지 확인해 보세요.

Tip

스크롤바를 이용해 페이지를 이동해도 됩니다.

실무
예제 **03** # 인쇄용지의 머리글/바닥글 지정하기

1 엑셀에서는 인쇄용지의 레이아웃을 미리 보면서 작업할 수 있어요. 머리글/바닥글의 위치를
직접 지정하기 위해 [여신현황] 시트에서 **[보기] 탭-[통합 문서 보기]** 그룹의 **[페이지 레이아웃]**을
클릭하세요.

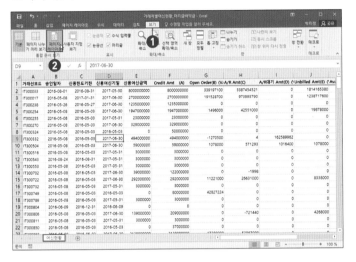

2 문서 보기가 변경되면서 A4용지 크기에 여백과 머리글/바닥글이 표시되면 머리글 영역의 왼
쪽 부분을 클릭하고 『여신현황』을 입력하세요. 리본 메뉴에 [머리글/바닥글 도구]가 표시되
면 **[디자인] 탭-[탐색]** 그룹에서 **[바닥글로 이동]**을 클릭하세요.

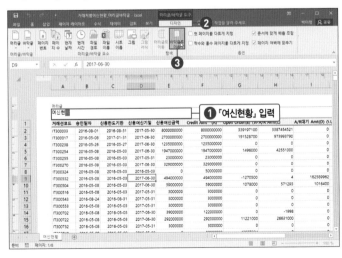

Tip

표나 차트, 머리글/바닥글과 같이 특
정 개체를 선택하면 리본 메뉴에 [표
도구], [차트 도구], [머리글/바닥글 도
구]와 같은 상황별 탭이 나타나면서
추가 탭이 표시됩니다.

53

3 바닥글 영역의 가운데 부분을 선택하고 [머리글/바닥글 도구]의 [디자인] 탭-[머리글/바닥글 요소] 그룹에서 [페이지 번호]를 클릭하세요. 바닥글 영역에 '&[페이지 번호]'가 나타나면 그 뒤에 『/』를 입력하고 [페이지 수]를 클릭하세요.

Tip

페이지 번호와 페이지 수가 '1/8'과 같은 형태로 표시됩니다.

4 워크시트에 있는 임의의 셀을 더블클릭하여 머리글/바닥글 영역을 빠져나온 후 모든 페이지에 머리글과 바닥글이 제대로 삽입되었는지 확인해 보세요.

잠깐만요 **인쇄용지의 가운데에 데이터 출력하기**

문서의 데이터를 페이지의 가운데에 맞춰 인쇄하려면 [페이지 레이아웃] 탭-[페이지 설정] 그룹에서 [페이지 설정] 대화상자 표시 아이콘(⬜)을 클릭하세요. [페이지 설정] 대화상자가 열리면 [여백] 탭에서 '페이지 가운데 맞춤'의 [가로]에 체크하고 [확인]을 클릭하세요.

난이도 1 2 3 4 5

실무
예제 **04**

인쇄 매수와 용지 크기 지정하기

1 [판매 수수료 계산] 시트에 있는 데이터를 한 장의 용지에 모두 인쇄하기 위해 [페이지 레이아웃] 탭-[크기 조정] 그룹에서 '너비'와 '높이'를 모두 [1페이지]로 선택하세요.

2 [파일] 탭-[인쇄]를 선택하고 인쇄 미리 보기 화면에서 문서가 한 장에 모두 인쇄되는지 확인해 보세요. '인쇄'의 '복사본'에 『3』을 입력하고 '용지 크기'를 [A5]로 지정한 후 [인쇄]를 클릭하세요.

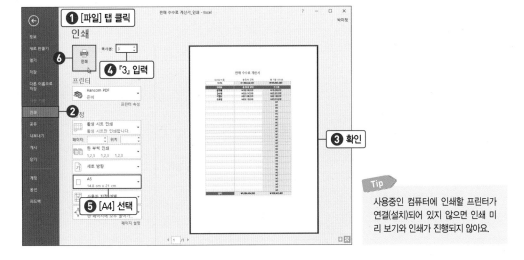

Tip
사용중인 컴퓨터에 인쇄할 프린터가 연결(설치)되어 있지 않으면 인쇄 미리 보기와 인쇄가 진행되지 않아요.

55

난이도 1 2 **3** 4 5

실무
예제 **05**

암호 지정해 문서 저장하기

1 보안이 필요한 문서에 암호를 설정해 볼게요. **[파일] 탭-[다른 이름으로 저장]**을 선택하고 최근 폴더에 저장 폴더가 없는 경우 **[찾아보기]**를 클릭하세요.

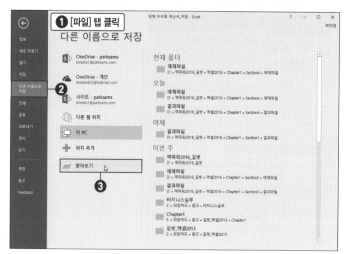

2 [다른 이름으로 저장] 대화상자가 열리면 저장하려는 폴더를 선택하고 파일 이름을 입력하세요. 여기에서는 '문서' 폴더를 선택하고 '파일 이름'에 『판매 수수료 계산서』를 입력한 후 읽기 암호를 지정하기 위해 [도구]-[일반 옵션]을 선택했어요.

3 [일반 옵션] 대화상자에서 '열기 암호'에『1234』를 입력하고 [확인]을 클릭하세요. [암호 확인] 대화상자가 열리면 다시 한 번 열기 암호『1234』를 입력하고 [확인]을 클릭해 암호 지정을 완료하세요.

4 [다른 이름으로 저장] 대화상자로 되돌아오면 저장 폴더와 이름을 한 번 더 확인해 보고 [저장]을 클릭하세요.

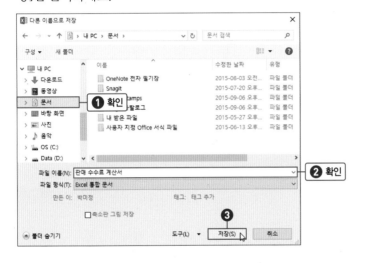

5 저장한 문서를 '문서' 폴더에서 더블클릭하면 문서가 보호되어 있다는 [암호] 대화상자가 열립니다. '암호'에『1234』를 입력하고 [확인]을 클릭해야 문서를 열 수 있어요.

실무 예제 06 PDF 문서로 만들어 OneDrive에 저장하기

1　엑셀 2016에서는 파일을 PDF 문서로 쉽게 저장할 수 있어요. **[파일] 탭-[내보내기]**를 선택하고 [PDF/XPS 문서 만들기]-[PDF/XPS 만들기]를 클릭하세요. [PDF 또는 XPS로 게시] 대화상자가 열리면 'OneDrive' 폴더를 선택하고 '파일 이름'에『판매 수수료 계산서_PDF』를 입력한 후 [게시]를 클릭하세요.

2　OneDrive에 PDF 파일로 저장되면 PDF 문서가 실행됩니다. 여기에서는 윈도우 10의 엣지(Edge) 브라우저가 실행되면서 PDF 문서가 열립니다.

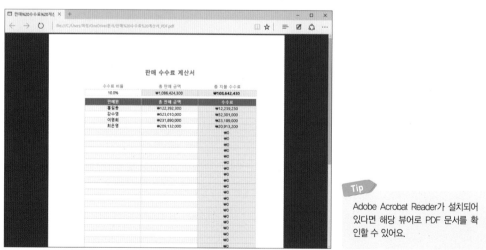

Tip

Adobe Acrobat Reader가 설치되어 있다면 해당 뷰어로 PDF 문서를 확인할 수 있어요.

1 | '주간자금일보' 문서의 머리글 입력하고 인쇄 설정하기

🔵 **예제파일** : 자금일보.xlsx   🔵 **결과파일** : 자금일보_완성.xlsx

여백과 맞춤을 조정하고 머리글에는 현재 날짜를 입력해 보세요. 또한 엑셀 데이터가 한 페이지에 모두 인쇄되도록 설정하고 복사본을 2매로 지정한 후 인쇄 미리 보기에서 확인해 보세요.

Hint
① 인쇄용지에서 왼쪽/오른쪽 여백은 [1.5]로, 위쪽 여백은 [4], 머리글 영역은 [2.8]로 지정하세요.
② 인쇄할 때 한 페이지에 모든 내용이 인쇄되도록 [페이지 레이아웃] 탭-[크기 조정] 그룹에서 '너비'와 '높이'
  를 모두 [1페이지]로 조정하세요.
③ 머리글의 왼쪽 영역에 현재 날짜를 설정하고 인쇄 복사본을 [2]로 지정하세요.

2 | '물품명세서'에 암호 지정하고 PDF 문서로 게시하기

🔵 **예제파일** : 물품명세서(문구).xlsx   🔵 **결과파일** : 물품명세서(문구)_PDF.pdf

쓰기 암호를 지정하고 PDF 문서로 게시해 보세요.

Hint
① 파일 이름은 『물품명세서_저장』으로, 쓰기 암호는 [3434]로 지정하고 통합 문서 형식으로 '문서' 폴더에 저장하
  세요.
② [파일] 탭-[내보내기]를 선택하고 [PDF/XPS 문서 만들기]-[PDF/XPS 만들기]를 클릭하세요.
③ 파일 이름을 『물품명세서_PDF』로 입력하고 [게시]를 클릭하여 PDF 문서를 실행하세요.

1 | Excel Online으로 OneDrive에 문서 저장하고 편집하기

🕐 **예제파일** : 매출액비교.xlsx

마이크로소프트 오피스 2016은 오피스 계정으로 로그인하면 OneDrive에 문서를 저장한 후 언제, 어디에서나 기기(태블릿, 개인용 PC 등)에 상관 없이 엑셀 문서를 저장하고 쉽게 편집할 수 있어요.

1 오피스 계정에 로그인되어 있는지 확인하고 [파일] 탭-[다른 이름으로 저장]을 선택하세요. 본인 계정의 OneDrive를 선택하고 오른쪽 창에서 저장하려는 폴더를 선택하세요. 만약 원하는 폴더가 없다면 [찾아보기]를 클릭하세요.

> **Tip**
>
> 윈도우 10에서는 'Excel Mobile' 앱을 제공하여 엑셀 2016 프로그램이 없어도 OneDrive에 저장된 문서를 편집할 수 있어요. 윈도우 7이나 윈도우 8 사용자도 OneDrive에서 파일을 열면 Excel Online이 자동으로 실행되어 웹에서 문서를 곧바로 편집할 수 있어요.

2 [다른 이름으로 저장] 대화상자가 열리면 'OneDrive' 폴더에서 문서를 저장할 폴더를 지정하세요. '파일 이름'에 원하는 문서 이름을 입력하고 [열기]를 클릭하세요.

3 문서가 저장되면 실행중인 모든 프로그램을 종료하세요. 다시 웹 브라우저(인터넷 익스플로러나 크롬 등)를 실행하여 주소 표시줄에 『onedrive.live.com』을 입력하고 Enter를 눌러 해당 사이트로 이동한 후 파일을 저장한 폴더를 선택하세요.

> **Tip**
>
> 해당 기능을 사용하고 싶다면 반드시 오피스 계정에 로그인해야 하므로 계정을 만들어 두세요. 그리고 문서를 저장한 폴더를 찾아 클릭하세요.

4 실행할 파일을 선택하여 체크하고 [열기]-
[Excel Online에서 열기]를 선택하세요.

Tip

컴퓨터에 엑셀 프로그램이 설치되어 있지 않다면 Excel
Online이 자동으로 실행됩니다.

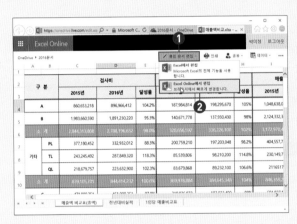

5 Excel Online이 실행되면 [통합 문서 편집]-
[Excel Online에서 편집]을 선택하세요.

6 D4셀에 『920345100』을 입력하여 값을 변경해
보세요. [홈] 탭-[글꼴] 그룹에서 [굵게], [기울
임꼴]을 차례대로 클릭하여 데이터를 강조해 보세요.

Tip

편집하고 수정한 사항은 OneDrive에 자동으로 저장되므
로 따로 저장 명령을 실행하지 않아도 돼요. 만약 컴퓨
터에 복사본을 만들고 싶다면 [파일] 탭-[다른 이름으로
저장]을 선택하세요.

2 | OneDrive의 문서 공유해 여러 사람들과 공동으로 작성하기

OneDrive에 저장된 문서는 '공유' 기능을 활용해 다른 사용자와 공동으로 작업할 수 있어요. 특히 Office365 Business 버전을 사용중이라면 회사 내의 팀원에게 문서 공유를 신청하여 문서를 동시에 편집할 수 있습니다. 또한 개인용 OneDrive 사용자라면 공유 링크를 메일로 보내 문서를 공유할 수도 있습니다.

1 공유할 문서를 OneDrive에 저장하고 오피스 계정의 오른쪽에 있는 [공유]를 클릭하세요. 화면의 오른쪽에 [공유] 창이 열리면 [공유 링크 가져오기]를 클릭하세요.

Tip

여기서는 개인용 OneDrive 사용자를 위한 이메일로 공유 주소 만들기를 알려줍니다.

2 [공유] 창의 '편집 링크'에서 [편집 링크 만들기]를 클릭하세요.

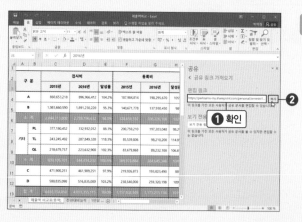

3 '편집 링크'에 공유 가능한 링크 주소가 만들어지면 [복사]를 클릭하세요.

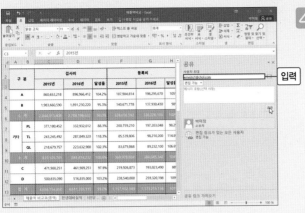

④ '사용자 초대'에 공유할 이메일 주소를 입력하고 [공유]를 클릭하세요.

입력

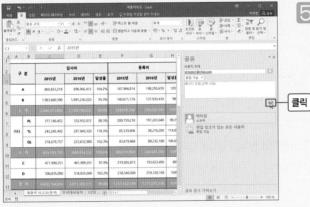

⑤ 이메일 주소로 보낸 공유 링크를 클릭하면 참여 자가 작성한 내용이 현재 화면에 표시됩니다.

클릭

Tip

Office 365 Business 버전 사용자의 경우 [공유]를 클릭하여 [공유] 창이 열리면 [주소록에서 연락처를 검색합니다.] 단추(📖)를 클릭하세요. [주소 록: 전체 주소 목록] 대화상자에서 문서를 공유하여 함께 편집할 대상자를 선택하고 [확인]을 클릭하면 OneDrive에 저장한 문서를 공동으로 편집 할 수 있어요.

CHAPTER 2 데이터 시각적으로 표현하기

엑셀 워크시트에 입력한 데이터가 사용자가 원하는 대로 표현되지 않을 때가 많아요. 따라서 문서를 완성할 때까지 표시 형식, 글꼴, 맞춤, 채우기, 테두리, 보호 등의 기능을 이용해 데이터를 꾸미고 서식을 지정해야 하죠. 한 걸음 더 나아가 데이터를 좀 더 돋보이게 만들고 싶다면 엑셀의 시각화 기능을 적용해 보는 것도 좋아요. 엑셀 2016에서는 다양한 조건부 서식과 차트를 제공하고 있어서 전문 분석가가 아니어도 시각적으로 표현하여 원하는 결과를 쉽게 완성할 수 있어요.

Windows 10
+ *Excel*
& *PowerPoint*
& *Word 2016*
+ *Hangeul 2014*

셀 서식 지정해 문서 꾸미기

워크시트에 입력할 수 있는 데이터는 숫자, 문자, 날짜/시간 데이터입니다. 엑셀에서는 '셀(cell)'이라는 제한된 위치에서만 데이터를 표현할 수 있기 때문에 일반적인 워드프로세서와 다르게 결과가 보여지기도 하죠. 따라서 문서의 양식을 제대로 갖추려면 스타일을 적용하거나 셀 서식의 다양한 옵션을 이용해 데이터를 꾸밀 수 있어야 해요. 이번 섹션에서는 문서의 기본 서식인 글꼴과 맞춤 지정부터 표시 형식을 이용해 좀 더 다양하게 데이터를 표시하는 방법까지 배워보겠습니다.

> PREVIEW

▲ 글꼴, 맞춤, 채우기, 테두리 지정하고 서식 복사로 문서 꾸미기

▲ 셀 스타일과 사용자 지정 표시 형식 지정해 송장 꾸미기

> 섹션별
> 주요 내용

01 | 제목과 텍스트에 서식 지정하기   02 | 맞춤과 서식 복사로 보고서 꾸미기   03 | 보고서에 테두리 지정하기

04 | 숫자와 날짜 데이터에 표시 형식 지정하기   05 | 사용자 지정 표시 형식 살펴보기

06 | 송장에 사용자 지정 표시 형식 지정하기

제목과 텍스트에 서식 지정하기

1 [Sheet2] 시트에서 제목이 입력된 A1셀을 클릭하세요. [홈] 탭-[글꼴] 그룹에서 [글꼴]을 [HY견
명조]로 선택하세요. [글꼴 크기]의 내림 단추(▼)를 클릭하고 '글꼴 크기'의 [20]을 선택하세요.

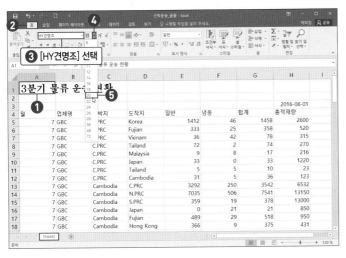

2 글꼴 스타일과 색을 지정하기 위해 A1셀을 클릭한 상태에서 [홈] 탭-[글꼴] 그룹의 [굵게]를 클
릭하세요. [글꼴 색]의 내림 단추(▼)를 클릭하고 '표준 색'의 [진한 파랑]을 선택하세요.

> **Tip**
>
> 내림 단추(▼)가 아닌 [글꼴 색](A)을 클릭하면 현재 셀에 지정된 색이 표시돼요.

3 제목에 해당하는 A1:H1 범위를 드래그하여 선택하세요. [홈] 탭-[글꼴] 그룹에서 [채우기 색]의 내림 단추(▼)를 클릭하고 '테마 색'의 [흰색, 배경 1, 5% 더 어둡게]를 선택하세요.

4 이번에는 데이터 범위의 제목 행인 A4:H4 범위를 드래그하여 선택하고 [홈] 탭-[글꼴] 그룹에 서 [글꼴 크기 크게]를 한 번 클릭하여 1pt 더 큰 [12pt]로 지정하세요. 이어서 [채우기 색]의 내림 단추(▼)를 클릭하고 '테마 색'의 [녹색, 강조 6, 80% 더 밝게]를 선택하세요.

맞춤과 서식 복사로 보고서 꾸미기

1 [Sheet2] 시트에서 제목과 텍스트 데이터의 맞춤을 지정하기 위해 A1:H1 범위를 드래그하여 선택하고 **[홈] 탭-[맞춤] 그룹**에서 **[병합하고 가운데 맞춤]**을 클릭하세요.

2 제목 행의 맞춤을 지정하기 위해 A4:H4 범위를 드래그하여 선택하고 **[홈] 탭-[맞춤] 그룹**에서 **[맞춤 설정] 대화상자 표시 아이콘(⬚)**을 클릭하세요. [셀 서식] 대화상자의 [맞춤] 탭이 열리면 '텍스트 맞춤'의 '가로'에서 [균등 분할 (들여쓰기)]를 선택하고 '들여쓰기' 값을 [1]로 지정한 후 [확인]을 클릭하세요.

Tip

`Ctrl`+`1`을 눌러 [셀 서식] 대화상자를 열고 [맞춤] 탭을 클릭해도 됩니다. 들여쓰기를 지정하면 셀 안에 앞뒤로 여백이 생기면서 균등 분할 맞춤을 지정할 수 있습니다. 따라서 일부러 『업　체　명』이라고 띄어쓰기하여 입력할 필요가 없어요.

3   셀 너비에 맞게 제목이 균등 분할되어 지정되었으면 A5:A36 범위를 드래그하여 선택하고 [홈] 탭-[맞춤] 그룹에서 [병합하고 가운데 맞춤]을 클릭하세요. 셀이 블록 병합되면서 왼쪽 위의 값만 남고 나머지 값은 없어진다는 메시지 창이 열리면 [확인]을 클릭하세요.

4   7월과 같이 병합되면 A5셀의 자동 채우기 핸들(➕)을 A100셀까지 드래그하세요. 그러면 8월 과 9월도 병합된 셀이 됩니다.

Tip
병합될 셀이 모두 같은 크기인 경우 자동 채우기 핸들(➕)을 드래그하면 숫자가 증가하면서 병합됩니다.

5   '월' 항목의 전체 범위인 A5:A100을 선택하고 [홈] 탭-[맞춤] 그룹에서 [위쪽 맞춤]을 클릭하여 월을 셀의 위쪽 맞춤으로 지정하세요. 이와 같은 방법으로 '업체명' 항목에도 위쪽 맞춤을 복 사하기 위해 [홈] 탭-[클립보드] 그룹에서 [서식 복사]를 클릭하고 B5셀을 클릭하세요.

Tip
다른 셀에 같은 서식을 적용해야 할 경우 '서식 복사' 기능을 이용해서 빠르게 지정할 수 있어요. 서식을 여러 번 복사하려면 [홈] 탭-[클립보드] 그룹에서 [서식 복사]를 더블클릭하세요.

6 '업체명' 항목에도 하나의 셀에 위쪽 맞춤으로 서식이 복사되었어요. 이번에는 '선박지' 항목에서 텍스트가 같은 C5:C12 범위를 드래그하여 선택하고 [홈] 탭-[맞춤] 그룹에서 [병합하고 가운데 맞춤]을 클릭하세요. 셀이 블록 병합되면서 왼쪽 위의 값만 남고 나머지 값은 없어진다는 메시지 창이 열리면 [확인]을 클릭하세요.

7 [홈] 탭-[맞춤] 그룹에서 [위쪽 맞춤]을 클릭하면 'C.PRC'가 셀에서 위쪽 맞춤으로 지정됩니다. 이와 같은 방법으로 다른 항목에도 위쪽 맞춤을 복사하기 위해 [홈] 탭-[클립보드] 그룹에서 [서식 복사]를 더블클릭하세요.

8 '선박지' 항목의 각 항목에서 첫 번째 셀(C13셀, C21셀, C29셀, C37셀, C45셀, C53셀, C61셀, C69셀, C77셀, C85셀, C93셀)을 차례대로 클릭하여 서식을 복사하세요.

Tip

모두 같은 크기에 대한 셀 병합과 맞춤이므로 [서식 복사]를 한 번 클릭하고 C13:C100 범위까지 드래그하여 선택해서 서식을 한 번에 복사해도 됩니다.

보고서에 테두리 지정하기

1 [Sheet2] 시트에서 제목의 아래쪽에 테두리를 지정해 볼까요? A1셀을 클릭하고 [**홈**] **탭-[글 꼴**] 그룹에서 [**테두리**]의 내림 단추(⊡)를 클릭한 후 '**테두리**'의 [**아래쪽 이중 테두리**]를 선택하세요.

> **Tip**
>
> [테두리](▦)를 클릭하면 최근에 지정 된 테두리가 곧바로 적용되어요. 따 라서 적용하려는 테두리 스타일이 아 니면 내림 단추(⊡)를 클릭하여 다른 테두리를 선택해야 해요.

2 제목의 아래쪽에 이중 테두리가 지정되었어요. 이번에는 내용의 전체 범위인 A4:H100을 드 래그하여 선택하고 [**홈**] **탭-[글꼴**] 그룹에서 [**테두리**]의 내림 단추(⊡)를 클릭하세요. 원하는 테두 리가 없다면 [**다른 테두리**]를 선택해 보세요.

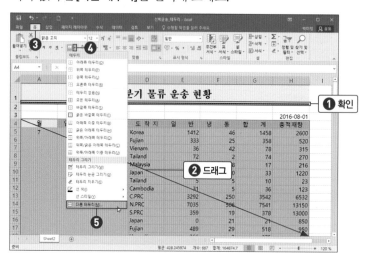

3 [셀 서식] 대화상자의 [테두리] 탭이 열리면 '선'의 '스타일'에서 [중간 실선]을 선택하고 '테두리'의 위쪽 테두리와 아래쪽 테두리를 클릭하세요.

Tip

'테두리'에서 [위쪽 테두리] 단추(□)와 [아래쪽 테두리] 단추(□)를 클릭해도 됩니다.

4 '선'의 '스타일'에서 [가는 실선]을 선택하고 '미리 설정'에서 [안쪽]을 클릭한 후 [확인]을 클릭하세요.

5 표에 테두리가 모두 지정되었는지 확인해 보세요.

실무
예제 **04**

숫자와 날짜 데이터에 표시 형식 지정하기

1 엑셀에서 숫자 데이터를 입력하면 쉼표나 통화 기호, 백분율 등이 자동으로 입력되지 않으므로 표시 형식을 직접 지정해야 합니다. [Sheet1] 시트에서 G7:I30 범위를 드래그하여 선택하고 Ctrl을 누른 상태에서 I33:I34를 드래그하여 선택한 후 [홈] 탭-[표시 형식] 그룹에서 [쉼표 스타일]을 클릭하세요.

> **Tip**
>
> 다양한 숫자 표시 형식을 선택하고 싶다면 Ctrl+1을 눌러 [셀 서식] 대화상자를 열고 [표시 형식] 탭의 [숫자], [통화], [회계] 범주에서 원하는 표시 형식을 선택하세요.

2 '송장 합계'에 통화 기호를 표시하기 위해 I31셀을 클릭하고 Ctrl을 누른 상태에서 I35셀을 클릭한 후 [홈] 탭-[표시 형식] 그룹에서 [회계 표시 형식]을 클릭하세요.

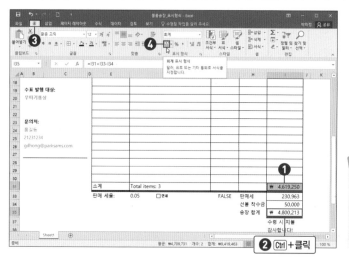

> **Tip**
>
> 원화(₩)가 아닌 달러($)나 그 밖의 통화 기호로 표시하려면 [홈] 탭-[표시 형식] 그룹에서 [회계 표시 형식]의 내림 단추(·)를 클릭하고 다른 통화를 선택하면 됩니다.

3 F33셀을 클릭하고 **[홈] 탭-[표시 형식]** 그룹에서 **[백분율]**을 클릭하세요. F33셀 데이터가 백분율로 표시되면 소수점 이하 첫째 자리까지 표시하기 위해 **[자릿수 늘림]**을 클릭하세요.

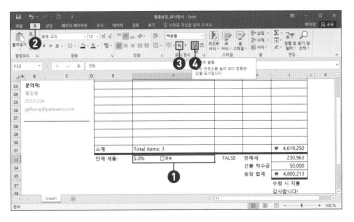

4 이번에는 날짜 데이터가 있는 B1셀을 클릭하고 **[홈] 탭-[표시 형식] 그룹**에서 **[표시 형식]**의 내림단추(⌐)를 클릭하세요. 원하는 날짜 스타일이 없으면 **[기타 표시 형식]**을 선택하세요.

5 **[셀 서식]** 대화상자의 **[표시 형식]** 탭이 열리면 '범주'에서는 **[날짜]**를, '형식'에서는 **[14-Mar-12]**를 선택하고 **[확인]**을 클릭하세요.

6 이번에는 전화번호에 표시 형식을 지정하기 위해 B9셀을 선택하고 [Ctrl]을 누른 상태에서 B16셀과 B25셀을 차례대로 클릭하여 모두 선택하세요. **[홈] 탭-[표시 형식] 그룹**에서 **[표시 형식] 대화상자 표시 아이콘(⬚)**을 클릭하세요.

Tip

리본 메뉴에서 기본적으로 제공하는 표시 형식이 아니면 [표시 형식] 대화상자 표시 아이콘(⬚)을 클릭하거나 [Ctrl]+[1]을 눌러 [셀 서식] 대화상자를 열고 [표시 형식] 탭에서 지정하세요.

7 [셀 서식] 대화상자의 [표시 형식] 탭이 열리면 '범주'에서 [기타]를 선택하고 '형식'에서 [전화 번호 (국번 3자리)]를 선택한 후 [확인]을 클릭하세요.

Tip

전화번호의 경우 '02'와 같은 숫자는 셀에 입력해도 맨 앞자리의 0은 표시되지 않으므로 표시 형식을 이용해서 지정해야 합니다. 또는 「02-123-1234」와 같이 텍스트를 직접 입력해야 해요.

8 B9셀과 B16셀, B25셀에 전화번호가 제대로 표시되었는지 확인해 보세요.

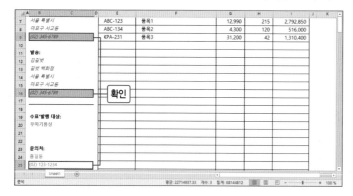

사용자 지정 표시 형식 살펴보기

실무에서 사용하는 데이터 표시 형식은 엑셀 2016에서 제공하는 서식만으로는 표현하기 힘든 것이 많아요. 이때 사용자 지정 표시 형식을 사용하면 데이터를 좀 더 다양하게 표현할 수 있습니다. 다만 문자의 경우에는 표시 형식이 따로 없어요.

1 | 숫자와 문자 데이터에 사용하는 코드

엑셀 2016에서 제공하는 모든 표시 형식은 사용자가 코드를 사용해서 표시할 수 있어요. 백분율 표시 형식의 경우 사용자 지정 표시 형식을 이용하면 '0%'와 같이 표시되죠. 사용자 지정 표시 형식에 사용하는 대표적인 숫자 기호는 #과 0으로, 숫자의 위치와 대부분의 숫자 형식을 표현할 수 있습니다. 따라서 이들 기호로 사용하는 표시 형식만 잘 익혀두면 숫자를 다양한 형식으로 활용할 수 있어요.

기호	기능	결과값
#	숫자 표시 기호로, 유효하지 않은 0은 표시 안 함	12
0	숫자 표시 기호로, 유효하지 않은 0은 0으로 표시	012
?	소수점의 위나 아래에 있는 유효하지 않은 0 대신 공백을 추가해서 자릿수 맞춤	3/10
@	텍스트 표시 기호로, 입력한 텍스트 의미	길벗
소수점(.)	소수점 표시	1.00
쉼표(,)	세 자리마다 자릿수를 구분하고 숫자 기호의 뒤에 표시하면 3의 배수로 자릿수 숨김	1,234
" "	큰따옴표(" ") 안에 문자를 그대로 표시	1,234"원"
G/표준	표시 형식을 지정하지 않은 입력 상태 그대로 숫자 표시	1234
₩, $	통화 기호 표시	$ 1,234

2 | 날짜 데이터에 사용하는 코드

날짜를 표시하는 기호는 Y, M, D입니다. 이들 기호를 사용하여 날짜와 요일에 대한 표시 형식을 지정할 수 있어요.

기호	표시 형식	기능	결과값
Y	yy	날짜에서 두 자리로 연도 표시	16
	yyyy	날짜에서 네 자리로 연도 표시	2016
M	m	날짜에서 한 자리로 월 표시	1
	mm	날짜에서 두 자리로 월 표시	01
	mmm	날짜에서 영문 세 글자로 월 표시	Jan
	mmmm	날짜에서 전체 글자로 월 표시	January
	mmmmm	날짜에서 대문자 한 글자로 월 표시	J

기호	표시 형식	기능	결과값
D	d	날짜에서 한 자리로 일자 표시	9
	dd	날짜에서 두 자리로 일자 표시	09
	ddd	날짜에서 영문 세 글자로 요일 표시	Sun
	dddd	날짜에서 전체 글자로 요일 표시	Sunday
A	aaa	날짜에서 한글 요일 한 글자로 요일 표시	목
	aaaa	날짜에서 한글 요일 세 글자로 요일 표시	목요일

3 | 시간 데이터에 사용하는 코드

시간을 표시하는 기호는 H, M, S로, 시간에 대한 표시 형식을 지정할 수 있어요.

기호	표시 형식	설명	결과값
H	h	시간에서 표시	5:30
	hh	시간에서 두 자리로 시 표시	17:30
	[h], [hh]	총 경과 시간을 시로 표시하기	30:15
M	m	시간에서 한 자리로 분 표시	11:8
	mm	시간에서 두 자리로 분 표시	11:09
	[m], [mm]	총 경과 시간을 분으로 환산하여 표시	300
S	s	시간에서 한 자리로 초 표시	11:20:9
	ss	시간에서 두 자리로 초 표시	11:20:09
	[s], [ss]	총 경과 시간을 초로 환산하여 표시	1200
AM/PM	am/pm	오전, 오후를 영문 'am', 'pm'으로 표시	11:30 AM
	오전/오후	오전, 오후를 한글 '오전', '오후'로 표시	11:30 오후

잠깐만요 **실무에서 자주 사용하는 사용자 지정 표시 형식 알아보기**

숫자로 된 데이터를 워드처럼 원하는 형태로 바꾸려면 다음과 같은 표시 형식을 사용해 보세요.

❶ 너무 큰 숫자의 천 단위 숨기기(#,##0,,) : 세 자리마다 콤마를 표시하고 오른쪽 여섯 자리를 생략하는 기호입니다. 맨 뒤에 있는 ','는 3의 배수로 숨기는 기호입니다.

❷ 전화번호 앞에 0 표시하기(000-0000-0000) : 실제 입력된 숫자의 앞에 있는 0은 표시되지 않으므로 자릿수만큼 0으로 표시합니다.

❸ 빈 셀처럼 표시하기(;;;) : 콜론(;)은 표시 형식의 조건을 구분하는 기호로, '양수;음수;0;문자'일 때 모두 빈 값으로 표시합니다.

사용예	입력값	표시 형식	결과값
천 단위, 백만 단위 숨기기	32139000000	#, ##0,,	32,139
전화번호 앞에 0 표시하기	1012345678	000-0000-0000	010-1234-5678
빈 셀로 표시하기	모든 값	;;;	

실무
예제 **06**

송장에 사용자 지정 표시 형식 지정하기

1 '수량' 항목에서 숫자의 뒤에 단위를 표시해 볼까요? [Sheet1] 시트에서 H7:H30 범위를 드래그하여 선택하세요. **[홈] 탭-[스타일] 그룹**에서 **[표시 형식]**의 내림 단추(▾)를 클릭하고 **[기타 표시 형식]**을 선택하세요.

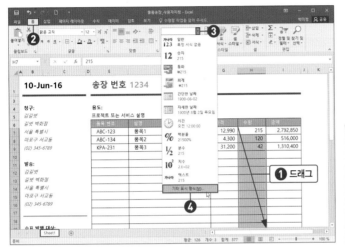

> **Tip**
>
> 숫자 뒤에 단위를 직접 입력하면 텍스트 데이터가 되므로 숫자를 계산할 수 없어요. 하지만 숫자에 표시 형식으로 단위를 입력하면 숫자값은 변하지 않기 때문에 사용자 지정 표시 형식을 이용해서 숫자를 문자로 표시하는 것입니다.

2 [셀 서식] 대화상자의 [표시 형식] 탭이 열리면 기존 범주에는 없는 표시 형식이므로 '범주'에서는 [사용자 지정]을, '형식'에서는 [G/표준]을 선택하고 'G/표준' 뒤에 『"ea"』를 추가 입력한 후 [확인]을 클릭하세요.

> **Tip**
>
> 숫자값의 일반 표시 형식 코드는 'G/표준'입니다. 또한 사용자 지정 표시 형식으로 문자를 입력하려면 반드시 큰따옴표("")안에 입력해야 해요.

3 '수량' 항목에서 숫자의 뒤에 'ea' 단위가 표시되었으면 날짜 데이터의 형식을 변경해 보겠습니다. B1셀을 클릭하고 [홈] 탭-[표시 형식] 그룹에서 [표시 형식] 대화상자 표시 아이콘(🔲)을 클릭하세요. [셀 서식] 대화상자의 [표시 형식] 탭이 열리면 '범주'에서 [사용자 지정]을 선택하고 '형식'에 『dd-mmm-yy (aaa)』를 입력한 후 [확인]을 클릭하세요.

4 이제 송장 번호의 표시 형식을 변경하기 위해 F1셀을 클릭하고 [홈] 탭-[스타일] 그룹에서 [표시 형식] 대화상자 표시 아이콘(🔲)을 클릭하세요. [셀 서식] 대화상자의 [표시 형식] 탭이 열리면 '범주'에서 [사용자 지정]을 선택하고 '형식'에 『"P-"00000』을 입력한 후 [확인]을 클릭하세요.

5 F1셀에 송장 번호가 'P-01234'로 표시되었습니다.

> **Tip**
> 수식 입력줄을 확인해 보면 실제 값은 '1234'로 바뀌지 않았어요.

1 | '손익계산서'에 셀 서식과 셀 스타일 지정해 꾸미기

예제파일 : 손익계산서_셀서식.xlsx **결과파일** : 손익계산서_셀서식_완성.xlsx

셀 스타일과 셀 서식(표시 형식, 맞춤, 글꼴, 테두리, 채우기)을 지정해 '손익계산서'를 작성해 보세요.

Hint
① B2셀의 글꼴 크기를 [22pt], [굵게] 지정하고 '2016년 분기별'의 글꼴 색을 [파랑]으로 지정하세요.
② '과목' 항목인 B4셀의 글꼴 크기는 [12pt], [굵게], [왼쪽 맞춤(들여쓰기 한 글자)]으로 지정하고 채우기 색은 '테마 색'의 [회색-25%, 배경 2]로 지정한 후 B8셀, B30셀, B39셀, B44셀에 서식 복사하세요.
③ 데이터가 있는 모든 셀에 가로 방향 테두리는 [가는 실선], 세로 방향 테두리는 [점선]으로 지정하세요.
④ 눈금선은 표시하지 마세요.

2 | '매출 현황 보고서'에 셀 스타일과 표시 형식 지정하기

예제파일 : 지역별매출.xlsx **결과파일** : 지역별매출_완성.xlsx

지역/제품별 '매출 현황 보고서'에 셀 스타일과 사용자 지정 표시 형식을 보기 좋게 지정해 보세요.

Hint
① 제목은 [제목1] 스타일, 글꼴 크기는 [20pt]로 지정하세요.
② 제목 행인 A5:E5 범위에 [강조색 6] 셀 스타일을 지정하세요.
③ '매출금액' 항목에는 [쉼표 스타일]을, '차지율' 항목에는 소수점 이하 첫째 자리까지 '백분율' 표시 형식을 지정하세요.
④ 날짜 데이터는 '04월 14일 (목)'이 되도록 '사용자 지정' 표시 형식으로 나타내세요.
⑤ '수량' 항목은 세 자리마다 쉼표 스타일을 지정하고 뒤에 단위 'Box'가 표시되도록 '사용자 지정' 표시 형식으로 나타내세요.
⑥ '총액' 항목에서 B4셀의 값은 천 단위를 생략하고 표시 형식의 뒤에 '천'을 붙여서 세 자리마다 쉼표가 표시되도록 '사용자 지정' 표시 형식으로 나타내세요.

02 조건부 서식 지정해 데이터 강조하기

조건부 서식은 조건에 맞는 데이터만 서식으로 강조하는 기능으로, 제시한 조건에 맞는 데이터만 시각적으로 강조하면 차트를 만들지 않아도 값의 크기를 한눈에 비교할 수 있어서 기초 데이터를 분석할 때 매우 편리하죠. 따라서 조건부 서식은 실제 업무에서 가장 많이 쓰이는 기능 중 하나랍니다. 또한 조건부 서식을 활용하여 데이터를 시각화하면 숫자를 다양한 방법으로 표시할 수 있어서 정확한 분석과 문제 해결도 가능합니다. 이번 섹션에서는 방대한 양의 데이터 중에서 조건에 맞는 데이터만 골라 특정 서식을 적용하는 방법을 배워보겠습니다.

> PREVIEW

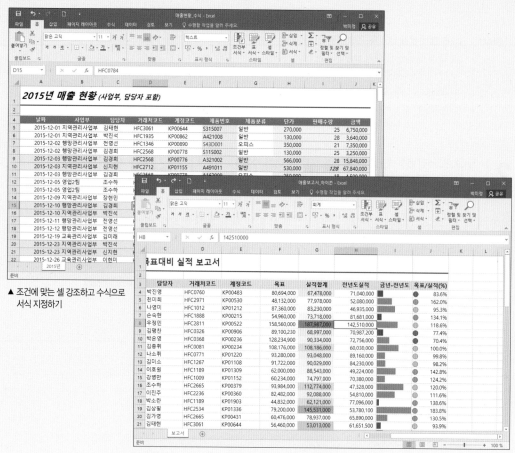

▲ 조건에 맞는 셀 강조하고 수식으로 서식 지정하기

▲ 데이터 막대, 색조, 아이콘 집합으로 데이터 시각적으로 분석하기

실무
예제 **01** 특정 조건에 맞는 데이터 강조하기

1 셀을 강조하려면 조건을 지정하여 특정 셀에 서식을 적용해야 해요. 여기서는 문자 'D'가 포함된 제품 번호에 서식을 지정하기 위해 [2015년] 시트에서 '제품번호' 항목인 F5:F262 범위를 드래그하여 선택하고 [홈] 탭-[스타일] 그룹에서 [조건부 서식]을 클릭한 후 [셀 강조 규칙]-[텍스트 포함]을 선택하세요.

2 [텍스트 포함] 대화상자가 열리면 '다음 텍스트를 포함하는 셀의 서식 지정'에 『D』를 입력하고 '적용할 서식'에서 [빨강 텍스트]를 선택한 후 [확인]을 클릭하세요.

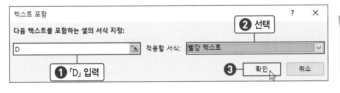

Tip

'적용할 서식'에서 제공하는 서식 외에 사용자가 원하는 서식을 직접 선택할 수 있어요.

3 제품번호에 'D'가 포함된 데이터에 '빨강 텍스트' 서식이 지정되었어요. 이번에는 '판매수량' 항목인 I5:I262 범위를 드래그하여 선택하고 [홈] 탭-[스타일] 그룹에서 [조건부 서식]을 클릭한 후 [셀 강조 규칙]에서 원하는 조건이 없으므로 [기타 규칙]을 선택하세요.

4 [새 서식 규칙] 대화상자가 열리면 '규칙 유형 선택'에서 [다음을 포함하는 셀만 서식 지정]을 선택하세요. '규칙 설명 편집'에서 [셀 값], [>=]를 선택하고 값에는 『100』을 입력한 후 [서식]을 클릭하세요.

5 [셀 서식] 대화상자가 열리면 [글꼴] 탭에서 '글꼴 스타일'은 [굵게 기울임꼴]을, '색'은 '표준 색'의 [진한 빨강]을 선택하고 [확인]을 클릭하세요. [새 서식 규칙] 대화상자로 되돌아오면 [확인]을 클릭하여 규칙 편집을 끝내세요.

6 판매 수량이 100 이상인 데이터에 '굵은 기울임꼴', '진한 빨강' 서식이 적용되었습니다.

상위/하위 20개 판매 수량에 서식 지정하기

1 [2015년] 시트에서 상위 20개 항목에 해당하는 판매 수량을 알아보기 위해 I5:I262 범위를 드래그하여 선택하세요. [홈] 탭-[스타일] 그룹에서 [조건부 서식]을 클릭하고 [상위/하위 규칙]-[상위 10개 항목]을 선택하세요.

2 [상위 10개 항목] 대화상자가 열리면 '다음 상위 순위에 속하는 셀의 서식 지정' 값을 [20]으로 지정하세요. '적용할 서식'에서 [진한 노랑 텍스트가 있는 노랑 채우기]를 선택하고 [확인]을 클릭하세요.

3 이번에는 하위 20개 항목에 대한 서식을 지정하기 위해 [홈] 탭-[스타일] 그룹에서 [조건부 서식]을 클릭하고 [상위/하위 규칙]-[하위 10개 항목]을 선택하세요.

4 [하위 10개 항목] 대화상자가 열리면 '다음 하위 순위에 속하는 셀의 서식 지정' 값을 [20]으로 변경합니다. '적용할 서식'에서 [진한 빨강 텍스트가 있는 연한 빨강 채우기]를 선택하고 [확인]을 클릭하세요.

5 상위/하위 20개 항목에 해당되는 셀에 모두 지정한 서식이 적용되었습니다.

잠깐만요 **조건부 서식의 범례 작성하기**

보고서를 작성할 때는 어떤 조건으로 서식을 지정했는지, 무엇을 강조했는지 알려주는 범례를 같이 표시하는 것이 좋아요. 다음의 그림을 참고하여 보고서 분석을 위한 범례를 꼭 작성해 보세요.

수식으로 조건부 서식과 새 규칙 지정하기

1 조건에 해당하는 범위가 아닌 다른 범위에 서식을 지정해야 할 경우에는 수식을 사용해야 해요. [2015년] 시트의 전체 레코드에 서식을 지정하기 위해 A5:J262 범위를 드래그하여 선택하고 **[홈] 탭-[스타일] 그룹**에서 **[조건부 서식]**을 클릭한 후 **[새 규칙]**을 선택하세요.

2 **[새 서식 규칙]** 대화상자가 열리면 '규칙 유형 선택'에서 **[수식을 사용하여 서식을 지정할 셀 결정]**을 선택하세요. '규칙 설명 편집'의 '다음 수식이 참인 값의 서식 지정'에 『**=$J5>10000000**』을 입력하고 **[서식]**을 클릭하세요.

Tip
'=$J5>10000000'은 금액이 10,000,000 이상인 경우 행 전체에 서식을 지정하는 수식입니다. 여기서 'J5'에 $ 기호가 붙는 것에 주의하세요.

3 [셀 서식] 대화상자가 열리면 [채우기] 탭을 클릭하고 '배경색'에서 첫 번째 줄의 마지막 색을 선택한 후 [확인]을 클릭하세요.

Tip

[셀 서식] 대화상자에서는 '표시 형식'부터 '채우기'까지 한 번에 모두 지정할 수 있어요. 채우기와 글꼴 색의 경우 색 이름이 표시되지 않으므로 색 위에 마우스 포인터를 올려놓고 위치를 확인하세요.

4 서식이 지정되었지만 같은 범위에 서식이 지정되어 조건이 겹치는 경우에는 이전 서식을 확인할 수 없으므로 규칙을 편집해야 해요. A5:J262 범위가 선택된 상태에서 **[홈] 탭-[스타일] 그룹**의 **[조건부 서식]**을 클릭하고 **[규칙 관리]**를 선택하세요.

5 [조건부 서식 규칙 관리자] 대화상자가 열리면 '서식 규칙 표시'에서 [현재 워크시트]를 선택하고 [셀 값 >= 100]을 선택한 후 [위로 이동] 단추(▲)를 클릭하여 맨 위로 이동시키세요. [수식 =$J5>=10000000]을 선택하고 [아래로 이동] 단추(▼)를 클릭하여 맨 아래쪽으로 이동시킨 후 [확인]을 클릭하세요.

6 규칙 순서가 변경되면서 조건에 해당하는 모든 규칙이 제대로 표시되었는지 확인해 보세요.

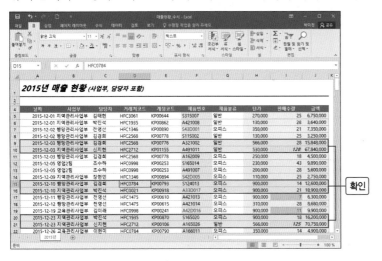

확인

문서시작

문서편집

서식지정

차트

함수

정렬과필터

피벗테이블

잠깐만요 **조건부 서식에서 수식을 작성할 때의 주의 사항 알아보기**

조건부 서식을 지정할 때 수식을 사용하면 좀 더 다양하게 조건을 지정할 수 있어요. 그러나 이 경우에는 반드시 주의해야 할 규칙이 있으므로 꼭 기억하세요.

❶ **셀 범위 지정** : 서식을 지정할 범위를 선택하는 방향에 따라 수식에서 사용할 셀이 결정됩니다. 예를 들어 A5:A262 범위에서 A5셀부터 드래그하여 범위를 지정하면 수식에 적용될 셀은 첫 번째 셀인 A5셀이 되고 반대로 드래그할 경우에는 A262셀이 됩니다.

❷ **수식의 참조 방법** : 수식에 적용하는 참조는 범위에서 첫 번째 셀만 지정하여 작성하므로 참조가 중요합니다. 만약 다중 항목인 A5:J262 범위의 경우 수식에서 사용할 참조는 '$J5'와 같이 열을 고정한 혼합 참조로 지정해야 행 단위로 서식이 지정됩니다. 다음의 서식 결과를 살펴보면 행(레코드) 단위로 지정된 것을 볼 수 있습니다.

수식에 적용된 첫 번째 셀

레코드 단위로 서식 지정

실무
예제 **04**   # 색조와 데이터 막대 지정해 매출 분석하기

1 [보고서] 시트에서 금년도 실적 합계에 대한 크기를 시각적으로 강조해서 표시하기 위해 G4:G36 범위를 드래그하여 선택하세요. **[홈] 탭-[스타일] 그룹**에서 **[조건부 서식]**을 클릭하고 **[색조]-[파랑 – 흰색 – 빨강 색조]**를 클릭하세요.

> **Tip**
> 파란색에서 빨간색으로 갈수록 작은 값을 표현합니다.

2 '실적합계' 항목 값의 크기에 따라 색상이 지정되었으면 '금년-전년도' 항목의 차이 값과 값의 크기를 표시하기 위해 I4:I36 범위를 드래그하여 선택하세요. **[홈] 탭-[스타일] 그룹**에서 **[조건부 서식]**을 클릭하고 **[데이터 막대]**에서 '단색 채우기'의 **[파랑 데이터 막대]**를 클릭하세요.

> **Tip**
> 데이터 막대는 값의 크기에 따라 막대의 크기가 결정되고 음수인 경우에는 색상이 다르게 지정됩니다.

3 값의 크기와 양수/음수에 따라 막대의 색상과 크기가 지정되었습니다. 이제 작성된 규칙을 수정해 볼까요? '금년-전년도' 항목이 선택된 상태에서 [홈] 탭-[스타일] 그룹에서 [조건부 서식]을 클릭하고 [규칙 관리]를 선택하세요.

4 [조건부 서식 규칙 관리자] 대화상자가 열리면 [데이터 막대]를 선택하고 [규칙 편집]을 클릭하세요.

Tip

워크시트에서 데이터 막대가 지정된 셀을 클릭한 후 규칙 편집을 실행해야 규칙을 곧바로 선택할 수 있어요.

5 [서식 규칙 편집] 대화상자가 나타나면 [음수 값 및 축]을 클릭하세요. [음수 값 및 축 설정] 대화상자가 열리면 '축 설정'에서 [없음]을 선택하고 [확인]을 클릭하세요.

6 [서식 규칙 편집] 대화상자로 되돌아오면 '규칙 설명 편집'의 '서식 스타일'에서 [막대만 표시]에 체크하고 '막대 방향'에서 [왼쪽에서 오른쪽]을 선택한 후 [확인]을 클릭하세요. [조건부 서식 규칙 관리자] 대화상자로 되돌아오면 [확인]을 클릭하여 규칙 편집을 끝내세요.

7 '금년-전년도' 항목의 데이터 막대의 규칙이 변경되었습니다.

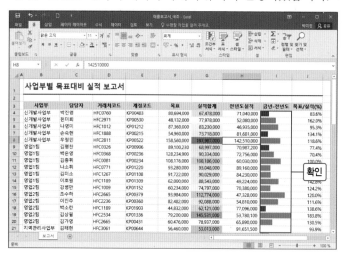

잠깐만요 **'조건부 서식 규칙 관리자'에서 규칙 삭제하기**

조건부 서식이 지정된 셀 범위를 선택하고 규칙을 삭제해도 되지만, 좀 더 편리하게 규칙을 삭제하려면 '조건부 서식 규칙 관리자'를 활용하는 것이 편리합니다. [조건부 서식 규칙 관리자] 대화상자에서 '현재 워크시트'에 있는 모든 규칙 중 원하는 규칙을 선택하고 [규칙 삭제]를 클릭해 삭제할 수 있어요.

1 '10월 판매 현황' 보고서에 조건부 서식 지정해 셀 강조하기

🔵 **예제파일** : 10월매출.xlsx   🔵 **결과파일** : 10월매출_완성.xlsx

조건부 서식의 다양한 규칙과 수식으로 조건을 설정하여 '10월 판매 현황' 보고서를 시각적으로 강조해 보세요.

Hint
① '상품코드' 항목에서 'G4'가 포함된 셀에 [파랑], [굵게], [기울임꼴]을 지정하세요.
② 판매 금액이 하위 5% 이내인 경우 [진한 노랑 텍스트가 있는 노랑 채우기]를 지정하세요.
③ 수식을 사용해 전월 금액보다 금월 금액이 많으면 전체 행에 '테마 색'의 [파랑, 강조 3, 80% 더 밝게]로 채우세요.
④ 규칙의 순서에서 수식을 사용한 규칙을 맨 아래쪽으로 이동하세요.

2 색조와 아이콘 집합 지정해 전년 대비 실적 비교 분석하기

🔵 **예제파일** : 전년대비실적비교.xlsx   🔵 **결과파일** : 전년대비실적비교_완성.xlsx

'전년대비실적비교' 문서에 색조, 아이콘 집합으로 매출을 분석하고 편집해 보세요.

Hint
① '2015년 Total' 항목과 '2016년 Total' 항목에 3색조(녹색 – 노랑 – 빨강 색조)로 조건부 서식을 지정하고 최소값은 [5000], 최대값을 [10000]으로 변경하세요.
② '차지율' 항목에는 아이콘 집합(삼각형 세 개)을 지정하고 값을 9.5% 이상은 ▲으로, 7% 이상은 으로, 0%는 ▼로 변경하세요. 이때 7% 이상은 아이콘이 표시되지 않도록 지정하세요.

03

차트와 스파크라인으로 데이터 표현하기

데이터를 시각화하는 가장 쉬운 방법은 차트를 사용하는 것입니다. 엑셀 2016에서는 분석 기능인 차트가 특히 강화되었는데, 입력된 데이터를 선택하기만 해도 다양하게 분석할 수 있는 도구를 제공하기 때문이죠. 또한 데이터에 적합한 추천 차트를 제공하고 있어서 쉽고 빠르게 분석 자료를 시각화하여 만들 수 있어요. 이번 섹션에서는 엑셀 2016에 추가된 선버스트 차트나 히스토그램과 같은 분석 차트에 대해 알아보고 데이터를 시각화하는 효율적인 방법에 대해 배워보겠습니다.

> **PREVIEW**

▲ 차트 삽입과 서식 지정해 데이터 시각화하기

▲ 선버스트 차트로 계층 구조 표현하기

> **섹션별 주요 내용**

01 | 차트의 구성 요소와 빠른 차트 작성하기   02 | 추천 차트 이용해 빠르게 차트 삽입하기

03 | 차트의 종류와 차트 데이터 편집하기   04 | 차트에 세부 서식 지정하기   05 | 스파크라인 이용해 판매 추이 살펴보기

06 | 서로 다른 차트 하나로 표현하기 — 콤보 차트   07 | 데이터의 계층 구조 표현하기 — 선버스트 차트

차트의 구성 요소와 빠른 차트 작성하기

1 | 차트의 구성 요소 알아보기

요약된 데이터를 차트로 표현하면 여러 개의 값을 동시에 시각적으로 비교해 볼 수 있어요. 따라서 원하는 분석 관점에 적합한 차트로 선택한 후 구성 요소를 편집하면 데이터를 좀 더 효율적으로 표현할 수 있어요. 차트의 구성 요소에는 차트 영역, 그림 영역, 각 계열과 요소, 범례 등이 포함되어 있는데, 차트에 따라 구성 요소가 다르게 나타날 수 있습니다.

2 | 기본 차트 빠르게 그리기

워크시트에 차트를 삽입하려면 차트로 작성할 데이터 범위를 선택하고 [삽입] 탭-[차트] 그룹에서 원하는 차트를 선택해야 해요. 단축키를 사용하면 기본 차트를 좀 더 빠르게 삽입할 수 있어요.

같은 시트에 삽입한 차트

▲ 데이터 범위 선택 후 Alt + F1 을 눌러 같은 시트에 차트 삽입하기

새로운 시트에 삽입한 차트

▲ 데이터 범위 선택 후 F11 을 눌러 새로운 시트에 차트 삽입하기

◆ **예제파일** : 판매계획및실적_차트삽입.xlsx   ◆ **결과파일** : 판매계획및실적_차트삽입_완성.xlsx

실무
예제 **02**

추천 차트 이용해 빠르게 차트 삽입하기

1 [Sheet1] 시트에서 차트로 표현하고 싶은 B4:E11 범위를 드래그하여 선택하고 [삽입] 탭- [차트] 그룹에서 [추천 차트]를 클릭하세요.

2 엑셀 2016에서는 데이터를 가장 잘 표현해 주는 다양한 스타일의 분석 차트를 제공하고 있어요. [차트 삽입] 대화상자가 열리면 [추천 차트] 탭에서 [묶은 세로 막대형]을 선택하고 [확인]을 클릭하세요.

3 묶은 세로 막대형 차트가 삽입되면 B14셀의 아래쪽으로 드래그하여 위치를 이동하세요. 차트의 오른쪽 모서리에 마우스 포인터를 올려놓고 ➕ 모양으로 변경되면 드래그하여 원하는 크기로 변경해 보세요.

4 작성한 차트의 스타일을 빠르게 변경해 볼까요? 차트를 선택한 상태에서 차트의 오른쪽 위에 있는 [차트 스타일] 단추(☑)를 클릭하고 '스타일'의 [스타일 6]을 선택하세요.

Tip

차트 스타일은 [차트 도구]의 [디자인] 탭-[차트 스타일] 그룹에서 [자세히] 단추(▽)를 클릭한 후 원하는 스타일을 선택해도 됩니다.

5 차트의 구성 요소 중에서 차트의 오른쪽 위에 있는 [차트 요소] 단추(➕)를 클릭하고 [눈금선]의 [기본 주 세로]에 체크하여 세로 주 눈금선을 추가하세요.

차트의 종류와 차트 데이터 편집하기

1 이미 작성한 차트를 다른 차트로 변경해 볼게요. [Sheet1] 시트에서 차트를 선택하고 [차트 도구]의 [**디자인**] 탭-[**종류**] 그룹에서 [**차트 종류 변경**]을 클릭하세요.

2 [차트 종류 변경] 대화상자가 열리면 [모든 차트] 탭에서 [가로 막대형]을 선택하고 오른쪽 창에서 [누적 가로 막대형]의 왼쪽 차트를 선택한 후 [확인]을 클릭하세요.

3 차트가 변경되었으면 '계열1', '계열2'로 표시된 계열 이름을 편집해 볼게요. 차트를 선택한 상태에서 [차트 도구]의 **[디자인] 탭-[데이터] 그룹**에서 **[데이터 선택]**을 클릭하세요.

4 [데이터 원본 선택] 대화상자가 열리면 '범례 항목(계열)'의 [계열1]에 체크하고 [편집]을 클릭하세요. [계열 편집] 대화상자가 열리면 '계열 이름'에 『판매실적』을 입력하고 [확인]을 클릭하세요.

5 [데이터 원본 선택] 대화상자로 되돌아오면 **4** 과정과 같은 방법으로 [계열2]에 체크하고 [편집]을 클릭하세요. [계열 편집] 대화상자에서 '계열 이름'에 『사업계획』을 입력하고 [확인]을 클릭하세요.

6 [데이터 원본 선택] 대화상자로 되돌아오면 '범례 항목(계열)'의 이름이 제대로 변경되었는지 살펴보고 [확인]을 클릭하세요.

7 계열 이름이 변경되었는지 확인하고 차트 제목에 『계획대비 판매실적』을 입력하여 차트 편집을 완성하세요.

잠깐만요 **차트의 특정 요소만 빠르게 편집하기**

차트를 선택하면 차트의 오른쪽 위에 [차트 요소] 단추(⊞), [차트 스타일] 단추(✎), [차트 필터] 단추(▽)가 표시되는데, 이 단추들을 이용하여 구성 요소를 추가하고, 서식을 지정하며, 데이터 편집을 쉽고 빠르게 할 수 있어요. 차트에서 빼야 할 항목이 있다면 [차트 필터] 단추(▽)를 클릭하고 해당 항목의 체크를 해제한 후 [적용]을 클릭하면 됩니다.

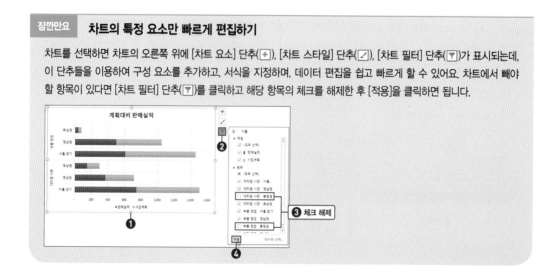

실무
예제 **04** # 차트에 세부 서식 지정하기

1 차트 스타일을 적용하여 작성한 차트라도 세부 서식까지 지정하면 좀 더 보기 좋은 차트로 만들 수 있어요. [Sheet1] 시트에서 차트의 [가로(값) 축]을 선택하고 [차트 도구]의 **[서식] 탭-[현재 선택 영역]** 그룹에서 **[선택 영역 서식]**을 클릭하세요.

> **Tip**
>
> 차트에서 가로(값) 축을 직접 선택하지 않고 [차트 도구]의 [서식] 탭-[현재 선택 영역] 그룹에서 [차트 요소]를 클릭한 후 [가로 (값) 축]을 선택해도 됩니다.

2 화면의 오른쪽에 [축 서식] 창이 열리면 [축 옵션] 단추(📊)를 클릭하고 '경계'의 '최대'는 [1800.00], '단위'의 '주'는 [300.00]으로 변경하세요.

3 데이터 막대 중에서 하나의 계열(사업계획)을 선택하고 [데이터 계열 서식] 창에서 [계열 옵션] 단추(📊)를 클릭한 후 '간격 너비'를 [60%]로 지정하세요. 이렇게 하면 각 항목 간의 간격이 좁아지면서 계열의 막대 너비가 넓어집니다.

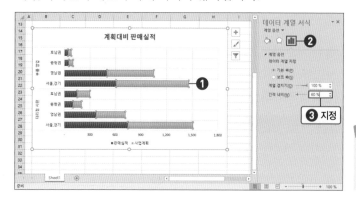

> **Tip**
> 데이터 막대를 선택하면 2 과정의 [축 서식] 창이 [데이터 계열 서식] 창으로 바뀌어요.

4 차트에서 그림 영역을 선택하고 [그림 영역 서식] 창에서 [채우기 및 선] 단추(🪣)를 클릭한 후 '채우기'의 [단색 채우기]를 선택하세요. '색'은 '테마 색'의 [황갈색, 배경 2]를 선택하고 '투명도'를 [50%]로 지정한 후 [닫기] 단추(✕)를 클릭해 창을 닫으세요.

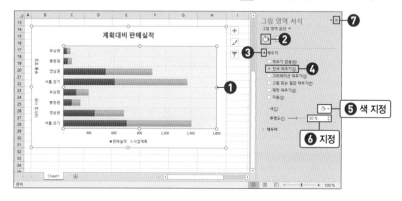

5 차트의 전체 색상을 변경하기 위해 [페이지 레이아웃] 탭-[테마] 그룹에서 [색]을 클릭하고 [보라 II]를 선택하세요. 이렇게 하면 차트를 포함한 전체 워크시트의 색상이 테마 색으로 변경됩니다.

● 예제파일 : 영업1부문매출_스파크라인.xlsx　● 결과파일 : 영업1부문매출_스파크라인._완성.xlsx

실무
예제 **05**

스파크라인 이용해 판매 추이 살펴보기

1 스파크라인은 셀에 삽입되는 작은 차트로, 값의 추이를 하나의 셀에서 표현할 수 있어요. 먼저 [Sheet1] 시트에서 스파크라인을 삽입할 I4:I7 범위를 드래그하여 선택하고 **[삽입] 탭-[스파크라인] 그룹**에서 **[꺾은선형]**을 클릭하세요. [스파크라인 만들기] 대화상자가 열리면 '원하는 데이터 선택'의 '데이터 범위'에 『C4:H7』을 입력하고 [확인]을 클릭하세요.

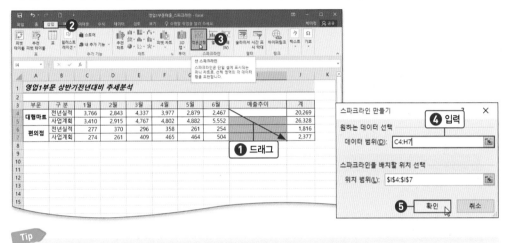

스파크라인은 배경처럼 삽입되는 작은 차트이기 때문에 텍스트나 값이 입력된 셀에도 삽입할 수 있어요.

2 I4:I7 범위에 꺾은선형 스파크라인이 삽입되었으면 스파크라인의 디자인을 변경하기 위해 [스파크라인 도구]의 **[디자인] 탭-[표시] 그룹**에서 **[높은 점]**에 체크하세요. 다시 **[디자인] 탭-[스타일] 그룹**에서 **[자세히] 단추(▼)**를 클릭하고 **[스파크라인 스타일 어둡게 #3]**을 선택하세요.

3 꺾은선형 스파크라인을 열 스파크라인으로 변경하기 위해 [스파크라인 도구]의 [디자인]
   탭-[종류] 그룹에서 [열]을 클릭하세요.

4 [스파크라인 도구]의 [디자인] 탭-[그룹] 그룹에서 [그룹 해제]를 클릭하세요. I5셀을 클릭하고
   Ctrl 을 누른 상태에서 I7셀을 클릭한 후 [디자인] 탭-[그룹] 그룹에서 [지우기]를 클릭하세요.

Tip

셀에 삽입된 스파트라인은 전체가 하
나의 그룹으로 지정되어 있기 때문에
하나의 셀에 삽입된 스파크라인을 편
집하면 전체 셀에 똑같이 적용됩니다.

5 그룹이 해제되면서 '사업계획' 분야의 스파크라인이 삭제되었습니다.

Tip

스파크라인은 한 셀에 삽입하는 작은
차트로, 시간의 흐름에 따른 변화 추
이 비교에 사용되는 '선 스파크라인'
과 크기 데이터 비교를 위한 '열 스파
크라인', 양수, 음수 표시도 이익 발
생 여부 판단을 위한 '승패 스파크라
인'이 있어요. 따라서 각 스파크라인
의 기능에 따라 데이터의 특성에 맞
게 적용하세요.

실무
예제 **06**

서로 다른 차트를 하나로 표현하기

— 콤보 차트

1 콤보 차트는 성격이 다른 데이터나 값 차이가 큰 데이터를 하나의 차트에 표현할 수 있어요.
[Sheet1] 시트에서 차트에 포함할 A3:H7 범위를 드래그하여 선택하고 **[삽입] 탭-[차트] 그룹**에
서 **[콤보 차트 삽입]**을 클릭한 후 **[사용자 지정 콤보 차트 만들기]**를 선택하세요.

2 [차트 종류 변경] 대화상자가 열리면 [모든 차트] 탭에서 [콤보]를 선택하세요. 대화상자의 오
른쪽 아래에 있는 '편의점 전년실적' 계열과 '편의점 사업계획' 계열의 차트 종류를 '꺾은선
형'의 [표식이 있는 꺾은선형]으로 지정하고 [보조 축]에 체크한 후 [확인]을 클릭하세요.

> Tip
>
> 콤보 차트는 서로 다른 종류의 차트를 사용해야 작성할 수 있어요. 값의 차이가 큰 경우에는 보조 축으로 표시하는 것이 좋습니다.

3 콤보 차트가 삽입되면 차트의 크기를 조정하고 표의 아래쪽으로 위치를 이동해 보세요.

4 이번에는 제목을 변경하고 표의 데이터와 연동시켜 볼까요? 차트 제목을 선택하고 『=』을 입력한 후 『A1』을 클릭하고 Enter 를 누르세요.

5 [차트 도구]의 [디자인] 탭-[차트 스타일] 그룹에서 [스타일 5]를 선택하여 차트를 완성하세요.

> **Tip**
> 표식처럼 차트의 요소마다 서식을 따로 지정할 수 있어요.

NEW

예제파일: 해외영업실적_선버스트.xlsx　　　**결과파일**: 해외영업실적_선버스트._완성.xlsx

데이터의 계층 구조 표현하기

— 선버스트 차트

1 계층 구조로 된 데이터를 표현할 경우 엑셀 2016에 새롭게 추가된 트리맵과 선버스트 차트가 효과적입니다. [본부별실적] 시트에서 A1:C14 범위를 드래그하여 선택하고 **[삽입] 탭-[차트] 그룹**에서 **[계층 구조 차트 삽입]**을 클릭한 후 **'선버스트'**의 **[선버스트]**를 클릭하세요.

> **Tip**
>
> 선버스트 차트는 하나의 원이 계층 구조의 각 수준을 나타내면서 가장 안쪽에 있는 원이 계층 구조의 가장 높은 수준을 나타내는 차트로, 계층 구조 데이터를 표시하는 데 적합해요.

2 선버스트 차트가 삽입되면 차트의 크기와 위치를 조정하고 [차트 도구]의 **[디자인] 탭-[차트 스타일] 그룹**에서 **[스타일 5]**를 선택하세요.

3 이번에는 차트의 색상 구조를 변경해 볼까요? [차트 도구]의 [디자인] 탭-[차트 스타일] 그룹에서 [색 변경]을 클릭하고 '색상형'의 [색 3]을 선택하세요.

4 차트 제목에 『해외영업 매출 분포』를 입력하세요.

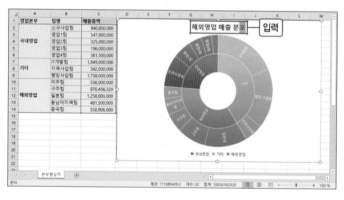

5 선버스트 차트는 계층 구조에 빈 셀이 있는 경우에만 그릴 수 있어요. 강조하려는 계층을 표현하기 위해 B2:B9 범위를 드래그하여 선택하고 Delete를 눌러 내용을 지우세요.

1 '2016년 매출 보고서'에 차트 삽입하고 꾸미기

🔵 **예제파일** : 영업매출.xlsx 🔵 **결과파일** : 영업매출_완성.xlsx

묶은 세로 막대형 차트로 주어진 매출 데이터를 삽입하고 요소별 서식으로 차트를 꾸며보세요.

Hint
① 팀별 각 매출 데이터를 B9셀에 묶은 세로 막대형 차트로 삽입하고 크기를 조정하세요.
② 차트 스타일은 [스타일 3]으로 지정하고 제목은 B1셀의 제목과 연동하세요.
③ 데이터 계열 서식에서 '계열 겹치기'는 [30%], '간격 너비'는 [150%]로 지정하세요.
④ 값 축의 '주 단위'는 [3.0E7], '표시 단위'는 [100000]으로 지정하세요.

2 스파크라인과 콤보 차트 이용해 비용 처리 내역 분석하기

🔵 **예제파일** : 비용_콤보차트.xlsx 🔵 **결과파일** : 비용_콤보차트_완성.xlsx

'비용차트' 문서에 열 스파크라인으로 사용 추이를 삽입하고 콤보 차트로 꾸며보세요.

Hint
① '사용추이' 항목에 '1월'부터 '6월'까지의 추이를 열 스파크라인으로 삽입하고 높은 점은 [녹색, 강조 6]으로 표식을 지정하세요.
② '1월' 항목부터 '6월' 항목과 '비율' 항목의 데이터를 콤보 차트로 작성하세요.
③ '합계' 데이터만 꺾은선형 차트로 변경하고 보조 축을 사용하세요.
④ 차트 제목에 『상반기 비용처리 내역』을 입력하고 차트 스타일을 [스타일 8]로 변경하세요.

1 | 파레토 차트 이용해 데이터 분석하기

● 예제파일 : 분석차트.xlsx   ● 결과파일 : 분석차트_완성.xlsx

'분석차트' 파일의 데이터에는 내림차순으로 정렬된 열과 총 누적 백분율을 나타내는 선이 모두 포함되어 있어요. 파레토 차트에서는 데이터 집합 중 가장 큰 요소가 강조 표시되어 몇 가지 중요한 항목만 집중해서 결과를 확인할 수 있어요. 이번에는 비용 지출이 가장 큰 항목이 무엇인지 파레토 차트로 알아보겠습니다.

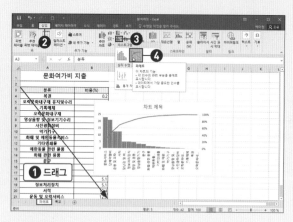

1 [파레토] 시트에서 A3:B23 범위를 드래그하여 선택하세요. [삽입] 탭-[차트] 그룹에서 [통계 차트 삽입]을 클릭하고 [파레토]를 선택하세요.

> **Tip**
>
> 이탈리아의 경제학자인 빌프레드 파레토(Vilfredo Federico Damaso Pareto)의 이름을 빌린 파레토 차트는 '현상이나 원인을 분류하여 크기 순서에 따라 막대 그래프와 누적 꺾은선형 그래프 형태로 표시한 차트'입니다.

2 파레토 차트가 삽입되면 차트의 크기를 조절하고 차트 제목에 『문화여가비 지출』을 입력한 후 원하는 차트 스타일로 변경해 보세요. 차트를 작성해보면 '문화여가비' 중에서 '문화서비스', '단체여행비', '운동 및 오락서비스', '서적' 항목에 지출이 많다는 것을 알 수 있어요.

2 | 폭포 차트 이용해 손익계산서 분석하기

● 예제파일 : 분석차트.xlsx   ● 결과파일 : 분석차트_완성.xlsx

폭포 차트는 값을 더하거나 뺄 때 누계를 나타내고 초기값(@ 순수입)이 양의 값 및 음의 값에 의해 어떤 영향을 받았는지 이해하는 데 유용해요. 초기값 및 계산값 막대는 주로 가로 축에서 시작되지만, 다음 값은 중간부터 막대가 시작되므로 이러한 모양 때문에 폭포 차트를 '다리형 차트'라고도 부릅니다. 폭포 차트는 주로 재무 데이터와 같이 입·출입에 관련된 데이터를 표시하는 데 적합해요.

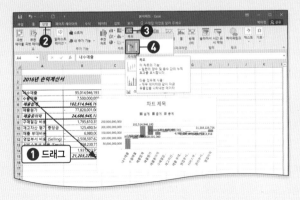

1 [폭포] 시트에서 손익계산서 범위인 A4:B15 범위를 드래그하여 선택하세요. [삽입] 탭-[차트] 그룹에서 [폭포 차트 또는 주식형 차트 삽입]을 클릭하고 [폭포]를 선택하세요.

① 드래그

② 입력

① 크기 조절

2 폭포 차트가 삽입되면 차트의 크기와 제목을 변경해 보세요.

Tip

차트 삽입 후 '행/열 전환'을 합니다.

① 오른쪽 클릭

②

3 차트에 사용된 데이터에는 SUBTOTAL 함수로 계산된 매출합계, 매출총이익과 같은 '소계'가 포함되어 있습니다. '합계' 부분을 표시하기 위해 [매출합계] 막대만 선택하고 마우스 오른쪽 단추를 눌러 [합계로 설정]을 선택하세요.

Tip

[매출합계] 막대는 두 번 클릭하여 선택하세요. 한 번 클릭하면 모든 막대가 선택됩니다.

4 나머지 [매출 총이익] 막대와 [영업이익] 막대도 [합계로 설정]을 지정하여 차트를 완성하세요. 이제 차트에서 이익과 비용에 대한 데이터가 분명하게 표시됩니다.

CHAPTER 3

수식 계산과
실무 함수 다루기

엑셀은 기본적으로 수식을 계산하고 데이터를 분석하는 프로그램으로, 연산자나 함수를 이용해 원하는 값을 구할 수 있어요. 또한 엑셀에서 제공하는 함수를 활용하면 숫자 데이터뿐만 아니라 텍스트 데이터에서도 원하는 값을 추출하거나 데이터끼리 연결하여 새로운 값을 얻을 수도 있고, 기간을 계산하거나 특정 위치의 값 또는 정보를 구할 수도 있어요. 이번 챕터에서는 수식에 필요한 연산자와 참조 등을 정확히 이해하면서 기본 함수 및 실무 함수를 통해 데이터를 원하는 형태로 완벽하게 구하는 방법에 대해 배워봅니다.

Windows 10
+*Excel*
& PowerPoint
&Word 2016
+Hangeul 2014

수식과 자동 함수 익히기

워크시트에 입력할 수 있는 데이터에는 숫자, 문자, 날짜 또는 시간 데이터가 있어요. 하지만 엑셀은 일반적인 워드프로세서와는 다르게 데이터를 '셀(cell)'이라는 제한된 공간(위치)에만 입력할 수 있습니다. 그래서 모든 계산의 기본은 '셀'이 되고, 셀을 참조하는 것이 곧 '수식'이 되는 것이죠. 이번 섹션에서는 셀 참조 유형부터 수식의 사용법, 자동 합계 함수까지 수식을 작성할 때 필요한 기초적인 내용에 대해 알아보겠습니다.

> **PREVIEW**

▲ 연산자와 다양한 참조 방법, 이름 사용해 수식 계산하기

▲ 자동 합계 함수와 함수 라이브러리 사용하기

> **섹션별 주요 내용**

핵심
기능 **01** # 수식 작성과 셀 참조 유형 살펴보기

1 | 수식 작성의 기본

수식을 작성하려면 반드시 등호(=)나 부호(+, −)로 시작해야 해요. 이렇게 시작한 수식에는 셀 주소가 포함되는데, 이것을 '셀을 참조한다'라고 합니다. 따라서 참조한 셀의 내용이 변경되면 수식의 결과값도 자동으로 변경되고 등호와 참조 주소, 그리고 연산자로 이루어진 수식의 결과값이 셀에 나타나요. 반면 수식은 수식 입력줄에 표시됩니다.

2 | 연산자의 종류

엑셀에서 사용하는 연산자는 크게 '산술 연산자', '비교 연산자', '연결 연산자'가 있고 범위를 표시하거나 계산 순서를 표시하는 '참조 연산자'의 기호가 있습니다.

연산자	기능	종류
산술 연산자	사칙연산자를 비롯하여 기본적인 엑셀의 수학 연산자가 포함	+, −, *, /, %, ^
비교 연산자	값을 서로 비교할 때 사용하는 연산자. 참(true)과 거짓(false)으로 나타남	=, 〉, 〈 〉=, 〈=, 〈〉, 〉〈
연결 연산자	문자와 문자, 문자와 숫자, 문자와 수식 결과 등을 연결하는 연산자로, 결과는 반드시 텍스트가 됨	&
참조 연산자	주로 계산에 사용되는 셀이나 범위를 지정할 때 사용	콤마(,), 콜론(:), 소괄호(( ))

3 | 셀 참조 유형

셀을 수식에 참조하는 유형에는 '상대 참조'와 '절대 참조', 그리고 이들 두 방식을 혼합한 형태인 '혼합 참조'가 있습니다. F4 를 누르면서 참조 유형을 변경할 수 있습니다.

참조 유형	기능	사용예
상대 참조	선택한 셀을 기준으로 상대적인 위치를 반영	A1, B1
절대 참조	행과 열에 $ 기호를 붙여서 표시. 참조 위치가 변하지 않음	$A$1, $B$1
혼합 참조	상대 참조와 절대 참조 혼합. 계산 수식 방향에 따라 셀 주소 다르게 적용	$A1, A$1

4 | 다양한 유형의 참조 위치

다른 워크시트나 통합 문서의 셀을 참조할 경우 참조 형식이 다르게 표시됩니다.

위치	수식에서의 참조 방법	사용예
현재 워크시트	=셀 주소	=A1
다른 워크시트	=워크시트명!셀 주소	매출!A1
다른 통합 문서	=[전체 경로₩통합 문서명]워크시트명!셀 주소	='D:₩엑셀2016₩[매출액비교.xlsx]전년대비실적'!A1

실무
예제 **02**

기본 연산자 이용해 정산 내역 계산하기

1 [Sheet1] 시트에서 할인된 금액으로 계산하기 위해 H5셀을 클릭하고 『=F5*(1-G5)』를 입력한 후 Enter를 누르세요.

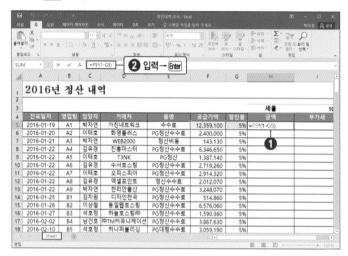

Tip

H5셀에 함수식을 작성할 때 참조할 주소를 직접 입력하지 않고 마우스로 F5셀과 G5셀을 클릭하면 함수식에 셀 주소가 자동으로 입력되어 편리합니다.

2 H5셀에 금액이 계산되면 다시 H5셀을 클릭하고 H5셀의 자동 채우기 핸들(➕)을 더블클릭하여 H193셀까지 수식을 복사하세요. 이때 셀에 지정된 서식에 영향을 주지 않기 위해 [자동 채우기 옵션] 단추(🖳·)를 클릭하고 [서식 없이 채우기]를 선택하세요.

Tip

자동 채우기 핸들(➕)로 나머지 수식을 채우면 수식뿐만 아니라 셀에 지정된 서식까지 복사되므로 무늬처럼 지정된 셀 색이 전체에 복사됩니다. 따라서 다른 서식을 제외한 수식만 복사하려면 [자동 채우기 옵션] 단추(🖳·)를 클릭하고 [서식 없이 채우기]를 선택해야 해요.

3 이번에는 부가세를 계산하기 위해 I5셀을 클릭하고 『=H5*』를 입력하세요. 이어서 I3셀을 클릭하고 F4 를 눌러 참조를 '$I$3'으로 변경한 후 Enter 를 누르세요.

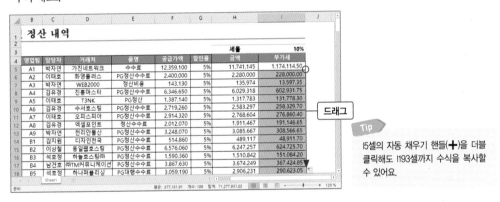

4 I5셀에 부가세가 구해지면 I3셀의 자동 채우기 핸들(✛)을 I193셀까지 드래그하여 수식을 복사하세요.

Tip

I5셀의 자동 채우기 핸들(✛)을 더블 클릭해도 I193셀까지 수식을 복사할 수 있어요.

[수식] 탭-[수식 분석] 그룹에서 [수식 표시]를 클릭하여 워크시트에 수식을 표시하면 금액과 부가세가 입력된 수식을 확인해 볼 수 있어요. '금액' 항목의 경우에는 상대 참조로 입력된 수식으로 셀마다 참조가 달라지지만, '부가세' 항목에서는 I3셀이 고정되어 같은 참조로 입력되어 있습니다. 왜냐하면 $ 기호는 I열과 3행 앞에 붙어있어서 행과 열을 모두 고정시키기 때문이에요.

03 # 이름 정의해 수식 계산하기

1 수식에 고정 범위를 반복해서 사용할 때는 절대 참조 대신 이름을 지정하는 것이 훨씬 더 편리
해요. [Sheet1] 시트에서 I3셀을 클릭하고 수식 입력줄의 왼쪽에 있는 이름 상자에 『세율』을
입력한 후 Enter 를 누르세요.

2 **1** 과정에서 작성한 이름은 통합 문서에서 마음껏 사용할 수 있어요. 부가세를 계산하기 위해
I5셀을 클릭하고 『=H5*세율』을 입력한 후 Enter 를 누르세요.

Tip

이름은 기본적으로 절대 참조로 작성
됩니다. 따라서 '세율'은 절대 참조로
수식에 입력되는 것과 같아요.

3 I5셀에 부가세가 계산되면 I5셀의 자동 채우기 핸들(**╋**)을 더블클릭하여 마지막 셀까지 수식을 복사하세요. 이름을 편집하기 위해 **[수식] 탭-[정의된 이름]** 그룹에서 **[이름 관리자]**를 클릭하세요.

4 [이름 관리자] 대화상자가 열리면 [세율]을 선택하고 [편집]을 클릭하세요. [이름 편집] 대화 상자가 열리면 '이름'에 『부가세』를 입력하고 [확인]을 클릭하세요.

잠깐만요 **이름 상자 살펴보기**

이름 상자에는 다른 스타일의 이름도 포함되어 있어요. 이름 상자에서는 표를 관리할 수도 있고 워크시트에서만 사용되는 이름과 통합 문서 전체에 사용되는 이름으로 구별해서 사용할 수도 있어요.

이름은 셀이나 범위를 선택한 후 이름 상자에 직접 입력하거나 [수식] 탭-[정의된 이름] 그룹에서 [이름 정의]를 클릭하여 [이름 관리자] 대화상자를 열고 작성하면 됩니다. 하지만 이름을 삭제하려면 반드시 [이름 관리자] 대화상자에서 삭제하려는 이름을 선택하고 [삭제]를 클릭해야 해요. [이름 관리자] 대화

상자에서는 이름 정의, 편집, 삭제와 필터 기능을 사용할 수도 있고 셀 또는 범위 외에 수식을 이름으로 정의할 수도 있는데, [필터]를 클릭하면 다양한 스타일에 대한 이름을 선택하여 편집할 수 있어요. 이때 잘못된 이름은 필터로 추출하여 한 번에 삭제하는 것이 편리해요.

5 [이름 관리자] 대화상자로 되돌아오면 변경한 이름을 확인하고 [닫기]를 클릭하세요.

6 이름을 변경해도 수식 결과는 바뀌지 않아요. 이름이 잘 변경되었는지 확인하기 위해 I5셀을 더블클릭해 보면 수식에 '세율'이 아닌 '부가세'가 입력되어 있어요.

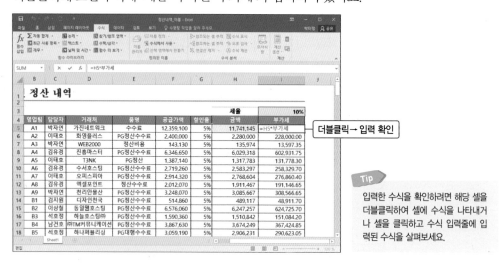

> **Tip**
> 입력한 수식을 확인하려면 해당 셀을 더블클릭하여 셀에 수식을 나타내거나 셀을 클릭하고 수식 입력줄에 입력된 수식을 살펴보세요.

잠깐만요 **이름 작성 규칙 살펴보기**

이름을 작성할 때는 다음과 같은 규칙을 지켜야 합니다.

대상	작성 규칙
유효한 문자	• 이름의 첫 번째 문자는 문자, 밑줄(_) 또는 백슬래시(\)여야 합니다. • 이름의 나머지 문자는 문자, 숫자, 마침표 및 밑줄이 될 수 있습니다.
셀 참조 허용 안 함	이름이 'Z$100' 또는 'R1C1'과 같이 셀 참조와 같으면 안 됩니다.
공백 사용 못 함	공백은 사용할 수 없으므로 단어 구분 기호로 '거래처_수량'과 같이 밑줄(_)이나 마침표(.)를 사용해야 합니다.
이름	• 이름은 최대 255개의 문자로 지정할 수 있습니다. • 통합 문서에 유일한 이름이어야 하고 워크시트로 영역이 제한되면 시트마다 같은 이름을 부여할 수 있습니다.
영문자의 대소문자 구분 여부	엑셀의 이름에서는 영문자의 대문자와 소문자가 구별되지 않으므로 영문자의 대문자와 소문자를 포함해서 지정할 수 있습니다.

실무
예제 **04**

🔵 **예제파일** : 거래처별요약_자동합계.xlsx   🔵 **결과파일** : 거래처별요약_자동합계_완성.xlsx

자동 합계 함수 이용해 합계/평균 구하기

1 [Sheet1] 시트에서 '정산금액' 합계를 구하기 위해 C26셀을 클릭하고 **[홈] 탭-[편집] 그룹**에서 **[자동 합계]**를 클릭하세요.

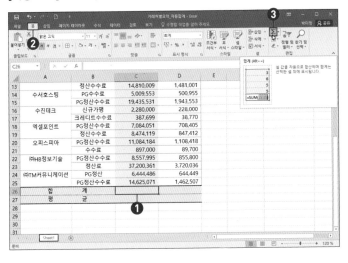

2 C26셀과 인접한 셀 범위인 C4:C25가 자동으로 선택되면 Enter를 눌러 합계를 계산하세요.

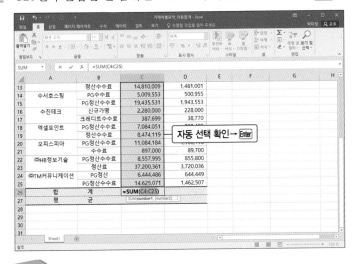

Tip

[자동 합계]를 클릭하면 선택한 셀로부터 인접한 숫자 범위가 모두 선택됩니다. 따라서 C26셀의 경우에는 바로 인접한 C4:C25 범위가 자동으로 선택돼요.

3 C26셀에 합계가 계산되면 평균을 구하기 위해 C27셀을 클릭하세요. **[홈] 탭-[편집] 그룹**에서 **[자동 합계]**의 내림 단추(·)를 클릭하고 **[평균]**을 선택하세요.

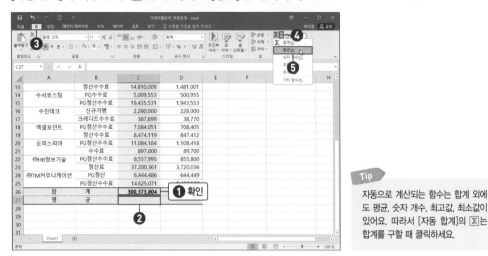

> **Tip**
>
> 자동으로 계산되는 함수는 합계 외에 도 평균, 숫자 개수, 최고값, 최소값이 있어요. 따라서 [자동 합계]의 Σ는 합계를 구할 때 클릭하세요.

4 C27셀에 AVERAGE 함수가 입력되면서 인접한 숫자 범위가 자동으로 인식됩니다. 이때 '합계' 셀인 C26셀까지 선택되므로 C4:C25 범위를 다시 드래그하여 선택하고 Enter를 누르세요.

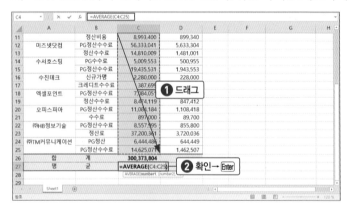

5 C27셀에 평균을 구했습니다. 세금도 수식이 같으므로 C26:C27 범위를 드래그하여 선택하고 C27셀의 자동 채우기 핸들(+)을 D27셀까지 드래그하여 함수식을 복사하세요.

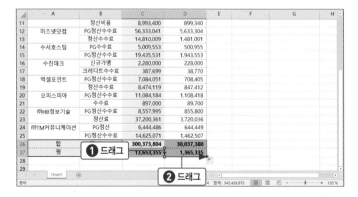

실무
예제 **05** # 함수 라이브러리로 업체 수와 최고 금액 구하기

1 [Sheet1] 시트에서 G3셀을 클릭하고 [**수식**] 탭-[**함수 라이브러리**] 그룹에서 [**함수 더 보기**]를 클릭한 후 [**통계**]-[**COUNTA**]를 선택하세요.

2 COUNTA 함수의 [함수 인수] 대화상자가 열리면 'Value1'에 『A4:A25』를 입력하고 [확인]을 클릭하세요.

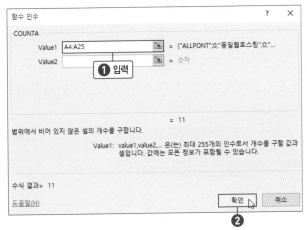

3 G3셀에 업체 수가 계산되면 최고값을 계산하기 위해 G4셀을 클릭하고 『=MAX』를 입력하세요. 'MAX'로 시작하는 모든 함수가 목록으로 나타나면 목록에서 [MAX]를 더블클릭하거나 [Tab]을 누르세요.

4 G4셀에 『=MAX(』가 입력되면 이어서 『C4:C25)』를 추가 입력하고 [Enter]를 누르세요.

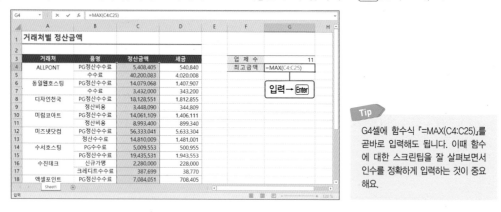

> **Tip**
>
> G4셀에 함수식 『=MAX(C4:C25)』를 곧바로 입력해도 됩니다. 이때 함수에 대한 스크린팁을 잘 살펴보면서 인수를 정확하게 입력하는 것이 중요해요.

5 함수 라이브러리에서 제공하는 함수를 이용해서 G3셀에는 업체 수를, G4셀에는 최고 금액을 계산했습니다.

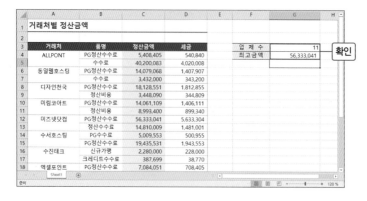

1 연산자와 이름 사용해 판매 계획 및 실적에 대한 비율 계산하기

🔵 **예제파일** : 판매계획및실적.xlsx　　🔵 **결과파일** : 판매계획및실적_완성.xlsx

연산자와 이름을 사용해 각 실적 합계와 계획 대비 판매 비율, 전년 대비 판매 비율을 계산해 보세요.

Hint

① '시판영업팀 소계' 항목은 '자동 합계'로 각 실적의 합계를 계산하세요.
② '계획대비' 항목은 '=판매실적/사업계획'으로, '전년대비' 항목은 '=판매실적/2015년'으로 계산하세요.
③ D12셀의 이름을 [실적]으로 지정하세요.
④ 이름을 사용해 각 판매 실적이 전체 판매 실적에서 차지하는 비율을 계산하세요.
⑤ G4:I11 범위에 백분율 표시 형식을 지정하세요. 🔲 0.0%

2 자동 합계와 함수 라이브러리로 '교육 평가 보고서' 완성하기

🔵 **예제파일** : 교육및평가.xlsx　　🔵 **결과파일** : 교육및평가._완성.xlsx

'자동 합계' 기능과 함수 라이브러리의 함수를 이용해 '교육 평가 보고서'를 완성해 보세요.

Hint

① '자동 합계(합계, 평균)'로 '합계' 항목을 계산하세요.
② 평균은 문자를 포함하고 있으므로 함수 라이브러리의 AVERAGEA 함수로 계산하세요.
③ '인원수' 항목은 함수 라이브러리의 COUNTA 함수로 계산하세요.
④ '전체 평균'은 '자동 합계'의 '평균'을 이용해 각 평균의 평균값을 계산하세요.

125

기본 함수 익히기

연산자를 사용하는 것보다 엑셀에서 제공하는 함수를 사용하면 좀 더 쉽게 정확한 결과를 얻을 수 있어요. 함수는 미리 작성된 수식 프로그램으로, 함수에서 요구하는 인수만 정확히 입력하면 아무리 복잡한 연산이라도 원하는 결과를 빠르게 계산할 수 있습니다. 엑셀 2016에서는 데이터에 따라 적용할 수 있는 많은 함수를 제공합니다. 특히 수학/삼각 함수, 통계 함수, 텍스트 함수, 논리 함수, 정보 함수는 워크시트 계산에 꼭 필요한 기본 함수이기 때문에 정확하게 이해하고 사용하세요.

> ## PREVIEW

▲ 기본 통계 함수로 데이터 요약하고 평가하기

▲ 텍스트 함수와 날짜 함수로 고객 민원 처리 현황표 작성하기

함수의 종류와 사용 방법 살펴보기

엑셀 2016에서 제공된 워크시트 함수는 해당 기능별로 분류됩니다. [수식] 탭-[함수 라이브러리] 그룹에서 찾으려는 함수의 범주를 클릭하거나 Shift + F3 을 누르고 함수의 처음 몇 글자나 찾으려는 함수를 설명하는 단어만 입력해도 원하는 함수를 쉽게 검색할 수 있어요.

1 | 함수의 구성 이해하기

함수는 일반 수식처럼 '등호(=)'로 시작하고 '함수 이름'과 '인수'로 구성되어 있어요.

❶ **등호(=)** : 수식은 반드시 등호로 시작하고 등호가 있어야 수식으로 인식해요.

❷ **함수 이름** : 원하는 계산의 함수 이름을 입력하세요.

❸ **괄호( )** : 인수를 표시할 수 있는 영역입니다. 인수가 없어도 함수 이름의 뒤에 반드시 괄호를 넣어서 함수를 표현해야 해요.

❹ **인수** : 인수는 쉼표(,)로 구분되는 함수의 중요한 요소입니다. 함수에 따라 정해진 인수가 있고 숫자, 텍스트, 수식 및 셀 참조, 논리값 등을 인수로 사용할 수 있어요. 인수는 최대 255개까지 사용할 수 있고 함수에 따라 인수가 없는 함수도 있어요.

2 | 실무에서 자주 사용하는 기본 함수

엑셀 실무에서 자주 사용하는 함수를 우선 순위별로 정리해 봤어요. 여기서 설명하는 열세 개의 함수만 제대로 알면 웬만한 엑셀 문서는 모두 다룰 수 있어요.

❶ SUBTOTAL 함수

• **형식** : SUBTOTAL(Function_num,Ref1,Ref2,⋯)

• **기능** : 그룹별 소계를 구하는 부분합의 함수로, 열한 개의 함수 번호에 따라 소계의 함수가 달라져요.

• **인수 설명**

Function_num	부분합을 계산할 때의 함수 번호로, 1~11까지 지정 가능 예 평균(Average) : 1, 합계(Sum) : 9
Ref1,Ref2,⋯	부분합을 계산하려는 목록이나 셀 범위의 주소로, 최대 254개까지 지정 가능

❷ ROUND 계열 함수

- **형식** : ROUND/ROUNDUP/ROUNDDOWN/TRUNC(Number,Num_digits)
- **기능** : ROUND 계열 함수는 숫자값을 특정 위치까지 반올림/올림/내림으로 값을 계산하는 함수입니다. 이 중에서 ROUNDDOWN 함수는 TRUNC 함수와 함수 형식이 같아요.
- **인수 설명**

Number	반올림(올림, 버림)하려는 숫자
Num_digits	소수점 이하 자릿수

❸ COUNT, COUNTA, COUNTBLANK 함수

- **형식** : COUNT/COUNTA/COUNTBLANK(Value1,Value2,…)
- **기능** : 숫자/비어있지 않은 셀/빈 셀의 개수를 셉니다.
- **인수 설명**

Value1,Value2,…	개수를 구할 값과 셀 범위로, 최대 255개의 인수 지정 가능

❹ COUNTIF 함수

- **형식** : COUNTIF(Range,Criteria)
- **기능** : 조건에 맞는 셀의 수를 셉니다.
- **인수 설명**

Range	조건을 검사할 셀 범위
Criteria	숫자, 식, 텍스트 형태의 조건 **예** '100보다 크다'라는 조건을 식으로 작성하려면 『>100』 입력

❺ LARGE, SMALL 함수

- **형식** : LARGE/SMALL(Array,k)
- **기능** : 데이터 집합에서 k번째로 큰/작은 값을 구해요.
- **인수 설명**

Array	k번째로 큰/작은 값을 결정할 집합 또는 배열
k	배열 또는 셀 범위에서 몇 번째로 큰/작은 값을 구할지 결정

❻ RANK.EQ, RANK.AVG 함수

- **형식** : RANK.EQ/RANK.AVG(Number,Ref,Order)
- **기능** : 숫자 목록에서 지정한 수의 크기 순위를 반환해요. RANK.AVG 함수는 둘 이상의 값이 순위가 같으면 평균 순위를 반환해요.
- **인수 설명**

Number	순위를 구하려는 수
Ref	수 목록 또는 배열 또는 셀 범위
Order	생략 가능하고 0이면 내림차순, 0이 아니면 오름차순으로 순위 지정

❼ PERCENTRANK.EXC, PERCENTRANK.INC 함수

- **형식** : PERCENTRANK.EXC/PERCENTRANK.INC(Array,X,Significance)
- **기능** : 데이터 집합에서 관측값의 상대적인 백분율 순위를 구해요. PERCENTRANK.EXC 함수는 0과 1 사이의 경계를 포함하지 않고 PERCENTRANK.INC 함수는 0과 1 사이의 경계를 포함하여 유효 자릿수(생략하면 세 자리)로 백분율 순위를 계산해요.
- **인수 설명**

Array	상대 순위를 구할 데이터 범위 또는 배열
X	순위를 알려는 값
Significance	유효 자릿수로 생략하면 소수점 이하 셋째 자리까지 표시

❽ FREQUENCY 함수

- **형식** : FREQUENCY(Data_array,Bins_array)
- **기능** : 도수 분포를 세로 배열 형태로 구해요.
- **인수 설명**

Data_array	빈도수를 계산하려는 값이 있는 셀 주소 또는 배열
Bins_array	순위를 알려는 값

❾ IF 함수

- **형식** : IF(Logical_test,Value_if_true,Value_if_false)
- **기능** : 조건식의 결과에 따라 참(TRUE)일 때와 거짓(FALSE)일 때의 값을 각각 반환해요.
- **인수 설명**

Logical_test	조건식으로 참과 거짓의 논리값 계산
Value_if_true	조건식의 결과가 참일 때 되돌려줄 값이나 식
Value_if_false	조건식의 결과가 거짓일 때 되돌려줄 값이나 식

❿ OR 함수

- **형식** : OR(Logical1,Logical2,…)
- **기능** : 조건의 결과가 하나라도 참이면 TRUE를 반환해요.
- **인수 설명**

Logical1,Logical2,…	조건식으로 1~255까지 조건 입력 가능

⓫ LEFT, RIGHT 함수

- **형식** : LEFT/RIGHT(Text,Num_char)
- **기능** : 문자열의 왼쪽 또는 오른쪽에서 지정된 글자 수만큼 추출해요.
- **인수 설명**

Text	왼쪽이나 오른쪽에서부터 되돌려줄 문자가 포함된 문자열
Num_char	추출할 문자열 개수

⓬ TEXT 함수

- **형식** : TEXT(Value,Format_text)
- **기능** : 숫자에 서식을 지정하고 텍스트로 변환해요. 숫자 표시 형식의 코드 기호를 이해하고 표시 형태 그대로 텍스트가 되는 함수입니다. 숫자를 날짜처럼 표시하여 텍스트로 변경하려면 'yy-mm-dd'처럼 'Format_text' 값을 표시해야 해요.
- **인수 설명**

Value	텍스트로 변환할 숫자값
Format_text	[셀 서식] 대화상자의 [표시 형식] 탭에 있는 범주의 표시 형식

⓭ DATE 함수

- **형식** : DATE(Year,Month,Day)
- **기능** : 년, 월, 일을 나타내는 값을 이용해 새로운 날짜를 만들어요.
- **인수 설명**

Year	1900부터 9999 사이의 값을 가진 숫자로, 연도를 나타내는 숫자
Month	1부터 12 사이의 숫자로 월을 나타내는 숫자
Day	1부터 31 사이의 숫자로 일을 나타내는 숫자

실무
예제 | **02**

예제파일 : 판매요약_소계와순위.xlsx　　결과파일 : 판매요약_소계와순위_완성.xlsx

분류별 판매 소계 및 순위 구하기

— RANK.EQ, SUBTOTAL 함수

1 합계를 구할 때 흔히 사용하는 SUM 함수가 아닌 SUBTOTAL 함수로 제품별 판매 요약 보고서의 각 소계를 구해볼게요. [Sheet1] 시트에서 '오피스 소계'인 D10셀을 클릭하고 [**수식**] **탭**-[**함수 라이브러리**] 그룹에서 [**수학/삼각**]을 클릭한 후 [**SUBTOTAL**]을 선택하세요.

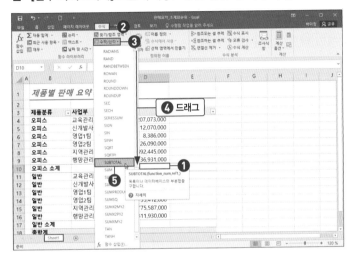

2 SUBTOTAL 함수의 [함수 인수] 대화상자가 열리면 'Function_num'에는 합계인 『9』를, 'Ref1'에는 '오피스' 금액의 전체 범위인 『D4:D9』를 입력하고 [확인]을 클릭하세요.

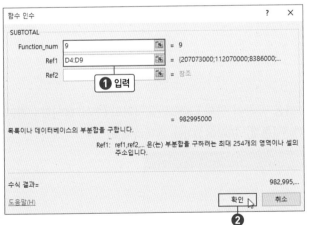

Tip

'Function_num'에는 1부터 11까지 소계에 필요한 함수가 지정되어 있는데, 9는 SUM 함수에 해당합니다. 함수 번호에 대해서는 138쪽의 '잠깐만요'를 참고하세요.

3 D10셀에 '오피스' 금액의 소계가 계산되면 D10셀을 선택한 상태에서 Ctrl+C를 눌러 데이터를 복사한 후 D17셀에서 Ctrl+V를 눌러 붙여넣기하세요. D10셀의 함수식이 상대 참조로 계산되었으므로 D17셀의 소계는 D11:D16 범위까지 계산된 값으로 자동 변경됩니다.

> Tip
> 상대 참조가 지정된 함수식은 셀 위치에 따라 참조 위치가 달라져요

4 이번에는 함수식을 직접 입력해서 '총합계'를 구해볼까요? D18셀을 클릭하고 『=SUBTOTAL (9, D4:D17)』을 입력한 후 Enter를 누르세요. 그러면 D18셀에 D10셀과 D17셀의 부분합이 빠진 SUBTOTAL 함수로 구한 총합계가 계산됩니다.

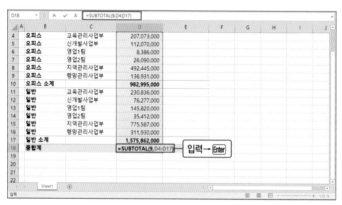

5 각 제품 분류별 사업부의 매출 순위를 구하기 위해 E4셀을 클릭하고 [수식] 탭-[함수 라이브러리] 그룹에서 [함수 더 보기]를 클릭한 후 [통계]-[RANK.EQ]를 선택하세요.

6 RANK.EQ 함수의 [함수 인수] 대화상자가 열리면 'Number'에는 순위를 구하려는 값인 『D4』를, 'Ref'에는 금액의 범위인 『D4:D9』를 입력하고 F4 를 눌러 절대 참조로 변경하세요. 'Order'에는 인수 지정을 생략하고 [확인]을 클릭하세요.

Tip
'Order'를 생략하면 기본값 0과 같으므로 값이 큰 것부터 작은 값으로 순위를 매기는 내림차순으로 순위가 정해져요.

7 E4셀에 '오피스' 제품의 순위가 계산되면 E4셀의 자동 채우기 핸들(┿)을 E9셀까지 드래그하여 나머지 셀에 함수식을 복사하세요.

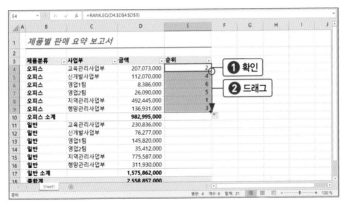

8 이번에는 함수식을 직접 입력해 볼까요? '일반' 제품의 순위를 계산하기 위해 E11셀을 클릭하고 『=RANK.EQ(D11,$D$11:$D$16)』을 입력한 후 Enter 를 누르세요.

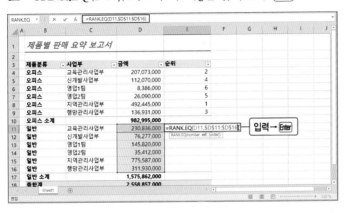

9 E11셀에 순위가 계산되면 E11셀의 자동 채우기 핸들(✛)을 E16셀까지 드래그하여 함수식을 복사하세요.

잠깐만요 **SUBTOTAL 함수에서 함수 번호의 의미 알아보기**

SUBTOTAL 함수에서 함수 번호 1~11은 자동 필터를 이용해 추출된 데이터만 계산하지만, 강제로 숨긴 데이터는 예외입니다. 따라서 수동으로 숨긴 데이터를 무시하고 계산하려면 함수 번호는 101~111 사이의 값으로 사용해야 해요.

Function_num (숨겨진 값 포함)	Function_num (숨겨진 값 무시)	함수명	Function_num (숨겨진 값 포함)	Function_num (숨겨진 값 무시)	함수명
1	101	AVERAGE	7	107	STDEV
2	102	COUNT	8	108	STDEVP
3	103	COUNTA	9	109	SUM
4	104	MAX	10	110	VAR
5	105	MIN	11	111	VARP
6	106	PRODUCT			

▲ SUBTOTAL 함수 번호의 의미

필터의 결과에서 총합계를 살펴보면 값이 달라졌습니다.

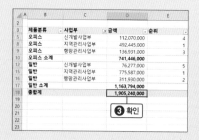

▲ 필터에 따라 달라진 값

예제파일 : 매출_수수료와크기.xlsx   결과파일 : 매출_수수료와크기_완성.xlsx

실무
예제 **03**

수수료와 매출 Top3 알아보기

— LARGE, ROUND 함수

1 영업사원에게 지급할 매출 수수료(2%)를 계산해 볼까요? [보고서] 시트에서 H4셀을 클릭하고 [수식] 탭-[함수 라이브러리] 그룹에서 [수학/삼각]을 클릭한 후 [ROUND]를 선택하세요.

2 ROUND 함수의 [함수 인수] 대화상자가 열리면 'Number'에는 매출의 2%인 값인 『F4*0.02』를, 'Num_digits'에는 100의 자리까지 표시하기 위해 『-2』를 입력하고 [확인]을 클릭하세요.

잠깐만요 **기타 반올림, 올림, 버림 함수와 Num_digits 이해하기**

Num_digits 인수에서 양수 값은 소수점 아래 위치를 의미하고 1의 자리는 0을 기준으로 왼쪽으로 1씩 감소하는 값으로 지정합니다.

Num_digits / Number	1	0	-1	-2
123456.463	123456.5	123456	123460	123500

▲ Num_digits의 자릿수

3 H4셀에 수수료가 계산되면 H4셀의 자동 채우기 핸들(➕)을 더블클릭하여 나머지 셀에 함수 식을 복사하세요.

4 이번에는 매출 순위를 나타내는 셀에 표시 형식을 지정해 볼까요? J5:J7 범위를 드래그하여 선택하고 [홈] 탭-[표시 형식] 그룹에서 [표시 형식] 대화상자 표시 아이콘(⬜)을 클릭하세요.

> **Tip**
>
> Ctrl+1을 눌러 [셀 서식] 대화상자를 열고 [표시 형식] 탭을 선택해도 됩니다.

5 [셀 서식] 대화상자의 [표시 형식] 탭이 열리면 '범주'에서 [사용자 지정]을 선택하세요. '형식'에서 [G/표준]을 선택하고 'G/표준' 뒤에 『"위 매출"』을 입력한 후 [확인]을 클릭하세요.

> **Tip**
>
> 1위 매출을 문자로 직접 입력하면 LARGE 함수에서 'K' 값의 인수로 사용할 수 없기 때문에 숫자를 사용해서 '1위 매출'로 표시했어요.

6 J5:J7 범위에 순위별 매출 항목을 지정했으면 K5셀에 순위별 매출을 계산해 볼게요. K5셀을 클릭하고 **[수식] 탭-[함수 라이브러리] 그룹**에서 **[함수 더 보기]**를 클릭한 후 **[통계]-[LARGE]**를 선택하세요.

7 LARGE 함수의 [함수 인수] 대화상자가 열리면 'Array'에 마우스 커서를 올려놓고 '실적 합계' 항목인 F4:F36 범위를 드래그하여 선택한 후 F4 를 눌러 절대 참조를 변경하세요. 'K'에 마우스 커서를 올려놓고 순위인 J5셀을 클릭하거나 직접 『J5』를 입력한 후 [확인]을 클릭하세요.

Tip

'K' 값에 해당하는 J5셀에는 문자가 아닌 '1'이라는 숫자가 입력되어 있어요.

8 K5셀에 1위 매출이 계산되면 나머지 순위의 매출도 계산하기 위해 K5셀의 자동 채우기 핸들(**＋**)을 더블클릭하여 나머지 셀에 함수식을 복사하세요. 이 경우 테두리 서식이 달라지므로 **[자동 채우기 옵션] 단추**를 클릭하고 **[서식 없이 채우기]**를 선택하세요.

예제파일 : 교육및평가_IF.xlsx   결과파일 : 교육및평가_IF_완성.xlsx

실무
예제 **04** 중첩 함수로 사원의 과락 여부 평가하기

— COUNT, IF, OR 함수

1 [Sheet1] 시트에서 '과락여부'를 알아보기 위해 I4셀을 클릭하고 [수식] 탭-[함수 라이브러리] 그룹에서 [논리]를 클릭한 후 [OR]을 선택하세요.

2 각 차수의 점수가 60 미만이거나 점수가 없는 경우(불참, 출장) 과락으로 지정해 볼까요? OR 함수의 [함수 인수] 대화상자가 열리면 'Logical1'에는 『D4<60』을, 'Logical2'에는 『E4<60』을, 'Logical3'에는 『F4<60』을 입력하세요.

3 'Logical4'에는 다른 함수를 중첩하기 위해 커서를 올려놓은 상태에서 수식 입력줄 왼쪽에 위치한 함수 상자의 내림 단추(▾)를 클릭하고 [COUNT] 함수를 선택하세요. 만약 목록에 찾는 함수가 없다면 [함수 추가]를 선택하세요.

4 [함수 마법사] 대화상자가 열리면 '범주 선택'에서 [통계]를 선택하세요. '함수 선택'에 [COUNT]가 나타나면 선택하고 [확인]을 클릭하세요.

5 COUNT 함수의 [함수 인수] 대화상자가 열리면 'Value1'에 『D4:F4』를 입력하세요. 다시 OR 함수로 되돌아가기 위해 수식 입력줄에서 [OR]을 클릭하세요.

Tip

COUNT 함수는 숫자가 있는 셀만 세어주므로 문자는 제외됩니다. 만약 COUNTA 함수를 사용하면 '불참'이나 '출장' 셀도 포함됩니다.

6 OR 함수의 [함수 인수] 대화상자가 열리면 'Logica4'의 'COUNT(D4:F4)'의 뒤에 『〈3』을 추가 입력하고 [확인]을 클릭하세요.

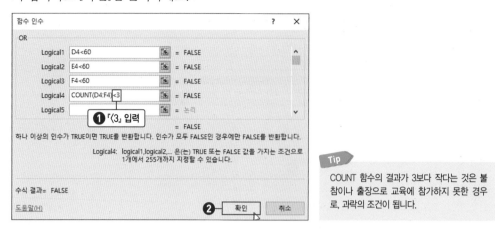

7 I4셀에 과락 여부가 표시되면 I4셀의 자동 채우기 핸들(➕)을 더블클릭하여 나머지 셀에 함수식을 복사하세요.

8 이번에는 최종 평가를 표시하기 위해 J4셀을 클릭하고 [수식] 탭-[함수 라이브러리] 그룹에서 [논리]를 클릭한 후 [IF]를 선택하세요.

9 IF 함수의 [함수 인수] 대화상자가 열리면 'Logical_test'에는 과락 여부의 값인 『I4』를, 'Value_ if_true'에는 『"과락"』을 입력합니다. 'Value_if_false'에는 다른 함수를 중첩하기 위해 커서를 올려놓은 상태에서 수식 입력줄 왼쪽에 위치한 함수 상자의 내림 단추(⋅)를 클릭하고 [IF] 함수를 선택하세요.

10 중첩된 IF 함수의 [함수 인수] 대화상자가 열리면 'Logical_test'에는 『H4>=70』을, 'Value_ if_true'에는 『"합격"』을, 'Value_if_false'에는 『"불합격"』을 입력하고 [확인]을 클릭하세요.

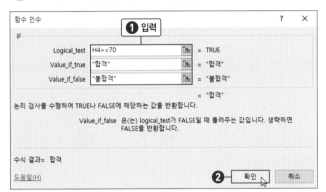

11 J4셀에 최종 결과가 표시되면 J4셀의 자동 채우기 핸들(➕)을 더블클릭하여 나머지 셀에 함수식을 복사하세요.

실무
예제 **05**

고객 민원 처리 현황표 작성하기

— DATE, LEFT, TEXT 함수

1 [Sheet1] 시트에서 고객 민원 처리 내용을 완성하기 위해 '처리 유형' 항목의 B4셀을 클릭하세요. [수식] 탭-[함수 라이브러리] 그룹에서 [텍스트]를 클릭하고 [LEFT]를 선택하세요.

> **Tip**
>
> LEFT 함수는 문자열에서 왼쪽부터 지정한 개수만큼 문자를 추출하는 함수로, '처리코드' 항목에서 왼쪽에 있는 두 글자를 처리 유형으로 계산합니다.

2 LEFT 함수의 [함수 인수] 대화상자가 열리면 'Text'에는 처리 코드인 『A4』를, 'Num_char'에는 『2』를 입력하고 [확인]을 클릭하세요.

142

3 B4셀에 처리 유형이 표시되면 B4셀의 자동 채우기 핸들(✛)을 더블클릭하여 나머지 셀에 함수식을 복사하세요.

4 이번에는 처리일자를 작성하기 위해 D4셀을 클릭하고 [수식] 탭-[함수 라이브러리] 그룹에서 [날짜 및 시간]을 클릭한 후 [DATE]를 선택하세요.

Tip

현재 문서에는 10월의 현황으로 일자만 표시되어 있지만, DATE 함수를 사용하여 연월일이 모두 표시된 날짜 데이터를 완성해 보겠습니다.

5 DATE 함수의 [함수 인수] 대화상자가 열리면 'Year'에는 『2016』을, 'Month'에는 『10』을, 'Day'에는 일에 해당하는 『C4』를 입력하고 [확인]을 클릭하세요.

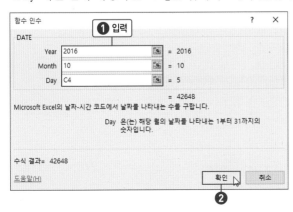

6 완성된 날짜의 요일을 계산하기 위해 E4셀을 클릭하고 [수식] 탭-[함수 라이브러리] 그룹에서 [텍스트]를 클릭한 후 [TEXT]를 선택하세요.

7 TEXT 함수의 [함수 인수] 대화상자가 열리면 'Value'에는 처리 날짜인 『D4』를, 'Format_text'에는 한글로 요일을 표시하는 서식 코드인 『"aaa"』를 입력하고 [확인]을 클릭하세요.

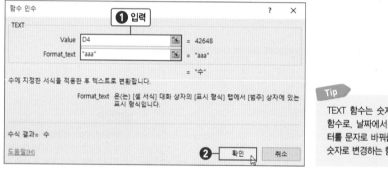

Tip

TEXT 함수는 숫자 데이터를 문자로 바꾸는 함수로, 날짜에서 요일의 형식의 숫자 데이터를 문자로 바꿔줍니다. 이와 반대로 문자를 숫자로 변경하는 함수는 VALUE 함수입니다.

8 E4셀에 요일이 표시되면 D4:E4 범위를 드래그하여 선택하고 E4셀의 자동 채우기 핸들(➕)을 더블클릭하여 나머지 셀에 함수식을 복사하세요.

1 10월 판매 현황에 대한 요약 보고서 작성하기

● 예제파일 : 10월매출_요약통계.xlsx ● 결과파일 : 10월매출_요약통계_완성.xlsx

함수를 사용하여 10월 판매 매출에 대한 여러 가지 요약 값을 계산해 보세요.

Hint

① '매출순위' 항목에 전체 금액에 대한 각 금액의 순위를 구하세요(RANK.EQ 함수).

② '합계' 항목에는 SUM이 아닌 부분합으로 계산하세요(SUBTOTAL 함수).

③ '평균' 항목에는 부분합 계산 방법으로 F74셀에 계산하고 그 값을 이용해 백의 자리까지 버림하여 계산하세요
(ROUNDDOWN 함수, SUBTOTAL 함수).

④ 1위 매출과 2위 매출을 구하세요(LARGE 함수).

2 동호회 명단 관리하고 이벤트 초대 여부 표시하기

● 예제파일 : 동호회명단.xlsx ● 결과파일 : 동호회명단_완성.xlsx

함수를 사용해 동호회 회원의 생일과 이벤트 초대 여부를 표시해 보세요.

Hint

① '최종' 항목에는 1차부터 3차까지의 참석 횟수를 계산하세요(COUNTA 함수).

② '생일' 항목은 주민등록번호의 년/월/일을 함수로 추출하여 완성하세요(DATE 함수, LEFT 함수, MID 함수).

③ '10월 생일' 항목은 계산된 생일이 10월인지 여부를 판단하세요(MONTH 함수).

④ '이벤트 초대' 항목에는 최종 참석이 3회이거나 회비를 10만 원 이상 또는 생일이 10월인 경우에 '참석통보'를
표시하고 아닌 경우는 표시하지 않도록 계산하세요(IF 함수, OR 함수).

고급 실무 함수 익히기

비즈니스 데이터를 깊이 있게 분석하여 결과 보고서를 작성하려면 요약에 필요한 함수나 찾기/참조 함수 등의 실무 함수를 적절하게 사용할 수 있어야 합니다. 또한 하나의 함수가 아닌 여러 가지 함수를 중첩하여 사용하면 복잡하게 계산하지 않아도 다양한 형태의 분석을 단 하나의 셀에서 처리할 수 있습니다. 따라서 이번 섹션에서는 업무의 효율성을 높여주고 시간을 절약할 수 있는 다양한 실무 고급 함수에 대해 배워보겠습니다.

> **PREVIEW**

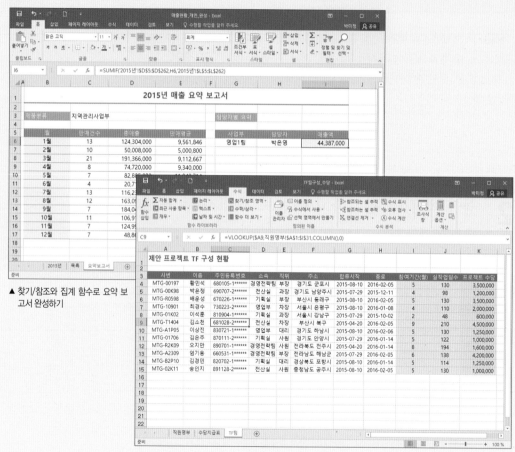

▲ 찾기/참조와 집계 함수로 요약 보고서 완성하기

▲ 날짜와 참조 함수로 작업 기간과 수당 구하기

실무에서 자주 사용하는 함수 살펴보기

실제 업무에서는 데이터의 종류나 보고서의 목적에 따라 다양한 함수를 여러 가지 방법으로 사용해요. 이 중에서 찾기/참조 영역 함수와 기간을 구하는 함수, 그리고 요약할 수 있는 집계 함수를 꼭 익혀야 해요. 이들 함수를 중첩하여 사용하면 수식을 여러 셀에 나누어 계산하지 않아도 되므로 매우 깔끔하게 결과를 구할 수 있어요.

다음은 실무 사용 빈도 순으로 고급 함수를 정리해 놓았어요. 함수의 사용 목적을 잘 이해하고 제대로 익혀두어야 데이터를 손쉽게 정리하고 원하는 분석 결과를 정확하게 도출할 수 있어요.

❶ YEAR, MONTH, DAY 함수

- **형식** : YEAR/MONTH/DAY(Serial_number)
- **기능** : 날짜 데이터에서 년(1900~9999)/월(1~12)/일(1~31) 사이의 숫자를 구해요.
- **인수 설명**

Serial_number	년/월/일의 값을 계산할 날짜의 일련번호

❷ ROW, COLUMN 함수

- **형식** : ROW/COLUMN(Reference)
- **기능** : 참조의 행/열 번호를 구해요.
- **인수 설명**

Reference	행 번호를 구할 셀 또는 셀 범위로, 생략하면 현재 셀 참조

❸ COUNTIF 함수

- **형식** : COUNTIF(Range,Criteria)
- **설명** : 조건에 맞는 셀의 수를 셉니다.
- **인수 설명**

Range	조건을 검사할 셀 범위
Criteria	숫자, 식, 텍스트 형태의 조건 **예** '100보다 크다'라는 조건을 식으로 작성하려면 ")100"으로 입력

❹ COUNTIFS 함수

- **형식** : COUNTIFS(Criteria_range1,Criteria1,…)
- **기능** : 여러 가지 조건에 맞는 셀들의 개수를 구해요.
- **인수 설명**

Criteria_range1,Criteria_range2,…	특정 조건에 따라 계산할 셀 범위로, 조건의 범위(범위1,범위2,…)
Criteria1,Criteria2,…	숫자, 식, 텍스트 형태의 조건(조건1,조건2,…)

❺ SUMIFS 함수

- **형식** : SUMIFS(Sum_range,Criteria_range1,Criteria1,…)
- **기능** : 여러 가지 조건에 맞는 셀들의 합을 구해요.
- **인수 설명**

Sum_range	합계를 구하는 데 사용할 실제 셀 범위
Criteria_range1,Criteria_range2,…	특정 조건에 따라 계산할 셀 범위로, 조건의 범위(범위1,범위2,…)
Criteria1,Criteria2,…	숫자, 식, 텍스트 형태의 조건(조건1, 조건2, …)

❻ AVERAGEIFS 함수

- **형식** : AVERAGEIFS(Average_range,Criteria_range1,Criteria1,…)
- **기능** : 여러 가지 조건에 맞는 셀의 평균을 구해요.
- **인수 설명**

Average_range	평균을 구하는 데 사용할 실제 셀 범위
Criteria_range1,Criteria_range2,…	특정 조건에 따라 계산할 셀 범위로, 조건의 범위(범위1,범위2,…)
Criteria1,Criteria2,…	숫자, 식, 텍스트 형태의 조건(조건1,조건2,…)

❼ IFERROR 함수

- **형식** : IFERROR(Value,Value_if_error)
- **기능** : 계산식의 결과에 오류가 발생하면 'Value_if_error'의 값을 반환하고 오류가 발생하지 않으면 계산식 결과가 그대로 반환됩니다.
- **인수 설명**

Value	값, 식 또는 참조식
Value_if_error	Value 값이 오류일 때 반환할 식이나 참조값

❽ VLOOKUP 함수

- **형식** : VLOOKUP(Lookup_value,Table_array,Col_index_num,Range_lookup)
- **기능** : 표의 첫 열에서 값을 찾아 지정한 열의 같은 행의 값을 되돌려줍니다.
- **인수 설명**

Lookup_value	표의 첫 열에서 찾는 값
Table_array	데이터를 검색하고 참조할 셀 범위
Col_index_num	Table_array의 열 번호로, 값을 추출할 열 지정
Range_lookup	값을 찾을 방법으로, 0이면 정확하게 일치하는 값을 찾고 1이나 생략하면 비슷하게 일치하는 값 찾음

❾ CONCATENATE 함수

- **형식** : CONCATENATE(Text1,Text2,…)
- **기능** : 여러 개의 텍스트를 결합하여 하나의 텍스트로 만듭니다. & 연산자를 대체하는 함수로, 수식의 결과로 인수를 사용하면 숫자도 텍스트로 인식됩니다. 여러 개의 셀에 나뉘어진 주소를 하나의 셀로 연결하거나 수식의 결과를 문자로 묶을 때 사용해요.
- **인수 설명**

Text1,Text2,…	하나의 셀로 연결하려는 텍스트로, 255개까지 지정 가능

❿ INDEX 함수

- **형식** : INDEX(Array,Row_num,Column_num)
- **기능** : 표의 범위 안에서 지정한 행과 열이 교차되는 위치값을 되돌려줍니다.
- **인수 설명**

Array	배열로 입력된 셀 범위
Row_num	값을 되돌려줄 배열 또는 셀 범위의 행 번호 지정
Column_num	값을 되돌려줄 배열 또는 셀 범위의 열 번호 지정

⓫ MATCH 함수

- **형식** : MATCH(Lookup_value,Lookup_array,Match_type)
- **기능** : 배열에서 지정된 값과 일치하는 항목의 상대적 위치값을 찾습니다.
- **인수 설명**

Lookup_value	배열이나 참조 범위에서 찾는 값
Lookup_array	배열 또는 연속된 셀 범위
Match_type	• 되돌릴 값을 표시하는 숫자로, −1, 0, 1이 있음 • 0이면 MATCH는 'Lookup_value'와 일치하는 값들 중 첫 번째 값을 찾음

예제파일 : 매출현황_집계함수.xlsx   결과파일 : 매출현황_집계함수_완성.xlsx

실무
예제 **02**

월별 매출 요약 보고서 작성하기

— COUNTIFS, SUMIFS 함수

1 [목록] 시트에서 A2:A7 범위를 드래그하여 선택하고 이름 상자에 『사업부』를 입력한 후 Enter
를 눌러 이름을 작성하세요.

2 [요약보고서] 시트로 이동하여 C3셀을 클릭하고 [데이터] 탭-[데이터 도구] 그룹에서 [데이터 유
효성 검사]를 클릭하세요.

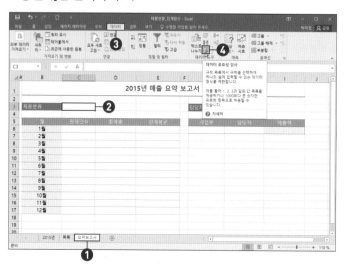

3 [데이터 유효성] 대화상자가 열리면 [설정] 탭의 '제한 대상'에서 [목록]을 선택하고 '원본'에
『=사업부』를 입력한 후 [확인]을 클릭하세요.

> **Tip**
> '원본'에 A2:A7 범위에 있는 사업부 목록을 직접 입력해도 됩니다.

4 C3셀을 클릭하여 목록이 나타나면 [지역관리사업부]를 선택하세요.

5 '지역관리사업부'의 1월 판매 건수를 알아볼까요? C6셀을 클릭하고 [수식] 탭-[함수 라이브러
리] 그룹에서 [함수 더 보기]를 클릭한 후 [통계]-[COUNTIFS]를 선택하세요.

> **Tip**
> COUNTIF 함수는 조건이 하나인 경
> 우에, COUNTIFS 함수는 조건이 두
> 개 이상인 경우에 사용합니다. 만약
> COUNTIFS 함수에서 하나의 조건만
> 지정하면 COUNTIF 함수와 결과가 같
> 아요.

6 COUNTIFS 함수의 [함수 인수] 대화상자가 열리면 다음과 같이 지정하세요.

> • Criteria_range1 : 커서를 올려놓고 [2015년] 시트로 이동 → '월' 항목인 B5:B262 범위를 드래그하여 선택
> → F4 눌러 절대 참조로 변경
> • Criteria1 : 조건에 해당하는 『B6』 입력

7 두 번째 조건에 대한 인수를 다음과 같이 지정하고 [확인]을 클릭하세요.

> • Criteria_range2 : 커서를 올려놓고 [2015년] 시트로 이동 → '사업부' 항목인 C5:C262 범위를 드래그하여
> 선택 → F4 눌러 절대 참조로 변경
> • Criteria2 : 『C3』 입력 → F4 눌러 절대 참조로 변경

Tip

두 번째 조건인 C3셀의 '지역관리사업부'는 함수식을 복사할 때 위치를 고정시켜야 하므로 F4를 눌러 절대 참조($C$3)나 혼합 참조(C$3)
로 지정해야 해요.

8 C6셀에 1월의 판매 건수가 계산되면 총 매출을 계산해 볼까요? D6셀을 클릭하고 [**수식**] 탭-[**함수 라이브러리**] 그룹에서 [**수학/삼각**]을 클릭한 후 [**SUMIFS**]를 선택하세요.

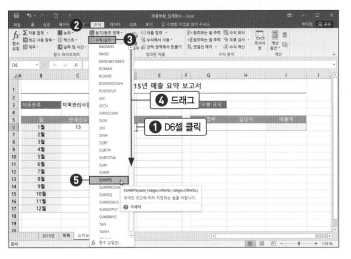

9 SUMIFS 함수의 [함수 인수] 대화상자가 열리면 다음과 같이 지정하세요.

- Sum_range : 커서를 올려놓고 [2015년] 시트로 이동 → '금액' 항목인 L5:L262 범위를 드래그하여 선택 → F4 눌러 절대 참조로 변경
- Criteria_range1 : 커서를 올려놓고 [2015년] 시트로 이동 → '월' 항목인 B5:B262 범위를 드래그하여 선택 → F4 눌러 절대 참조로 변경
- Criteria1 : 조건에 해당하는 『B6』 입력

> **Tip**
> 'Sum_range'를 제외한 나머지 인수는 조건에 대한 인수이므로 6~7 과정의 COUNTIFS 함수의 인수와 같아요.

10 두 번째 조건에 대한 인수를 다음과 같이 지정하고 [확인]을 클릭하세요.

> • Criteria_range2 : 커서를 올려놓고 [2015년] 시트로 이동 → '사업부' 항목인 C5:C262 범위를 드래그하여
> 선택 → F4 눌러 절대 참조로 변경
> • Criteria2 : 『C3』 입력 → F4 눌러 절대 참조로 변경

11 C6셀과 D6셀에 1월의 판매건수와 총매출이 계산되면 C6:D6 범위를 드래그하여 선택하세
요. D6셀의 자동 채우기 핸들(➕)을 더블클릭하여 나머지 셀에 함수식을 복사하세요.

실무
예제 **03**

매출 평균과 개인별 매출 계산하기

– AVERAGEIFS, IFERROR 함수

1 요약 보고서에서 판매 평균 조건에 대한 맞는 값이 없으면 '#DIV/0' 오류가 발생하므로 고려하여 수식을 작성해야 해요. [요약보고서] 시트에서 1월의 판매 평균값을 계산하기 위해 E6셀을 클릭하고 [수식] 탭–[함수 라이브러리] 그룹에서 [논리]를 클릭한 후 [IFERROR]를 선택하세요.

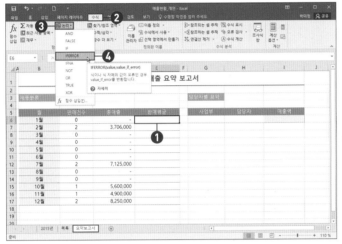

Tip

IFERROR 함수는 함수식의 결과가 오류일 경우 되돌려줄 값을 포함하는 함수입니다.

2 IFERROR 함수의 [함수 인수] 대화상자가 열리면 'Value'에 평균값을 계산하기 위한 함수를 지정하기 위해 함수 상자의 내림 단추(▾)를 클릭하고 [AVERAGEIFS]를 선택하세요.

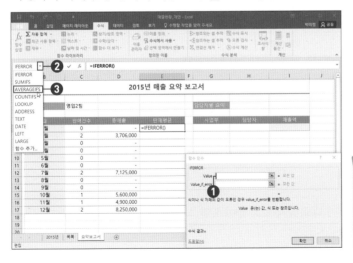

Tip

AVERAGEIFS 함수를 처음 사용한다면 함수 목록에 없을 수도 있어요. 이 경우에는 [함수 추가]를 선택하여 함수 마법사에서 AVERAGEIFS 함수를 찾아 추가해야 해요.

3 AVERAGEIFS 함수의 [함수 인수] 대화상자가 열리면 다음과 같이 지정하세요.

> • **Average_range** : 커서를 올려놓고 [2015년] 시트로 이동 → '금액' 항목인 L5:L262 범위를 드래그하여 선택 → `F4` 눌러 절대 참조로 변경
> • **Criteria_range1** : 커서를 올려놓고 [2015년] 시트로 이동 → '월' 항목인 B5:B262 범위를 드래그하여 선택 → `F4` 눌러 절대 참조로 변경
> • **Criteria1** : 조건에 해당하는 『B6』 입력

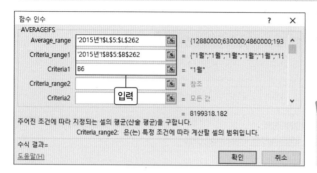

Tip

AVERAGEIFS 함수는 'Sum_range' 대신 'Average_range'로 인수 이름만 변경되었을 뿐 SUMIFS 함수와 인수가 같습니다.

4 두 번째 조건에 대한 인수를 다음과 같이 지정하고 다시 IFERROR 함수로 되돌아가기 위해 수식 입력줄에서 [IFERROR]를 클릭하세요.

> • **Criteria_range2** : 커서를 올려놓고 [2015년] 시트로 이동 → '사업부' 항목인 C5:C262 범위를 드래그하여 선택 → `F4` 눌러 절대 참조로 변경
> • **Criteria2** : 『C3』 입력 → `F4` 눌러 절대 참조로 변경

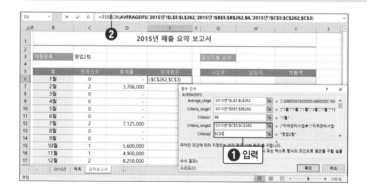

5 IFERROR 함수의 [함수 인수] 대화상자로 되돌아오면 'Value_if_error'에 오류일 때 값인 『0』을 입력하고 [확인]을 클릭하세요.

Tip

지금 계산중인 영업2팀의 1월 평균값에 '#DIV/0' 오류가 발생합니다. 이때 오류값 대신 '0'으로 처리되도록 계산하는 함수식이에요.

6 E6셀에 1월의 판매 평균값이 계산되면 E6셀의 자동 채우기 핸들(┿)을 더블클릭하여 나머지 셀에 함수식을 복사하세요. **[홈] 탭-[표시 형식] 그룹**에서 **[쉼표 스타일]**을 클릭하여 천 단위 숫자마다 쉼표를 넣으세요.

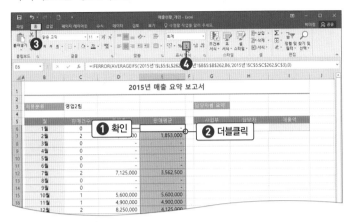

7 이번에는 담당자별 판매 매출을 계산하기 위해 사업부별 담당자 그룹에 이름을 지정하려고 합니다. [목록] 시트에서 D2:D6 범위를 드래그하여 선택하고 이름 상자에 『교육관리사업부』를 입력한 후 [Enter]를 누르세요. 이와 같은 방법으로 그룹별 이름을 모두 지정해 보세요.

8 이름을 모두 지정했으면 이름 상자의 내림 단추(▾)를 클릭하여 작성한 이름을 확인하세요.

9 G6셀을 클릭하고 [데이터] 탭−[데이터 도구] 그룹에서 [데이터 유효성 검사]를 클릭하세요. [데이터 유효성] 대화상자가 열리면 [설정] 탭의 '제한 대상'에서 [목록]을 선택하고 '원본'에 『=사업부』를 입력한 후 [확인]을 클릭하세요.

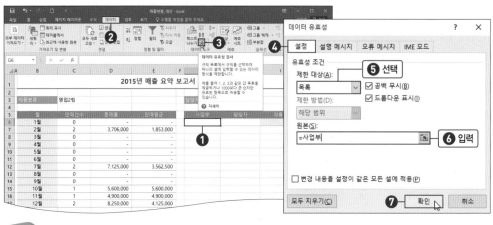

Tip

데이터 유효성 검사의 기능 중에서 목록으로 데이터를 입력할 수 있는 '목록' 기능을 사용하면 목록 외에 다른 데이터가 입력되지 않도록 제한할 수 있어요. '원본'에 『=』를 빼고 『사업부』를 입력하면 일반 텍스트로 인식하지만, 『=사업부』라고 입력하면 참조 범위를 그대로 목록 데이터로 가져옵니다.

10 이제 유효성 검사를 이용해 개인별 목록을 작성하기 위해 목록을 선택해 볼게요. G6셀을 선택하고 내림 단추(▼)를 클릭해 원하는 사업부 목록을 선택해 보세요.

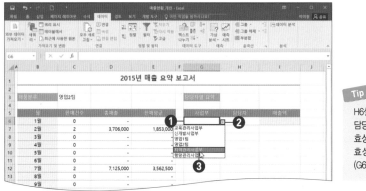

Tip

H6셀을 클릭해 보세요. 사업부별로 담당자를 선택할 수 있도록 미리 유효성 검사를 지정해 두었습니다. 유효성 검사 함수식은 '=INDIRECT(G6)'으로 지정되어 있습니다.

예제파일 : TF팀구성_명단.xlsx　　결과파일 : TF팀구성_명단_완성.xlsx

실무
예제 **04** **TF팀 명단과 주소 작성하기**

― COLUMN, CONCATENATE, VLOOKUP 함수

1 [TF팀] 시트의 직원명부에서 특정 인원을 뽑아 새로운 TF팀의 명단을 작성해 볼게요. B4셀을 클릭하고 [수식] 탭-[함수 라이브러리] 그룹에서 [찾기/참조 영역]을 클릭한 후 [VLOOKUP]을 선택하세요.

2 VLOOKUP 함수의 [함수 인수] 대화상자가 열리면 다음과 같이 지정하고 [확인]을 클릭하세요.

- Lookup_value : 『$A4』 입력
- Table_array : 커서를 올려놓고 [직원명부] 시트로 이동 → 전체 범위인 A1:I31을 드래그하여 선택 → F4 눌러 절대 참조로 변경
- Col_index_num : [직원명부] 시트의 두 번째 열(이름)을 계산식으로 작성하기 위해 『COLUMN()』 입력
- Range_lookup : 『0』 입력

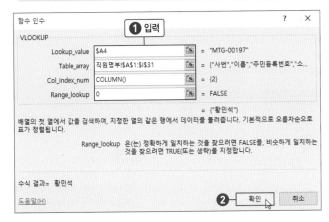

Tip
'Lookup_value'에 커서를 올려놓고 A4셀을 클릭한 후 F4를 연속으로 세 번 눌러 혼합 참조로 변경해도 됩니다. 혼합 참조로 지정하는 이유는 166쪽의 '잠깐만요'를 참고하세요.

3 B4셀에 사번에 해당하는 사원 이름이 표시되면 B4셀의 자동 채우기 핸들(**+**)을 E4셀까지 드래그하세요. E4셀의 자동 채우기 핸들(**+**)을 더블클릭하여 E15셀까지 함수식을 복사하세요.

4 이번에는 주소를 구해볼까요? F4셀을 클릭하고 [수식] 탭-[함수 라이브러리] 그룹에서 [텍스트]를 클릭한 후 [CONCATENATE]를 선택하세요.

5 CONCATENATE 함수의 [함수 인수] 대화상자가 열리면 'Text1'에 커서를 올려놓고 함수 상자의 내림 단추(**⌄**)를 클릭한 후 [VLOOKUP]을 선택하여 함수를 중첩하세요.

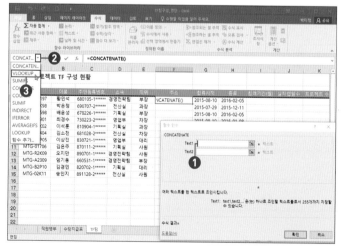

> **Tip**
>
> 함수에서 중첩한다는 것은 함수식 안에 다른 함수를 추가로 삽입하는 것을 말해요. 여기에서는 CONCATENATE 함수 안에 VLOOKUP 함수를 중첩하게 됩니다.

6 다시 VLOOKUP 함수의 [함수 인수] 대화상자로 바뀌면 다음과 같이 지정하세요.

> • Lookup_value : 『A4』 입력
> • Table_array : 커서를 올려놓고 [직원명부] 시트로 이동 → 전체 범위인 A1:I31을 드래그하여 선택 → F4 눌러 절대 참조로 변경

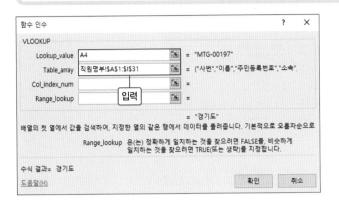

7 'Col_index_num'에는 『8』을, 'Range_lookup'에는 『0』을 입력하세요. 다시 이전 함수로 되돌아가기 위해 수식 입력줄에서 [CONCATENATE]를 클릭하세요.

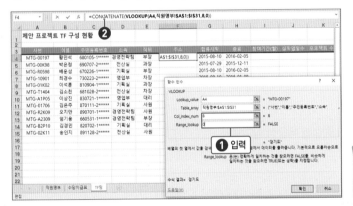

Tip

VLOOKUP 함수의 계산 결과로 '시/도' 항목의 주소를 가져옵니다.

8 CONCATENATE 함수의 [함수 인수] 대화상자로 되돌아오면 'Text2'에 공백 문자인 『" "』를 입력합니다. 'Text3'에 'Text1'의 함수식을 복사하여 붙여넣기하고 인수 '8'을 '9'로 변경한 후 [확인]을 클릭하세요.

Tip

'Text1'과 'Text3'은 주소를 구하는 함수식으로, VLOOKUP 함수에서 세 번째 인수인 열 번호만 다릅니다. 'Text2'는 주소와 주소 사이에 공백을 지정하기 위한 것으로, 큰따옴표 사이에 반드시 공백 문자를 넣어야 해요.

문서시작

문서편집

서식지정

차트

함수

정렬과필터

피벗테이블

161

9 F4셀에 주소가 표시되면 F4셀의 자동 채우기 핸들(**+**)을 더블클릭하여 나머지 셀에 함수식을 복사하세요.

혼합 참조와 COLUMN 함수의 유용성 살펴보기

❶ 혼합 참조로 지정해야 하는 이유

수식에 참조 방식을 변경하는 이유는 딱 한 가지 경우입니다. 계산된 수식을 다른 셀에 복사할 때 셀이 이동하면서 위치가 바뀌기 때문에 [F4]를 눌러 절대 참조나 혼합 참조로 변경해야 해요. 이 경우에는 좌우로 수식을 복사하는데, 위의 실습에서 행 방향으로는 사번에 따라 변하므로 상대 참조로 지정해야 해요. 하지만 열 방향으로 복사할 때는 사번이 이름(B열)으로 변경되지 않도록 해야 하므로 163쪽의 **2** 과정에서 'Lookup_value'에 열 고정/행 변환의 참조인 '$A4'를 지정해야 해요.

❷ COLUMN 함수로 열 번호 정하기

VLOOKUP 함수의 세 번째 인수는 참조할 열의 번호를 입력해야 합니다. '이름'이 아닌 '주민등록번호'를 구하는 수식이 되면 참조 범위의 세 번째 열로 값이 바뀌어야 하는데, 상수값 『2』를 입력하면 다음 수식을 오른쪽으로 복사해도 값도 변경되지 않아요. 따라서 이런 수식을 자연스럽게 해결할 수 있는 계산식이 바로 COLUMN 함수나 ROW 함수입니다. 행이나 열이 바뀔 때마다 숫자가 증가하는 값을 지정하려면 COLUMN 함수나 ROW 함수를 사용해 보세요. COLUMN 함수의 경우 '이름' 항목에서는 '2'로, '주민등록번호' 항목에서는 '3'이 됩니다.

	A	B	C	D	E	F	G	H
1			COLUMN함수로 열번호 알아보기					
2								
3	열1	열2	열3	열4	열5	열6	열7	열8
4				=Column( )				
5	1	2	3	4	5	6	7	8
6								

실무
예제 **05**

직급별 프로젝트 수당 계산하기

— INDEX, MATCH 함수

1 수식에 참조할 범위를 미리 이름으로 정의하기 위해 [수당지급표] 시트에 있는 B3:F3 범위를
드래그하여 선택하고 이름 상자에 『직급』을 입력한 후 Enter를 누르세요. 이와 같은 방법으로
B4:F6 범위를 드래그하여 선택하고 '수당'이라는 이름을 지정하세요.

> **Tip**
>
> '직급' 이름은 MATCH 함수에서 같은
> 직급의 위치를 알아내기 위해, '수당'
> 이름은 직급에 따른 출장 수당을 계
> 산하기 위해 INDEX 함수에서 사용됩
> 니다.

2 [TF팀] 시트로 이동하여 K4셀에 『=I4*』를 입력하고 [수식] 탭-[함수 라이브러리] 그룹에서 [찾기/
참조 영역]을 클릭한 후 [INDEX]를 선택하세요. INDEX 함수의 [인수 선택] 대화상자가 열리면
[array,row_num,column_num]을 선택하고 [확인]을 클릭하세요.

3 INDEX 함수의 [함수 인수] 대화상자가 열리면 'Array'에는 『수당』을, 'Row_num'에는 『1』을 입력하세요. 'Column_num'에 커서를 올려놓고 함수 상자의 내림 단추(▾)를 클릭한 후 목록에 MATCH 함수가 없으면 [함수 추가]를 선택하세요. [함수 마법사] 대화상자가 열리면 '범주 선택'에서는 [찾기/참조 영역]을, '함수 선택'에서는 [MATCH]를 선택하고 [확인]을 클릭하세요.

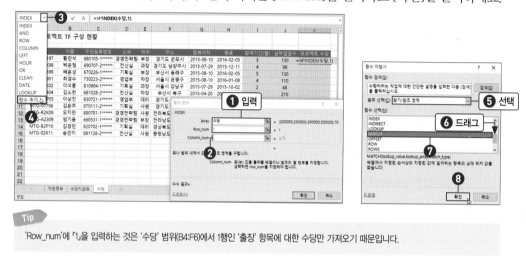

Tip

'Row_num'에 『1』을 입력하는 것은 '수당' 범위(B4:F6)에서 1행인 '출장' 항목에 대한 수당만 가져오기 때문입니다.

4 MATCH 함수의 [함수 인수] 대화상자가 열리면 'Lookup_value'에는 『E4』를, 'Lookup_array'에는 『직급』을, 'Match_type'에는 『0』을 입력하고 [확인]을 클릭하세요.

Tip

3 과정에서 INDEX 함수의 마지막 인수인 'Column_num'에 MATCH 함수를 지정했기 때문에 INDEX 함수로 되돌아가지 않아도 됩니다.

5 K4셀에 참여 개월 수와 출장 수당을 곱한 값이 계산되면 K4셀의 자동 채우기 핸들(➕)을 더블 클릭하여 나머지 셀에 함수식을 복사하세요.

1 '행사 매출 보고서'에서 라인별로 판매수량, 총매출, 평균 매출 요약하기

🔵 **예제파일** : 행사매출_요약.xlsx   🔵 **결과파일** : 행사매출_요약_완성.xlsx

함수와 참조표를 사용하여 분류와 라인명에 따른 판매수량, 총매출, 평균 매출을 계산해 보세요.

Hint

① [목록] 시트의 A2:A4 범위를 '분류'라는 이름으로 정의하세요.

② [요약] 시트의 B3셀에 목록으로 유효성 검사를 지정하세요.

③ [요약] 시트에서 '판매수량' 항목과 '총매출' 항목에 분류와 라인명에 해당하는 판매수량과 총매출을 계산하세요(COUNTIFS 함수, SUMIFS 함수).

④ [요약] 시트의 '평균 매출' 항목에 분류와 라인명에 해당하는 평균 매출을 계산하고 오류가 발생할 경우 '0'으로 처리하세요(IFERROR 함수, AVERAGEIFS 함수).

2 찾기/참조 함수로 학회파견 명단 완성하기

🔵 **예제파일** : 학회명단.xlsx.   🔵 **결과파일** : 학회명단_완성.xlsx

이름과 VLOOKUP, INDEX, MATCH 함수를 사용하여 각 항목을 계산해 보세요.

Hint

① [과정현황] 시트에서 '등급' 항목은 구간별 등급표를 사용해서 계산하세요(VLOOKUP 함수).

② [과정현황] 시트에서 B5:B35 범위는 '성명'으로, C4:J4 범위는 '제목'으로 이름을 지정하세요.

③ [학회명단] 시트에서 이름에 대한 각 항목을 이름과 찾기/참조 함수를 사용하여 명단을 완성하세요(INDEX 함수, MATCH 함수).

1 | 중첩 함수 쉽게 작성하기

함수를 중첩해서 사용하면 수식을 여러 개의 셀에 나누어 계산하지 않고 하나의 셀에 깔끔하게 작성할 수 있어서 매우 유용해요. 그러나 함수식이 복잡해지면 어떤 함수로 시작하고 인수의 어느 부분에 다른 함수를 중첩해야 하는지 모를 수 있기 때문에 대부분 수식을 계산하고 해당 결과를 다른 셀에 참조하는 방법으로 계산해야 해요. 이 경우 다음에서 제시하는 방법으로 함수를 중첩하면 아무리 복잡한 중첩 함수도 정말 쉽게 이용할 수 있어요.

❶ 함수식은 일반 계산 순서의 반대 순서대로 입력해라!
만약 금액의 평균을 구하고 반올림할 경우 함수식에서는 ROUND 함수를 먼저 실행하고 그 안에 AVERAGE 함수를 중첩해야 합니다. 좀 더 많은 함수를 한 번에 입력하려면 순서가 무척 복잡하겠지만, 계산의 작업 순서를 반대로 생각하면 간단해질 수 있어요.

❷ 다른 함수식에 참조한 함수식을 대치해라!
생각했던 계산 순서대로 다른 셀에 계산하고 처음 함수식을 복사한 후 해당 값을 참조하고 있는 또 다른 함수식에 복사한 함수식을 대치하세요. 예를 들어 B2셀에 '=AVERAGE(A2:A10)'으로 계산된 함수식이 있고 C3셀에 '=ROUND(B2)'로 계산된 함수식이 있다면 B2셀의 'AVERAGE(A2:A10)'을 복사하여 '=ROUND(B2)'의 'B2' 대신 '=AVERAGE(A2:A10)'으로 작성하세요.

2 | 직급별 프로젝트 수당의 함수식 대치하기

🔵 **예제파일** : TF팀구성_수당(실무노트).xlsx   🔵 **결과파일** : TF팀구성_수당(실무노트)_완성.xlsx

이번에는 167쪽의 '05 직급별 프로젝트 수당 계산하기 — INDEX, MATCH 함수'의 함수식에 다른 함수식을 대치하여 다시 계산해 보겠습니다.

1 직급의 열 위치를 알아내기 위해 [TF팀] 시트의 M4셀에 『=MATCH(E4,직급,0)』을 입력하고 Enter 를 누르세요.

2 이번에는 수당 지급표에서 직급에 따른 출근 수당을 계산하기 위해 N4셀에 『=INDEX(수당,1,M4)』를 입력하고 Enter 를 누르세요.

3️⃣ 이렇게 작성한 결과로 프로젝트 수당을 계산하기 위해 K4셀을 클릭하고 『=I4*N4』를 입력한 후 [Enter]를 누르세요.

4️⃣ 작성한 수식을 '프로젝트 수당' 항목의 수식에 대치해 볼까요? 먼저 첫 번째 수식인 M4셀을 더블클릭하여 함수식을 나타내고 '='를 제외한 'MATCH(E4,직급,0)'을 드래그하여 복사한 후 [Enter]를 누르세요.

5️⃣ '수당' 셀인 N4셀을 더블클릭하여 함수식을 나타내고 'M4'를 삭제한 후 4️⃣에서 복사한 함수식을 붙여넣기하세요.

6️⃣ 이와 같은 방법으로 INDEX 함수 전체인 'INDEX(수당,1,MATCH(E4,직급,0))'을 복사하고 [Enter]를 누르세요.

7️⃣ '프로젝트 수당' 항목의 함수식을 열고 'N4'를 삭제한 후 6️⃣에서 복사한 함수식을 붙여넣기하세요. 그러면 전체 함수식이 완성되면서 M4셀과 N4셀을 삭제해도 문제가 되지 않습니다.

167

데이터베이스 관리와 데이터 분석하기

엑셀을 사용하는 가장 큰 이유는 바로 '계산'과 '분석' 기능 때문이죠. '분석' 기능을 제대로 사용하려면 '데이터베이스(database)'라고 부르는 다량의 데이터 집합을 규칙에 맞게 저장하고 관리할 수 있어야 해요. 따라서 엑셀에서는 데이터베이스를 쉽고 빠르게 다룰 수 있는 '표' 기능을 제공합니다. 표를 활용하면 데이터의 검색 및 추가, 삭제 등을 한 번에 해결할 수도 있고 데이터베이스를 다양한 형태로 정렬하거나 필터, 부분합, 피벗 테이블 기능으로 분석할 수도 있어요. 이번 챕터에서는 표를 사용하여 데이터베이스를 정렬해 보고 '분석의 꽃'이라고 부르는 '피벗 테이블 분석' 기능까지 배워봅니다.

Windows 10
+Excel
& PowerPoint
&Word 2016
+Hangeul 2014

데이터베이스 다루기

데이터베이스(database)란, 규칙에 맞게 데이터의 구성 요소를 작성 및 저장해 놓은 데이터 집합체를 말해요. 따라서 데이터만 잘 정리해 놓아도 다양한 보고서나 분석 자료에 매우 유용하게 활용할 수 있죠. 특히 엑셀 2016에서 제공하는 '표' 기능은 데이터베이스를 쉽게 다룰 수 있도록 도와줍니다. 이번 섹션에서는 데이터베이스를 작성하고, 정렬하며, 부분합으로 소계를 구하는 방법까지 알아보겠습니다. 데이터 분석을 위한 기초 단계이므로 예제를 꼭 따라해 보세요.

> **PREVIEW**

▲ 표 작성하고 요약 행과 구조적
   참조로 계산하기

▲ 정렬된 데이터로 부분합 계산하고 결과만 복사하기

실무
예제 | **01** | **표 삽입하고 보기 좋게 꾸미기**

1 [도서목록] 시트에 표를 삽입하기 위해 데이터 범위에 있는 하나의 셀을 클릭하고 [삽입] 탭 – [표] 그룹에서 [표]를 클릭하세요.

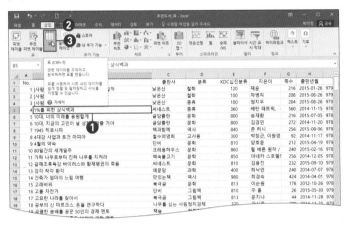

2 [표 만들기] 대화상자가 열리면 [머리글 포함]에 체크되어 있는지 확인하고 [확인]을 클릭하세요.

> **Tip**
> 인접한 영역의 데이터 범위가 모두 선택되므로 표로 사용할 데이터 범위가 자동으로 지정되어요.

3 데이터베이스에 표 서식이 적용되면서 표가 삽입되었어요. 다른 스타일의 표 서식을 적용하기 위해 [표 도구]의 [디자인] 탭–[표 스타일] 그룹에서 [자세히] 단추(▾)를 클릭하세요.

> **Tip**
> 표를 선택하면 리본 메뉴에 [표 도구]가 표시됩니다.

4 표 스타일 갤러리 목록이 나타나면 '보통'의 [표 스타일 보통 3]을 선택하세요.

클릭

Tip

표가 삽입되면 표 스타일 갤러리에서 원하는 표 스타일의 위에 마우스 포인터를 올려놓을 때마다 표 스타일이 적용되어 미리 보기로 편리하게 확인할 수 있어요.

5 표가 지정한 표 스타일로 변경되면 [표 도구]의 [디자인] 탭-[표 스타일 옵션] 그룹에서 [마지막 열]에 체크하며 표를 꾸미세요.

② 체크

Tip

표 스타일 옵션을 지정하면 다른 행이나 열과 구분되는 서식이 스타일마다 다르게 지정되어요.

● 예제파일 : 추천도서_표편집.xlsx ● 결과파일 : 추천도서_표편집_완성.xlsx

실무
예제 **02** 표 편집하고 요약 행 지정하기

1 표가 삽입되면 표에 '표1', '표2'와 같은 이름이 붙는데, 표 이름을 변경해 볼까요? [도서목록]
시트에서 표 안에 있는 하나의 셀을 클릭하고 [표 도구]의 **[디자인] 탭-[속성] 그룹**에서 '표 이름'
에 『추천도서』를 입력한 후 Enter를 누르세요.

> **Tip**
>
> 표 이름은 표가 작성된 순서에 따라
> '표1', '표2'와 같은 순서로 표시됩니다.

2 새 필드를 추가하기 위해 K1셀에 『할인금액』을 입력하고 Enter를 누르세요. 그러면 표 서식이
유지된 상태로 표가 확장됩니다.

> **Tip**
>
> 이와 같은 방법으로 표의 아래쪽 행
> (레코드)에 데이터를 입력해도 표 서
> 식이 그대로 유지되면서 행이 추가됩
> 니다.

3 추가한 필드(항목)의 할인 금액을 계산해 볼까요? K2셀에 『=』를 입력하고 J2셀을 클릭하여 『[@가격]』을 입력한 후 이어서 『*0.9』를 입력하고 Enter를 누르세요.

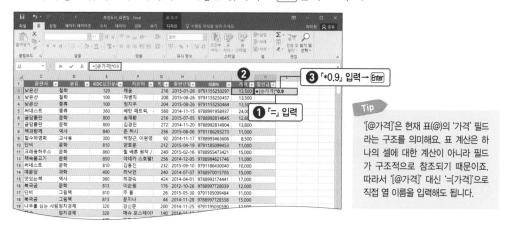

4 수식이 구조적으로 참조되면서 결과가 한 번에 계산되었습니다.

5 이번에는 표에 대한 요약을 계산하기 위해 표를 선택한 상태에서 [표 도구]의 **[디자인] 탭-[표 스타일 옵션]** 그룹에서 **[요약 행]**에 체크하세요. 표의 아래쪽에 '요약' 행이 추가되면 '제목' 필드에서 '요약' 행의 내림 단추(▼)를 클릭하고 **[개수]**를 선택하세요.

6 마지막 필드인 '할인금액' 항목의 '요약' 행을 클릭하고 [합계]를 선택하면 금액에 대한 소계 가 표시됩니다.

잠깐만요 **계산된 열이 자동으로 채워지지 않을 때의 해결 방법 살펴보기**

표에서 구조적 참조 방법으로 계산된 열은 자동으로 계산된 열이 만들어져서 모든 셀에 수식이 채워져요. 그런데 해당 기 능이 중지되어 실행되지 않는다면 계산된 셀의 끝에 나타난 [자동 고침 옵션] 단추(☰▾)를 클릭하고 [이 수식이 있는 이 열의 모든 셀 덮어쓰기]를 선택하세요.

모든 셀의 수식이 채워지지 않은 것은 자동 고침 옵션에서 일부 옵션이 지정되지 않았거나 수식 작성 후 [자동으로 계산 된 열 만들기 중지]를 선택했기 때문이에요. 그러므로 다시 해당 기능을 변경하려면 다음과 같이 진행하세요.

❶ [파일] 탭-[옵션]을 선택하여 [Excel 옵션] 창을 열고 [언어 교정] 범주를 선택한 후 [자동 고침 옵션]을 클릭하세요.

❷ [자동 고침] 대화상자가 열리면 [입력할 때 자동 서식] 탭에서 '작업할 때 자동으로 서식 설정'의 [표에 수식을 채워 계 산된 열 만들기]에 체크하고 [확인]을 클릭하세요.

● 예제파일 : 추천도서_정렬.xlsx   ● 결과파일 : 추천도서_정렬_완성.xlsx

실무
예제 **03**

필드의 조건 이용해 데이터 정렬하기

1 엑셀에서 가장 단순한 정렬 방법은 해당 필드에서 직접 정렬하는 방법입니다. [도서목록] 시트에서 '출판사' 필드에 있는 하나의 셀을 클릭하고 마우스 오른쪽 단추를 눌러 [정렬]-[텍스트 오름차순 정렬]을 선택하세요.

2 ㄱ, ㄴ, ㄷ, …의 순서대로 출판사 이름이 정렬되었습니다.

> **Tip**
>
> 오름차순 정렬일 때 텍스트는 사전 순서(ㄱㄴㄷ, abc)대로 정렬됩니다.

3 이번에는 리본 메뉴를 사용해 데이터를 정렬해 볼까요? 출판일자별로 데이터를 정렬하기 위해 '출판년월' 항목에 있는 하나의 셀을 클릭하고 **[홈] 탭-[편집] 그룹**에서 **[정렬 및 필터]**를 클릭한 후 **[날짜/시간 내림차순 정렬]**을 선택하세요.

Tip
각 필드의 성격에 따라 텍스트, 숫자, 날짜/시간에 대한 정렬 목록이 표시됩니다.

4 '출판년월'이 가장 최근인 데이터부터 정렬되었습니다.

177

실무
예제 **04** # 다중 조건 지정해 데이터 정렬하기

1 데이터에 여러 가지 조건을 적용하여 정렬해 봅시다. [도서목록] 시트에서 데이터 범위에 있
는 하나의 셀을 클릭하고 [데이터] 탭-[정렬 및 필터] 그룹에서 [정렬]을 클릭하세요.

2 [정렬] 대화상자가 열리면 분류에 대한 정렬 방식을 지정하기 위해 '열'에서는 [분류]를, '정
렬 기준'에서는 [값]을 지정하고 '정렬'에서 [사용자 지정 목록]을 선택하세요.

Tip

사용자가 원하는 정렬 순서로 지정하기 위해 [사용자 지정 목록]을 선택하세요.

3 [사용자 지정 목록] 대화상자가 열리면 '사용자 지정 목록'에서 [새 항목]을 선택하세요. '목록 항목'에 다음과 같은 순서대로 목록을 입력하고 [추가]와 [확인]을 차례대로 클릭하세요.

> 문학, 철학, 총류, 예술, 역사, 과학, 정치경제, 사회과학/종교, 그림책, 교사용

1 입력

3

> **Tip**
> '목록 항목'에 입력한 목록은 Enter를 눌러 줄을 바꾸어 입력하거나 『문학, 철학, …』과 같이 쉼표로 구분하여 입력하세요.

4 [정렬] 대화상자로 되돌아오면 [기준 추가]를 클릭하고 '다음 기준'은 [출판사], '정렬 기준'은 [값], '정렬'은 [오름차순]으로 지정하세요. 이와 같은 방법으로 [기준 추가]를 클릭하고 [제목], [값], [오름차순]으로 지정한 후 [확인]을 클릭하세요.

5 '분류', '출판사', '제목' 순으로 데이터가 정렬되었습니다.

실무 예제 05 부분합 이용해 요약 보고서 작성하기

1 조건에 맞춰 그룹별 소계를 구해볼까요? [3사분기] 시트에서 데이터 범위에 있는 하나의 셀
을 클릭하고 [데이터] 탭-[윤곽선] 그룹에서 [부분합]을 클릭하세요.

2 [부분합] 대화상자가 열리면 '그룹화할 항목'에서는 [월]을, '사용할 함수'에서는 [합계]를 선
택하고 '부분합 계산 항목'에서 [일반], [냉동], [합계]에 체크한 후 [확인]을 클릭하세요.

Tip

'부분합 계산 항목'은 소계를 계산할 필드이기 때문에 숫자로 된 항목이어야 합니다. 따라서 텍스트 항목인 경우에는 [개수]에만 체크할 수
있죠. 여기서는 월별 '일반', '냉동', '합계' 항목의 부분합을 요약할 수 있어요.

3 부분합이 계산되면서 7월과 8월, 9월의 아래쪽에 '요약' 행이 추가되었습니다. 다른 항목에 대한 요약을 추가하려면 **[데이터] 탭-[윤곽선] 그룹**에서 **[부분합]**을 클릭하세요.

> **Tip**
> 부분합이 계산되면 요약 결과를 볼 수 있는 워크시트의 왼쪽에 윤곽 단추(１２３)가 생겨요. + 단추나 - 단추를 클릭하여 내용을 확대 및 축소해서 요약 내용을 펼쳐보거나 숨길 수 있어요.

4 [부분합] 대화상자가 열리면 '그룹화할 항목'에서는 [선박지]를, '사용할 함수'에서는 [개수]를 선택하세요. '부분합 계산 항목'의 [합계]에 체크하고 [새로운 값으로 대치]의 체크를 해제한 후 [확인]을 클릭하세요.

> **Tip**
> [새로운 값으로 대치]에 체크하면 부분합은 매번 새로운 요약으로 바뀝니다.

5 월별 요약과 함께 선박지별 개수가 제대로 요약되었는지 확인해 보세요.

실무
예제 **06**

부분합 이용해 요약 보고서의 결과 복사하기

1 부분합 부분만 다른 시트에 복사해 볼까요? [3사분기] 시트에서 D열 머리글을 클릭하여 D열 전체를 선택하세요. [Ctrl]을 누른 상태에서 H열 머리글을 클릭하여 H열 전체를 선택하고 마우스 오른쪽 단추를 눌러 [숨기기]를 선택하세요.

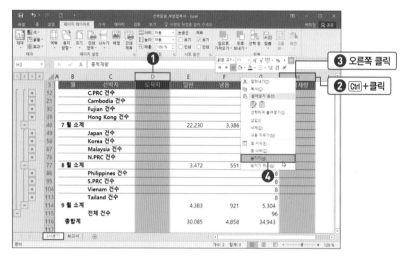

2 화면에 보이는 내용만 복사하기 위해 B3:G116 범위를 드래그하여 선택하고 [홈] 탭-[편집] 그룹에서 [찾기 및 선택]을 클릭한 후 [이동 옵션]을 선택하세요. [이동 옵션] 대화상자가 열리면 [화면에 보이는 셀만]을 선택하고 [확인]을 클릭하세요.

3 화면에 보이는 모든 셀이 선택되면 [**홈**] 탭-[**클립보드**] 그룹에서 [**복사**]([Ctrl]+[C])를 클릭하세요.

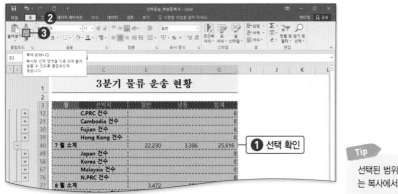

① 선택 확인

Tip

선택된 범위가 복사되면 숨겨진 범위
는 복사에서 제외됩니다.

4 복사한 데이터를 붙여넣기 위해 [보고서] 시트로 이동하여 A1셀을 클릭하고 [**홈**] 탭-[**클립보드**] 그룹에서 [**붙여넣기**]([Ctrl]+[V])의 🖹를 클릭하세요.

5 다음의 사항을 참고하여 복사한 보고서의 열 너비와 맞춤, 테두리 등의 서식을 꾸며보세요.

- **열 너비** : 데이터에 맞춰 지정
- **맞춤** : '7월 소계', '8월 소계', '9월 소계'는 병합하고 가운데 맞춤, 아래쪽 맞춤으로 지정
- **테두리** : 기존의 테두리와 같은 색상으로 모든 범위에 가로 선을 그리고 건수 요약 셀의 왼쪽에 세로 선
  지정

6 [3사분기] 시트로 되돌아와서 [데이터] 탭-[윤곽선] 그룹에서 [부분합]을 클릭하여 [부분합] 대화 상자를 열고 [모두 제거]를 클릭하세요. 숨겨진 열의 머리글이 포함된 C열 머리글부터 E열 머리글까지 드래그하여 선택하고 마우스 오른쪽 단추를 눌러 [숨기기 취소]를 선택하세요.

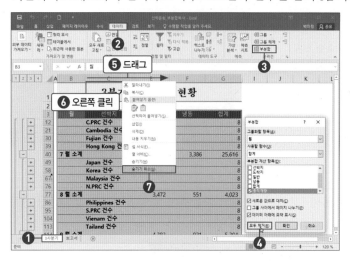

7 요약된 보고서에서 [3사분기] 시트의 데이터는 부분합이 취소되면서 원래의 데이터베이스로 되돌아옵니다.

1 | 행사 매출 데이터베이스를 표로 삽입하고 요약하기

🔵 **예제파일** : 행사매출_표.xlsx 🔵 **결과파일** : 행사매출_표_완성.xlsx

표를 삽입하여 화장품 행사 매출에 대한 비율과 요약 값을 계산해 보세요.

Hint

① 표 서식은 [표 스타일 보통 4]로 지정하고 '행사'라는 이름으로 표를 작성하세요.

② '수량비율' 항목은 전체 수량에 대한 비율로 계산하고 '0.0%'의 표시 형식으로 표시하세요.
   예 =[@매출수량]/SUM([매출수량])

③ [표 도구]의 [디자인] 탭-[표 스타일 옵션] 그룹에서 [요약 행]과 [마지막 열]에 체크하세요.

④ '요약'은 '소계'로 수정하고 '상품명' 항목은 [개수]로, '매출수량' 항목과 '할인금액' 항목은 [합계]로 요약하세요.

2 | 정렬과 부분합 이용해 간단한 요약 보고서 작성하기

🔵 **예제파일** : 상반기판매.xlsx 🔵 **결과파일** : 상반기판매_완성.xlsx

정렬과 부분합을 이용해 분류별, 대리점별 상반기 판매에 대한 소계를 계산해 보세요.

Hint

① 분류별, 대리점별(서울, 부산, 인천, 대전, 광주, 대구, 제주 순)로 데이터를 정렬하세요.

② 분류별, 대리점별로 '1월'부터 '합계' 항목까지의 합계를 부분합을 이용해 소계로 구하세요.

③ 요약 부분만 복사하여 [보고서] 시트에 복사하고 '텍스트 요약'을 삭제하세요.

④ 복사된 보고서에서 열 너비를 조정하고 '분류' 항목은 [병합하고 가운데 맞춤] 정렬하세요.

⑤ '요약' 행의 글꼴은 [굵게], [전체 실선]으로 테두리를 지정하여 결과 화면처럼 꾸미세요.

원하는 데이터만 검색하고 추출하기

방대한 양의 데이터베이스에서 원하는 데이터만 검색하고 추출해야 한다면 너무 막연할 것입니다. 하지만 엑셀에서 제공하는 '필터' 기능을 활용하면 쉽게 해결할 수 있어요. 수백 개나 수만 개의 데이터라도 각 필드에 저장된 자료에 조건이나 수식을 지정하면 사용자가 원하는 결과를 쉽게 얻을 수 있어요. 이번 섹션에서는 단순 조건을 지정하는 자동 필터부터 중첩 조건이나 수식을 대입해야 하는 고급 필터까지 지정해 보면서 다양한 데이터를 검색하고 추출하는 방법에 대해 배워봅니다.

> PREVIEW

▲ 자동 필터로 다양한 조건을 만족하는 데이터 추출하기

▲ 고급 필터로 데이터 추출하고 원하는 항목만 복사하기

> 섹션별 주요 내용

01 | 자동 필터 이용해 데이터 추출하기   02 | 고급 필터와 조건식 이해하기

03 | 고급 필터 이용해 데이터 추출하기   04 | 함수식 적용한 데이터만 추출하기

05 | 색상별로 데이터 정렬하고 추출하기

◎ **예제파일** : 추천도서_자동필터.xlsx　◎ **결과파일** : 추천도서_자동필터_완성.xlsx

실무 예제 **01**

자동 필터 이용해 데이터 추출하기

1 엑셀에서 제공하는 매우 편리한 기능 중 하나인 자동 필터를 이용하여 데이터를 추출해 볼까요? [도서목록] 시트에서 특정 출판사의 도서만 필터링하기 위해 데이터 범위에 있는 하나의 셀을 클릭하고 **[홈] 탭-[편집] 그룹**에서 **[정렬 및 필터]**를 클릭한 후 **[필터]**를 선택하세요.

> **Tip**
>
> [데이터] 탭-[정렬 및 필터] 그룹에서 [필터]를 클릭해도 됩니다.

2 '분류' 항목의 필터 단추(▼)를 클릭하고 [(모두 선택)]의 체크를 해제하세요. '분류' 항목 중에서 [과학], [교사용], [문학], [역사]에 체크하고 [확인]을 클릭하세요.

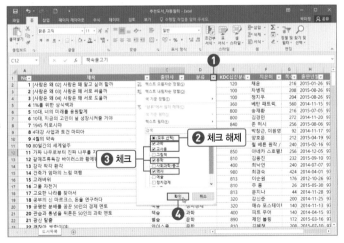

> **Tip**
>
> 필요 없는 항목의 체크를 일일이 없애는 것보다 [(모두 선택)]의 체크를 해제하여 전체 항목의 체크를 한 번에 해제하고 원하는 항목에만 체크하는 것이 훨씬 더 빨라요.

3 선택한 분류 항목에 대한 데이터만 추출되었으면 '출판년월'이 2015년 이후인 데이터만 추출해 봅시다. '출판년월' 항목의 필터 단추(▼)를 클릭하고 [날짜 필터]-[이후]를 선택하세요.

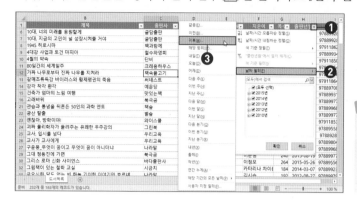

Tip

각 항목의 데이터(숫자, 텍스트, 날짜)에 따라 제공되는 연산자가 달라집니다. '출판년월' 항목의 데이터는 날짜 데이터이므로 이와 관련된 연산자가 표시됩니다.

4 [사용자 지정 자동 필터] 대화상자가 열리면 '출판년월'에서 [이후]가 선택되었는지 확인하고 『2015-1-1』을 입력한 후 [확인]을 클릭하세요.

Tip

3 과정에서 [날짜 필터]-[이후]를 선택했기 때문에 '출판년월'에 [이후]가 자동으로 표시되어 있습니다.

5 첫 번째 '분류' 조건(과학, 교사용, 문학, 역사)과 2015년 이후인 '출판년월' 조건을 만족하는 데이터가 필터링되었어요. 이번에는 가격이 10,000 이하이거나 50,000 이상인 도서만 필터링하기 위해 '가격' 항목의 필터 단추(▼)를 클릭하고 [숫자 필터]-[사용자 지정 필터]를 선택하세요.

6 [사용자 지정 자동 필터] 대화상자가 열리면 '찾을 조건'의 '가격'에서 [<=] 연산자를 선택하고 값에는 『10000』을 입력한 후 [또는]을 선택하세요. 두 번째 조건에서는 [>=] 연산자를 선택하고 『50000』을 입력한 후 [확인]을 클릭하세요.

7 모든 조건에 만족하는 데이터가 필터링되었습니다.

잠깐만요 **필터 단추(▼, ▼)의 모양 살펴보기**

필터가 적용된 필드는 필터 단추의 모양이 ▼에서 ▼으로 바뀌어요. 해당 필터 단추(▼)의 위에 마우스 포인터를 올려놓으면 조건에 대한 정보가 스크린팁으로 표시됩니다.

고급 필터와 조건식 이해하기

자동 필터와 달리 고급 필터를 사용할 경우 데이터를 검색하고 추출하기 위한 조건식을 입력해야
해요. 고급 필터는 조건 지정 방법만 제대로 알고 있으면 자동 필터만큼 쉽게 활용할 수 있어요.

1 | 고급 필터를 사용해야 하는 경우

❶ 필드(항목) 간에 OR 조건으로 데이터를 추출할 때
❷ 수식을 포함한 조건으로 데이터를 추출할 때

2 | AND 조건으로 지정하기

필드와 필드 간의 조건을 AND 조건으로 지정하려면 같은 행에 조건을 입력해야 해요. 먼저 조건
을 지정할 필드명을 입력하고 해당 필드에 조건값을 차례대로 입력하세요.

분류	판매일자
과일류	>=2016-4-1

예 '과일류'이면서 '2016년 4월 1일' 이후에 판매된 데이터

3 | OR 조건으로 지정하기

필드와 필드 간의 조건을 OR 조건으로 지정하려면 서로 다른 행에 조건을 입력해야 해요.

분류	판매일자
과일류	
	>=2016-4-1

예 '과일류'이거나 '2016년 4월 1일' 이후 판매된 데이터

4 | AND와 OR 조건 혼합해 지정하기

필드 간에 AND 조건과 OR 조건이 혼합되어 있는 경우 조건 간의 관계를 정확히 이해해야 해요.

분류	판매량
과일류	>=500
공산품	>=500

예 '과일류'이면서 판매량이 '500' 이상이거나 '공산품'이면서 판
매량이 '500' 이상인 데이터

5 | 수식으로 조건 지정하기

수식으로 조건을 지정할 때는 수식의 결과가 TRUE이거나 FALSE로 표시되어야 하고 필드명은
데이터베이스의 필드명과 다르게 입력하거나 생략해야 해요.

분류	평균 판매 이상
과일류	FALSE

예 '과일류'이면서 평균 판매량 이상인 데이터

예제파일 : 2016주문_고급필터.xlsx   결과파일 : 2016주문_고급필터_완성.xlsx

실무
예제 **03**

고급 필터 이용해 데이터 추출하기

1 고급 필터는 다른 위치에 조건식을 작성해야 해요. 다음의 표를 참고하여 [ORDER] 시트의 M5:O7 범위에 조건식을 작성하세요. 조건식은 품번이 'Q'로 끝나면서 납기일이 2016년 9월 1일 이후이거나 발주 중량이 800kgs 이상인 주문만 필터링하고 있어요.

품번	납기	발주중량(kgs)
*Q	>=2016-9-1	
		>=800

> **Tip**
> 조건식이 모두 같은 행에 있다면 자동 필터만으로도 충분히 원하는 데이터를 추출할 수 있어요.

2 데이터 범위에 있는 하나의 셀을 클릭하고 [데이터] 탭-[정렬 및 필터] 그룹에서 [고급]을 클릭하세요.

3 [고급 필터] 대화상자가 열리면 '목록 범위'에 자동으로 전체 범위가 잘 지정되었는지 확인해 보세요. '조건 범위'에 커서를 올려놓고 M5:O7 범위를 드래그하여 선택한 후 [확인]을 클릭하세요.

Tip

'복사 위치'는 현재 위치에 필터링되기 때문에 따로 지정할 필요가 없어요.

4 고급 필터로 조건을 지정한 결과를 확인해 보세요. 품번이 'Q'로 끝나면서 2016년 9월 이후의 주문이거나 발주 중량이 800kgs 이상인 주문만 추출된 것을 알 수 있어요.

잠깐만요 **다양한 필터 옵션 살펴보기**

필터 단추(⊡)를 클릭하면 데이터의 종류에 따라 선택 가능한 여러 가지 필터 조건이 나타납니다. 텍스트, 날짜, 숫자에 따라 다르게 필터 조건을 선택할 수도 있고, 직접 필터 항목을 선택하거나 검색 창에 필터 조건을 입력해서 원하는 조건을 지정할 수도 있어요.

❶ 기준에 따른 정렬

❷ 필터 해제

❸ 셀에 색이 지정된 경우 색 기준으로 필터링

❹ 데이터의 종류에 따라 변경되는 필터 조건

❺ 검색어(조건) 직접 입력

❻ 해당 항목 직접 선택

난이도 1 2 3 **4** 5

04 함수식 적용한 데이터만 추출하기

1 [특수주문] 시트에서 A3:B4 범위에 납기와 색상에 대해 조건을 다음의 그림과 같이 입력하세요. C3셀에는 『원단평균수량』을, C4셀에는 『=ORDER!F4>=AVERAGE(ORDER!F4:F99)』를 입력하고 Enter 를 누르세요.

> **Tip**
>
> 조건식은 '품번', '납기일'이 2016년 9월 1일 이후이면서 '색상'은 'BLACK', '원단발주수량'은 평균 이상인 주문건에 대해 지정하는 함수식입니다. C3셀의 이름은 [ORDER] 시트의 원본 데이터의 필드명과 다르게 지정해야 해요.

2 조건식에 함수식을 지정하면 '원단평균수량'이 [TRUE]나 [FALSE]로 표시됩니다. 이와 같은 조건으로 데이터를 필터링하기 위해 워크시트에 있는 빈 셀 하나를 클릭하고 **[데이터] 탭-[정렬 및 필터] 그룹**에서 **[고급]**을 클릭하세요.

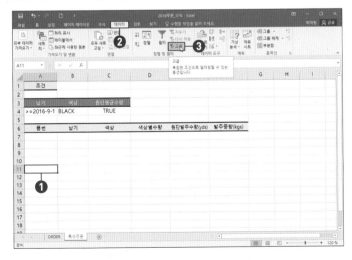

> **Tip**
>
> 필터링된 결과를 다른 시트에 복사하려면 결과를 표시할 시트에서 '고급 필터' 명령을 실행해야 해요.

3 [고급 필터] 대화상자가 열리면 '목록 범위'에 커서를 올려놓고 [ORDER] 시트의 전체 범위 인 A3:K99 범위를 드래그하여 선택하세요. 이와 같은 방법으로 '조건 범위'에 커서를 올려놓고 [특수주문] 시트의 A3:C4 범위를 드래그하여 선택하세요.

> **Tip**
>
> '목록 범위'나 '조건 범위'는 직접 주소를 입력하는 것보다 시트에 범위를 드래그하여 선택하는 것이 더 편리해요.

4 [고급 필터] 대화상자의 '결과'에서 [다른 장소에 복사]를 선택하세요. '복사 위치'에 커서를 올려놓고 [특수주문] 시트에 미리 입력해 놓은 머리글 행인 A6:F6 범위를 드래그하여 선택한 후 [확인]을 클릭하세요.

> **Tip**
>
> 원하는 항목만 결과를 추출하려면 항목 이름을 미리 입력하고 입력된 항목을 복사 위치에 지정해야 해요.

5 필드명에 해당하는 데이터만 지정한 조건에 맞게 추출되었습니다.

실무
예제 **05**

색상별로 데이터 정렬하고 추출하기

1 조건부 서식이 지정된 데이터를 색상별로 정렬해 볼까요? [A매출] 시트에서 데이터 범위에 있는 하나의 셀을 클릭하고 **[홈] 탭-[편집] 그룹**에서 **[정렬 및 필터]**를 클릭한 후 **[사용자 지정 정렬]**을 선택하세요.

2 [정렬] 대화상자가 열리면 첫 번째 '정렬 기준'은 [금액]과 [셀 색]을, '색'은 [연한 파랑]을 선택하세요. [기준 복사]를 클릭하여 두 번째 정렬 기준을 추가하고 '다음 기준'을 [금액], [값], [내림차순]으로 선택하세요.

> **Tip**
>
> 연한 파랑은 'RGB(220,237,248)'로 표시되어 있어요.

3 세 번째 기준을 추가하기 위해 [기준 복사]나 [기준 추가]를 클릭하세요. '다음 기준'이 나타나면 [금액], [셀 색]을 선택하고 '색'을 [노랑]으로 지정한 후 [확인]을 클릭하세요.

> **Tip**
>
> 노랑은 'RGB(255,235,156)'으로 표시되어 있어요.

4 앞의 과정에서 지정한 기준대로 데이터가 정렬되었습니다.

5 이번에는 상품 코드의 색상이 파랑인 경우만 추출해 볼까요? '상품코드' 항목의 필터 단추 (▼)를 클릭하고 [색 기준 필터]를 선택한 후 '글꼴 색 기준 필터'의 [파랑]을 클릭하세요.

6 정렬된 데이터에서 상품 코드가 파란색인 데이터만 추출되었습니다.

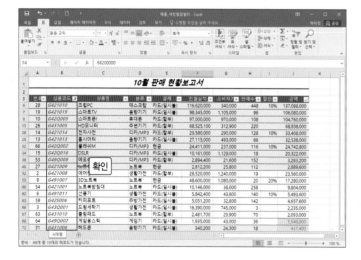

1 직원명부에서 외주업체 파견 직원 추출하기

🔵 **예제파일** : 외주업체파견.xlsx　🔵 **결과파일** : 외주업체파견_완성.xlsx

사번에 'K'나 'B'가 포함되고 '전산실' 소속의 직원만 추출하여 다른 시트에 복사해 보세요.

Hint

① 사번에 'K'나 'B'가 포함된 경우 글꼴 색을 [파랑]으로 지정하는 조건부 서식을 지정하세요.

② 자동 필터를 사용해서 '전산실'이면서 사번의 글꼴 색이 [파랑]인 데이터만 추출하세요.

③ 추출한 데이터를 [외주업체파견] 시트의 A1셀에 열 너비를 유지하여 복사하세요.

④ [직원명부] 시트에서 '지우기'로 데이터 필터링을 해제하세요.

2 함수식과 고급 필터 이용해 고객 초대 명단 추출하기

🔵 **예제파일** : 고객명단.xlsx　🔵 **결과파일** : 고객명단_완성.xlsx

고급 필터와 함수식을 사용해 10월생이거나 사용 금액이 천만 원이면서 월 평균 방문 횟수가 10회 이상인 고객을 추출해 보세요.

Hint

① [초청고객] 시트에 조건을 입력하고 고객 명단을 작성하세요.

② 10월생이거나 사용 금액이 천만 원 이상이면서 월 방문 횟수가 10회 이상인 고객으로 조건을 지정하세요(10월생은 『=MONTH(명단!E2)=10』으로 입력).

③ [초청고객] 시트에서 주어진 필드명에 맞게 고급 필터를 사용해 필터링하세요.

엑셀 2016의
전문 분석 기능 활용하기

엑셀 2016에서 크게 향상된 기능 중 하나는 바로 '강력한 분석' 기능입니다. 또한 대량의 데이터를 사용자가 권하는 관점에 따라 요약하고 비교 및 탐색까지 할 수 있는 '피벗 테이블'뿐만 아니라 슬라이서와 시간 표시 막대로 데이터를 시각적으로 분석할 수 있는 '필터' 기능까지 제공합니다. 이 밖에도 3차원 맵에서 시간이 지남에 따라 가상으로 표현되는 지리적 데이터 연출도 가능합니다. 이번 섹션에서는 피벗 테이블과 다양한 필터로 요약하는 기능에 대해 배워봅니다.

> PREVIEW

▲ 피벗 테이블로 요약 변경하고
　값 표시 형식으로 비율 표시하기

▲ 시간 도구 막대와 슬라이서를 포함한 피벗 테이블 작성하기

> 섹션별
> 주요 내용

01 | 추천 피벗 테이블 지정하고 꾸미기　02 | 피벗 테이블 보고서에 요약 보고서 추가하기
03 | 피벗 테이블에 값 요약하고 표시 형식 변경하기　04 | 피벗 차트 이용해 보고서 작성하기
05 | 슬라이서와 시간 표시 막대 삽입해 필터링하기

● 예제파일 : 판매_추천피벗.xlsx   ● 결과파일 : 판매_추천피벗_완성.xlsx

실무
예제 **01** 추천 피벗 테이블 지정하고 꾸미기

1 [Sales] 시트에서 판매 데이터를 요약하기 위해 데이터 범위에 있는 하나의 셀을 클릭하고 [**삽입**] 탭-[**표**] 그룹에서 [**추천 피벗 테이블**]을 클릭하세요.

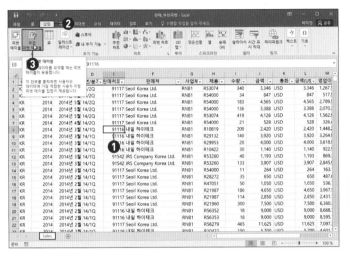

> **Tip**
>
> 피벗 테이블을 사용하면 대량의 데이터를 몇 번의 마우스 클릭만으로도 쉽게 요약할 수 있어요.

2 [권장 피벗 테이블] 창이 열리면 [합계 : 금액(USD), 합계 : 금액, 합계 : 수량(년/분기(+)기준)] 을 선택하고 [**확인**]을 클릭하세요.

3 추천 피벗 테이블로 사업부와 년/분기별 금액(USD), 수량, 금액 합계가 요약되었어요. 화면의 오른쪽에 있는 [피벗 테이블 필드] 창에서 [수량]과 [금액]의 체크를 해제하여 보고서에서 제외하고 필드목록에서 [국가] 필드를 '열' 영역으로 드래그하여 추가하세요.

Tip
필드 목록에서 원하는 필드를 '열' 영역으로 추가하려면 직접 드래그해야 해요.

4 피벗 테이블 보고서를 꾸미기 위해 [피벗 테이블 도구]의 [디자인] 탭-[피벗 테이블 스타일] 그룹에서 [자세히] 단추(⊡)를 클릭하고 '밝게'의 [피벗 스타일 밝게 9]를 선택하세요.

Tip
리본 메뉴의 [피벗 테이블 도구]는 해당 피벗 테이블을 선택해야 나타납니다.

5 '합계 : 금액(USD)'의 데이터 범위를 드래그하여 선택하고 [홈] 탭-[표시 형식] 그룹에서 [쉼표 스타일]을 클릭하여 보고서를 완성하세요.

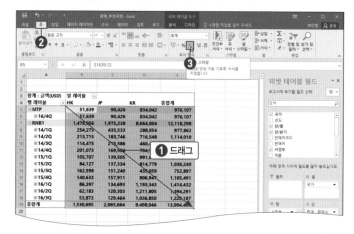

난이도 1 2 **3** 4 5

실무
예제 **02**　　# 피벗 테이블 보고서에 요약 보고서 추가하기

1 기존의 피벗 테이블 보고서에 새로운 요약 보고서를 추가해 볼까요? [Sales] 시트에서 데이터 범위에 있는 하나의 셀을 클릭하고 **[삽입] 탭-[표] 그룹**에서 **[피벗 테이블]**을 클릭하세요.

2 [피벗 테이블 만들기] 대화상자가 열리면 '표 또는 범위 선택'의 '표/범위'에 자동으로 전체 범위가 잘 지정되었는지 확인하고 피벗 테이블 보고서를 넣을 위치에서 [기존 워크시트]를 선택하세요. '위치'에 커서를 올려놓고 [피벗보고서] 시트의 A21셀을 클릭하여 지정한 후 [확인]을 클릭하세요.

201

3 이미 작성된 피벗 테이블 보고서의 아래쪽에서 A21셀부터 새로운 보고서가 삽입되었습니다. 화면의 오른쪽에 있는 [피벗 테이블 필드] 창에서 [판매처], [금액(USD)], [영업이익]에 순서대로 체크하면 [판매처]는 '행' 영역으로, [금액(USD)]와 [영업이익]은 '값' 영역으로 추가됩니다.

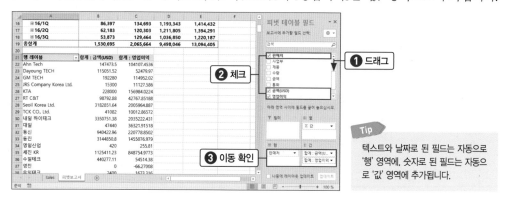

Tip

텍스트와 날짜로 된 필드는 자동으로 '행' 영역에, 숫자로 된 필드는 자동으로 '값' 영역에 추가됩니다.

4 [피벗 테이블 필드] 창의 필드 목록 중에서 [년도]를 '행' 영역으로 드래그하여 추가하세요. '행' 영역에서 [년도]를 선택하고 [처음으로 이동]을 선택하세요.

Tip

'년도' 항목은 숫자로 되어 있기 때문에 필드에 체크하면 '값' 영역에 자동으로 추가됩니다. 따라서 '년도' 항목을 '행' 영역으로 추가하려면 직접 드래그해야 해요.

5 피벗 테이블 보고서를 꾸미기 위해 [피벗 테이블 도구]의 [디자인] 탭-[피벗 테이블 스타일] 그룹에서 '밝게'의 [피벗 스타일 밝게 14]를 선택하세요. [디자인] 탭-[레이아웃] 그룹에서 [보고서 레이아웃]을 클릭하고 [개요 형식으로 표시]를 선택하세요.

Tip

[디자인] 탭-[피벗 테이블] 그룹에서 [자세히] 단추(�=)를 클릭하면 다양한 피벗 스타일 목록이 나타납니다.

6 '합계 : 금액(USD)' 항목과 '합계 : 영업이익' 항목의 데이터 범위를 드래그하여 모두 선택하고 [홈] 탭-[표시 형식] 그룹에서 [쉼표 스타일]을 클릭하여 보고서를 완성해 보세요.

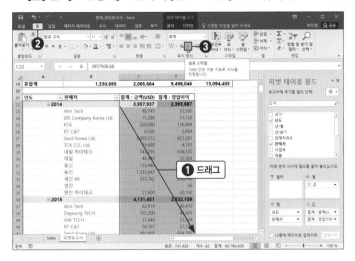

잠깐만요 **피벗 테이블에서 데이터 그룹화하고 그룹 해제하기**

피벗 테이블의 데이터를 그룹화하면 분석할 데이터의 하위 집합을 표시하는 데 매우 유용해요. 예를 들어 날짜 및 시간, 숫자 필드는 분기 및 월 단위로 그룹화할 수 있어요. 특히 엑셀 2016에서는 날짜 및 시간의 경우 '시간 그룹화'라는 기능에 의해 자동으로 그룹화됩니다. [피벗 테이블 필드] 창에서 [년/월]에 체크하면 '행'에 '연', '분기', '년/월'이라는 항목으로 그룹화됩니다.

합계 : 금액(USD)	열 레이블			
행 레이블	HK	JP	KR	총합계
⊟**2014년**				
⊟**1사분기**				
1월	110,503	119,450		229,953
2월	138,923	66,861	55,925	261,709
3월	4,848	249,222	232,129	486,199
⊟**2사분기**				
4월	78,032	41,158	365,228	484,418
5월	101,143	98,393	351,320	550,856
6월	34,540	44,195		78,735
⊞**3사분기**	114,475	215,586	460,425	790,487
⊞**4사분기**	201,073	169,924	704,582	1,075,578
⊞**2015년**	493,065	585,989	3,052,396	4,131,451
⊞**2016년**	254,092	474,886	4,276,040	5,005,018
총합계	1,530,695	2,065,664	9,498,046	13,094,405

이 밖의 그룹화는 [피벗 테이블 도구]의 [분석] 탭-[그룹] 그룹에서 [그룹 선택]을 클릭하여 [그룹화] 대화상자를 열고 '시작'과 '끝', 그리고 '단위'를 지정할 수 있어요.

실무 예제 **03**   ## 피벗 테이블에 값 요약하고 표시 형식 변경하기

1 [피벗보고서] 시트에서 [피벗 테이블 필드] 창의 '보고서에 추가할 필드 선택'에서 [영업이익]의 체크를 해제하세요. 요약 방법을 변경하기 위해 '합계 : 금액(USD)' 항목에 있는 하나의 셀을 클릭하고 마우스 오른쪽 단추를 눌러 [값 요약 기준]-[평균]을 선택하세요.

2 '합계'가 '평균'으로 변경되었으면 [피벗 테이블 필드] 창의 '보고서에 추가할 필드 선택'에서 [제품]과 [금액(USD)]을 '값' 영역으로 드래그하여 추가하세요.

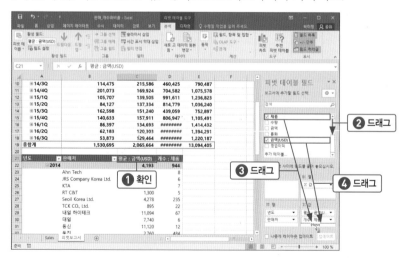

3 추가한 '합계 : 금액(USD)' 항목을 편집하기 위해 E21셀을 클릭하고 [피벗 테이블 도구]의 [분석] 탭-[활성 필드] 그룹에서 [필드 설정]을 클릭하세요.

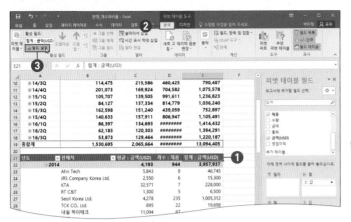

Tip

보고서의 항목 이름에서 마우스 오른쪽 단추를 눌러 [값 표시 형식]-[상위행 합계 비율]을 선택해도 됩니다.

4 [값 필드 설정] 대화상자가 열리면 '사용자 지정 이름'을 [비율(금액)]으로 변경하세요. [값 표시 형식] 탭의 '값 표시 형식'에서 [상위 행 합계 비율]을 선택하고 [확인]을 클릭하세요.

5 항목 이름이 '비율(금액)'으로 변경되고 부분합 비율이 100% 기준으로 계산됩니다. 이와 같이 평균, 개수, 합계로 요약한 보고서가 작성되면 열 너비를 조정하여 보고서를 완성하세요.

실무
예제 **04**

피벗 차트 이용해 보고서 작성하기

1 　작성한 보고서를 바탕으로 차트를 작성해 볼까요? [거래처별요약] 시트에서 피벗 테이블 보
고서에 있는 하나의 셀을 클릭하고 [피벗 테이블 도구]의 **[분석] 탭-[도구] 그룹**에서 **[피벗 차트]**
를 클릭하세요.

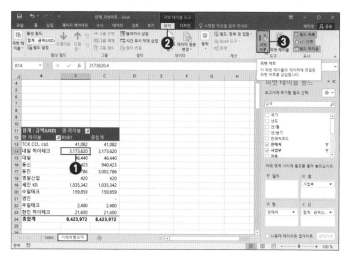

2 　[차트 삽입] 대화상자가 열리면 [모든 차트] 탭에서 [꺾은선형]을 선택하고 [표식이 있는 꺾
은선형]을 선택한 후 [확인]을 클릭하세요.

3 표식이 있는 꺾은선형 차트가 삽입되면 차트의 위치를 피벗 테이블 보고서의 오른쪽으로 이동하고 차트의 크기를 K24셀 위치까지 조정해 보세요.

4 삽입한 차트를 꾸미기 위해 차트 제목에 『사업부/판매처별 매출』을 입력하세요. 차트를 선택한 상태에서 [피벗 차트 도구]의 [디자인] 탭-[차트 스타일] 그룹에서 [자세히] 단추(⋮)를 클릭하고 [스타일 2]를 선택하세요.

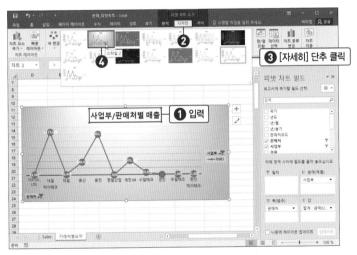

5 피벗 테이블 보고서와 연동되는 차트가 보기 좋게 완성되었습니다.

실무
예제 **05**

슬라이서와 시간 표시 막대 삽입해 필터링하기

1 [거래처별요약] 시트에 작성된 피벗 테이블과 차트에 필터 기능을 추가해 봅시다. 피벗 테이
블 보고서에 있는 하나의 셀을 클릭하고 [피벗 테이블 도구]의 **[분석] 탭-[필터] 그룹**에서 **[슬라
이서 삽입]**을 클릭하세요.

> **Tip**
>
> 슬라이서는 [삽입] 탭-[필터] 그룹에
> 서 [슬라이서]를 클릭해도 삽입할 수
> 있어요.

2 [슬라이서 삽입] 대화상자가 열리면 여러 가지 필드 항목 중에서 필터로 사용할 [국가]에 체
크하고 [확인]을 클릭하세요.

> **Tip**
>
> 여러 개의 슬라이서에 체크하여 사용해도 됩니다.

3 [국가] 슬라이서가 삽입되면 A1셀에 맞춰 위치를 이동하고 슬라이서의 크기를 조절해 보세요.

4 이번에는 또 다른 필터를 추가해 볼까요? 피벗 테이블 보고서에 있는 하나의 셀을 클릭하고 [피벗 테이블 도구]의 **[분석] 탭-[필터] 그룹**에서 **[시간 표시 막대 삽입]**을 클릭하세요.

5 [시간 표시 막대 삽입] 대화상자가 열리면 [년/월]에 체크하고 [확인]을 클릭하세요.

Tip

시간 표시 막대는 날짜나 시간 데이터를 가진 필드에만 지정할 수 있어요.

6 시간 표시 막대의 위치와 크기를 슬라이서와 차트에 맞춰 조절하세요. [시간 표시 막대 도구] 의 [옵션] 탭-[시간 표시 막대 스타일] 그룹에서 [시간 표시 막대 스타일 밝게 3]을 클릭하세요.

❶ 위치와 크기 조절

7 이제 보고서와 차트에 필터를 적용해 볼까요? [국가] 슬라이서에서 [KR]을 선택하고 시간 표시 막대의 '2015년 1분기'부터 '2016년 2분기'까지 드래그하세요. 이렇게 하면 필터에 대한 값이 적용되면서 피벗 테이블 보고서의 값과 피벗 차트의 모양이 변경됩니다.

❷ 드래그

❶

❸ 확인

잠깐만요 **피벗 테이블 이동하기**

작성한 피벗 테이블을 다른 위치로 이동하려면 [피벗 테이블 도구]의 [분석] 탭-[동작] 그룹에서 [피벗 테이블 이동]을 클릭하여 이동 기능을 실행합니다. [피벗 테이블 이동] 대화상자가 열리면 원하는 위치를 입력하거나 셀을 직접 클릭하여 이동 위치를 지정하세요.

❶
❷ 지정
❸ 확인

▲ [Sheet1] 시트의 A10셀로 피벗 테이블 이동하기

리뷰! 실무 예제

Up무 능력 향상을 위한 활용 실습

1 | 고객 현황에 대한 요약 보고서 작성하기

📀 **예제파일** : 고객현황.xlsx   📀 **결과파일** : 고객현황_완성.xlsx

고객 현황을 고객 등급과 담당 마케터별로 합계, 고객 수, 합계에 대한 순위를 이용해 요약해 보세요.

Hint
① '고객등급' 항목과 '담당마케터' 항목은 '행' 영역이고 '고객명' 항목과 '합계' 항목은 '값' 영역인 피벗 테이블을 작성하세요.
② 보고서 레이아웃은 개요 형식으로 표시하고 피벗 스타일은 [피벗 스타일 보통 8]로 지정하세요.
③ '합계' 필드를 한 번 더 추가하고 필드 설정에서 이름을 [순위]로 변경한 후 [내림차순 순위 지정]으로 값 표시 형식을 변경하세요.

2 | 피벗 차트와 슬라이서로 보고서 분석하기

📀 **예제파일** : 고객현황_차트와필터.xlsx   📀 **결과파일** : 고객현황_차트와필터_완성.xlsx

피벗 테이블을 이용해 피벗 차트를 추가하고 슬라이서를 이용해 지역별로 담당 마케터별 매출을 분석해 보세요.

Hint
① 필터 단추(▼)를 이용해 담당 마케터는 [김문용], [박종훈], [백기송], [이민권], [이호준], [정영기], [정영수]에만 체크하세요.
② 보고서에 대한 피벗 차트를 작성하고 차트의 위치와 크기를 조정한 후 [차트 스타일 7]을 지정하세요.
③ 슬라이서를 [지역]으로 작성하고 슬라이서 열을 [5]로 지정한 후 [슬라이서 스타일 밝게 1]을 지정하세요.
④ 슬라이서에서 Ctrl을 이용해 [서울], [부산], [제주], [기타]를 선택하세요.

프로 비즈니스맨을 위한 활용 Tip

1 | 피벗 테이블의 분석 기능을 조건부 서식으로 업그레이드하기

🔘 **예제파일** : 판매_보고서연결.xlsx　🔘 **결과파일** : 판매_보고서연결_완성.xlsx

피벗 테이블로 작성한 보고서에 조건부 서식과 같은 기능이나 필터 등을 사용하면 보고서를 더욱 효과적으로 분석 및 관리할 수 있습니다. 일반적인 데이터 범위에 지정하는 조건부 서식과는 달리 부분합이 포함된 데이터에 데이터 막대나 색조 등을 지정하려면 값의 일부분에 서식을 적용한 후 같은 항목에 서식을 다시 지정해야 합니다.

1 '합계 : 금액(USD)' 항목에 데이터 막대 서식을 지정해 볼게요. [서식 옵션] 단추(🔲)를 클릭하고 ["판매처"에 대해 "합계 : 금액(USD)" 값을 표시하는 모든 셀]을 선택하세요.

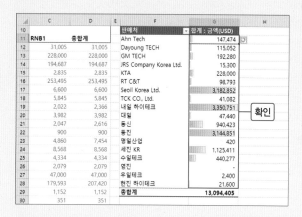

2 상품명 전체에 같은 조건부 서식이 적용되지만, 부분합에는 서식이 적용되지 않습니다. 왜냐하면 부분합과 일반 상품명에 대한 판매 가격은 동일하게 비교할 대상이 아니기 때문에 부분합을 제외한 나머지 값에만 서식이 적용됩니다.

2 | 슬라이서와 시간 표시 막대로 대시보드 작성하기

🔘 **예제파일** : 판매_보고서연결.xlsx　🔘 **결과파일** : 판매_보고서연결_완성.xlsx

하나의 워크시트에 다양한 관점의 보고서를 작성하고 한눈에 파악할 수 있도록 정리한 상태를 '대시보드(dashboard)'라고 합니다. 전체 보고서의 슬라이서와 시간 표시 막대를 '보고서 연결' 기능을 이용해 다양한 피벗 테이블에 연결하면 하나의 필터로 여러 개의 보고서를 컨트롤할 수 있는 대시보드를 만들 수 있어요.

서로 다른 관점에서 작성된 두 개의 요약 보고서를 하나의 필터로 연결해 볼까요? 우선 [국가] 슬라이서를 선택하고 [슬라이서 도구]의 [옵션] 탭-[슬라이서] 그룹에서 [보고서 연결]을 클릭하세요.

[보고서 연결(국가)] 대화상자가 열리면 연결할 피벗 테이블에 체크하고 [확인]을 클릭하세요. 이때 같은 워크시트의 모든 피벗 테이블을 선택하면 됩니다.

슬라이서가 두 개의 피벗 테이블에 모두 연결되었습니다. 이와 같은 방법으로 시간 표시 막대를 선택하고 [시간 표시 막대 도구]의 [옵션] 탭-[시간 표시 막대] 그룹에서 [보고서 연결]을 클릭하세요. [보고서 연결(년/월)] 대화상자가 열리면 연결할 피벗 테이블에 체크하고 [확인]을 클릭하세요.

[국가] 슬라이서와 시간 표시 막대에서 원하는 국가와 기간을 선택하면 두 개의 보고서에서 모두 요약 내용이 변경됩니다.

찾아보기

윈도우 10 + 엑셀 파워포인트 워드 2016 한글 2014 무작정 따라하기 파워포인트편

고경희, 박미정, 박은진 지음

길벗

활용제안 1 일단, 『무작정』 따라해 보세요!

실제 업무에서 사용하는 핵심 기능만 쏙 뽑아 실무 예제로 찾기 쉬운 구성으로 중요도별로 배치했기 때문에 **'무작정 따라하기'**만 해도 파워포인트 사용 능력이 크게 향상됩니다. **'Tip'**과 **'잠깐만요'**는 예제를 따라하는 동안 주의해야 할 점과 추가 정보를 친절하게 알려줍니다. 또한 **'리뷰! 실무 예제'**로 자신의 실력을 점검해 보고 **'핵심! 실무 노트'**로 활용 능력을 업그레이드해 보세요.

반드시 알고 넘어가야 할 주요 내용 소개!

- 학습안 제시
- 결과 미리 보기
- 섹션별 주요 기능 소개

핵심 키워드로 업무 능력 업그레이드!

- NEW/UP
- 우선순위 TOP 20

필수 기능만 쏙 뽑아 실무에 딱 맞게!

- 핵심 기능/실무 예제
- 무작정 따라하기
- Tip/잠깐만요

검색보다 빠르다!

- 탭

UP무 능력 향상을 위한 활용 실습

- 리뷰! 실무 예제

프로 비즈니스맨을 위한 활용 TIP!

- 핵심! 실무 노트

2 자신의 『레벨에 맞는 학습법』을 찾아보세요!

파워포인트를 최대한 쉽고 친절하게 알려주기 때문에 **초보 사용자**도 단기간에 **중급 사용자**로 **도약**할 수 있어요. **중, 고급 사용자**라도 실무에서 다루는 현장감 넘치는 예제를 업무에 바로 적용할 수 있어서 **업무 활용 능력**을 높일 수 있어요! 자신의 단계에 맞는 **체계적인 학습법**을 찾아보세요.

'파워포인트' 사용 수준에 따른 학습 단계는?

기초 완성	실무 핵심	프로 비즈니스
Chapter 1과 Chapter 2에서 그래픽 개체를 이용한 비주얼 프레젠테이션 제작 방법을 익힙니다.	Chapter 3에서 멀티미디어 개체 활용 방법과 애니메이션 화면 전환 효과를 익힙니다.	Chapter 4에서 테마와 마스터를 활용한 효율적인 디자인 관리 방법과 문서 저장 및 인쇄 방법을 배웁니다.

단기간에 끝내는 맞춤 학습 계획

학습자 유형별로 계획을 세워 효율적으로 학습합니다. 목차 또는 인덱스를 통해 알고자 하는 기능을 찾아보고 'Tip'과 '잠깐만요'에서 설명한 부가적인 꿀팁도 놓치지 마세요. '리뷰! 실무 예제'를 통해 자신의 실력을 점검하고 '핵심! 실무 노트'로 활용 능력을 업그레이드하세요. 좀 더 빠른 학습을 원한다면 우선순위 TOP 20 위주로 예제를 따라해 보세요.

주	해당 장		주제	예습	과제
1주	워크숍				
2주	Chapter 1	Section 1~2	기본 문서 작성하기	Section 1~2	리뷰! 실무 예제
3주		Section 3	텍스트 슬라이드 만들기	Section 3	리뷰! 실무 예제, 핵심! 실무 노트
4주	Chapter 2	Section 1	도형을 이용해 도해 슬라이드 만들기	Section 1~2	리뷰! 실무 예제
5주		Section 2	스마트아트 그래픽으로 도해 슬라이드 디자인하기	Section 2~3	리뷰! 실무 예제
6주		Section 3	그림으로 프레젠테이션의 품격 높이기	Section 3~4	리뷰! 실무 예제
7주		Section 4	표와 차트를 이용해 읽기 쉬운 슬라이드 만들기	Section 4	리뷰! 실무 예제, 핵심! 실무 노트
8주	중간고사				
9주	Chapter 3	Section 1	오디오와 비디오로 멀티미디어 슬라이드 만들기	Section 1~2	리뷰! 실무 예제
10주		Section 2	애니메이션으로 개체에 생동감 불어넣기	Section 2~3	리뷰! 실무 예제
11주		Section 3	하이퍼링크로 슬라이드 이동하기	Section 3~4	리뷰! 실무 예제
12주		Section 4	화면 전환 효과로 슬라이드 쇼 폼나게 진행하기	Section 4	리뷰! 실무 예제, 핵심! 실무 노트
13주	Chapter 4	Section 1	테마와 마스터로 프레젠테이션 디자인 관리하기	Section 1~2	리뷰! 실무 예제
14주		Section 2~3	프레젠테이션을 다양한 형식으로 저장하고 인쇄하기	Section 2~3	리뷰! 실무 예제, 핵심! 실무 노트
15주	기말고사				

3 『우선순위 TOP 20』과 『실무 중요도』를 적극 활용하세요!

파워포인트 사용자들이 네이버 지식N, 오피스 실무 카페 및 블로그, 웹 문서, 뉴스 등에서 **가장 많이 검색하고 찾아본 키워드**를 토대로 우선순위 TOP 20을 선정했어요. 이 정도만 알고 있어도 파워포인트은 문제 없이 다룰 수 있답니다. 또한 각 예제마다 난이도를 표시하여 학습의 중요도를 살펴볼 수 있어요. 언제, 어디서든지 원하는 기능을 **금방 찾아 바로 적용**해 보세요!

순위 ▲	키워드	간단하게 살펴보기	빠른 페이지 찾기
1 ▲	텍스트 입력, 서식	메시지 전달의 기본, 주요 텍스트 강조 필요	39~42
2 ▲	그림 삽입	그림 삽입 후 [그림 도구]에서 다양하게 편집	74~75, 79~82
3 ▲	도형 서식	크기 및 회전, 테두리, 채우기 색 등 도형 꾸미기	60~62
4 ▲	슬라이드 쇼	F5 눌러 슬라이드 쇼 진행. 발표자 표시 도구 활용	139
5 ▲	도형 배치	겹쳐진 도형의 순서 변경. 맨 앞, 맨 뒤 등 설정 가능	58
6 ▲	스마트 가이드	개체의 간격과 줄을 빠르고 쉽게 정렬	59
7 ▲	스마트아트 그래픽	텍스트를 단숨에 비주얼 도해로 표현	65, 68~70
8 ▲	표 삽입	반복되는 텍스트를 일목요연하게 정리	85
9 ▲	차트 삽입	수치 데이터를 한눈에 보이는 메시지로 시각화	93~96
10	배경 음악 삽입	슬라이드 쇼가 진행되는 동안 음악 재생	101~104
11	비디오 파일 삽입	동영상을 삽입해 청중 이목 주목	105~107
12	비디오 원하는 구간 재생	비디오 트리밍으로 동영상 중 일부 구간만 재생	108
13	슬라이드 번호	삽입할 번호 위치와 서식 지정 가능	157~159
14	회사 로고 삽입	슬라이드 마스터로 일정 위치에 반복 삽입	153
15	그림 배경 제거	그림 테두리 투명하게 설정하여 배경 제거	76~78
16	슬라이드 마스터	슬라이드 마스터로 디자인 및 업무 능력 향상	148~150
17	화면 전환 효과	커튼 효과, 줌 아웃 등 다양한 연출 가능	135~136
18	애니메이션 효과	개체 나타내기, 강조, 이동 등 다양한 효과 적용	111~117
19	PDF 파일 형식	장치에 상관 없이 파일 열기 가능	165~166
20	회색조 인쇄	테스트용 인쇄, 컬러 잉크 절약 방법	176

메시지 전달의 필수

필수 기능

기본 기능

개체 정렬 기본

디자인 활용

현업 활용도 ↑

디자인 통일성

업무 꿀팁

활용 제안 4 직접 먼저 따라해 본 『베타테스터』의 경험담을 들어보세요!

책이 출간되기 전, 베타테스터들이 원고를 직접 따라해 보면서 이해되지 않는 내용을 수정하고 잘못된 부분을 고쳐가면서 꼭 맞는 학습 방법을 제안해 주었습니다. 자신과 비슷한 연령, 작업 환경, 성별의 베타테스터들이 파워포인트를 어떻게 공부하고 활용하고 있는지 먼저 경험해 본 사람들의 이야기를 듣고 참고해 보세요!

취업 준비생

주희진

디자인 실력도 UP! 프레젠테이션 스킬도 UP!

대학교 발표 수업을 위해 자주 사용하던 파워포인트라 이미 잘 아는 프로그램이라고 생각했는데, 베타테스터로 참여하여 원고를 보면서 파워포인트에 담긴 많은 기능과 숨은 팁을 제대로 익힐 수 있었습니다. 예제를 따라하면서 헷갈리거나 이해되지 않았던 부분도 책에서 제공하는 '잠깐만요'와 'Tip'으로 충분히 해결할 수 있었습니다. 파워포인트 사용에 미숙하거나 포트폴리오 작성에 애를 먹고 있는 취업준비생들에게 이 책을 꼭 권하고 싶습니다.

직장인

한혜경

차근차근 익히지만 실력은 쑥쑥 늘어요!

처음 시작할 때는 생각보다 진도가 나가지 않아 실력이 정말 향상되고 있는지 의문이 들었지만, 한 섹션을 마치고 '리뷰! 실무 예제'를 풀어볼 때는 단숨에 해결하는 제 모습이 놀라웠습니다. 꼼꼼하게 예제를 따라하면 실제 업무에서 닥칠 수많은 상황도 어렵지 않게 해결할 수 있을 것 같습니다. 파워포인트는 디자인만 중요한 것이 아니라 내용의 전달도 중요한데, 이 책으로는 디자인과 핵심 내용 전달이라는 두 마리의 토끼를 모두 잡을 수 있었습니다.

교사・강사

백수진

동료의 도움이 더 이상 필요하지 않아요! 초보자도 쉽고 빠르게 익힐 수 있어요!

파워포인트에 익숙하지 않아 주변 동료들에게 도움을 요청하거나 인터넷에서 오랜 시간 검색한 끝에 원하는 답을 찾곤 했습니다. 하지만 이 책을 따라하고 난 후에는 더 이상 인터넷 검색도, 동료의 도움도 필요하지 않게 되었습니다. 언제든지 원하는 기능을 빠르게 찾을 수 있는 탭과 우선순위 기능만 모아놓은 우선순위 TOP 20으로 당장 업무에 필요한 기능을 순식간에 찾아 적용할 수 있어요. 아직 파워포인트의 모든 기능을 제대로 다루지는 못하지만, 우선순위 덕분에 업무에 대한 자신감은 한층 더 향상되었습니다.

무엇이든 물어보세요

책을 읽다 막히는 부분이 있으면 '길벗 홈페이지(www.gilbut.co.kr)' 회원으로 가입하고 '독자지원/자료실' → '자료/문의/요청' 게시판에 질문을 올리세요. 지은이와 길벗 독자지원센터에서 친절하게 답해 드립니다.

참여 방법

| 길벗 홈페이지(www.gilbut.co.kr) 회원 가입 후 로그인하기 | | 독자지원/자료실-자료/문의/요청-베타테스터 | | 질문 검색 또는 문의/요청하기 |

목차

CHAPTER 2

도형과 그래픽 개체로
비주얼 프레젠테이션 만들기

목차

그림/표/차트

CHAPTER

3

생동감 넘치는
멀티프레젠테이션 만들기

오디오/비디오

애니메이션

목차

부록 CD 사용법

윈도우 10+엑셀&파워포인트&워드 2016+한글 2014 부록 CD 이렇게 사용하세요!

이 책의 부록 CD에는 실습을 따라할 수 있는 예제파일과 결과파일이 각 챕터와 섹션별로 나뉘어 수록되어 있습니다. 부록 CD의 예제파일 및 결과파일은 내 컴퓨터에 복사하여 사용할 것을 권장합니다.

1 엑셀 2016

엑셀 2016에서 사용하는 예제파일과 결과파일이 각 챕터와 섹션별로 수록되어 있습니다. [핵심! 실무 노트]에 해당하는 예제파일 및 결과파일은 각 챕터의 '핵심실무노트' 폴더에 따로 담겨 있습니다.

2 파워포인트 2016

파워포인트 2016에서 사용하는 예제파일과 결과파일이 각 챕터와 섹션별로 수록되어 있습니다. 실습에 필요한 사진과 음악도 섹션별로 나뉘어 담겨 있습니다. [핵심! 실무 노트]의 예제파일 및 결과파일은 각 챕터의 '핵심실무노트' 폴더에 담겨 있습니다.

3 워드 2016

워드 2016에서 사용하는 예제파일과 결과파일이 각 챕터와 섹션별로 수록되어 있습니다. [핵심! 실무 노트]의 예제파일 및 결과파일은 각 챕터의 '핵심실무노트' 폴더에 담겨 있습니다.

4 한글 2014

한글 2014에서 사용하는 예제파일과 결과파일이 각 챕터와 섹션별로 수록되어 있습니다. [핵심! 실무 노트]의 예제파일과 결과파일은 각 챕터의 '핵심실무노트' 폴더에 따로 담겨 있습니다.

CHAPTER 1 기본 프레젠테이션 문서 작성하기

키노트, 프레지 등 발표를 도와주는 도구들이 많지만, 파워포인트가 가장 대중화된 발표용 프로그램으로, 누구나 쉽게 쓸 수 있어요. 대학 과제, 직장인 실무 보고서 작성부터 사업 제안과 기획안 발표까지 파워포인트는 여러 사람들 앞에서 발표해야 할 때 가장 많이 널리 사용되고 있습니다. 하지만 파워포인트의 기능을 효율적으로 다루지 못한다면 오랜 시간을 투자하고도 전달력이 떨어지는 결과물이 나오는 경우가 많습니다. 이번 챕터에서는 메시지를 효과적으로 전달하기 위해 가독성 높은 텍스트를 표현하는 방법과 슬라이드를 다루는 기본 기능에 대해 배워봅니다.

Windows 10
+ Excel
& PowerPoint
& Word 2016
+ Hangeul 2014

Section

01

파워포인트 2016
시작하기

파워포인트는 시각 자료를 만드는 소프트웨어로, 발표 주제와 관련된 이미지나 키워드를 바탕으로 도해, 표, 차트 등을 함께 활용하여 프레젠테이션을 작성합니다. 만약 빈 슬라이드에서 자료를 만드는 것이 부담스럽다면 이미 만들어진 서식이나 템플릿을 적극 활용해 보세요. 디자인이 훌륭하고 체계적으로 구성되어 있어서 누구나 쉽고 편리하게 전달하려는 메시지를 효율적으로 표현할 수 있습니다. 또한 원하는 서식이 없으면 사용자의 스타일에 따라 얼마든지 새로운 서식을 만들 수도 있습니다.

PREVIEW

▲ 파워포인트 2016의 'Back Stage'
　화면 살펴보기

▲ 프레젠테이션 문서 저장하기

핵심 기능 | 01 | 파워포인트 실행하기

파워포인트 2016을 실행하면 나타나는 시작 화면에서는 최근에 사용한 프레젠테이션 문서를 다시 실행할 수 있어요. 또한 이미 만들어져 있는 서식 파일이나 템플릿을 선택하여 프레젠테이션 문서를 작성할 수도 있습니다. 만약 디자인이나 슬라이드 구성에 자신이 없으면 서식 파일을 적극 활용해 보세요.

❶ 검색 입력 상자: 찾으려고 하는 서식 파일의 검색어를 입력하여 온라인 서식 파일 및 테마를 다운로드할 수 있어요.

❷ 최근 항목: 최근에 작업한 파일 목록으로, 여기서 원하는 문서를 선택하여 빠르게 실행할 수 있어요.

❸ 다른 프레젠테이션 열기: 최근에 사용한 프레젠테이션 문서를 제외하고 다른 경로(내 컴퓨터, OneDrive 등)에 저장한 프레젠테이션 문서를 열 수 있어요.

❹ 새 프레젠테이션: 제목과 부제목을 입력할 수 있는 새 슬라이드를 열 수 있어요.

❺ 서식 파일: 파워포인트 2016에서 기본적으로 제공하는 서식 파일로, 목적과 필요에 따라 다양한 서식 파일을 선택할 수 있어요.

텍스트

도형도해

그림/표/차트

오디오/비디오

애니메이션

슬라이드쇼

템플릿/디자인

저장/인쇄

새로운 기능 살펴보기

1 | 수행할 작업 빠르게 실행하기

리본 메뉴에 추가된 설명 상자에 원하는 작업 명령어의 일부를 입력하면 관련 기능 목록이 표시됩니다. 이렇게 하면 리본 메뉴에서 명령 단추를 일일이 찾을 필요 없이 원하는 작업을 빠르게 실행할 수 있어요. 설명 상자에 『Smart』를 입력해 보면 관련 목록이 표시되는데, [SmartArt 삽입]을 선택해 보세요. 그러면 관련 작업 창이 곧바로 나타납니다.

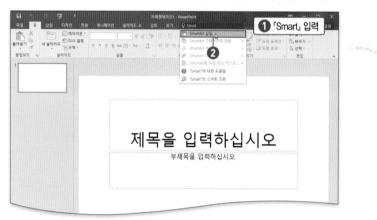

2 | 디자인 아이디어 기능 사용하기

슬라이드에 일정 크기(200×200픽셀) 이상의 그림을 삽입하면 화면의 오른쪽에 [디자인 아이디어] 창이 자동으로 나타나요. 여기서는 슬라이드를 멋지게 만들 수 있는 아이디어를 다양하게 제시하며, 원하는 디자인을 선택하면 즉시 적용되어 레이아웃을 바꿀 수 있어요. 만약 디자인 아이디어 기능을 무시하고 다음 작업을 진행하면 [디자인 아이디어] 창은 사라집니다.

Tip

[디자인] 탭-[디자이너] 그룹에서 [디자인 아이디어]를 선택하면 언제든지 디자인 아이디어를 사용할 수 있어요. 이 기능은 인터넷에 연결된 상태에서 오피스 365 구독을 보유하고 있는 경우에만 사용할 수 있어요.

3 | 모핑 전환하기

모핑은 두 개 이상의 슬라이드에 공통된 개체들 간의 원활한 애니메이션 지정과 전환, 개체 이동을 손쉽게 만들 수 있는 새로운 화면 전환 유형입니다. 모핑 전환을 효과적으로 사용하려면 공통된 개체가 하나 이상 포함된 두 개의 슬라이드가 있는 상태에서 슬라이드를 복제하고 두 번째 슬라이드의 개체를 다른 위치로 이동한 후 두 번째 슬라이드에 모핑 전환을 적용해야 해요. 모핑 전환을 통해 두 개의 슬라이드에 있는 개체가 어떻게 애니메이션이 지정되고 이동 및 강조되는지 확인할 수 있어요.

4 | 잉크 수식 실행해 직접 수식 입력하기

'잉크 수식' 기능을 사용하면 마우스나 터치펜으로도 수식을 입력할 수 있어요. [삽입] 탭-[기호] 그룹에서 [수식]의 ⬛을 클릭한 후 [잉크 수식]을 선택하면 필기체 수식이 자동으로 변환되어 표시됩니다.

Tip

마우스나 터치펜으로 입력할 때 가능한 크게 입력하고 원하는 모양으로 인식되지 않으면 [지우기] 또는 [선택 및 수정]을 클릭하여 잘못 인식된 부분을 지우고 다시 입력해 보세요.

문서작성

텍스트

도형/도해

그림/표/차트

오디오/비디오

애니메이션

슬라이드쇼

테마디자인

저장/인쇄

5 │ 화면 녹화하기

프레젠테이션 문서에서 영상으로 남기고 싶은 화면이 있다면 [삽입] 탭-[미디어] 그룹에서 [화면 녹화]를 클릭한 후 화면 영역을 지정하고 녹화해 보세요. 녹화한 영상은 슬라이드에 비디오로 삽입됩니다. 파워포인트가 아닌 화면도 녹화할 수 있어요.

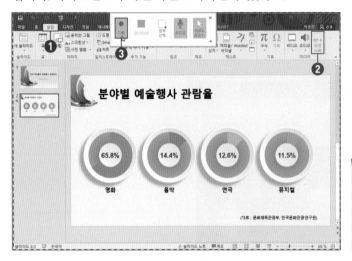

Tip
슬라이드 화면 녹화에 대한 자세한 내용은 123쪽을 참고하세요. 화면 기록 시작 단축키인 ⊞+Shift+R과 화면 기록 중지 단축키인 ⊞+Shift+Q를 이용하면 빠르게 영상 녹화를 할 수 있어요.

6 │ 잉크 입력 실행해 텍스트와 그림 작성하기

'잉크 입력' 기능을 사용하면 파워포인트에서 제공하는 도형과 이미지 외에도 다양한 모양과 색상의 도형을 만들 수 있어요. [검토] 탭-[잉크] 그룹에서 [잉크 입력 시작]을 클릭해 보세요.

펜이나 손가락, 마우스를 사용하여 그림을 그리거나 텍스트를 써서 강조하여 표시할 수 있어요. 또한 손으로 그린 그림을 기하 도형으로 변환하고 그린 부분을 선택한 후 수정할 수도 있습니다.

예제파일 : 새 문서에서 시작하세요.

핵심 기능 | **03** 화면 구성 살펴보기

파워포인트 2016은 이전 버전과 구성이 크게 달라지지 않았지만 주요 메뉴의 위치는 제대로 알고 있어야 문서의 작업 속도를 크게 향상시킬 수 있어요.

❶ **빠른 실행 도구 모음** : 자주 사용하는 도구를 모아놓은 곳으로, 사용자의 필요에 따라 도구를 추가 및 삭제할 수 있어요.

❷ **[리본 메뉴 표시 옵션] 단추(圖)** : 리본 메뉴의 탭과 명령 단추들을 모두 표시하거나 숨길 수 있어요.

❸ **탭** : 클릭하면 기능에 맞는 도구 모음이 나타나요. 기본적으로 제공되는 탭 외에 그림, 도형, 차트 등을 선택하면 [그림 도구]나 [표 도구]와 같은 상황별 탭이 추가로 나타나요.

❹ **[파일] 탭** : 파일을 열고 닫거나 저장 및 인쇄할 수 있으며 공유, 계정, 내보내기 등의 문서 관리도 가능해요. 또한 다양한 파워포인트 옵션도 지정할 수 있어요.

❺ **설명 상자** : 파워포인트 2016에 대한 도움말을 실행할 수 있어요.

❻ **사용자 계정과 공유** : 로그인한 사용자의 계정과 등록한 사진이 표시됩니다. 계정을 만들면 공유 기능을 이용해서 해당 문서를 작업하고 있는 사용자를 확인하고 공유 옵션을 지정할 창을 열 수 있어요.

❼ **리본 메뉴** : 선택한 탭과 관련된 명령 단추들이 비슷한 기능별로 묶인 몇 개의 그룹으로 구성되어 있어요.

❽ **슬라이드 축소판 그림 창** : 슬라이드의 축소판 그림이 나타나는 공간으로, 문서의 순서를 정하거나 여러 장의 슬라이드를 다룰 때 사용해요.

❾ **슬라이드 창** : 파워포인트를 작업하는 기본 창으로, 개체를 삽입하거나 텍스트를 입력 및 편집할 때 사용해요.

❿ **슬라이드 노트** : 클릭하면 [슬라이드 노트] 창이 열려요. 여기에 입력한 내용은 따로 인쇄하여 발표자용 서브 노트로 활용할 수 있어요.

⓫ **메모** : 클릭하면 공동 작업자 간의 의견을 좀 더 쉽게 교환할 수 있는 [메모] 창이 열려요.

⓬ **화면 보기 단추** : 원하는 문서 보기 상태로 변환할 수 있는 단추입니다. [기본] 보기(圖), [여러 슬라이드] 보기(圖), [읽기용 보기](圖), [슬라이드 쇼](圖) 등으로 화면 보기 상태를 선택할 수 있어요.

⓭ **확대/축소 슬라이드바** : 슬라이드바를 드래그하여 화면 보기 비율을 10~400%까지 확대 또는 축소할 수 있어요.

프레젠테이션의 보기 형식 살펴보기

1 | 기본 보기(▣)

기본 보기는 파워포인트를 실행했을 때 볼 수 있는 가장 기본적인 화면으로, 슬라이드 내용을 편집할 때 사용해요. 다른 보기 상태에서 기본 보기로 전환하려면 **[보기] 탭-[프레젠테이션 보기] 그룹**에서 **[기본]**을 클릭하거나 화면의 오른쪽 아래에 있는 [기본] 단추(▣)를 클릭하세요.

2 | 여러 슬라이드 보기(▦)

여러 슬라이드 보기는 한 화면에서 여러 슬라이드를 확인해 볼 수 있는 화면으로, 슬라이드의 전체 흐름을 파악하거나 슬라이드 간 이동 및 삭제 등의 작업이 필요할 때 사용해요. **[보기] 탭-[프레젠테이션 보기] 그룹**에서 **[여러 슬라이드]**를 클릭하거나 화면의 오른쪽 아래에 있는 [여러 슬라이드] 단추(▦)를 클릭하세요.

3 | 읽기용 보기(📖)

읽기용 보기는 파워포인트 문서에 적용한 애니메이션과 화면 전환 효과를 확인할 때 사용해요.
[보기] 탭-[프레젠테이션 보기] 그룹에서 **[읽기용 보기]**를 클릭하거나 화면의 오른쪽 아래에 있는 [읽기용 보기] 단추(📖)를 클릭하세요.

4 | 슬라이드 쇼(🖥)

슬라이드 쇼는 슬라이드 내용이 전체 화면에 가득 채워지면서 애니메이션, 화면 전환, 동영상, 소리 등의 효과가 모두 실행됩니다. **[슬라이드 쇼] 탭-[슬라이드 쇼 시작] 그룹**에서 **[처음부터]** 또는 **[현재 슬라이드부터]**를 클릭하거나 화면의 오른쪽 아래에 있는 [슬라이드 쇼] 단추(🖥)를 클릭하세요. 슬라이드 쇼를 종료하려면 [Esc]를 누르세요.

텍스트

도형도해

그림/표/차트

오디오/비디오

애니메이션

슬라이드쇼

테마디자인

저장/인쇄

**실무
예제 05 테마 선택해 새 프레젠테이션 만들기**

1 빈 프레젠테이션이 아닌 파워포인트 2016에서 제공하는 테마나 서식이 적용된 프레젠테이션
으로 시작하려면 [**파일**] **탭**을 클릭하세요.

> **Tip**
>
> 기본 서식이 적용된 프레젠테이션 문
> 서는 [**파일**] **탭**-[**새로 만들기**]를 선
> 택하고 [**새 프레젠테이션**]을 선택하
> 세요.

2 'Back Stage' 화면이 열리면 [새로 만들기]를 선택하고 화면의 오른쪽 창에서 원하는 테마를
선택하세요. 여기서는 [전체]를 선택하세요.

> **Tip**
>
> 테마(theme)는 서로 어울리는 색과 글꼴, 특수 효과 등을 포함하는 슬라이드 디자인이고 서식 파일은 테마에 내용까지 포함된 슬라이드 디
> 자인입니다. 파워포인트 2016에서 기본적으로 제공하는 서식 파일이나 테마 외에도 검색 입력 상자에 키워드를 입력하면 온라인에서 서식
> 파일이나 테마를 다운로드하여 사용할 수 있어요.

3 선택한 테마를 변형할 수 있는 색상과 패턴이 표시되면 원하는 색상을 선택하고 [만들기]를 클릭하세요. 여기서는 스크롤바를 아래쪽으로 드래그하여 마지막 패턴을 선택하세요.

Tip
테마에는 다양한 색상표와 글꼴, 도형의 모양과 같은 일련의 변형이 포함되어 있어요.

4 선택한 색상과 패턴이 적용된 새 프레젠테이션 문서가 만들어졌습니다.

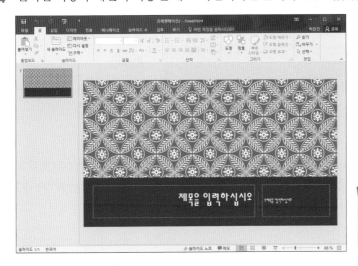

Tip
[디자인] 탭-[적용] 그룹에서도 테마의 색상과 글꼴, 효과 등을 변경할 수 있어요.

잠깐만요 **문서에 적용된 테마의 종류 변경하기**

[디자인] 탭-[테마] 그룹에서 [자세히] 단추(▼)를 클릭하고 변경할 테마를 선택하면 현재 문서에 적용된 테마를 바꿀 수 있어요. 직접 만들어 저장한 테마를 적용하려면 [테마 찾아보기]를 선택하여 테마를 선택해 보세요.

▲ 'Office' 테마에서 [메모 테마] 선택하기

문서작성

텍스트

도형도해

그림/표/차트

오디오/비디오

애니메이션

슬라이드쇼

테마디자인

저장/인쇄

실무
예제 **06** 프레젠테이션 저장하기

1 프레젠테이션 문서를 저장하기 위해 **[파일] 탭**을 클릭하세요.

> **Tip**
> Ctrl + S를 누르거나 빠른 실행 도구
> 모음에서 [저장] 도구(🖫)를 클릭해
> 도 문서를 저장할 수 있어요.

2 'Back Stage' 화면에서 [저장]을 선택하고 저장 위치를 [이 PC]-[문서]로 지정해 보세요. 프레젠테이션 문서를 처음 저장한다면 **[파일] 탭-[저장]**을 선택해도 [다른 이름으로 저장] 대화상자가 열려요.

> **Tip**
> '문서' 폴더가 아닌 다른 경로에 저장
> 하려면 [찾아보기]를 클릭하여 저장
> 할 경로를 지정해 보세요.

3 [다른 이름으로 저장] 대화상자가 열리면 '파일 이름'에『보고자료』를 입력하고 [저장]을 클릭하세요. 이때 '파일 형식'은 'PowerPoint 프레젠테이션'으로, 확장자는 'pptx'로 저장됩니다.

4 제목 표시줄에 3 과정에서 입력한 파일 이름이 표시되면 내 컴퓨터에 프레젠테이션 문서가 저장된 것입니다.

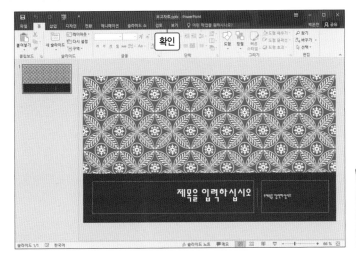

Tip

내 컴퓨터에 저장한 문서를 실행하려면 [파일] 탭-[열기]를 선택하고 [열기] 대화상자에서 해당 파일을 클릭하세요.

잠깐만요 **파워포인트 2003 이전 버전 형식으로 저장하기**

파워포인트 2003 이전 버전까지의 파일 확장자는 ppt였지만, 파워포인트 2007 버전부터는 파일 확장자가 pptx로 바뀌었어요. 파워포인트 2003 이전 버전이 설치된 컴퓨터에서도 문서가 열리게 하려면 [다른 이름으로 저장] 대화상자의 '파일 형식'에서 [PowerPoint 97-2003 프레젠테이션 (*.ppt)]을 선택해서 저장해야 합니다.

최근에 사용한 프레젠테이션 문서 빠르게 열기

'Back Stage' 화면에서 [열기]를 선택하고 [최근에 사용한 항목]에서 최근에 실행한 파일을 찾아 선택하면 프레젠테이션
문서를 빠르게 열 수 있어요.

최근에 사용한 파일 목록에 나타나는 파일 수 변경하기

최근에 사용한 항목에 나타나는 파일 수를 변경하려면 [파일] 탭-[옵션]을 선택하세요. [PowerPoint 옵션] 창이 열리면
[고급] 범주를 선택하고 '표시'의 '표시할 최근 프레젠테이션 수'에 파일의 개수를 수정하세요. 만약 『0』을 입력하면 최근
에 사용한 파일 목록에 파일이 표시되지 않습니다.

자주 사용하는 파일이나 폴더를 목록에 고정 또는 고정 해제하기

'Back Stage' 화면에서 [열기]를 선택하고 [최근에 사용한 항목]을 선택한 후 화면의 오른쪽 창에 나타난 목록에서 파일
의 옆에 표시된 [이 항목을 목록에 고정] 단추(📌)를 클릭하거나 마우스 오른쪽 단추로 눌러 [목록에 고정]을 선택하면
해당 파일을 목록에 고정시킬 수 있어요. 이렇게 목록에 파일을 고정시키면 최근에 실행한 파일의 수가 많아도 항상 맨
위에 표시됩니다. 고정을 해제하려면 [이 항목을 목록에서 고정 해제] 단추(📌)를 클릭하거나 마우스 오른쪽 단추로 눌러
[목록에서 고정 해제]를 선택하세요.

▲ 목록에 파일 고정하기   ▲ 목록에서 파일 고정 해제하기

1 | '비누' 테마 파일로 프레젠테이션 문서 시작하기

🔵 **예제파일** : 새 문서에서 시작하세요. 🔵 **결과파일** : 발표.pptx

'비누' 테마의 녹색 색상표를 사용하여 새 프레젠테이션 문서를 만들어 보세요.

Hint
① [파일] 탭-[새로 만들기]를 선택하세요.
② 파워포인트 2016에서 제공하는 테마 중 [비누 테마]를 선택하고 색상표를 변경하세요.
③ [만들기]를 클릭하여 새 프레젠테이션 문서를 실행하세요.

2 | 프레젠테이션 문서에 적용한 테마와 색상 변경하기

🔵 **예제파일** : 상태보고.pptx 🔵 **결과파일** : 상태보고_완성.pptx

'상태보고' 문서의 테마를 [그물]의 네 번째 색상 종류로 변경하고 '문서' 폴더에 '상태보고_완성' 파일로 저장해 보세요.

Hint
① [디자인] 탭-[테마] 그룹에서 변경할 [그물] 테마를 선택하고 [디자인] 탭-[적용] 그룹에서 네 번째 색상을 지정하세요.
② [파일] 탭-[다른 이름으로 저장]을 선택하고 [이 PC]-[문서]를 선택하세요.
③ [다른 이름으로 저장] 대화상자가 열리면 저장 위치를 지정하고 '파일 이름'에 『상태보고_완성』을 입력한 후 [저장]을 클릭하세요.

02 슬라이드 자유자재로 다루기

키노트, 프레지 등 발표 자료를 만들 수 있는 프로그램이 많지만, 파워포인트만큼 문서를 쉽게 작성하고 편집할 수 있는 친숙한 프로그램은 없어요. 이번 섹션에서는 프레젠테이션 문서를 만들기 위해 꼭 알아야 할 슬라이드 삽입 및 이동, 복사, 레이아웃 변경 등의 기본적인 슬라이드 편집 기능에 대해 배워봅니다. 여기서 알려주는 과정을 확실하게 알고 있어야 Chapter 2 이후에 다루는 예제를 쉽게 따라할 수 있으니 잘 익혀두세요.

> **PREVIEW**

▲ 슬라이드 선택한 후 레이아웃 변경하기

▲ 슬라이드를 구역으로 나누기

> **섹션별 주요 내용**

01 | 새 슬라이드 삽입하기 02 | 슬라이드 선택하고 레이아웃 변경하기
03 | 슬라이드 복제하고 이동하기 04 | 슬라이드 삭제하고 서식 재지정하기
05 | 논리적 구역 설정해 슬라이드 관리하기 06 | 슬라이드 복사하기

실무예제 | 01 새 슬라이드 삽입하기

1 2번 슬라이드의 아래쪽에 새 슬라이드를 삽입해 보겠습니다. 2번 슬라이드를 선택하고 [홈] 탭-[슬라이드] 그룹에서 [새 슬라이드]의 ᴼ 를 클릭한 후 [빈 화면]을 선택하세요.

Tip

[새 슬라이드]의 ᴼ 를 클릭하면 선택한 슬라이드와 같은 레이아웃의 슬라이드가 삽입됩니다. 단 '제목 슬라이드' 레이아웃의 다음에는 '제목 및 내용' 레이아웃 슬라이드가 삽입됩니다.

2 3번 슬라이드로 '빈 화면' 레이아웃이 추가되었습니다.

Tip

새 슬라이드를 삽입할 수 있는 단축키는 Ctrl + M입니다.

잠깐만요 **항상 빈 프레젠테이션 문서로 파워포인트 시작하기**

파워포인트를 시작할 때마다 시작 화면을 표시하지 않고 곧바로 새로운 프레젠테이션 문서를 열 수 있어요. [파일] 탭-[옵션]을 선택하여 [PowerPoint 옵션] 창을 열고 [일반] 범주의 '시작 옵션'에서 [이 응용 프로그램을 시작할 때 시작 화면 표시]의 체크를 해제한 후 [확인]을 클릭하세요. 이렇게 하면 제목과 부제목을 입력할 수 있는 새 프레젠테이션 문서가 곧바로 나타납니다.

문서작성

텍스트

도형/도해

그림/표/차트

오디오/비디오

애니메이션

슬라이드쇼

테마디자인

저장/인쇄

슬라이드 선택하고 레이아웃 변경하기

1 3번 슬라이드를 선택하고 Ctrl을 누른 상태에서 8번, 12번, 15번 슬라이드를 차례대로 모두 선택하세요. [홈] 탭-[슬라이드] 그룹에서 [레이아웃]을 클릭하고 [구역 머리글]을 선택하세요.

Tip

슬라이드 창이나 슬라이드 축소판 그림 창에서 마우스 오른쪽 단추를 눌러 [레이아웃]을 선택해도 레이아웃을 선택할 수 있어요. 여러 개의 슬라이드는 다음과 같은 방법으로 선택할 수 있어요.

• 선택한 슬라이드가 연속으로 배치된 경우 : 첫 번째 슬라이드를 선택하고 Shift를 누른 상태에서 마지막 슬라이드를 클릭해 한꺼번에 선택하세요.

• 선택할 슬라이드가 떨어져 있는 경우 : 첫 번째 슬라이드를 선택하고 Ctrl을 누른 상태에서 선택할 슬라이드를 차례대로 클릭해 선택하세요.

2 선택한 슬라이드의 레이아웃이 모두 '구역 머리글' 레이아웃으로 변경되었습니다.

예제파일 : 운동_복제.pptx   결과파일 : 운동_복제_완성.pptx

실무
예제 **03**   슬라이드 복제하고 이동하기

1 슬라이드 축소판 그림 창에서 1번 슬라이드를 마우스 오른쪽 단추로 눌러 [슬라이드 복제]를 선택하세요.

Tip

'복사'와 '복제'는 의미가 조금 다릅니다. 슬라이드 복제는 선택한 슬라이드의 바로 다음에 같은 슬라이드가 삽입되는 것으로, 원본 슬라이드와 인접한 위치에 슬라이드를 복사해야 할 때는 '복제' 기능을 사용하는 것이 편리해요. 흔히 사용하는 복제 단축키인 Ctrl + D 를 눌러도 슬라이드를 복제할 수 있어요.

2 복제한 2번 슬라이드를 마지막 위치로 이동하기 위해 2번 슬라이드를 선택한 상태에서 맨 마지막 위치로 드래그하세요.

Tip

Ctrl 을 누른 상태에서 드래그하면 슬라이드를 복사할 수 있어요.

실무
예제 **04** 슬라이드 삭제하고 서식 재지정하기

1 슬라이드 축소판 그림 창에서 16번 슬라이드를 마우스 오른쪽 단추로 눌러 [슬라이드 삭제]를 선택하세요. 이 기능을 이용하면 불필요하게 작성된 슬라이드를 삭제할 수 있어요.

Tip

슬라이드를 삭제하는 가장 쉬운 방법은 Delete를 누르는 것입니다.

2 3번, 8번, 12번, 15번 슬라이드에 모두 '구역 머리글' 레이아웃이 적용되어 있는데, 현재 15번 슬라이드만 글꼴과 줄 간격 등의 모양이 좀 다르게 보이죠? 해당 모양을 통일하기 위해 슬라이드 축소판 그림에서 15번 슬라이드를 마우스 오른쪽 단추로 눌러 [슬라이드 원래대로]를 선택하면 '구역 머리글' 레이아웃의 기본 모양으로 다시 설정됩니다.

Tip

[홈] 탭-[슬라이드] 그룹에서 [다시 설정]을 클릭해도 슬라이드의 레이아웃을 원래대로 되돌릴 수 있어요.

● 예제파일 : 운동_구역.pptx　● 결과파일 : 운동_구역_완성.pptx

실무 예제 **05** 논리적 구역 설정해 슬라이드 관리하기

1 슬라이드 축소판 그림 창에서 3번 슬라이드를 마우스 오른쪽 단추로 눌러 [구역 추가]를 선택하세요.

문서작성

Tip

[홈] 탭-[슬라이드] 그룹에서 [구역]을 클릭하고 [구역 추가]를 선택해도 됩니다.

2 구역을 추가하면 1번 슬라이드와 2번 슬라이드는 '기본 구역'이 되고 3번 슬라이드부터 9번 슬라이드는 '제목 없는 구역'으로 설정됩니다. '제목 없는 구역'에서 마우스 오른쪽 단추를 눌러 [구역 이름 바꾸기]를 선택하세요. [구역 이름 바꾸기] 대화상자가 열리면 '구역 이름'에 『다이어트 운동』을 입력하고 [이름 바꾸기]를 클릭하세요.

Tip

구역 이름 앞의 ◢ 단추를 클릭하면 특정 구역의 슬라이드가 모두 표시되도록 확장하거나 축소하여 감출 수 있어요.

3 지정한 구역의 이름에서 마우스 오른쪽 단추를 눌러 [모두 축소]를 선택하면 슬라이드가 축소되어 구역 이름만 표시됩니다.

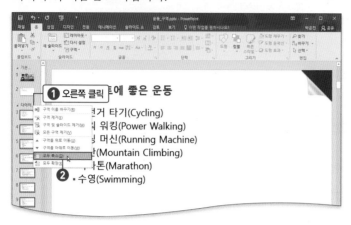

4 구역 이름 중에서 '다이어트 운동' 구역을 마우스 오른쪽 단추로 눌러 [구역을 아래로 이동]을 선택하세요. 이렇게 하면 여러 슬라이드로 구성된 구역의 순서를 위쪽이나 아래쪽으로 이동할 수 있어요.

> **Tip**
>
> 파일을 폴더에 넣어 관리하는 것처럼 구역을 사용하여 슬라이드를 그룹으로 묶을 수 있어요. 슬라이드의 수가 많은 프레젠테이션 문서의 경우 논리적 구역을 나누어서 정리하면 슬라이드를 편리하게 이동 및 삭제할 수 있어요. 또한 인쇄 범위도 구역 단위로 지정할 수 있어서 효율적이에요.

5 '다이어트 운동' 구역 이름의 앞에 있는 ▶ 단추를 클릭하여 해당 구역을 확대하여 확인해 보세요.

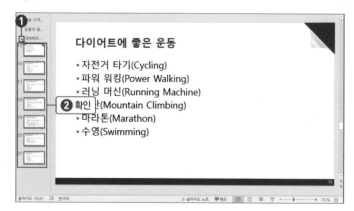

예제파일 : 운동_복사.pptx   결과파일 : 운동_복사_완성.pptx

실무
예제 | **06**   **슬라이드 복사하기**

1 슬라이드 축소판 그림 창에서 3번 슬라이드를 마우스 오른쪽 단추로 눌러 [복사]를 선택하세요.

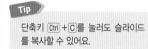

> **Tip**
> 단축키 Ctrl + C 를 눌러도 슬라이드
> 를 복사할 수 있어요.

2 7번 슬라이드와 8번 슬라이드 사이에서 마우스 오른쪽 단추를 눌러 '붙여넣기 옵션'의 [대상
테마 사용]( )을 클릭하여 복사한 슬라이드를 붙여넣으세요.

> **Tip**
> 단축키 Ctrl + V 를 누르거나 [홈] 탭-[클립보드] 그룹에서 [붙여넣기]의 를 선택해도 됩니다. 만약 복사하여 붙여넣을 슬라이드의 위치
> 가 가까우면 31쪽의 '복제' 기능을 사용해 보세요.

3 [Ctrl]+[N]을 눌러 새 프레젠테이션을 만들어 보세요. 1번 슬라이드의 다음에서 마우스 오른쪽 단추를 눌러 '붙여넣기 옵션'의 [대상 테마 사용](📋)을 클릭하여 **2** 과정에서 복사한 슬라이드를 붙여넣으세요.

❶ **대상 테마 사용** : 원본의 서식 없이 내용만 붙여넣어요.

❷ **원본 서식 유지** : 원본의 배경 서식과 내용을 함께 붙여넣어요.

❸ **그림** : 슬라이드 모양의 그림으로 붙여넣어요.

4 2번 슬라이드의 다음에서 마우스 오른쪽 단추를 눌러 '붙여넣기 옵션'의 [원본 서식 유지] (📋)를 클릭하세요.

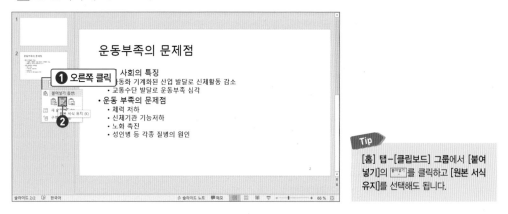

Tip

[홈] 탭-[클립보드] 그룹에서 [붙여넣기]의 붙여넣기 를 클릭하고 [원본 서식 유지]를 선택해도 됩니다.

5 원본의 배경과 서식을 그대로 유지한 상태에서 슬라이드를 붙여넣었어요. 슬라이드를 복사할 때 내용만 복사하거나 내용과 함께 서식까지 복사할 수 있습니다.

1 | 슬라이드 레이아웃 변경하고 빈 슬라이드 삭제하기

● 예제파일 : 향수_레이아웃.pptx   ● 결과파일 : 향수_레이아웃_완성.pptx

3번 슬라이드를 '제목 및 내용' 레이아웃으로 변경하고 7번, 9번, 10번 슬라이드를 함께 선택하여 삭제해 보세요.

Hint
① 3번 슬라이드에서 마우스 오른쪽 단추를 눌러 [레이아웃]을 선택하고 'Office 테마'의 [제목 및 내용]을 선택하세요.
② 7번 슬라이드를 선택하고 Ctrl을 누른 상태에서 9번, 10번 슬라이드도 함께 선택하세요.
③ Delete를 눌러 선택한 슬라이드를 삭제하세요.

2 | 슬라이드를 구역으로 나누고 구역 축소하기

● 예제파일 : 향수_구역.pptx   ● 결과파일 : 향수_구역_완성.pptx

10~14번 슬라이드를 '제조과정' 구역으로 나누고 모든 구역을 축소하여 표시해 보세요.

Hint
① 10번 슬라이드에서 마우스 오른쪽 단추를 눌러 [구역 추가]를 선택하고 '제목 없는 구역'에서 마우스 오른쪽 단추를 눌러 [구역 이름 바꾸기]를 선택하세요.
② [구역 이름 바꾸기] 대화상자에서 '구역 이름'에 『제조과정』을 입력한 후 설정한 구역 이름에서 마우스 오른쪽 단추를 눌러 [모두 축소]를 선택하세요.

텍스트 슬라이드 만들기

프레젠테이션 디자인의 기본이면서 메시지를 전달하는 데 가장 중요한 요소는 바로 '텍스트'입니다. 입력한 글자에 다양한 모양의 글꼴, 색상, 글머리 기호를 지정하거나 적당한 줄 간격과 워드아트 서식을 적용하면 읽기도 쉽고 보기도 좋은 텍스트 디자인을 할 수 있어요. 이번 섹션에서는 슬라이드에 입력한 글자를 다양한 모양 및 글꼴로 변경해 보고 정확한 내용을 전달하기 위한 글꼴 크기와 색상에 대해 알아봅니다.

PREVIEW

▲ 글꼴과 단락 서식 지정하기

▲ 워드아트 서식으로 텍스트 꾸미기

예제파일 : 마케팅.pptx   결과파일 : 마케팅_완성.pptx

실무
예제 **01** # 슬라이드에 텍스트 입력하기

1 1번 슬라이드를 선택하고 제목에는『마케팅 개념과 마케팅 전략』을, 부제목에는『영업관리 팀』을 입력하세요. 새 슬라이드를 삽입하기 위해 **[홈] 탭-[슬라이드] 그룹**에서 **[새 슬라이드]**의 를 클릭하세요.

Tip
Ctrl + M을 눌러도 새 슬라이드를 삽 입할 수 있어요.

2 1번 슬라이드의 아래쪽에 새 슬라이드가 삽입되면 제목에는『목차』를, 내용에는『마케팅의 정 의』를 입력하고 Enter를 눌러 줄을 변경한 후『마케팅의 주요 개념』을 입력하세요. 이와 같은 방법으로 다음 줄에『마케팅 의사결정 변수』를 입력하세요.

Tip
Enter를 누르면 단락이 바뀌면서 새 글 머리 기호가 생겨요. 하지만 단락을 나누지 않고 글머리 기호 없이 줄을 바꾸려면 Shift + Enter를 누르세요.

잠깐만요 **텍스트 개체 틀에서 다른 텍스트 개체 틀로 커서 이동하기**

'제목을 입력하십시오'가 입력된 제목 개체 틀에 텍스트를 입력하고 Ctrl + Enter를 누르면 '부제목을 입력하십시오'가 입력 된 부제목 개체 틀로 커서가 이동합니다. 이와 같이 Ctrl + Enter를 누르면 다음 텍스트 개체 틀로 쉽게 이동할 수 있어요. 또한 슬라이드에 삽입된 마지막 텍스트 개체 틀에서 Ctrl + Enter를 누르면 현재 슬라이드 다음의 새 슬라이드에 텍스트 개 체가 삽입됩니다. Ctrl + Enter를 누르면 텍스트로 구성된 슬라이드에서 마우스를 사용하지 않고도 쉽고 빠르게 작업할 수 있어요.

한자와 특수 문자 입력하기

1 9번 슬라이드에서 괄호 안의 '가치'를 드래그하여 선택하고 [한자]를 누르세요. 한자사전에 등록된 단어가 목록으로 나타나면 해당 한자를 선택하여 한자로 변환하세요.

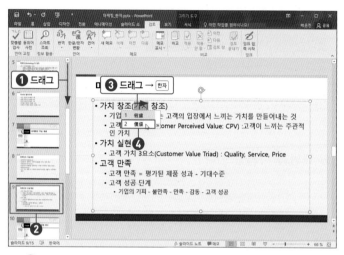

> **Tip**
>
> 한 글자씩 한자로 변환하려면 변환할 글자를 드래그하여 선택하거나 글자의 뒤를 클릭하여 커서를 올려놓은 상태에서 [한자]를 누르세요.

2 괄호 안에 입력된 '창조' 단어를 드래그하여 선택하고 **[검토] 탭-[언어] 그룹**에서 **[한글/한자 변환]**을 클릭하세요.

3 [한글/한자 변환] 대화상자가 열리면 '한자 선택'에서 변환할 한자를 선택하고 [변환]을 클릭하세요.

4 마지막 줄의 '기업의 기피'와 '불만족' 사이에 있는 '-'를 드래그하여 선택하세요. 특수 문자인 '→'로 변경하기 위해 **[삽입] 탭-[기호] 그룹**에서 **[기호]**를 클릭하세요.

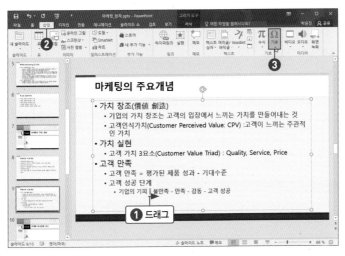

5 [기호] 대화상자가 열리면 '글꼴'에서는 [(현재 글꼴)]을, '하위 집합'에서는 [화살표]를 선택하세요. 기호 목록에서 [→]를 선택하고 [삽입]과 [닫기]를 차례대로 클릭하세요.

Tip

[기호] 대화상자의 [삽입]을 클릭하면 [취소]가 [닫기]로 변경되어요.

6 '–'가 '→'로 바뀌었습니다. '불만족'과 '만족'사이의 '–'를 드래그하여 선택한 후 F4 를 누르면 [기호] 대화상자를 거치지 않고 바로 '→'로 변경됩니다.

7 이와 같은 방법으로 마지막 문장의 '–'를 모두 '→'로 변경하세요.

잠깐만요 **한글 자음 이용해 특수 문자 입력하기**

한글 자음을 입력한 상태에서 [한자]를 누르면 특수 문자를 삽입할 수 있어요. 다음의 표를 참고하여 자주 사용하는 특수 문자의 입력 방법을 확인해 보세요. 이와 같은 방법으로 메모장, 인터넷 익스플로러, 엑셀, 파워포인트 등에도 특수 문자를 입력할 수 있어요.

한글 자음 + [한자]	종류	특수 문자의 예
ㄱ + [한자]	기호 및 구두점	!, ', ·, /
ㄴ + [한자]	괄호 기호	「, 」, 『, 』
ㄷ + [한자]	수학 기호	÷, ∞, ≥
ㄹ + [한자]	단위 기호	mm^2, km^2, cm^3, μ
ㅁ + [한자]	도형 기호	○, ※, ♠, ☎, ♥
ㅅ + [한자]	원문자, 괄호 문자	㉠, ㉮, ⒜, ⑺
ㅇ + [한자]	원문자, 괄호 문자	ⓐ, ①, (a), (1)
ㅈ + [한자]	숫자 기호	1, 2, i, ii, Ⅰ, Ⅱ

실무 예제 03 글꼴 서식 지정해 텍스트 꾸미기

1 11번 슬라이드에서 첫 번째 검은색 도형을 선택하고 Shift를 누른 상태에서 나머지 검은 도형을 모두 선택하세요. [홈] 탭-[글꼴] 그룹에서 [글꼴 크기 크게]를 세 번 클릭하여 텍스트의 크기를 [28pt]로 지정하고 [굵게]를 클릭하세요.

> **Tip**
> [글꼴 크기 크게]로 텍스트 크기를 조정하지 않고 '텍스트 크기'에서 직접 『28pt』를 입력해도 되어요. [홈] 탭-[글꼴] 그룹에서 [굵게], [기울임꼴], [밑줄], [텍스트 그림자], [취소선] 등은 한 번 클릭하면 기능이 적용되고 한 번 더 클릭하면 기능이 해제됩니다.

2 첫 번째 검은색 도형의 'Product'에서 'P' 부분만 드래그하여 범위로 지정하고 [홈] 탭-[글꼴] 그룹에서 [글꼴 색]의 내림 단추(▾)를 클릭한 후 '표준 색'의 [주황]을 선택하세요. 이와 같은 방법으로 나머지 검은색 도형의 'P'에도 같은 글꼴 색을 지정하세요.

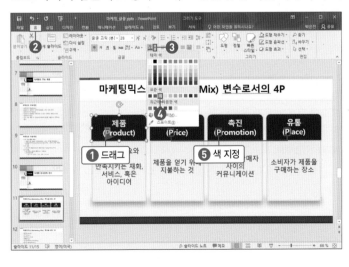

> **Tip**
> F4를 눌러 방금 전의 작업을 빠르게 다시 실행할 수 있어요.

3 글자 사이의 간격을 조정하기 위해 Shift 를 누른 상태에서 네 개의 검은색 도형을 차례대로 클릭하여 모두 선택하세요. [홈] 탭-[글꼴] 그룹에서 [문자 간격]을 클릭하고 [넓게]를 선택하세요.

단축키 사용해 글꼴 서식 지정하기

글꼴 서식 단축키를 익혀두면 리본 메뉴에서 해당 명령을 일일이 입력할 필요 없이 키보드 작업만으로도 빠르게 지정할 수 있어서 편리해요.

단축키	기능	단축키	기능
Ctrl + Shift + <	글꼴 크기 작게	Ctrl + I	기울임꼴
Ctrl + Shift + >	글꼴 크기 크게	Ctrl + U	밑줄
Ctrl + B	굵게		

상세하게 문자 옵션 지정하기

[홈] 탭-[글꼴] 그룹에서 [글꼴] 대화상자 표시 아이콘(⟲)을 클릭하여 [글꼴] 대화상자의 [글꼴] 탭을 열고 고급 글꼴 및 문자 옵션을 좀 더 상세하게 설정할 수 있어요. 또한 한글과 영어 글꼴에 다른 서식을 지정하거나 첨자 및 밑줄, 문자 간격 설정도 가능해요.

실무
예제 | **04** | # 단락의 목록 수준 조절하기

1 8번 슬라이드의 본문 텍스트 개체 틀에서 두 번째 줄을 드래그하여 범위로 지정하세요. Ctrl 을 누른 상태에서 네 번째 줄과 여섯 번째 줄을 드래그하여 모두 선택하고 [홈] 탭-[단락] 그룹에서 [목록 수준 늘림]을 클릭하세요.

> **Tip**
>
> 선택 범위를 지정하려면 마우스 포인터의 모양이 Ⅰ일 때 드래그해야 해요. Ctrl 을 누른 상태에서 드래그하면 떨어진 영역의 범위도 함께 지정할 수 있어요.

2 1 과정에서 범위로 지정한 텍스트 목록이 들여쓰기되었습니다.

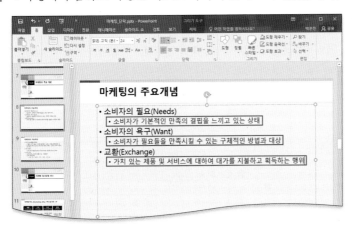

잠깐만요	**단락의 목록 수준을 조절하는 간단한 방법 알아보기**

목록 텍스트를 입력하기 전		목록 텍스트를 입력한 후	
문장의 맨 앞에 커서를 올려놓고 Tab 을 눌러 조절하는 것이 편리해요.		[홈] 탭-[단락] 그룹의 명령 단추를 이용하여 목록 수준을 조절하는 것이 편리해요.	
목록 수준 늘림	Tab	목록 수준 늘림	🔲
목록 수준 줄임	Shift + Tab	목록 수준 줄임	🔲

문서작성

텍스트

도형/도해

그림/표/차트

오디오/비디오

애니메이션

슬라이드쇼

테마디자인

저장/인쇄

45

실무
예제 **05**

글머리 기호의 모양과 색상 변경하기

1 9번 슬라이드의 본문 텍스트 중에서 첫 번째 줄의 '가치' 앞을 클릭하여 커서를 올려놓으세요. [홈] 탭-[단락] 그룹에서 [글머리 기호]의 내림 단추(▾)를 클릭하고 [글머리 기호 및 번호 매기기]를 선택하세요.

> **Tip**
>
> 글머리 기호를 없애려면 [홈] 탭-[단락] 그룹에서 [글머리 기호]의 내림 단추(▾)를 클릭하고 [없음]을 선택하거나 [글머리 기호]의 앞부분인 [≣]을 클릭하세요.

2 [글머리 기호 및 번호 매기기] 대화상자의 [글머리 기호] 탭이 열리면 [사용자 지정]을 클릭하세요. [기호] 대화상자가 열리면 '글꼴'에서는 [(현재 글꼴)]을, '하위 집합'에서는 [도형 기호]를 선택하고 기호 목록에서 [▶]을 선택한 후 [확인]을 클릭하세요.

> **Tip**
>
> [사용자 지정] 대신 [그림]을 클릭하면 다양한 모양의 그림 글머리 기호를 선택할 수 있어요.

3 [글머리 기호 및 번호 매기기] 대화상자의 [글머리 기호] 탭으로 되돌아오면 '텍스트 크기'는 [70%]로, '색'은 '테마 색'의 [파랑, 강조 1]로 지정하고 [확인]을 클릭하세요.

4 '가치 실현' 텍스트의 앞을 클릭하여 커서를 올려놓고 F4 를 누르면 앞의 과정에서 적용한 글머리 기호와 같은 모양이 삽입됩니다. 이와 같은 방법으로 '고객 만족' 텍스트 앞의 글머리 기호도 바꿔주세요.

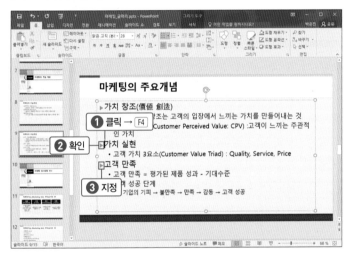

> **Tip**
>
> F4 는 마지막 작업을 한 번 더 반복하는 기능으로, 글머리 기호처럼 같은 기능을 반복해서 작업할 때 사용하면 편리해요.

잠깐만요 **글머리 기호를 번호로 표시하기**

텍스트 상자를 선택하거나 텍스트를 모두 드래그하여 범위로 지정하고 [홈] 탭-[단락] 그룹에서 [번호 매기기]의 내림 단추(▾)를 클릭하면 다양한 스타일의 번호 종류를 선택할 수 있어요.

▶ 예제파일 : 마케팅_줄간격.pptx   ▶ 결과파일 : 마케팅_줄간격_완성.pptx

실무 예제 06 텍스트 사이의 줄 간격 조절하기

1 5번 슬라이드에서 내용 개체 틀을 선택하고 **[홈] 탭-[단락]** 그룹에서 **[줄 간격]**을 클릭한 후 **[줄 간격 옵션]**을 선택하세요.

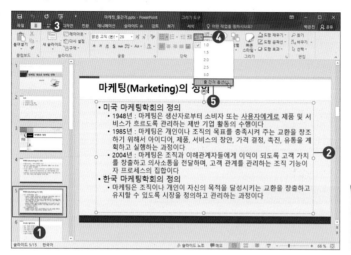

> **Tip**
>
> 모든 줄을 같은 줄 간격으로 설정하려면 1.0, 1.5, 2.0 등의 값을 직접 선택하세요.

2 **[단락]** 대화상자의 **[들여쓰기 및 간격]** 탭이 열리면 '간격'의 '단락 앞'은 **[0pt]**, '단락 뒤'는 **[12pt]**, '줄 간격'은 **[배수]**, '값'은 **[0.9]**로 지정하고 **[확인]**을 클릭하세요. 그러면 줄 간격이 보기 좋게 조절되어 내용을 편하게 읽을 수 있어요.

> **Tip**
>
> 텍스트를 드래그하여 범위를 지정하는 것이 아니라 내용 개체 틀 전체를 선택하려면 Shift를 누른 상태에서 텍스트의 위를 클릭하세요.

잠깐만요 단락 지정할 때 줄 간격의 단위 살펴보기

[단락] 대화상자의 [들여쓰기 및 간격] 탭에서 '간격'의 '줄 간격'을 이용하면 줄 간격의 단위를 적절하게 선택할 수 있어요.

❶ **줄** : 줄 간격의 기본 단위

❷ **고정** : 포인트(pt) 단위로 세밀하게 줄 간격을 지정할 수 있어요.

❸ **배수** : 1줄은 배수 1, 1.5줄은 배수 1.5, 1.7, 2.5와 같이 소수점 단위로 지정할 수 있어요.

실무 예제 07 한글 단어가 잘리지 않게 줄 바꿈하기

1 5번 슬라이드에서 내용 개체 틀을 선택하고 [홈] 탭-[단락] 그룹에서 [단락] 대화상자 표시 아이콘 (◻)을 클릭하세요. [단락] 대화상자가 열리면 [한글 입력 체계] 탭을 선택하고 '일반'의 [한글 단어 잘림 허용]의 체크를 해제한 후 [확인]을 클릭하세요.

2 줄의 마지막에 위치한 한글 단어가 잘리지 않도록 줄 바꿈되었습니다.

Tip

[홈] 탭-[단락] 그룹에서 [양쪽 맞춤]을 클릭하면 텍스트의 오른쪽 끝도 깔끔하게 줄을 맞출 수 있어요.

문서작성

텍스트

도형도해

그림/표/차트

오디오/비디오

애니메이션

슬라이드쇼

테마디자인

저장/인쇄

실무
예제 **08** # 워드아트 빠른 스타일 이용해 제목 꾸미기

1 1번 슬라이드에서 제목 개체 틀을 선택하고 [그리기 도구]의 [서식] 탭-[WordArt 스타일] 그룹에서 [자세히] 단추(▾)를 클릭하세요. 다양한 스타일의 워드아트 목록이 나타나면 [채우기 – 흰색, 윤곽선 – 강조 2, 진한 그림자 – 강조 2]를 선택하세요. 이때 마음에 드는 다른 워드아트 스타일을 선택해도 됩니다.

Tip

파워포인트에서 제공하는 워드아트를 사용하면 텍스트의 색과 윤곽선, 그림자 등을 한 번에 바꿀 수 있어요.

2 제목 텍스트에 워드아트 빠른 스타일이 적용되었습니다.

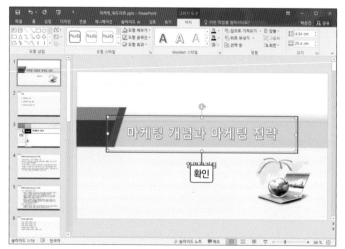

Tip

텍스트에 적용한 워드아트 서식을 지우려면 [그리기 도구]의 [서식] 탭-[WordArt 스타일] 그룹에서 [자세히] 단추(▾)를 클릭하고 [WordArt 서식 지우기]를 선택하세요.

1 | 줄 간격 변경하고 단어가 잘리지 않게 줄 바꾸기

예제파일 : 허브_줄간격.pptx   **결과파일** : 허브_줄간격_완성.pptx

3번 슬라이드에서 '줄 간격'은 [1줄], '단락 뒤' 간격은 [12pt]로 지정하고 줄 끝의 한글 단어가 잘리지 않게 줄을 바꾸세요.

예제화면	허브(herb)의 정의

결과화면	허브(herb)의 정의

Hint

① 내용 개체 틀을 선택하고 [홈] 탭-[단락] 그룹에서 [줄 간격]을 클릭한 후 [줄 간격 옵션]을 선택하세요.

② [단락] 대화상자가 열리면 [들여쓰기 및 간격] 탭에서 '간격'의 '줄 간격'은 [1줄], '단락 뒤' 간격은 [12pt]로 지정하세요.

③ [단락] 대화상자의 [한글 입력 체계] 탭에서 [한글 단어 잘림 허용]의 체크를 해제하세요.

2 | 목록 수준에 따라 글머리 기호의 모양 다르게 지정하기

예제파일 : 허브_글머리.pptx   **결과파일** : 향수_글머리_완성.pptx

3번 슬라이드에서 글머리 기호를 목록 수준에 따라 각각 다음과 같은 모양으로 변경해보세요.

• **첫 번째 수준** : ☞, '파랑, 강조 1'   • **두 번째 수준** : –, '흰색, 배경 1, 50% 더 어둡게'

예제화면	허브(herb)의 정의

결과화면	허브(herb)의 정의

Hint

① '정의'를 범위로 지정하고 [홈] 탭-[단락] 그룹에서 [글머리 기호]의 내림 단추(▾)를 클릭하고 [글머리 기호 및 번호 매기기]를 선택하세요.

② [글머리 기호 및 번호 매기기] 대화상자의 [글머리 기호] 탭에서 [사용자 지정]을 클릭하세요.

③ [기호] 대화상자가 열리면 '글꼴'의 [(현재 글꼴)]에서 '하위 집합'을 [도형기호], [기본 라틴 문자]로 선택하여 제시한 글머리 기호를 선택하세요. [글머리 기호 및 번호 매기기] 대화상자에서 색을 지정하고 [확인]을 클릭하여 적용하고 동일한 목록 수준에서는 F4 를 눌러 작업을 반복하세요.

1 | 글머리 기호와 텍스트 간격 조정하기

● **예제파일** : 마케팅_실무노트.pptx   ● **결과파일** : 마케팅_실무노트_완성1.pptx

문단 단락에 글머리 기호가 있는 여러 수준의 텍스트가 있을 때 글머리 기호와 첫 번째 텍스트 사이의
간격을 조절하려면 '눈금자'를 사용하세요.

1 9번 슬라이드를 선택하고 [보기] 탭-[표시] 그
룹에서 [눈금자]에 체크하여 화면에 눈금자를
표시하세요.

Tip

슬라이드에서 마우스 오른쪽 단추를 눌러 [눈금자]를 선
택해도 됩니다.

2 간격을 조절하고 싶은 단락에 커서를 올려놓으
면 눈금자에 간격 표시가 나타나요.

❶ ▽ : 글머리 기호가 시작되는 위치
❷ △ : 첫 텍스트가 시작되는 위치
❸ □ : 단락 왼쪽 여백

3 첫 번째 글자가 시작되는 위치의 표식을 오른쪽
으로 드래그하여 글머리 기호와 텍스트 사이의
간격을 넓혀보세요. 이때 Ctrl을 누른 상태에서 표식을
드래그하면 표식을 좀 더 세밀하게 이동할 수 있어요.
동일한 수준의 단락은 같은 간격으로 지정해야 해요.
방금 전의 작업을 반복하려면 해당 문장의 첫 번째 글
자에 커서를 올려놓고 F4를 누르세요.

문서작성

텍스트

도형/도해

그림/표/차트

오디오/비디오

애니메이션

슬라이드쇼

테마디자인

저장/인쇄

④ 수준이 같은 단락의 간격을 동시에 조정하려면 Ctrl을 누른 상태에서 해당 단락을 드래그하여 모두 선택하고 눈금자의 표식을 이동해 보세요.

2 | 문서의 글꼴 한 번에 변경하기

📀 **예제파일** : 마케팅_실무노트.pptx   📀 **결과파일** : 마케팅_실무노트_완성2.pptx

'글꼴 바꾸기' 기능을 사용하면 문서에서 바꾸고 싶은 글꼴을 하나씩 선택할 필요 없이 한꺼번에 변경할 수 있어요. 또한 파워포인트 문서에 사용한 글꼴이 설치되지 않은 컴퓨터에서 프레젠테이션을 실행할 경우 글꼴이 깨진다면 긴급한 상황에서도 글꼴을 한 번에 바꾸어 사용할 수 있어요.

1 5번 슬라이드를 선택하고 [홈] 탭-[편집] 그룹에서 [바꾸기]의 내림 단추(▽)를 클릭한 후 [글꼴 바꾸기]를 선택하세요.

2 [글꼴 바꾸기] 대화상자가 열리면 '현재 글꼴'의 내림 단추(▽)를 클릭하고 해당 문서에서 사용된 모든 글꼴 목록 중에서 바꾸고 싶은 글꼴을 선택하세요. '새 글꼴'에 새로 변경할 글꼴을 선택하고 [바꾸기]를 클릭하세요.

3 문서 내의 'HY헤드라인' 글꼴이 '맑은고딕' 글꼴로 모두 변경되었는지 다른 슬라이드를 선택하여 확인하세요.

53

CHAPTER 2

도형과 그래픽 개체로
비주얼 프레젠테이션 만들기

프레젠테이션의 슬라이드를 디자인할 때 텍스트보다 그림이나 도해를 사용하는 것이 메시지를 전달하는 데 훨씬 더 유리합니다. 청중에게 슬라이드의 텍스트를 읽게 하는 것보다 스마트아트 그래픽이나 그림, 표, 차트 등의 다양한 시각적 그래픽 개체를 활용하여 메시지의 근거를 뒷받침할 자료를 제시하는 것이 더욱 설득력 있기 때문이죠. 이번 챕터에서는 파워포인트 2016에서 제공하는 여러 가지 도형과 그래픽 개체를 이용해 초보자도 시각적 자료를 멋지게 만들 수 있는 디자인 노하우를 배워봅니다.

Windows 10
+Excel
& PowerPoint
&Word 2016
+Hangeul 2014

도형 이용해
도해 슬라이드 만들기

파워포인트에서는 도형에 핵심 키워드를 입력하여 표현하거나 도형으로 만든 도해를 이용해 전달하려는 내용을 쉽게 풀어서 설명하는 경우가 많아요. 그래서 파워포인트는 다른 프로그램보다 도형의 사용 빈도가 높은 편이죠. 이번 섹션에서는 내용에 적합한 도형을 그리고 다양한 서식을 적용하여 도해를 만들어본 후 균형있게 배치하고 정렬하여 보기도 좋고 읽기도 쉬운 도해 슬라이드를 만들어 보겠습니다.

PREVIEW

▲ 도형에 다양한 서식 설정하기

▲ 도형을 다양한 모양으로 변경하기

실무
예제 | **01**   Shift 이용해 도형 그리고 정렬하기

1 [홈] 탭-[그리기] 그룹에서 [도형]을 클릭하고 '**기본 도형**'의 [타원](◯)을 클릭하세요.

> **Tip**
>
> 컴퓨터 해상도에 따라 리본 메뉴에 [도형] 대신 [⬡⬠◇○...]와 같이 나타날 수 있어요. 이 경우에는 [자세히] 단추(▾)를 클릭하고 [타원](◯)을 선택하세요.

2 마우스 포인터가 + 모양으로 바뀌면 Shift를 누른 채 'IoT 활성화' 위에서 대각선으로 드래그하여 정원을 그리세요. [홈] 탭-[그리기] 그룹에서 [정렬]을 클릭하고 [맨 뒤로 보내기]를 선택하면 정원이 맨 뒤로 보내지면서 텍스트가 맨 앞으로 나옵니다.

> **Tip**
>
> 도형을 그릴 때 Shift를 누르면 정원, 정사각형, 정삼각형, 수평선, 수직선과 같이 정형 도형을 그릴 수 있어요.

예제파일 : 헬스케어_맞춤.pptx　　결과파일 : 헬스케어_맞춤_완성.pptx

실무
예제 **02**　**균형 있게 도형 배치하고 그룹화하기**

1 원 안의 텍스트와 원이 모두 포함되도록 드래그하여 선택하고 [홈] 탭-[그리기] 그룹에서 [정렬]을 클릭한 후 [맞춤]-[가운데 맞춤]을 선택하세요. 원과 텍스트를 함께 선택한 상태에서 [홈] 탭-[그리기] 그룹의 [정렬]을 클릭하고 [맞춤]-[중간 맞춤]을 선택하면 텍스트 상자와 도형이 균형 있게 정렬됩니다.

> **Tip**
> 원과 텍스트를 한꺼번에 선택하는 것이 어려우면 Shift를 누른 상태에서 텍스트 상자와 원을 차례대로 선택하여 모두 선택할 수 있어요.

2 이번에는 원과 텍스트를 하나의 그룹으로 만들어 볼까요? 원과 텍스트를 함께 선택한 상태에서 [홈] 탭-[그리기] 그룹의 [정렬]을 클릭하고 [그룹]을 선택하여 따로 떨어진 두 개의 개체를 하나로 묶으세요.

> **Tip**
> • 개체 그룹 : Ctrl + G
> • 개체 그룹 해제 : Ctrl + Shift + G

실무
예제 **03**

예제파일 : 헬스케어_복사.pptx　　결과파일 : 헬스케어_복사_완성.pptx

스마트 가이드로 정확하게 도형 배치하기

1 원을 선택하고 Ctrl + Shift 를 누른 상태에서 오른쪽으로 드래그하여 수평 복사하세요. Ctrl + Shift 를 누른 상태에서 오른쪽으로 한 번 더 드래그하면 개체가 균등한 간격으로 배치되었다는 것을 알려주는 화살표 모양의 스마트 가이드()가 나타납니다. 이 상태에서 마우스 포인터를 올려놓고 복사할 위치를 결정하세요.

> **Tip**
> • 복사 : Ctrl + 드래그
> • 수평/수직 이동 : Shift + 드래그
> • 수평/수직 복사 : Ctrl + Shift + 드래그

2 **1** 과정과 같은 방법으로 네 개의 원을 균등한 간격으로 복사하여 배치해 보세요.

> **Tip**
> ◄----는 스마트 가이드로, 한 개의 슬라이드에 두 개 이상의 개체가 있을 때 개체를 선택하여 움직이면 점선 또는 점선 화살표 모양으로 나타납니다. 만약 화면에 스마트 가이드가 나타나지 않으면 슬라이드에서 마우스 오른쪽 단추를 눌러 [눈금 및 안내선]-[스마트 가이드]를 선택하세요.

예제파일 : 헬스케어_채우기.pptx   결과파일 : 헬스케어_채우기_완성.pptx

도형에 색 채우고 윤곽선 변경하기

1 파워포인트에서 제공하는 도형의 빠른 스타일이 마음이 들지 않는다면 서식을 직접 적용해 볼 수 있어요. 첫 번째 원을 선택하고 Shift를 누른 상태에서 나머지 세 개의 원을 차례대로 클릭하여 모두 선택하세요. [홈] 탭-[그리기] 그룹에서 [도형 채우기]를 클릭하고 '테마 색'의 [주황, 강조 2]를 선택하세요.

> **Tip**
> 도형은 '테마 색'과 '표준 색' 외에 [다른 채우기 색], [스포이트], [그림], [그라데이션], [질감] 등으로 채울 수 있어요. 도형 채우기를 없애려면 [채우기 없음]을 선택하세요.

2 [홈] 탭-[그리기] 그룹에서 [도형 윤곽선]을 클릭하고 '테마 색'의 [황금색, 강조 4]를 선택하세요. 도형 윤곽선의 두께를 설정하기 위해 [홈] 탭-[그리기] 그룹에서 [도형 윤곽선]을 클릭하고 [두께]-[6pt]를 선택하세요.

> **Tip**
> 도형의 윤곽선에 점선이나 화살표를 설정하고 싶다면 [도형 윤곽선]에서 [대시] 또는 [화살표]를 선택하세요. 윤곽선을 없애려면 [윤곽선 없음]을 선택하세요.

실무예제 **05**   # 도형의 모양 변경하기

1 Shift를 이용해서 화면의 아래쪽에 있는 세 개의 검은색 사각형을 차례대로 클릭하여 모두 선택하세요. 리본 메뉴에 [그리기 도구]가 열리면 **[서식] 탭-[도형 삽입] 그룹**에서 **[도형 편집]**을 클릭하고 **[도형 모양 변경]**을 선택한 후 **'사각형'**의 **[양쪽 모서리가 둥근 사각형]**(□)을 선택하세요.

> **Tip**
> 슬라이드에 삽입된 도형을 선택하면 리본 메뉴에 새로운 [그리기 도구]가 나타납니다. 도형 개체의 서식은 [그리기 도구]의 [서식] 탭에서 설정하세요.

2 검은색 사각형이 양쪽 모서리가 둥근 사각형으로 변경되었습니다.

> **Tip**
> '도형 모양 변경'은 이미 입력한 텍스트를 그대로 유지하면서 도형의 모양만 변경하는 기능입니다. 이 기능은 슬라이드 내용의 틀을 흔들지 않으면서 빠르게 도형만 바꿀 수 있어서 매우 유용해요.

잠깐만요 ## 도형의 크기, 회전, 모양 조정 핸들 살펴보기

❶ **모양 조정 핸들**(◇) : 도형의 모양을 변경할 수 있어요. '모서리가 둥근 사각형'의 경우 모서리를 둥글게 만들 수 있어요.

❷ **회전 핸들**(◉) : 도형을 회전시킬 수 있는 핸들이에요.

❸ **크기 조정 핸들**(○) : 도형의 크기를 조절하는 핸들로, 도형마다 여덟 개씩 있어요.

문서작성

텍스트

도형/도해

그림/표/차트

오디오/비디오

애니메이션

슬라이드쇼

테마디자인

저장/인쇄

● 예제파일 : 헬스케어_그림자.pptx   ● 결과파일 : 헬스케어_그림자_완성.pptx

실무
예제 **06** # 그림자 효과로 입체감과 원근감 표현하기

1 그림자 효과를 적용할 흰색 모서리가 둥근 직사각형을 선택하세요. **[홈] 탭-[그리기]** 그룹에서 **[도형 효과]**를 클릭하고 **[그림자]**를 선택한 후 **'안쪽'**의 **[안쪽 가운데]**를 선택하세요.

2 Shift를 이용해서 화면의 아래쪽에 있는 세 개의 흰색 사각형을 차례대로 클릭하여 모두 선택하세요. **[홈] 탭-[그리기]** 그룹에서 **[도형 효과]**를 클릭하고 **[그림자]**를 선택한 후 **'원근감'**의 **[원근감 대각선 오른쪽 위]**를 선택하여 그림자의 위치를 지정해 보세요. 모서리가 둥근 직사각형과 화면의 아래쪽에 있는 세 개의 사각형에 모두 입체감과 원근감이 표현된 그림자가 적용되었어요.

Tip

[홈] 탭-[그리기] 그룹에서 [도형 효과]를 클릭하고 [그림자]-[그림자 옵션]을 선택하면 사용자가 원하는 그림자를 직접 설정할 수 있어요.

1 | 도형 그룹화하고 스마트 가이드로 균형 있게 배치하기

🔵 **예제파일** : 실행전략.pptx   🔵 **결과파일** : 실행전략_완성.pptx

화면의 왼쪽 아래에 있는 도형들을 하나의 그룹으로 묶어보세요. 스마트 가이드를 활용하여 일정한 간격으로 수평 복사한 후 각 도형들의 내용을 수정해 보세요.

Hint

① 화면의 아래쪽에 있는 도형들을 모두 선택하고 Ctrl+G를 눌러 그룹화하세요.

② Ctrl+Shift를 누른 상태에서 오른쪽으로 드래그하여 도형을 수평으로 복사하세요.

③ 한 번 더 Ctrl+Shift를 누른 상태에서 오른쪽으로 드래그하여 도형을 수평으로 복사하고 스마트 가이드가 표시되면 왼쪽 도형과 같은 간격으로 간격을 띄워 배치하세요.

④ 복사한 도형에 적절한 내용을 수정하여 입력하세요.

2 | 도형에 그림자 지정하고 도형의 모양 변경하기

🔵 **예제파일** : 추진전략.pptx   🔵 **결과파일** : 추진전략_완성.pptx

화면의 왼쪽에 있는 파란색 원에 '안쪽 대각선 왼쪽 위' 그림자를 적용하고 검은색 사각형은 대각선 방향의 '모서리가 둥근 사각형' 모양으로 변경해 보세요.

Hint

① 파란색 원들을 모두 선택하고 [홈] 탭-[그리기] 그룹에서 [도형 효과]를 클릭한 후 [그림자]를 설정하세요.

② 검은색 사각형들을 모두 선택하고 [그리기 도구]의 [서식] 탭-[도형 삽입] 그룹에서 [도형 편집]을 클릭한 후 [도형 모양 변경]을 선택하여 변경할 도형을 선택하세요.

③ 도형의 모양 조정 핸들(◎)을 이용하여 도형의 모서리를 둥글게 변경하세요.

도형을 이용하여 도해를 만들면 텍스트보다 내용을 더욱 직관적으로 전달할 수 있어요. 하지만 파워포인트의 스마트아트 그래픽을 사용하면 도해보다 더 효율적으로 내용을 전달할 수 있습니다. 내용 전달 목적에 맞게 디자인된 스마트아트 그래픽을 사용자의 필요에 따라 선택하고 텍스트만 입력하면 전문가처럼 고품질 프레젠테이션을 만들 수 있어요. 이번 섹션에서는 자신의 메시지를 가장 잘 표현할 수 있는 스마트아트 그래픽을 찾기 위한 다양한 형식의 레이아웃을 적용하는 방법에 대해 배워봅니다.

> **PREVIEW**

▲ 그룹화된 목록형 스마트아트 그래픽 삽입하기

▲ 조직도형 스마트아트 그래픽 삽입하기

> **섹션별 주요 내용**

● **예제파일** : 보안.pptx ● **결과파일** : 보안_완성.pptx

실무
예제 | **01**

스마트아트 그래픽 삽입하고 레이아웃 변경하기

1 스마트아트 그래픽을 삽입하기 위해 내용 개체 틀에서 [SmartArt 그래픽 삽입] 단추(📇)를 클릭해 보세요.

> **Tip**
>
> [삽입] 탭-[일러스트레이션] 그룹에서 [SmartArt]를 클릭해도 [SmartArt 그래픽 선택] 대화상자를 열 수 있어요.

2 [SmartArt 그래픽 선택] 대화상자가 열리면 [목록형]에서 [사각형 강조 목록형]을 선택하고 [확인]을 클릭하세요.

> **Tip**
>
> 슬라이드에 스마트아트 그래픽이 삽입되면 리본 메뉴에 [SmartArt 도구]의 [디자인] 탭과 [서식] 탭이 나타나요.

3 사각형 강조 목록형 모양의 스마트아트 그래픽이 삽입되었습니다.

Tip

화면의 왼쪽에 텍스트 창이 열리지 않는다면 [SmartArt 도구]의 [디자인] 탭-[그래픽 만들기] 그룹에서 [텍스트 창]을 클릭하거나 스마트아트 그래픽의 왼쪽에 있는 단추를 클릭하세요.

4 화면의 왼쪽에 있는 텍스트 창에 다음과 같이 입력하세요.

> 관리적 보안, 보안책임자 운영, 보안교육 점검, 중요문서 관리
> 물리적 보안, 데이터 보안, 환경 관리, 출입 통제, 전산장비 관리

Tip

텍스트 창에 입력하지 않고 스마트아트 그래픽을 하나씩 선택한 후 직접 입력할 수도 있어요.

5 이번에는 삽입한 스마트아트 그래픽의 레이아웃을 다른 모양으로 변경해 볼게요. [SmartArt 도구]의 [디자인] 탭-[레이아웃] 그룹에서 [자세히] 단추(⛛)를 클릭하고 [기타 레이아웃]을 선택하세요.

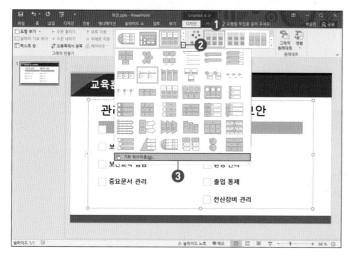

6 [SmartArt 그래픽 선택] 대화상자가 열리면 [관계형]에서 [그룹화된 목록형]을 선택하고 [확인]을 클릭하세요.

> **Tip**
> 스마트아트 그래픽을 삽입한 후에도 레이아웃의 모양을 변경할 수 있어요.

7 그룹화된 목록형 모양의 스마트아트 그래픽으로 변경되었습니다.

문서작성

텍스트

도형/도해

그림/표/차트

오디오/비디오

애니메이션

슬라이드쇼

템플릿디자인

저장/인쇄

실무
예제 **02** **스마트아트 그래픽의 색과 스타일 변경하기**

1 색을 변경할 스마트아트 그래픽을 선택하세요. [SmartArt 도구]의 [디자인] 탭-[SmartArt 스타일] 그룹에서 [색 변경]을 클릭하고 '기본 테마 색'의 [어두운 색 2 채우기]를 선택하세요.

2 이번에는 스마트아트 그래픽의 스타일을 변경하기 위해 [SmartArt 도구]의 [디자인] 탭-[SmartArt 스타일] 그룹에서 [자세히] 단추(▼)를 클릭하고 '3차원'의 [광택 처리]를 선택하세요.

잠깐만요 **스마트아트 그래픽을 도형으로 변경하기**

스마트아트 그래픽을 이용하면 복잡하거나 만들기 어려운 도형도 쉽고 빠르게 만들 수 있어요. 스마트아트 그래픽을 선택하고 [SmartArt 도구]의 [디자인] 탭-[원래대로] 그룹에서 [변환]을 클릭한 후 [도형으로 변환]을 선택하면 스마트아트 그래픽이 곧바로 도형으로 변경됩니다.

🔵 **예제파일** : 보안_변환.pptx 🔵 **결과파일** : 보안_변환_완성.pptx

실무 예제 | 03 | 텍스트를 스마트아트 그래픽으로 변경하기

1 내용 개체 틀을 선택하고 [홈] 탭-[단락] 그룹에서 [SmartArt로 변환]을 클릭한 후 [기타 SmartArt 그래픽]을 선택하세요. [SmartArt 그래픽 선택] 대화상자가 열리면 [프로세스형]에서 [무작위 결과 프로세스형]을 선택하고 [확인]을 클릭하세요.

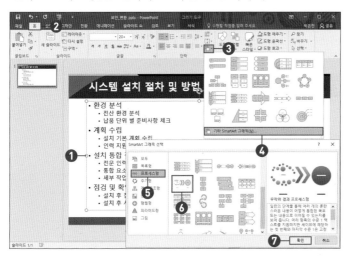

2 텍스트가 스마트아트 그래픽으로 변환되었습니다.

Tip

[SmartArt 도구]의 [디자인] 탭과 [서식] 탭을 활용하면 스마트아트 그래픽의 서식을 다양하게 변경할 수 있어요.

**실무
예제 | 04**

스마트아트 그래픽을 텍스트로 변경하기

1 이미 입력한 텍스트도 스마트아트 그래픽으로 간단하게 변환할 수 있어요. 슬라이드에서 내용이 입력된 개체 틀을 선택하고 [SmartArt 도구]의 **[디자인] 탭-[원래대로] 그룹**에서 **[변환]**을 클릭한 후 **[텍스트로 변환]**을 선택하세요.

> **Tip**
>
> [도형으로 변환]을 선택하면 스마트 그래픽을 도형으로 변경할 수 있어요.

2 스마트아트 그래픽 개체가 텍스트로 변환되었습니다.

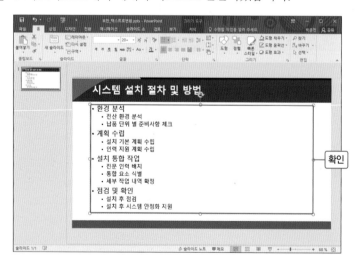

1 | 텍스트를 스마트아트 그래픽으로 변경하고 색 지정하기

🕐 **예제파일** : 회사소개_인재상.pptx   🕐 **결과파일** : 회사소개_인재상_완성.pptx

텍스트를 스마트아트 그래픽으로 변경하고 색을 지정하여 도해 슬라이드를 완성해 보세요.

> • **종류** : 행렬형 – 기본 행렬형   • **색 변경** : 색상형 범위 – 강조색 5 또는 6

Hint ① 내용 개체 틀을 선택하고 [홈] 탭–[단락] 그룹에서 [SmartArt로 변환]을 클릭한 후 [기본 행렬형]을 선택하세요.
② [SmartArt 도구]의 [디자인] 탭–[SmartArt 스타일] 그룹에서 [색 변경]을 클릭하고 [색상형 범위 – 강조색 5 또는 6]을 선택하세요.

2 | 스마트아트 그래픽의 레이아웃과 스타일 변경하기

🕐 **예제파일** : 회사소개_목차.pptx   🕐 **결과파일** : 회사소개_목차_완성.pptx

'회사 소개' 문서의 목차 레이아웃과 스마트아트 그래픽의 스타일을 변경해 보세요.

> • **레이아웃** : 세로 곡선 목록형   • **스타일** : 강한 효과

Hint ① 스마트아트 그래픽을 선택하고 [SmartArt 그래픽] 도구의 [디자인] 탭–[레이아웃] 그룹에서 [자세히] 단추(▾)를 클릭한 후 [기타 레이아웃]을 선택하세요.
② [SmartArt 그래픽 선택] 대화상자에서 [목록형]의 [세로 곡선 목록형]을 선택하세요.
③ [SmartArt 그래픽] 도구의 [디자인] 탭–[SmartArt 스타일] 그룹에서 [강한 효과]를 선택하세요.

03

이미지 이용해 고품질 프레젠테이션 작성하기

프레젠테이션 주제와 연관된 이미지를 활용하면 내용을 표현할 때 매우 유용합니다. 특히 파워포인트 2016에서는 이미지에 적용할 수 있는 다양한 서식과 효과를 제공하기 때문에 별도의 그래픽 프로그램을 활용하지 않아도 이미지를 변환하고 수정할 수 있습니다. 이번 섹션에서는 이미지를 삽입하고 효과를 적용하는 다양한 방법에 대해 배워봅니다. 또한 스크린샷을 이용해 캡처한 화면을 삽입하고 앨범을 만드는 과정도 학습해 봅니다.

> **PREVIEW**

▲ 그림 모양 변경하고 배경 제거하기

▲ 그림 보정하고 효과 적용하기

> **섹션별 주요 내용**

UP

예제파일 : 관광지_그림삽입.pptx　　결과파일 : 관광지_그림삽입_완성.pptx

실무
예제 | 01 | **슬라이드에 그림 삽입하기**

1 [삽입] 탭-[이미지] 그룹에서 [그림]을 클릭하세요. [그림 삽입] 대화상자가 열리면 Shift 를 이용해서 부록 CD의 '그림1.jpg', '그림2.jpg', '그림3.jpg', '그림4.jpg' 파일들을 차례대로 클릭하여 모두 선택하고 [삽입]을 클릭하세요.

Tip

삽입한 그림이 일정한 크기(200×200 픽셀)보다 큰 경우에는 화면의 오른쪽에 [디자인 아이디어] 창이 열려요. [디자인 아이디어] 창에 원하는 모양이 있다면 선택하여 빠르게 적용해 보세요.

2 슬라이드의 필름의 위에 삽입한 그림을 간격과 줄을 맞춰서 배치해 보세요. 이때 61쪽에서 배운 '스마트 가이드' 기능을 활용하면 쉽게 그림의 간격과 줄을 맞출 수 있어요.

Tip

삽입한 그림을 선택하면 리본 메뉴에 [그림 도구]가 나타나요. [삽입] 탭-[이미지] 그룹에서 [그림]은 내 컴퓨터나 로컬 네트워크에서 그림을 삽입할 때 선택하고 [온라인 그림]은 온라인 소스에서 그림을 삽입할 때 사용해요.

예제파일 : 관광지_모양.pptx   **결과파일** : 관광지_모양_완성.pptx

**실무
예제 02   그림의 모양 변경하고 효과 지정하기**

1   Shift를 이용해서 일곱 개의 그림을 차례대로 클릭하여 모두 선택하세요. [그림 도구]의 [서식]
   탭-[크기] 그룹에서 [자르기]의 자르기을 클릭하고 [도형에 맞춰 자르기]를 선택한 후 '사각형'의 [모서리
   가 둥근 직사각형](□)을 선택하세요.

2   선택한 그림이 모서리가 둥근 직사각형 모양으로 변경되었습니다.

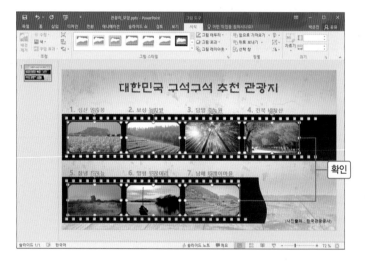

3 모든 그림을 선택한 상태에서 [그림 도구]의 [서식] 탭-[그림 스타일] 그룹에서 [그림 효과]를 클릭하고 [그림자]를 선택한 후 '안쪽'의 [안쪽 가운데]를 선택하세요. 그림의 안쪽에 그림자가 적용되었습니다.

문서작성

텍스트

도형/표

그림/표/차트

오디오/비디오

애니메이션

슬라이드쇼

템플릿디자인

저장/인쇄

잠깐만요 **도형 안에 그림 넣고 모양 변경하기**

도형 안에 그림을 채우거나 그림의 모양을 변경할 때는 다음의 방법을 이용할 수 있습니다.

방법 1 **도형 그리고 그림으로 채우기**
도형을 그리고 [홈] 탭-[그리기] 그룹에서 [도형 채우기]를 클릭한 후 [그림]을 선택하세요. 그러면 리본 메뉴에 [그리기 도구]와 [그림 도구]가 함께 나타납니다.

방법 2 **그림 삽입하고 도형 모양으로 자르기**
그림을 삽입하고 [그림 도구]의 [서식] 탭-[크기] 그룹에서 [자르기]의 자르기를 클릭한 후 [도형에 맞춰 자르기]를 선택하세요. 그러면 리본 메뉴에 [그림] 도구만 나타납니다.

예제파일 : 관광지_투명.pptx   **결과파일** : 관광지_투명_완성.pptx

실무
예제 **03**

투명하게 그림 배경 지정하기

1 화면의 오른쪽 위에 위치한 로고를 선택하세요. 로고의 배경을 투명하게 만들기 위해 [그림 도구]의 [서식] 탭-[조정] 그룹에서 [색]을 클릭하고 [투명한 색 설정]을 선택하세요.

> **Tip**
> [투명한 색 설정]은 흰색 배경이 있는 로고의 배경을 투명하게 만들기 위해 많이 사용하는 기능이에요.

2 마우스 포인터가 ✎ 모양으로 바뀌면 그림에서 흰색 부분을 클릭하여 투명하게 만들어 보세요.

클릭

> **Tip**
> '투명한 색 설정' 기능은 마우스 포인터로 클릭한 색을 투명하게 바꾸는데, 꼭 흰색이 아니어도 가능해요.

3 배경색에 여러 가지 색이 섞여있는 경우에도 투명하게 만들 수 있어요. 화면의 오른쪽 아래에 있는 그림을 선택하고 [그림 도구]의 [서식] 탭-[조정] 그룹에서 [배경 제거]를 클릭하세요.

4 선택한 그림에서 진분홍색 부분은 투명하게 처리되므로 선택한 그림의 아래쪽의 가방 부분까지 크기를 조절하여 진분홍색 투명 영역에서 제외하세요. 이때 불필요한 영역이 포함되었다면 [그림 도구]의 [배경 제거] 탭-[고급 검색] 그룹에서 [제거할 영역 표시]를 클릭하세요.

Tip
[배경 제거] 탭-[고급 검색] 그룹에서 [제거할 영역 표시]를 클릭하면 투명하게 만들 영역이 됩니다.

5 마우스 포인터가 🖊 모양으로 바뀌면 불필요하게 포함된 오른쪽의 나무 영역을 드래그하여 제거할 영역에 추가하세요.

Tip
보기 비율을 확대하면 좀 더 세밀하게 작업할 수 있어요. 추가로 투명하게 할 부분은 [배경 제거] 탭-[고급 검색] 그룹에서 삭제할 부분은 [제거할 영역 표시]를, 나타내야 할 부분은 [보관할 영역 표시]를 선택하세요.

문서작성
텍스트
도형/도해
그림/표/차트
오디오/비디오
애니메이션
슬라이드쇼
테마디자인
저장/인쇄

6 투명하게 처리할 부분을 모두 설정했으면 그림의 바깥쪽 부분을 클릭하거나 [그림 도구]의
[배경 제거] 탭-[닫기] 그룹에서 [변경 내용 유지]를 클릭하세요.

7 화면의 오른쪽 아래에 있는 그림이 투명하게 처리되었습니다.

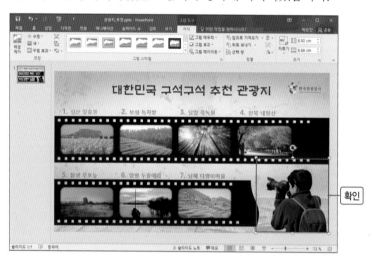

확인

잠깐만요 **슬라이드의 그림을 별도의 그림 파일로 저장하기**

그림에 서식을 지정하거나 자른 후 별도의 그림 파일로
저장할 수 있어요. 그림을 선택하고 마우스 오른쪽 단추
를 눌러 [그림으로 저장]을 선택하세요.

❷ 오른쪽 클릭

실무
예제 **04** **희미하고 어두운 그림 선명하게 보정하기**

1 희미하고 어두워 보이는 두 번째 그림을 선택하고 [그림 도구]의 [서식] 탭-[조정] 그룹에서 [수정]을 클릭한 후 '밝기/대비'의 [밝기 : +40% 대비 : 0% (표준)]을 선택하세요. 다시 [수정]을 클릭하고 '선명도 조절'의 [선명하게 : 50%]를 선택하세요.

2 두 번째 그림을 선택한 상태에서 [그림 도구]의 [서식] 탭-[조정] 그룹에서 [색]을 클릭하고 '색 채도'의 [채도 : 200%]를 선택하여 선명하고 밝게 보정하세요.

Tip

그림을 좀 더 세밀하게 보정하고 싶다면 [그림 도구]의 [서식] 탭-[조정] 그룹에서 [수정]을 클릭하고 [그림 보정 옵션]을 선택하세요. 화면의 오른쪽에 [그림 서식] 창이 열리면 [그림]( )의 '그림 보정'에서 '선명도'와 '밝기', '대비' 등에 직접 수치값을 입력하여 보정하세요.

문서작성

텍스트

도형도해

그림/표/차트

오디오/비디오

애니메이션

슬라이드쇼

테마디자인

저장/인쇄

실무 예제 05 그림에서 필요 없는 부분 자르고 꾸미기

1 화면의 아래쪽에 복사된 그림을 선택하고 세 번째 그림 위로 드래그하세요. 스마트 가이드가
표시되면 이것을 이용하여 정확하게 포개지도록 겹쳐보세요.

> **Tip**
>
> 스마트 가이드 대신 [홈] 탭-[그리기] 그룹에서 [정렬]을 클릭하고 [맞춤]을 선택하여 그림이 포개지도록 맞출 수도 있어요.

2 세 번째 그림은 똑같은 그림이 두 장 겹쳐진 상태가 되었습니다. 위쪽 그림을 선택하고 그림
의 일부분을 잘라내기 위해 [그림 도구]의 **[서식] 탭-[크기] 그룹**에서 [자르기]의 를 클릭하
세요.

3 잘라낼 그림의 테두리가 ¬ 모양으로 변하면 대각선 아래로 드래그하여 잘라내세요. 이와 같은 방법으로 악수하는 두 사람만 남도록 나머지 부분을 모두 잘라내고 Esc를 눌러 자르기 상태를 해제하세요.

Tip

그림을 자를 때 마우스 포인터의 모양이 ├이면 한쪽 방향으로만 자를 수 있어요. 단 꼭짓점에서는 가로와 세로를 동시에 자를 수 있어요.

4 이번에는 자르지 않은 아래쪽 그림을 선택하고 [그림 도구]의 [서식] 탭-[조정] 그룹에서 [꾸밈 효과]를 클릭한 후 [흐리게]를 선택하세요.

Tip

두 개의 그림이 겹쳐져 있으므로 자른 후에도 잘 구분되지 않을 수 있어요. 이때 잘라낸 그림의 바깥쪽 부분을 클릭하면 아래쪽의 그림을 쉽게 선택할 수 있어요.

잠깐만요 **그림 압축하기**

프레젠테이션 문서를 저장할 때 그림에서 잘라낸 영역을 제외하고 저장하려면 [그림 도구]의 [서식] 탭-[조정] 그룹에서 [그림 압축]을 클릭하세요. [그림 압축] 대화상자가 열리면 '압축 옵션'의 [잘려진 그림 영역 삭제]에 체크하고 [확인]을 클릭하세요.

5 아래쪽 그림을 선택한 상태에서 [그림 도구]의 [서식] 탭-[조정] 그룹에서 [색]을 클릭하고 '다시 칠하기'의 [회색조]를 선택하세요.

6 잘라낸 위쪽 그림에는 아무런 효과를 주지 않고 포개진 아래쪽 그림에만 '흐리게'와 '회색조' 효과를 적용하여 악수하는 사람이 훨씬 잘 보이게 그림을 꾸몄습니다.

> **Tip**
>
> [그림 도구]의 [서식] 탭-[조정] 그룹에서 [그림 원래대로]를 클릭하고 [그림 및 크기 다시 설정]을 선택하면 잘라진 그림을 원래대로 복구할 수 있어요.

잠깐만요 **그림 원래대로 되돌리기**

그림에 적용한 여러 가지 효과와 설정을 원래대로 되돌리고 싶다면 [그림 도구]의 [서식] 탭-[조정] 그룹에서 [그림 원래대로]를 클릭하세요.

❶ [그림 원래대로] : 그림에 대해 변경한 서식을 모두 취소해요.

❷ [그림 및 크기 다시 설정] : 그림의 서식과 크기를 모두 원래의 상태로 되돌려요.

1 | 슬라이드에 그림 삽입하고 효과 지정하기

⊙ **예제파일** : 전시회.pptx ⊙ **결과파일** : 전시회_완성.pptx

액자에 각각 그림을 삽입하고 '안쪽 대각선 왼쪽 위' 그림자를 적용해 보세요. 1번 그림과 3번 그림에 각각 '원근감(오른쪽)', '원근감(왼쪽)' 3차원 회전 효과를 적용해 보세요.

Hint ① [삽입] 탭-[이미지] 그룹에서 [그림]을 클릭하여 그림을 삽입하고 액자에 맞게 배치하세요.
② [그림 도구]의 [서식] 탭-[그림 스타일] 그룹에서 [그림 효과]를 클릭하고 [그림자]-[안쪽 대각선 왼쪽 위]를 선택하세요.
③ 1번 그림과 3번 그림에 [그림 도구]의 [서식] 탭-[그림 스타일] 그룹에서 [그림 효과]를 클릭하고 [3차원 회전]에서 [원근감(오른쪽)], [원근감(왼쪽)]을 적용하세요.

2 | 그림 복사하고 색 변경한 후 자르기

⊙ **예제파일** : 웹툰.pptx ⊙ **결과파일** : 웹툰_완성.pptx

마지막 그림들을 하나씩 복사하여 겹쳐놓은 상태에서 위쪽에 있는 그림의 크기는 자르고 아래쪽에 있는 그림에 [회색 – 25%, 배경색 2, 밝게] 색상을 적용해 보세요.

Hint ① 마지막 남자 그림을 선택하여 복사하고 두 개의 그림을 정확히 포개보세요.
② 포개진 두 개의 그림 중에서 위쪽 그림을 선택하고 [그림 도구]의 [서식] 탭-[크기] 그룹에서 [자르기]를 클릭하여 아래쪽만 남도록 자르세요.
③ 자르지 않은 아래쪽 그림을 선택하고 [그림 도구]의 [서식] 탭-[조정] 그룹에서 [색]을 클릭한 후 [회색 – 25%, 배경색 2, 밝게]로 변경하세요.
④ 남자 그림과 같은 방법으로 여자 그림을 복사하고 자른 후 색을 변경하세요.

04

표와 차트로 전달력 높은 슬라이드 만들기

규칙적인 패턴으로 반복되는 데이터의 경우 표로 정리하면 데이터를 한눈에 쉽게 볼 수 있도록 깔끔하게 표현할 수 있어요. 또한 숫자로 표현해야 하는 데이터의 경우 표보다는 수치의 변화를 보여주는 차트를 사용해야 메시지를 훨씬 더 효과적으로 전달할 수 있습니다. 이번 섹션에서는 표와 차트를 이용하여 더욱 전달력 높은 슬라이드를 만들 수 있는 아주 쉽고 간단한 방법에 대해 배워봅니다.

> **PREVIEW**

▲ 데이터 표로 정리하기

▲ 데이터를 비교해서 보여주는 차트 만들기

실무
예제 | **01**

표 삽입하고 텍스트 입력하기

1 표를 삽입하기 위해 **[삽입]** 탭-**[표]** 그룹에서 **[표]**를 클릭하세요. 표의 행과 열을 의미하는 목록 이 열리면 '3×6' 표 모양이 되도록 드래그하세요.

> **Tip**
>
> **[삽입]** 탭-**[표]** 그룹에서 **[표]**를 클릭 하고 **[표 삽입]**을 선택해 보세요. **[표 삽입]** 대화상자가 열리면 '열 개수'와 '행 개수'에 값을 입력해도 원하는 크 기의 표를 만들 수 있어요.

2 3열 6행의 표가 삽입되면 첫 번째 셀에 『구분』을 입력하고 Tab 이나 → 를 눌러 다음 셀로 이동 한 후 『2014년』을 입력하세요. 이와 같은 방법으로 다음의 그림과 같이 각 셀에 내용을 입력하 세요.

> **Tip**
>
> 아래쪽 방향에 내용을 입력하려면 ↓ 를 눌러 이동하세요. 만약 표의 맨 마 지막 셀에서 한 행을 추가하고 싶다 면 Tab 을 누르세요.

3 표를 선택하고 [홈] 탭-[단락] 그룹에서 [가운데 맞춤]을 클릭하여 표 안의 내용을 모두 가운데 맞춤으로 정렬하세요.

잠깐만요 **표를 작성하는 방법 살펴보기**

많은 양의 데이터가 규칙적으로 반복되는 경우 표를 이용하면 내용을 깔끔하게 정리할 수 있어요. 표를 삽입하는 다음의 두 가지 방법 중 사용자 편의에 따라 선택해서 사용하세요.

방법 1 [삽입] 탭-[표] 그룹에서 [표]를 클릭하고 행과 열 목록에서 원하는 행과 열의 수만큼 선택

방법 2 '제목 및 내용' 슬라이드를 삽입하고 내용 개체 틀의 [표 삽입](□) 단추 클릭

▲ [삽입] 탭 - [표] 그룹에서 [표] 클릭해 표 작성하기   ▲ [표 삽입] 단추 클릭해 표 작성하기

실무
예제 **02**   # 표에 표 스타일 지정하기

1 표를 선택하고 [표 도구]의 [디자인] 탭-[표 스타일 옵션] 그룹에서 [줄무늬 행]의 체크를 해제하세요. [디자인] 탭-[표 스타일] 그룹에서 [자세히] 단추(▼)를 클릭하고 '보통'의 [보통 스타일 2 - 강조 5]를 선택하세요.

> **Tip**
>
> [표 도구]의 [디자인] 탭-[표 스타일 옵션] 그룹에서 체크하는 항목에 따라 [디자인] 탭-[표 스타일] 그룹에서 [자세히] 단추(▼)를 클릭했을 때 나타나는 미리 보기 서식이 달라집니다. 예를 들어 [줄무늬 행]의 체크를 해제하면 미리 보기 서식에서 줄무늬 모양의 서식이 모두 사라집니다.

2 표에 '보통 스타일 2 - 강조 5' 스타일이 적용되었습니다.

> **Tip**
>
> 표를 선택하면 리본 메뉴에 [표 도구]의 [디자인] 탭과 [레이아웃] 탭이 나타납니다.

실무 예제 03 | **표의 레이아웃 변경하기**

1 표의 1행 1열과 2행 1열을 드래그하여 범위로 지정하고 [표 도구]의 [레이아웃] 탭-[병합] 그룹에서 [셀 병합]을 클릭하세요.

❶ **셀 병합** : 선택한 셀을 합쳐서 한 개의 셀로 병합

❷ **셀 분할** : 현재의 셀을 나눠서 여러 개의 셀로 분할

2 1 과정과 같은 방법으로 1행 2열과 1행 3열도 병합하세요. 표의 아래쪽에 있는 크기 조정 핸들 (○) 위에 마우스 포인터를 올려놓고 ↕ 모양으로 바뀌면 아래쪽으로 드래그하여 표의 높이를 높게 조정해 보세요.

Tip

1행 2열과 1행 3열을 선택하고 F4 를 눌러 방금 전 수행한 1 과정의 작업을 반복할 수도 있어요.

4 표를 선택한 상태에서 [표 도구]의 **[레이아웃] 탭-[맞춤] 그룹**에서 **[세로 가운데 맞춤]**을 클릭하여 표 전체의 텍스트를 정렬하세요.

> **Tip**
> 표 전체가 아닌 일부 셀의 속성만 조절할 때는 셀을 드래그하여 범위로 지정한 후에 조절하세요.

문서작성

텍스트

도형/도해

그림/표/차트

오디오/비디오

애니메이션

슬라이드쇼

테마디자인

저장/인쇄

잠깐만요 **셀의 여백 설정하기**

셀에 입력된 내용의 양에 따라 셀 여백을 조정해야 할 필요가 있어요. [표 도구]의 **[레이아웃] 탭-[맞춤] 그룹**에서 **[셀 여백]**을 클릭하면 **[보통]**, **[없음]**, **[좁게]**, **[넓게]** 등의 미리 설정된 여백을 간편하게 설정할 수 있어요. 이때 **[사용자 여백 지정]**을 선택하면 사용자가 여백 값을 직접 설정할 수 있어요.

▲ 셀 여백을 [보통]으로 지정하기

▲ 셀 여백을 [좁게] 지정하기

실무 예제 | 04   # 표의 셀에 테두리와 그림자 효과 지정하기

1 셀의 색을 변경하기 위해 3행 1열부터 마지막 행까지 드래그하여 범위로 지정하세요. [표 도구]의 [디자인] 탭-[표 스타일] 그룹에서 [음영]을 클릭하고 '테마 색'의 [파랑, 강조 5, 60% 더 밝게]를 선택하세요.

2 2행 2열과 2행 3열을 드래그하여 범위로 지정하세요. [표 도구]의 [디자인] 탭-[표 스타일] 그룹에서 [음영]을 클릭하고 '테마 색'의 [파랑, 강조 5, 80% 더 밝게]를 선택하세요.

3 표에서 숫자가 입력된 부분을 모두 범위로 지정하세요. [표 도구]의 [디자인] 탭-[표 스타일] 그룹에서 [음영]을 클릭하고 '테마 색'의 [흰색, 배경 1]을 선택하세요.

4 표의 셀 테두리를 변경하기 위해 표를 선택하고 [표 도구]의 [디자인] 탭-[테두리 그리기] 그룹에서 [펜 두께]를 [0.75pt]로 지정하세요.

5 [표 도구]의 [디자인] 탭-[테두리 그리기] 그룹에서 [펜 색]을 클릭하고 '테마 색'의 [파랑, 강조 5, 50% 더 어둡게]를 선택하세요.

> **Tip**
> 셀의 일부 테두리 속성만 변경할 때는 변경할 셀만 범위로 지정하고 작업하세요.

문서작성

텍스트

도형도해

그림/표/차트

오디오/비디오

애니메이션

슬라이드쇼

테마디자인

저장/인쇄

6 표를 선택한 상태에서 [표 도구]의 [디자인] 탭-[표 스타일] 그룹에서 [테두리]의 내림 단추(▾)를 클릭하고 [모든 테두리]를 선택하세요.

7 표를 선택한 상태에서 [표 도구]의 [디자인] 탭-[표 스타일] 그룹에서 [효과]를 클릭하고 [그림자]를 선택한 후 '안쪽'의 [안쪽 대각선 오른쪽 아래]를 선택하세요.

실무
예제 **05**

● 예제파일 : 스마트폰.pptx   ● 결과파일 : 스마트폰_완성.pptx

차트 삽입하고 행/열 전환하기

1 내용 개체 틀에서 [차트 삽입] 단추(📊)를 클릭하세요. [차트 삽입] 대화상자가 열리면 [모든 차트] 탭의 [세로 막대형]에서 [묶은 세로 막대형]을 선택하고 [확인]을 클릭하세요.

> **Tip**
>
> [삽입] 탭-[일러스트레이션] 그룹에서 [차트]를 클릭해도 차트를 삽입할 수 있어요.

2 차트 데이터를 입력할 수 있는 창이 열리면 다음의 그림과 같이 내용을 입력하세요. 내용을 입력하지 않은 A4:E5 범위를 삭제하기 위해 4행 머리글부터 5행 머리글까지 드래그하여 범위로 지정하고 마우스 오른쪽 단추를 눌러 [삭제]를 선택하세요. 차트 데이터 창에서 [닫기] 단추(❌)를 클릭하여 종료하고 파워포인트로 되돌아오세요.

> **Tip**
>
> 데이터를 삭제하지 않고 차트 데이터의 마지막 셀에 마우스 포인터를 올려놓고 ↘ 모양으로 바뀌면 드래그하여 차트를 그릴 영역을 지정해도 돼요.

3 품목별 묶은 세로 막대형 차트가 삽입되면 연도별 차트로 바꾸기 위해 [차트 도구]의 **[디자인] 탭-[데이터] 그룹**에서 **[데이터 선택]**을 클릭하세요. [데이터 원본 선택] 창이 열리면 [행/열 전환]을 클릭하고 [확인]을 클릭하세요.

Tip

차트를 선택하면 리본 메뉴에 [차트 도구]가 나타나요. 입력된 데이터를 수정하려면 [차트 도구]의 [디자인] 탭-[데이터] 그룹에서 [데이터 편집]을 클릭하세요.

4 연도별 기준으로 묶은 세로 막대형 차트가 삽입되었습니다.

실무
예제 **06** 차트 색 변경하고 빠른 레이아웃 지정하기

1 차트를 선택하고 [차트 도구]의 [디자인] 탭-[차트 스타일] 그룹에서 [색 변경]을 클릭한 후 '색상형' 의 [색 3]을 선택하면 차트의 색을 변경할 수 있어요.

Tip

차트의 오른쪽 위에 있는 [차트 스타일] 단추(✓)를 클릭하고 [색]을 선택해도 쉽게 차트의 색 구성을 변경할 수 있어요.

2 [차트 도구]의 [디자인] 탭-[차트 레이아웃] 그룹에서 [빠른 레이아웃]을 클릭하고 [레이아웃 2]를 선택하세요. [빠른 레이아웃]을 이용하면 차트의 눈금선과 왼쪽 축을 없애고 막대의 위에 데이터 값을 쉽고 빠르게 표시할 수 있어요.

Tip

[빠른 레이아웃]에 원하는 모양이 없으면 [차트 도구]의 [디자인] 탭-[차트 레이아웃] 그룹에서 [차트 요소 추가]를 클릭하거나 차트의 오른쪽 위에 있는 [차트 요소] 단추(➕)를 클릭해도 됩니다.

3 차트 제목을 클릭하고 『국내 미디어 기기 보유율』을 입력하세요.

잠깐만요 **차트를 작성하는 방법 살펴보기**

차트는 많은 양의 숫자 데이터 및 데이터 계열 간의 관계를 좀 더 쉽게 이해할 수 있도록 그래픽 형식으로 표시하는 데 사용됩니다. 차트를 삽입하는 두 가지 방법 중 편리한 방법을 선택해서 사용하세요.

방법 1 [삽입] 탭-[일러스트레이션] 그룹에서 [차트] 클릭
방법 2 '제목 및 개체' 슬라이드의 내용 개체 틀에서 [차트 삽입] 단추(📊) 클릭

▲ [삽입] 탭-[일러스트레이션] 그룹에서 [차트] 클릭해 차트 작성하기

▲ [차트 삽입] 단추 클릭해 차트 작성하기

1 | 셀 병합하고 표에 그림자와 반사 효과 지정하기

● 예제파일 : 사업비.pptx ● 결과파일 : 사업비_완성.pptx

표의 1~3행을 결과 화면과 같이 병합하고 셀 색과 그림자 및 반사 효과를 지정해 보세요.

- 셀 색 : 줄무늬 행 해제
- 그림자 : 안쪽 가운데
- 4~6행 색 채우기 : 흰색, 배경 1, 5% 더 어둡게
- 반사 : 근접 반사, 터치

Hint
① 1행 1열부터 1행 3열까지 범위로 지정하고 [표 도구]의 [레이아웃] 탭-[병합] 그룹에서 [셀 병합]을 클릭하여 셀을 병합하세요. 나머지도 각각 범위로 지정하고 F4 를 눌러 반복해서 셀 병합하세요.

② 표를 선택하고 [표 도구]의 [디자인] 탭-[표 스타일 옵션] 그룹에서 [줄무늬 행]의 체크를 해제하고 1열을 제외한 4~6행에 [흰색, 배경 1, 5% 더 어둡게] 색으로 채우세요.

③ [표 도구]의 [디자인] 탭-[표 스타일] 그룹에서 [효과]를 클릭하고 그림자와 반사를 지정하세요.

2 | 차트의 행/열 전환 후 차트의 종류와 레이아웃 변경하기

● 예제파일 : 정보화.pptx ● 결과파일 : 정보화_완성.pptx

차트의 행/열을 전환하고 세로 막대형 차트를 표식이 있는 꺾은선형 차트로 변경한 후 빠른 레이아웃에서 [레이아웃 2]로 지정해 보세요.

Hint
① [차트 도구]의 [디자인] 탭-[데이터] 그룹에서 [데이터 선택]을 클릭하고 [행/열 전환]을 선택하세요.

② [차트 도구]의 [디자인] 탭-[종류] 그룹에서 [차트 종류 변경]을 클릭하고 표식이 있는 꺾은선형 차트로 변경하세요.

③ [차트 도구]의 [디자인] 탭-[차트 레이아웃] 그룹에서 [빠른 레이아웃]을 클릭하고 [레이아웃 2]를 선택하세요.

CHAPTER 3 생동감 넘치는 멀티 프레젠테이션 만들기

파워포인트 2016은 프레젠테이션에 생동감을 불어넣을 수 있는 다양한 멀티미디어 개체와 애니메이션 효과를 제공합니다. 따라서 오디오 파일이나 비디오 파일 등의 시청각 자료를 활용하여 실감나는 현장의 소리와 영상을 청중에게 보여줄 수 있어요. 또한 다른 프로그램의 도움 없이 애니메이션과 하이퍼링크를 유기적으로 연결하여 자연스럽게 고품질 프레젠테이션을 연출할 수도 있습니다. 이번 챕터에서는 배경 음악과 비디오를 삽입하여 멀티미디어 슬라이드를 애니메이션 효과로 슬라이드를 연출하는 쇼를 방법에 대해 배워봅니다.

Windows 10
+ Excel
& PowerPoint
& Word 2016
+ Hangeul 2014

01

오디오와 비디오로
멀티미디어 슬라이드 만들기

슬라이드에 동영상과 소리 파일, 플래시와 같은 멀티미디어를 삽입해서 볼거리가 풍부한 다이내믹한 프레젠테이션을 진행하면 청중의 관심을 유도하여 이목을 집중시킬 수 있어요. 특히 파워포인트 2016에서는 멀티미디어 개체를 슬라이드에 직접 삽입할 수 있기 때문에 경로 변경에 따른 실행 오류를 줄일 수 있어서 좀 더 안정적으로 프레젠테이션을 진행할 수 있어요. 이번 섹션에는 슬라이드에 배경 음악과 비디오를 삽입하고 편집하는 방법에 대해 배워봅니다.

PREVIEW

▲ 배경 음악 삽입하기

▲ 동영상 삽입하기

예제파일 : 오디오_삽입.pptx   결과파일 : 오디오_삽입_완성.pptx

실무
예제 **01** # 오디오 파일 삽입하고 배경 음악 지정하기

1 1번 슬라이드를 선택하고 [삽입] 탭-[미디어] 그룹에서 [오디오]를 클릭한 후 [내 PC의 오디오]를 선택하세요.

2 [오디오 삽입] 대화상자가 열리면 부록 CD의 'Run Amok.mp3' 파일을 선택하고 [삽입]을 클릭하세요.

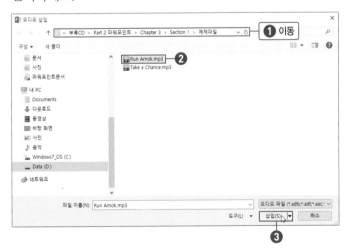

문서작성

텍스트

도형도해

그림/표/차트

오디오/비디오

애니메이션

슬라이드쇼

템플릿디자인

저장/인쇄

3 오디오 파일이 삽입되면 [오디오 도구]의 [재생] 탭-[오디오 스타일] 그룹에서 [백 그라운드에서 재생]을 클릭하여 배경 음악으로 설정하세요. F5 를 눌러 슬라이드 쇼를 진행하고 모든 슬라이드에서 음악이 재생되는지 확인하세요.

Tip

[백 그라운드에서 재생]을 클릭하면 [재생] 탭-[오디오 옵션] 그룹에서 '시작'의 [자동 실행]이 선택되고 [모든 슬라이드에서 실행], [반복 재생], [쇼 동안 숨기기]에 자동으로 체크됩니다.

잠깐만요 **[오디오 삽입] 대화상자 살펴보기**

[오디오 삽입] 대화상자에서 [삽입]의 내림 단추(▼)를 클릭하면 프레젠테이션 파일의 용량과 경로에 따라 [삽입]과 [파일에 연결] 중에서 선택할 수 있어요.

❶ 삽입 : PPT 문서에 오디오 파일이 포함되므로 문서 파일의 용량이 커져요.
❷ 파일에 연결 : 연결된 오디오 파일의 경로가 달라지면 오디오가 제대로 실행되지 않을 수 있어요.

난이도 ① ② ③ **④** ⑤

실무 예제 02 원하는 슬라이드에서 배경 음악 멈추기

1 1번 슬라이드에서 삽입된 오디오 클립을 선택하고 [애니메이션] 탭-[애니메이션] 그룹에서 [추가 효과 옵션 표시] 대화상자 표시 아이콘(⬛)을 클릭하세요.

2 [오디오 재생] 대화상자가 열리면 [효과] 탭의 '재생 중지'에서 [지금부터]를 선택하고 『6』을 입력한 후 [확인]을 클릭하세요.

Tip

[오디오 도구]의 [재생] 탭-[오디오 옵션] 그룹에서 [모든 슬라이드에서 실행]에 체크하면 [재생 중지]의 값이 [999]로 자동 설정됩니다. 이 값을 중지하고 싶은 슬라이드의 위치로 수정하면 됩니다.

3 F5를 눌러 슬라이드 쇼를 처음부터 실행하고 **2** 과정에서 설정한 대로 7번 슬라이드에서 배경 음악이 멈추는지 확인해 보세요.

> **Tip**
> 오디오와 비디오의 설정을 확인하려면 F5를 누르거나, 화면의 오른쪽 아래에 있는 [슬라이드 쇼] 단추(🖵)를 클릭하여 슬라이드 쇼를 실행하거나, [읽기용 보기] 단추(📖)를 클릭하세요.

잠깐만요 **파워포인트 2016에서 지원하는 비디오/오디오 파일 형식 알아보기**

파워포인트 2016에서는 다양한 비디오 및 오디오 파일 형식을 삽입하고 재생할 수 있어요. 최상의 비디오 재생 환경을 마련하려면 H.264 비디오('MPEG-4 AVC'라고도 함)와 AAC 오디오로 인코딩된 .mp4 비디오를 사용하는 것이 좋아요. 오디오의 경우에는 AAC 오디오로 인코딩된 .m4a 파일을 사용해야 해요.

만약 호환되는 형식의 오디오 파일이나 비디오 파일을 사용해도 올바른 버전의 코덱이 설치되어 있지 않거나 사용중인 마이크로소프트 윈도우 버전에서 인식할 수 있는 형식으로 파일이 인코딩되어 있지 않으면 오디오나 비디오가 제대로 재생되지 않을 수 있으니 주의하세요.

● 비디오 파일 형식

파일 형식	확장자	파일 형식	확장자
Windows Media 파일	asf	동영상 파일	mpg, mpeg
Windows 비디오 파일	avi	Adobe Flash Media	swf
MP4 비디오 파일	mp4, m4v, mov	Windows Media 비디오 파일	wmv

● 오디오 파일 형식

파일 형식	확장자	파일 형식	확장자
AIFF 오디오 파일	aiff	Advanced Audio Coding-MPEG-4 오디오 파일	m4a, mp4
AU 오디오 파일	au	Windows 오디오 파일	wav
MIDI 파일	mid, midi	Windows Media 오디오 파일	wma
MP3 오디오 파일	mp3		

🔵 예제파일 : 비디오_삽입.pptx　🔵 결과파일 : 비디오_삽입_완성.pptx

실무
예제 **03** # 동영상 삽입하고 자동으로 실행하기

1 4번 슬라이드를 선택하고 **[삽입] 탭-[미디어] 그룹**에서 **[비디오]**를 클릭한 후 **[내 PC의 비디오]**를 선택하세요.

2 **[비디오 삽입]** 대화상자가 열리면 부록 CD의 '**수문장.wmv**' 파일을 선택하고 **[삽입]**을 클릭하세요.

❶ **삽입** : PPT 문서에 동영상 파일이 포함되므로 문서 파일의 용량이 커져요.

❷ **파일에 연결** : 연결된 동영상 파일의 경로가 달라지면 동영상이 제대로 실행되지 않을 수 있어요.

3 동영상 파일이 삽입되면 [비디오 도구]의 [재생] 탭-[비디오 옵션] 그룹에서 '시작'의 내림 단추 (⌄)를 클릭하고 [자동 실행]을 선택하세요. F5 를 누르거나 [읽기용 보기] 단추(🕮)를 클릭하여 4번 슬라이드에서 비디오가 자동으로 실행되는지 확인하세요.

Tip

마우스를 클릭하여 비디오를 시작하려면 '시작'에서 [클릭할 때]를 선택하세요. 그러면 슬라이드 쇼에서 비디오를 재생할 준비가 되었을 때 비디오 프레임을 클릭하여 실행할 수 있어요.

잠깐만요 **온라인 비디오 삽입하기**

[삽입] 탭-[미디어] 그룹에서 [비디오]를 클릭하고 [온라인 비디오]를 선택하거나 내용 개체 틀에서 [비디오 삽입] 단추(🎬)를 클릭하여 비디오를 삽입할 수 있습니다. 오피스 계정에 로그인하면 [비디오 삽입] 창에서 내 컴퓨터의 [파일에서]뿐만 아니라 [SharePoint에서], [OneDrive – 개인], [YouTube] 등 다양한 온라인 소스에서 동영상을 삽입할 수 있어요.

난이도 ① ② ③ ④ ⑤

실무 예제 **04**

동영상에 스타일과 비디오 효과 지정하기

1 4번 슬라이드에서 비디오 클립을 선택하고 [비디오 도구]의 [서식] 탭-[비디오 스타일] 그룹에서 [자세히] 단추(▼)를 클릭한 후 '일반'의 [모서리가 둥근 입체 사각형]을 선택하세요.

2 [비디오 도구]의 [서식] 탭-[비디오 스타일] 그룹에서 [비디오 효과]를 클릭하고 [반사]를 선택한 후 '반사 변형'의 [근접 반사, 터치]를 선택하세요. F5 를 누르거나 [읽기용 보기] 단추(▤)를 클릭 하여 설정한 내용을 확인해 보세요.

> **Tip**
>
> 비디오에 설정한 스타일, 셰이프, 테두리, 효과 등의 서식을 원래의 기본값으로 되돌리려면 [비디오 도구]의 [서식] 탭-[조정] 그룹에서 [디 자인 다시 설정]을 클릭하세요.

예제파일 : 비디오_자르기.pptx　　**결과파일** : 비디오_자르기_완성.pptx

**실무
예제 05**　　# 비디오 클립 트리밍하기

1 4번 슬라이드에서 비디오 클립을 선택하고 [비디오 도구]의 **[재생] 탭-[편집] 그룹**에서 **[비디오 트리밍]**을 클릭하세요. [비디오 맞추기] 대화상자가 열리면 '시작 시간'은 **[00.08]**(초), '종료 시간'은 **[01:08]**(초)로 지정하고 **[확인]**을 클릭하세요. [비디오 도구]의 **[재생] 탭-[편집] 그룹**에서 '**페이드 지속 시간**'의 '**페이드 아웃**'을 **[02.00]**(초)로 지정하세요.

> **Tip**
>
> 시간 표시 막대에서 초록색 표식(|)과 빨간색 표식(|)을 드래그해도 시작 시간과 종료 시간을 설정할 수 있어요. '비디오 트리밍' 기능을 이용하면 동영상의 가운데 일정 부분만 실행되도록 설정하지만, 원래의 상태로 복원할 수 있고 파일 용량에는 변화가 없어요.

2 F5 를 누르거나 [읽기용 보기] 단추(📖)를 클릭하여 설정한 내용을 확인해 보세요.

> **Tip**
>
> • **페이드인(fade-in) 효과** : 소리나 영상이 점점 커지거나 밝아지면서 시작하는 효과로, 영상의 시작 부분에서 사용해요.
> • **페이드아웃(fade-out) 효과** : 소리나 영상이 점점 작아지거나 어두워지면서 끝나는 효과로, 영상의 마지막 부분에서 사용해요.

1 | 배경 음악 삽입하고 반복 실행하기

🔵 **예제파일** : 사진앨범.pptx 🔵 **결과파일** : 사진앨범_완성.pptx

모든 슬라이드에서 음악이 반복 실행되도록 부록 CD의 'Take a Chance.mp3' 배경 음악 파일을 삽입해 보세요.

Hint
① [삽입] 탭-[미디어] 그룹에서 [오디오]를 클릭하고 [내 PC의 오디오]를 선택한 후 'Take a Chance.mp3' 음악 파일을 삽입하세요.
② 삽입한 음악을 선택하고 [오디오 도구]의 [재생] 탭-[오디오 스타일] 그룹에서 [백그라운드에서 재생]을 클릭하세요.
③ F5 를 눌러 프레젠테이션을 실행한 후 설정한 배경 음악을 확인하세요.

2 | 동영상 삽입하고 일부 화면만 자동 실행하기

🔵 **예제파일** : 덕수궁.pptx 🔵 **결과파일** : 덕수궁_완성.pptx

3번 슬라이드에 부록 CD의 '무예.wmv' 동영상 파일을 삽입하고 49초부터 1:56초 부분만 자동 실행되도록 설정해 보세요.

Hint
① [삽입] 탭-[미디어] 그룹에서 [비디오]를 클릭하고 [내 PC의 비디오]를 선택한 후 '무예.wmv' 동영상 파일을 삽입하세요.
② 삽입한 동영상을 선택하고 [비디오 도구]의 [재생] 탭-[비디오 옵션] 그룹에서 '시작'의 [자동 실행]을 선택하세요.
③ [재생] 탭-[편집] 그룹에서 [비디오 트리밍]을 클릭하여 재생할 부분의 시작 시간과 종료 시간을 설정하세요.

애니메이션으로 개체에 동적 효과 연출하기

개체에 애니메이션을 지정하면 화면에서 개체가 나타나거나 사라지는 등의 효과를 설정하여 특정 개체를 강조할 수 있어요. 이것은 청중의 눈길을 끄는 아주 좋은 효과입니다. 하지만 애니메이션을 너무 많이 사용하면 오히려 청중의 집중을 방해하여 프레젠테이션을 산만하게 만들 수 있으니 주의해야 해요. 이번 섹션에서는 실무에서 자주 사용하는 애니메이션 효과뿐만 아니라 애니메이션을 필요한 곳에 적절하게 사용하여 프레젠테이션의 설득력을 높일 수 있는 방법에 대해 배워봅니다.

> **PREVIEW**

▲ '나타내기' 애니메이션 효과
　　적용하기

▲ 애니메이션 트리거 적용하기

> **섹션별**
> **주요 내용**

실무
예제 | **01** | '나타내기' 애니메이션 지정하고 방향 변경하기

예제파일 : 핵심전략.pptx   결과파일 : 핵심전략_완성.pptx

1 [Shift]를 이용해서 5대 핵심 전략에 해당하는 도형을 차례대로 클릭하여 모두 선택하세요. [애니메이션] 탭-[애니메이션] 그룹에서 [자세히] 단추(▼)를 클릭하고 [추가 나타내기 효과]를 선택하세요.

2 [나타내기 효과 변경] 대화상자가 열리면 '기본 효과'의 [닦아내기]를 선택하고 [확인]을 클릭하세요.

'나타내기' 애니메이션은 초록색 별 모양으로 표현됩니다. [자세히] 단추(▼)를 클릭했을 때 목록에 [닦아내기]가 있으면 곧바로 선택해도 되어요.

111

3 [애니메이션] 탭-[애니메이션] 그룹에서 [효과 옵션]을 클릭하고 [왼쪽에서]를 선택하세요. [애니메이션] 탭-[고급 애니메이션] 그룹에서 [애니메이션 창]을 클릭하세요.

Tip

[애니메이션] 탭을 클릭할 때만 개체의 왼쪽에 애니메이션 실행 번호가 나타납니다.

4 화면의 오른쪽에 [애니메이션 창]이 열리면 모든 애니메이션이 선택된 상태에서 [애니메이션] 탭-[타이밍] 그룹에서 '시작'의 내림 단추(▾)를 클릭하고 [클릭할 때]를 선택하세요. [슬라이드 쇼] 단추(▣)나 [읽기용 보기] 단추(▤)를 클릭하여 슬라이드 쇼를 실행한 후 적용한 애니메이션을 확인해 보세요.

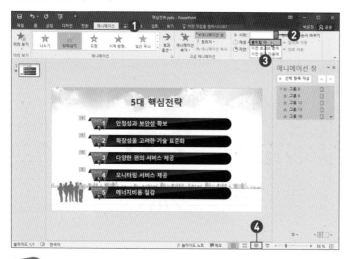

Tip

[애니메이션 창]에서 별 모양 앞에 있는 숫자(1★)는 마우스 클릭 횟수를 나타냅니다. 애니메이션의 시작 방법에는 [클릭할 때], [이전 효과와 함께], [이전 효과 다음에]가 있습니다. [클릭할 때]는 마우스를 클릭할 때마다 애니메이션이 한 단계씩 실행되는데, 여기서는 도형이 다섯 개이므로 다섯 번 클릭해야 애니메이션이 모두 실행됩니다.

난이도 1 2 3 **4** 5

실무 예제 02 **'강조' 애니메이션 지정하고 순서 변경하기**

1 [슬라이드 쇼] 단추(🖵)를 클릭하여 설정되어 있는 애니메이션을 확인하세요. [Esc]를 눌러 다시 슬라이드로 되돌아온 후 '성남'의 아래쪽에 있는 'picture1' 이미지를 선택하세요.

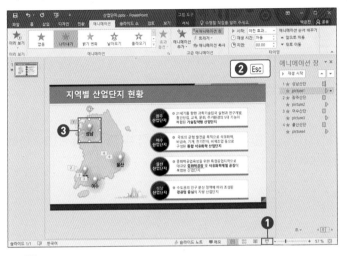

> **Tip**
>
> [애니메이션] 탭-[고급 애니메이션] 그룹에서 [애니메이션 창]을 클릭하여 화면의 오른쪽에 [애니메이션 창]을 열고 'picture1' 개체의 애니메이션을 선택해도 되어요.

2 'picture1' 이미지에는 '나타내기' 애니메이션이 적용되어 있는데, 한 번 더 강조하는 애니메이션을 추가해 볼까요? [애니메이션] 탭-[고급 애니메이션] 그룹에서 [애니메이션 추가]를 클릭하고 **'강조'**의 [크게/작게]를 선택하세요.

> **Tip**
>
> [애니메이션 추가]를 클릭했을 때 목록에 [크게/작게]가 없으면 아래쪽의 [추가 강조하기 효과]를 선택해도 됩니다. 한 개체에 두 개 이상의 애니메이션을 적용할 때는 반드시 [애니메이션 추가]에서 애니메이션을 설정해야 해요.

3 [애니메이션 창]에 추가된 마지막 'picture1' 애니메이션의 내림 단추(▼)를 클릭하고 [타이밍]을 선택하세요.

Tip

'강조' 애니메이션은 노란색 별 모양
(★)으로 표현됩니다.

4 [크게/작게] 대화상자의 [타이밍] 탭이 열리면 '시작'에서는 [이전 효과 다음에]를, '반복'에서는 [2]를 선택하고 [확인]을 클릭하세요.

5 [애니메이션 창]에서 Shift를 이용해서 '성남산단'과 'picture1'의 나타내기 애니메이션을 함께 선택하고 끝에서 두 번째 위치로 드래그하여 애니메이션의 순서를 이동하세요. [슬라이드 쇼] 단추(🖵)를 클릭하여 슬라이드 쇼를 실행한 후 적용한 애니메이션을 확인하세요.

Tip

성남산업단지를 강조하는 애니메이션이 설정되었어요.

실무
예제 **03**   '끝내기' 애니메이션 지정하고 재생 시간 변경하기

1 아래쪽에 있는 좌우 커튼을 선택하기 위해 [홈] 탭-[편집] 그룹에서 [선택]을 클릭하고 [선택 창]을 선택하세요.

> **Tip**
> 큰 개체의 아래쪽에 가려진 작은 개체를 선택하기 어려우면 [선택] 창을 이용하는 것이 편리해요.

2 화면의 오른쪽에 [선택] 창이 열리면 Ctrl 을 누른 상태에서 [커튼_우]와 [커튼_좌]를 모두 선택하세요. [애니메이션] 탭-[애니메이션] 그룹에서 [자세히] 단추(▼)를 클릭하고 '끝내기'의 [날아가기]를 선택한 후 [선택] 창의 [닫기] 단추(✕)를 클릭하세요.

> **Tip**
> [자세히] 단추(▼)를 클릭했을 때 목록에 [날아가기]가 없으면 [추가 끝내기 효과]를 선택하세요.

문서작성

텍스트

도형/도해

그림/표/차트

오디오/비디오

애니메이션

슬라이드쇼

테마디자인

저장/인쇄

3 [애니메이션] 탭-[고급 애니메이션] 그룹에서 [애니메이션 창]을 클릭하여 화면의 오른쪽에 [애니메이션 창]을 여세요.

> **Tip**
>
> '끝내기' 애니메이션은 빨간색 별 모양으로 나타납니다.

4 [애니메이션 창]에서 [커튼_우]를 선택하고 [애니메이션] 탭-[애니메이션] 그룹에서 [효과 옵션]을 클릭한 후 [오른쪽으로]를 선택하세요.

5 [애니메이션 창]에서 [커튼_좌]를 선택하고 [애니메이션] 탭-[애니메이션] 그룹에서 [효과 옵션]을 클릭한 후 [왼쪽으로]를 선택하세요.

6 [애니메이션 창]에서 Ctrl 을 누른 상태에서 [커튼_우]를 선택하여 [커튼_좌]와 함께 선택하세요. [애니메이션] 탭-[타이밍] 그룹에서 '재생 시간'을 [01.50]으로 지정하고 [슬라이드 쇼] 단추(🖵)를 클릭하세요.

Tip

5 과정에서 [커튼_좌]를 선택한 상태이므로 여기에서는 Ctrl 을 이용해 [커튼_우]만 선택하면 됩니다.

7 슬라이드 쇼가 실행되면 적용한 애니메이션을 확인하세요.

잠깐만요 **애니메이션의 종류와 효과 살펴보기**

애니메이션의 종류	표현 모양	효과
나타내기	★	화면에 없던 개체를 화면에 나타낼 때의 효과
강조	★	개체를 강조하는 효과
끝내기	★	화면에서 사라질 때의 효과
이동 경로	☆	특정 경로나 패턴을 따라 개체가 이동하는 효과

실무
예제 **04** '이동 경로' 애니메이션 지정하고 경로 수정하기

1 화면의 왼쪽에 있는 비행기 그림을 선택하고 [애니메이션] 탭-[애니메이션] 그룹에서 [자세히] 단추
(▾)를 클릭한 후 [추가 이동 경로]를 선택하세요.

> **Tip**
>
> 파워포인트 2016에서는 다양한 추가 이동 경로가 제공되지만, [점 편집]을 통해 좀 더 다양한 모양으로 경로를 변경할 수 있어요. 점 편집은
> 이동 경로 애니메이션(직선 모양 이동 경로 제외)을 적용한 후 마우스 오른쪽 단추를 누르면 표시됩니다.

2 [이동 경로 변경] 대화상자가 열리면 '직선 및 곡선 경로'의 [오른쪽 위로]를 선택하고 [확인]
을 클릭하세요.

3 비행기의 위에 이동 경로 애니메이션의 경로가 나타나는지 확인하고 종료 지점의 붉은색 원형 표식(⬤)을 클릭한 후 화면의 오른쪽 위로 드래그하여 이동 경로를 수정하세요. [애니메이션] 탭-[애니메이션] 그룹에서 [추가 효과 옵션 표시] 대화상자 표시 아이콘(⬚)을 클릭하세요.

4 [오른쪽 위로] 대화상자의 [효과] 탭이 열리면 '부드럽게 시작'과 '부드럽게 종료'의 값을 [0초]로 지정하세요. [타이밍] 탭을 선택하고 '재생 시간'에서 [3초(느리게)]를 선택한 후 [확인]을 클릭하세요. [슬라이드 쇼] 단추(🖵)를 클릭하여 슬라이드 쇼를 실행한 후 적용한 애니메이션을 확인해 보세요.

Tip

'부드럽게 시작'과 '부드럽게 종료' 시간을 설정하면 비행기가 비행을 시작하고 종료할 때 설정한 시간만큼 부드럽게 움직여요. 그리고 [애니메이션] 탭-[타이밍] 그룹에서도 재생 시간을 설정할 수 있어요.

잠깐만요 **이동 경로 애니메이션의 위치 지정 방법 살펴보기**

이동 경로 애니메이션을 적용하면 개체가 마지막 이동할 위치에 투명한 이미지(고스트 이미지)가 나타납니다. ▷은 시작 위치를, 점선은 애니메이션이 재생될 때 이동하는 경로를, ▷은 애니메이션이 끝나는 마지막 위치를 나타냅니다.

문서작성

텍스트

도형/도해

그림/표/차트

오디오/비디오

애니메이션

슬라이드쇼

테마디자인

저장/인쇄

실무
예제 **05** **텍스트에 추가 효과 애니메이션 지정하기**

1 본문 텍스트 개체 틀을 선택하고 [애니메이션] 탭-[애니메이션] 그룹에서 [자세히] 단추(▾)를 클릭한 후 [추가 나타내기 효과]를 선택하세요.

Tip

나타내기 애니메이션 목록에 [내밀기]가 있으면 곧바로 선택하세요.

2 [나타내기 효과 변경] 대화상자가 열리면 '기본 효과'의 [내밀기]를 선택하고 [확인]을 클릭하세요.

3 [애니메이션] 탭-[애니메이션] 그룹에서 [추가 효과 옵션 표시] 대화상자 표시 아이콘(⬛)을 클릭하세요. [내밀기] 대화상자가 열리면 [텍스트 애니메이션] 탭에서 '텍스트 묶는 단위'의 내림 단추(⬇)를 클릭하고 [둘째 수준까지]를 선택하세요.

Tip

여러 수준으로 구분된 단락에서 효과를 확인할 수 있어요. '텍스트 묶는 단위'를 [둘째 수준까지]로 설정하면 둘째 수준 이하 내용은 둘째 수준과 함께 애니메이션으로 재생됩니다.

4 [내밀기] 대화상자에서 [효과] 탭을 선택하세요. '추가 적용'의 '애니메이션 후'에서 내림 단추(⬇)를 클릭하고 [회색]을 선택한 후 [확인]을 클릭하세요.

❶ **애니메이션 후 숨기기** : 애니메이션이 실행된 후에 자동으로 사라져요.

❷ **다음 클릭 시 숨기기** : 애니메이션이 실행된 후에 클릭하면 사라져요.

5 [슬라이드 쇼] 단추(🖵)를 실행하여 슬라이드 쇼를 실행한 후 변경된 애니메이션을 확인해 보세요. 애니메이션이 재생된 후에는 회색으로 변경됩니다.

문서작성

텍스트

도형도해

그림/표/차트

오디오/비디오

애니메이션

슬라이드쇼

템플릿디자인

저장/인쇄

실무예제 06

애니메이션에 트리거 효과 지정하기

1 슬라이드 쇼를 실행하여 설정된 애니메이션을 먼저 확인해 보고 [Esc]를 눌러 슬라이드로 되돌아오세요. [Shift]를 이용해서 누른 상태에서 첫 번째 파란색 파이 도형과 숫자 텍스트를 모두 선택하고 [애니메이션] 탭-[고급 애니메이션] 그룹에서 [트리거]를 클릭한 후 [클릭할 때]-[영화]를 선택하세요.

> **Tip**
>
> 트리거(trigger)는 '방아쇠', '도화선', '촉발하다'는 뜻으로, 개체를 클릭하거나 책갈피에서 애니메이션이 실행되도록 설정하는 기능이에요.

2 [Shift]을 이용해서 두 번째 주황색 파이 도형과 숫자 텍스트를 함께 선택하고 [애니메이션] 탭-[고급 애니메이션] 그룹에서 [트리거]를 클릭한 후 [클릭할 때]-[음악]을 선택하세요.

> **Tip**
>
> [홈] 탭-[편집] 그룹에서 [선택]을 클릭하고 [선택 창]을 선택하여 [선택] 창을 열면 해당 개체의 이름을 쉽게 변경할 수 있어요.

3 이와 같은 방법으로 세 번째 파이 도형과 숫자에는 '연극' 트리거를, 네 번째 파이 도형과 숫자에는 '뮤지컬' 트리거를 설정하세요.

4 [슬라이드 쇼] 단추(□)를 클릭하여 슬라이드 쇼를 실행한 후 해당 분야를 클릭하여 지정한 애니메이션이 실행되는지 확인해 보세요.

문서작성

텍스트

도형도해

그림/표/차트

오디오/비디오

애니메이션

슬라이드쇼

템플릿디자인

저장/인쇄

잠깐만요 **하나의 개체에 두 개 이상의 애니메이션 효과 지정하기**

이미 애니메이션이 적용된 개체에 애니메이션을 추가로 설정할 때는 [애니메이션] 탭-[고급 애니메이션] 그룹에서 [애니메이션 추가]를 선택하여 애니메이션을 지정해야 합니다.

❶ 첫 번째 애니메이션 : [애니메이션] 탭-[애니메이션] 그룹에서 [자세히] 단추(□)를 클릭해서 지정
❷ 두 번째 이상 애니메이션 : [애니메이션] 탭-[고급 애니메이션] 그룹에서 [애니메이션 추가]를 클릭하여 지정

애니메이션 반복하여 복사하기

애니메이션이 적용된 개체를 선택하고 [애니메이션] 탭-[고급 애니메이션] 그룹에서 [애니메이션 복사]를 클릭하세요. 마우스 포인터가 ▷▲ 모양으로 바뀌었을 때 다른 개체를 클릭하면 애니메이션을 똑같이 복사할 수 있어요.

애니메이션 제거하기

[애니메이션] 탭-[고급 애니메이션] 그룹에서 [애니메이션 창]을 클릭하여 화면의 오른쪽에 [애니메이션 창]을 열고 제거할 애니메이션을 선택한 후 다음의 방법 중 하나를 이용해 제거할 수 있습니다.

방법 1 Delete 를 누르세요.
방법 2 [애니메이션] 탭-[애니메이션] 그룹에서 [자세히] 단추(▾)를 클릭하고 [없음]을 선택하세요.
방법 3 [애니메이션 창]에서 내림 단추(▾)를 클릭하고 [제거]를 선택하세요.

▲ [애니메이션] 그룹에서 애니메이션 제거하기   ▲ [애니메이션] 창에서 애니메이션 제거하기

슬라이드 쇼에 자주 사용하는 단축키 알아보기

슬라이드 쇼를 실행하는 도중에 F1 을 누르면 도움말을 확인할 수 있어요.

단축키	기능
마우스 왼쪽 단추 클릭, Spacebar, →, ↓, Enter 또는 PgDn	다음 슬라이드
Backspace, ←, ↑, PgUp	이전 슬라이드
숫자 입력 후 Enter	숫자에 해당하는 슬라이드로 이동
Esc	슬라이드 쇼 종료
Ctrl + S	[모든 슬라이드] 대화상자 표시
B	화면을 검은색으로 설정/취소
W	화면을 흰색으로 설정/취소
Ctrl + L 또는 Ctrl +마우스 왼쪽 단추 클릭	마우스 포인터를 레이저 포인터로 변경
Home	첫 번째 슬라이드로 이동
End	마지막 슬라이드로 이동

1 | 애니메이션 적용하고 효과 옵션과 시작 방법 변경하기

📁 **예제파일** : 전시회.pptx 📁 **결과파일** : 전시회_완성.pptx

세 개의 꽃 사진에 다음의 애니메이션을 적용해 보세요.

- **종류** : 닦아내기
- **시작** : 클릭할 때
- **효과 옵션** : 위에서
- **재생 시간** : 00.25

Hint ① 세 개의 꽃 사진을 선택하고 [애니메이션] 탭-[애니메이션] 그룹에서 [닦아내기]를 선택한 후 '효과 옵션'의 [위에서]를 선택하세요.
② [애니메이션] 탭-[고급 애니메이션] 그룹에서 '시작'은 [클릭할 때], '재생 시간'은 [00.25]로 설정하세요.

2 | 애니메이션 복사하고 실행 순서 변경하기

📁 **예제파일** : 기대효과.pptx 📁 **결과파일** : 기대효과_완성.pptx

첫 번째 팔각형 도형의 애니메이션을 복사하여 나머지 팔각형 도형에 적용 '위쪽 텍스트 → 팔각형 도형 → 아래쪽 도형' 그룹순으로 애니메이션이 실행되도록 애니메이션의 순서를 조정해 보세요.

Hint ① 첫 번째 팔각형 도형을 선택하고 [애니메이션] 탭-[고급 애니메이션] 그룹에서 [애니메이션 복사]를 더블클릭한 후 나머지 팔각형 도형에 애니메이션을 복사하세요.
② [애니메이션 창]에서 맨 위쪽 텍스트는 맨 처음으로, 아래쪽 도형 그룹은 마지막에 실행되도록 애니메이션의 순서를 조정하세요.

Section

03
하이퍼링크 이용해
한 번에 슬라이드 이동하기

하이퍼링크를 이용하면 슬라이드 쇼에서 특정 텍스트나 객체를 클릭했을 때 다른 슬라이드나 파일로 이동하거나 인터넷 사이트로 연결할 수 있어요. 따라서 목차나 그림에 하이퍼링크를 설정해 놓으면 발표자가 프레젠테이션을 진행하면서 다른 프로그램이나 슬라이드로 쉽게 이동할 수 있어요. 이번 섹션에서는 하이퍼링크를 이용하여 화면을 이동하는 방법뿐만 아니라 슬라이드 쇼를 재생하는 도중에 다른 프로그램을 실행하는 방법에 대해 배워봅니다.

> **PREVIEW**

▲ 텍스트에 하이퍼링크 연결하기

▲ 그림에 하이퍼링크 연결하기

난이도 1 2 3 4 5

실무
예제 **01**

목차 텍스트에 하이퍼링크 설정하기

1 2번 슬라이드에서 다섯 번째 목차 도형을 선택하고 [삽입] 탭-[링크] 그룹에서 [하이퍼링크]를 클릭하세요. [하이퍼링크 삽입] 대화상자가 열리면 '연결 대상'에서 [현재 문서]를 선택하고 '이 문서에서 위치 선택'에서 [17. 다이어트에 좋은 운동]을 선택한 후 [확인]을 클릭하세요.

2 [슬라이드 쇼] 단추(🖵)나 [읽기용 보기] 단추(📖)를 클릭하여 슬라이드 쇼를 실행해 보세요. 2번 목차 슬라이드에서 'Ⅴ. 다이어트에 좋은 운동' 항목에 마우스 포인터를 올려놓고 손 모양(🖑)으로 변경되면 클릭하여 지정한 17번 슬라이드로 이동하는지 확인하세요.

목차 페이지로 이동하는 하이퍼링크 설정하기

1 3번 슬라이드를 선택하고 [홈] 탭-[그리기] 그룹에서 [도형]을 클릭한 후 '실행 단추'의 [실행 단추:
홈](🏠)을 클릭하세요. 화면의 오른쪽 위에 다음의 그림과 같이 드래그하여 실행 단추를 그리
세요.

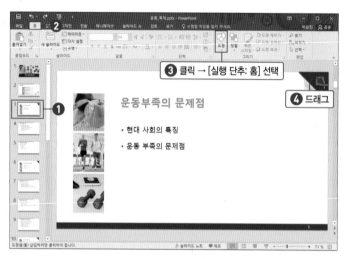

2 [실행 설정] 대화상자가 열리면 [마우스를 클릭할 때] 탭에서 [하이퍼링크]를 선택하고 내림
단추(▽)를 클릭해 [슬라이드]를 선택하세요. [슬라이드 하이퍼링크] 대화상자가 열리면 '슬
라이드 제목'에서 [2. Contents]를 선택하고 [확인]을 클릭한 후 [실행 설정] 대화상자로 되
돌아오면 [확인]을 클릭하세요.

> **Tip**
>
> [실행 단추: 홈](🏠)은 기본적으로 첫 번째 슬라이드로 이동하도록 설정되어 있지만, 여기서는 목차 슬라이드인 두 번째 슬라이드로 이동하
> 도록 변경했어요.

3 3번 슬라이드에서 [실행 단추: 홈] 이미지(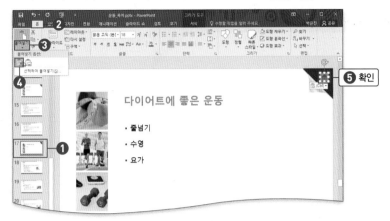)를 복사(Ctrl+C)하고 같은 모양의 레이아웃인 6번, 10번, 14번, 17번 슬라이드에 각각 붙여넣기(Ctrl+V)하세요.

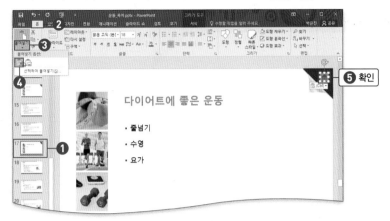

4 [슬라이드 쇼] 단추(▣)나 [읽기용 보기] 단추(▣)를 클릭하여 슬라이드 쇼를 실행하고 3번 슬라이드의 오른쪽 위에 있는 [실행 단추: 홈](▩)을 클릭하세요.

5 '목차' 슬라이드로 이동하는지 확인해 보세요.

문서작성

텍스트

도형/도해

그림/표/차트

오디오/비디오

애니메이션

슬라이드 쇼

테마디자인

저장/인쇄

6 '목차' 슬라이드에서 각 항목을 클릭하여 해당 페이지로 이동하면 다시 슬라이드의 오른쪽 위에 있는 [실행 단추: 홈](■)을 클릭하세요.

7 '목차' 슬라이드로 이동하는지 확인해 보세요.

잠깐만요 **하이퍼링크 제거하기**

슬라이드에 지정한 하이퍼링크는 다음의 방법 중 하나를 이용해 제거할 수 있습니다.

방법1 하이퍼링크가 설정된 개체를 선택하고 마우스 오른쪽 단추를 눌러 [하이퍼링크 제거]를 선택하세요.

방법2 [하이퍼링크 편집] 대화상자에서 제거하려는 하이퍼링크가 연결된 슬라이드를 선택하고 [링크 제거]를 클릭하세요.

▲ [하이퍼링크 제거] ▲ [하이퍼링크 편집] 대화상자에서 하이퍼링크 제거하기
선택하기

실무
예제 **03**   # 하이퍼링크 클릭해 다른 문서로 이동하기

1 21번 슬라이드에서 [보러가기] 도형을 선택하고 [삽입] 탭-[링크] 그룹에서 [하이퍼링크]를 클릭하세요.

2 [하이퍼링크 삽입] 대화상자가 열리면 '연결 대상'에서 [기존 파일/웹 페이지]를 선택하고 부록 CD의 '운동과 칼로리.xlsx' 파일을 선택한 후 [확인]을 클릭하세요.

Tip

하이퍼링크를 이용하여 다른 프레젠테이션 문서나 파일로 연결할 때 현재 작업 중인 문서와 동일한 폴더에 파일을 복사 한 후 연결하는 것이 좋아요. 이렇게 해야 폴더를 복사하거나 이동하더라도 연결이 올바르게 유지됩니다.

3 [슬라이드 쇼] 단추()를 클릭하여 슬라이드 쇼를 실행하세요. 21번 슬라이드의 [보러가기]
에 마우스 포인터를 올려놓고 손 모양(🖐)으로 변경되면 클릭하세요.

4 하이퍼링크로 연결된 엑셀 파일이 실행되었습니다.

1 | 하이퍼링크로 텍스트 상자 연결해 목차 완성하기

🔵 **예제파일** : 창의_목차.pptx   🔵 **결과파일** : 창의_목차_완성.pptx

2번 슬라이드의 목차를 클릭하면 해당 슬라이드로 이동하도록 하이퍼링크를 설정해 보세요. 이때 텍스트의 아래쪽에 하이퍼링크 밑줄이 나타나지 않게 설정해 보세요.

Hint
① 첫 번째 목차를 선택하고 [삽입] 탭-[링크] 그룹에서 [하이퍼링크]를 클릭하세요.
② [하이퍼링크 삽입] 대화상자가 열리면 [현재 문서]에서 목차의 해당 내용 슬라이드로 이동하도록 설정하세요.
③ 슬라이드 쇼를 실행한 후 목차를 클릭하면 해당 슬라이드로 이동하는지 확인하세요.

2 | 그림에 하이퍼링크 제거하고 설정하기

🔵 **예제파일** : 창의_그림.pptx   🔵 **결과파일** : 창의_그림_완성.pptx

3번 슬라이드의 그림에 삽입된 하이퍼링크를 제거해 보세요. 8번 슬라이드의 그림을 클릭하면 'https://www.kofac.re.kr'로 연결되도록 하이퍼링크를 설정해 보세요.

Hint
① 3번 슬라이드에서 그림을 선택하고 마우스 오른쪽 단추를 눌러 [하이퍼링크 제거]를 선택하세요.
② 8번 슬라이드에서 그림을 선택하고 [삽입] 탭-[링크] 그룹에서 [하이퍼링크]를 클릭하세요.
③ [하이퍼링크 삽입] 대화상자가 열리면 [기존 파일/웹 페이지]를 선택하고 '주소'에 연결할 URL을 입력한 후 슬라이드 쇼를 실행하여 확인하세요.

Section 04

슬라이드 쇼에 멋진 화면 전환 효과 지정하기

슬라이드와 슬라이드의 사이에 화면 전환 효과를 지정하면 좀 더 역동감 있는 프레젠테이션을 완성할 수 있어요. 파워포인트 2016에서는 발표자 도구를 비롯해서 다양한 슬라이드 쇼 기능을 활용하여 발표자가 더욱 매끄러운 슬라이드 쇼를 완성하여 진행할 수 있도록 도와줍니다. 이번 섹션에서는 다양한 화면 전환 효과를 지정해 보고 발표자의 프레젠테이션 진행을 돕는 발표자 도구 사용에 대해 배워봅니다.

> **PREVIEW**

▲ 화면 전환 효과 설정하기

▲ 발표자 도구 보기

'페이지 말아 넘기기' 화면 전환 효과 지정하기

1 1번 슬라이드를 선택하고 [전환] 탭−[슬라이드 화면 전환] 그룹에서 [자세히] 단추(▼)를 클릭한 후
'화려한 효과'의 [페이지 말아 넘기기]를 선택하세요.

2 [전환] 탭−[슬라이드 화면 전환] 그룹에서 [효과 옵션]을 클릭하고 [이중 오른쪽]을 선택하세요.

> **Tip**
>
> 화면 전환 효과의 종류에 따라 [효과 옵션]에서 선택할 수 있는 목록이 다르게 나타나요.

문서작성

텍스트

도형도해

그림/표/차트

오디오/비디오

애니메이션

슬라이드쇼

테마디자인

저장/인쇄

실무
예제 **02**

예제파일 : 마케팅_전환속도.pptx 결과파일 : 마케팅_전환속도_완성.pptx

모든 슬라이드의 화면 전환 속도 변경하기

1 1번 슬라이드에서 슬라이드의 화면 전환 속도를 변경하기 위해 **[전환] 탭-[타이밍] 그룹**에서 '기간'에 『02.00』(초)을 입력하세요. 모든 슬라이드의 화면 전환 속도를 똑같이 적용하기 위해 **[전환] 탭-[타이밍] 그룹**에서 **[모두 적용]**을 클릭하세요.

> **Tip**
>
> '기간'의 값이 짧아질수록 슬라이드의 전환 속도는 빨라져요. 그리고 슬라이드에 화면 전환 효과를 지정하면 화면의 왼쪽에 있는 슬라이드 축소판 그림 창에서 슬라이드 번호의 아래쪽에 ★ 모양이 나타납니다.

2 **[슬라이드 쇼] 단추(🖵)**나 **[읽기용 보기] 단추(📖)**를 클릭하여 슬라이드 쇼를 실행한 후 화면 전환 효과를 확인해 보세요.

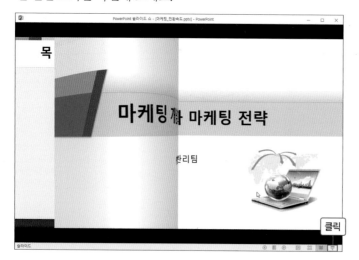

자동으로 실행하는 프레젠테이션 만들기

1 1번 슬라이드를 선택하고 [슬라이드 쇼] 탭-[설정] 그룹에서 [예행 연습]을 클릭하여 프레젠테이션을 시작하세요.

2 프레젠테이션이 진행되는 동안 화면의 왼쪽 위에 있는 슬라이드 시간 상자에 프레젠테이션 시간이 기록됩니다.

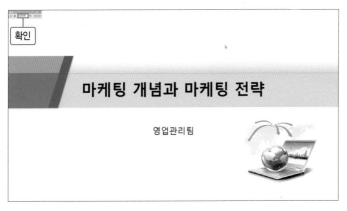

3 실제 프레젠테이션을 진행하는 것처럼 설명 시간을 고려하면서 마우스 왼쪽 단추를 눌러 마지막 슬라이드까지 이동해 보세요. 슬라이드 쇼에서 예행 연습으로 기록한 시간을 저장할 것인지를 묻는 메시지 창이 열리면 [예]를 클릭하세요.

4 [여러 슬라이드] 단추(▦)를 클릭하여 여러 슬라이드 보기 화면으로 변경하면 각 슬라이드마다 오른쪽 아래에 시간이 표시됩니다. 슬라이드 쇼를 진행하던 중 마우스로 화면을 클릭하거나 각 슬라이드의 오른쪽 아래에 설정한 시간이 되면 화면이 전환됩니다.

Tip

[전환] 탭-[타이밍] 그룹에서 [화면 전환]의 [다음 시간 후]에 체크되고 예행 연습에서 사용한 시간이 설정된 것을 확인할 수 있어요.

5 F5 를 눌러 슬라이드 쇼를 실행한 후 각 슬라이드가 설정한 시간만큼 자동으로 프레젠테이션으로 실행되는지 확인해 보세요.

잠깐만요 **슬라이드 숨기기**

슬라이드 축소판 그림 창에서 마우스 오른쪽 단추를 눌러 [슬라이드 숨기기]를 선택하면 프레젠테이션을 진행하는 동안에는 슬라이드가 표시되지 않아요. 다시 한 번 마우스 오른쪽 단추를 눌러 [슬라이드 숨기기]를 선택하면 슬라이드 숨기기가 취소됩니다.

▲ 5번 슬라이드 숨기기

발표자 도구로 전문가처럼 프레젠테이션 발표하기

1 컴퓨터에 빔 프로젝트를 연결하면 복수 모니터가 자동으로 인식됩니다. 슬라이드 쇼를 진행할 때 발표자의 모니터 화면에서 발표자 도구를 보려면 **[슬라이드 쇼]** 탭-**[모니터]** 그룹에서 **[발표자 도구 사용]**에 체크되었는지 확인하고 **'모니터'**에는 슬라이드 쇼를 표시할 모니터로 **[자동]**을 지정하세요.

2 [슬라이드 쇼] 단추(🖵)를 클릭하거나 F5 를 눌러 슬라이드 쇼를 실행하면 청중에게는 슬라이드만 표시되지만, 발표자는 화면에 표시되는 발표자 도구를 이용해 슬라이드 노트를 볼 수 있어요. 단일 모니터에서 발표자 도구를 보려면 슬라이드 쇼에서 마우스 오른쪽 단추를 눌러 [발표자 도구 표시]를 선택하세요.

3 발표자 도구 화면의 왼쪽에는 타이머와 현재 슬라이드가, 오른쪽에는 다음 슬라이드와 함께 아래쪽에 슬라이드 노트가 표시됩니다.

잠깐만요 **발표자 도구 살펴보기**

발표자 도구를 사용하면 프레젠테이션을 전문가처럼 할 수 있어요. 발표자 도구의 화면 구성과 다양한 사용법을 미리 익혀보세요.

❶ 타이머 시간 표시(0:00:41), [타이머 일시 중지] 도구(⏸), [타이머 다시 시작] 도구(↻)
❷ 현재 청중에게 보여주는 슬라이드
❸ 다음에 나올 슬라이드
❹ [펜 및 레이저 포인터 도구](✎)
❺ [모든 슬라이드 보기] 도구(▦)
❻ [슬라이드 확대] 도구(🔍)
❼ [슬라이드 쇼를 검정으로 설정/취소합니다.] 도구(▣)
❽ [슬라이드 쇼 옵션 더 보기] 도구(⊙)
❾ [이전 슬라이드로 돌아갑니다.] 도구(◉), [모든 슬라이드 보기] 도구(슬라이드 3/16), [다음 슬라이드로 넘어갑니다.] 도구(◉)
❿ 현재 슬라이드의 슬라이드 노트

1 오른쪽으로 '벗겨내기' 화면 전환 효과 설정하기

🔵 예제파일 : 허브_화면전환.pptx   🔵 결과파일 : 허브_화면전환_완성.pptx

다음과 같이 화면 전환 효과를 적용하고 5번 슬라이드를 숨겨보세요.

- • **화면 전환 효과** : 벗겨내기
- • **효과 옵션** : 오른쪽으로
- • **기간** : 1.50
- • 모든 슬라이드에 적용

Hint   ① [전환] 탭-[슬라이드 화면 전환] 그룹에서 [자세히] 단추(▼)를 클릭하고 '화려한 효과'의 [벗겨내기]를 선택한 후 '효과 옵션'에서 [오른쪽으로]를 선택하세요.
② [전환] 탭-[타이밍] 그룹에서 '기간'을 [1.50]으로 수정하고 [모두 적용]을 클릭하세요.
③ 슬라이드 축소판 그림 창에서 5번 슬라이드를 마우스 오른쪽 단추로 눌러 [슬라이드 숨기기]를 선택하세요.

2 발표자 도구로 슬라이드 쇼 진행하기

🔵 예제파일 : 허브_발표자도구.pptx

슬라이드 쇼를 실행하고 발표자 도구 화면에서 다음 작업을 실행하세요.

- • 다음 슬라이드로 이동하기
- • 3번 슬라이드의 슬라이드 노트 보기
- • 5번 슬라이드로 곧바로 이동하기

Hint   ① F5 를 눌러 슬라이드 쇼를 실행한 후 마우스 오른쪽 단추를 눌러 [발표자 도구 표시]를 선택하세요.
② [다음 슬라이드로 넘어갑니다.] 도구(◉)를 클릭하여 다음 슬라이드로 이동하세요.
③ 3번 슬라이드로 이동하여 슬라이드 노트를 확인하고 『5』를 입력한 후 Enter 를 누르세요.

자동으로 실행되는 행사용 프레젠테이션 만들기

🔵 **예제파일** : 여행앨범.pptx   🔵 **결과파일** : 여행앨범_완성.pptx

모임이나 단체의 연말 행사 또는 결혼식, 돌잔치 등에서 수많은 사진에 화면 전환 효과를 적용하고 음악을 지정하여 동영상처럼 프레젠테이션을 진행하려면 이번에 실습하는 기능을 꼭 사용해 보세요. 이렇게 완성한 파워포인트 문서는 Esc를 누를 때까지 자동으로 재생됩니다.

1 1번 슬라이드를 선택하고 [삽입] 탭-[미디어] 그룹에서 [오디오]를 클릭한 후 [내 PC의 오디오]를 선택하세요. [오디오 삽입] 대화상자가 열리면 배경으로 사용할 음악을 선택하고 [삽입]을 클릭하세요.

2 삽입한 오디오를 모든 슬라이드에서 실행되는 배경 음악으로 설정하기 위해 [오디오 도구]의 [재생] 탭-[오디오 스타일] 그룹에서 [백그라운드에서 재생]을 클릭하세요.

3 각 슬라이드가 3초 후에 자동으로 서로 다른 화면으로 전환되도록 [전환] 탭-[슬라이드 화면 전환] 그룹에서 '화려한 효과'의 [임의 효과]를 선택하세요. [전환] 탭-[타이밍] 그룹에서 [다음 시간 후]에 체크하고 '다음 시간'에 [00:03]을 지정한 후 [모두 적용]을 클릭하세요.

4 1번 슬라이드만 선택한 상태에서 [전환] 탭-[슬라이드 화면 전환] 그룹의 [소용돌이]를 선택하여 표지 슬라이드의 화면 전환 효과를 변경하세요.

5 [슬라이드 쇼] 탭-[설정] 그룹에서 [슬라이드 쇼 설정]을 클릭하세요. [쇼 설정] 대화상자가 열리면 '쇼 형식'의 [대화형 자동 진행(전체 화면)]을 선택하고 [확인]을 클릭하세요.

6 F5 를 눌러 슬라이드 쇼를 진행하면 Esc 를 누를 때까지 프레젠테이션이 반복되어 실행됩니다.

문서작성

텍스트

도형도해

그림/표/차트

오디오/비디오

애니메이션

슬라이드쇼

템플릿디자인

저장/인쇄

CHAPTER 4
프레젠테이션의
문서 관리 기술 익히기

파워포인트에서 제공하는 테마와 슬라이드 마스터를 활용하면 프레젠테이션 문서를 전문가 수준으로 세련되게 디자인할 수 있어요. 또한 수정 및 편집이나 문서 관리도 편리해서 업무의 효율성을 더욱 높일 수도 있죠. 파워포인트는 사용 목적 및 용도가 점차 다양해지면서 파일의 저장 형식과 인쇄 모양도 좀 더 다양하게 제공되고 있어요. 이번 챕터에서는 파워포인트의 기본인 슬라이드 마스터의 활용법과 다양한 인쇄 및 저장 기능에 대해 알아보겠습니다. 이번 챕터가 어렵게 느껴질 수도 있지만, 제대로 알면 문서를 디자인하고 관리하는 능력을 한층 업그레이드할 수 있으므로 잘 익혀보세요.

Windows 10
+Excel
& PowerPoint
&Word 2016
+Hangeul 2014

테마와 마스터로 프레젠테이션 디자인 관리하기

슬라이드 마스터는 배경과 색, 글꼴, 효과, 개체 틀의 크기와 위치뿐만 아니라 프레젠테이션의 테마 및 슬라이드 레이아웃 정보를 저장하는 슬라이드 계층 구조의 최상위 슬라이드입니다. 이것은 초보자에게 어려울 수 있지만, 제대로 사용할 줄 알면 여러 개의 슬라이드에 공통적으로 적용되는 요소를 통일하여 업무의 효율성이 크게 높일 수 있습니다. 이번 섹션에서는 슬라이드 마스터의 개념에 대해 이해하면서 슬라이드 마스터를 익숙하게 사용할 수 있는 필수 예제를 실습해 봅니다.

▶ PREVIEW

▲ 모든 슬라이드에 배경 디자인하기

▲ 표지 슬라이드 디자인하기

테마와 마스터 이해하기

1 | 슬라이드 마스터와 슬라이드 레이아웃 이해하기

❶ **슬라이드 마스터** : 슬라이드 마스터는 단 몇 번의 마우스 클릭만으로 빠른 시간 안에 전문가 수준의 디자인을 만들 수 있도록 도와줍니다. 예를 들어 모든 슬라이드에 같은 글꼴이나 이미지(로고)를 삽입하려면 슬라이드 마스터를 사용하세요. 이렇게 삽입한 내용을 슬라이드 마스터에서 변경하면 나머지 슬라이드에도 똑같이 적용되어 매우 쉽게 수정 및 편집할 수 있어요.

❷ **슬라이드 레이아웃** : 각 슬라이드의 레이아웃은 레이아웃마다 다르게 설정되어 있어서 서로 다른 위치에 다른 유형의 개체 틀이 삽입되어 있죠. 파워포인트에서 제공하는 기본 레이아웃이 마음에 들지 않으면 사용자가 직접 레이아웃을 만들어서 등록할 수 있어요.

2 | 테마 이해하기

테마(thema)는 색, 글꼴, 그래픽 등 서식을 꾸밀 수 있는 모든 디자인 요소를 제공해요. 따라서 디자인 감각이 없어도 테마를 사용하면 전문 디자이너처럼 감각적인 프레젠테이션을 아주 쉽게 만들 수 있어요. 또한 테마는 파워포인트뿐만 아니라 엑셀, 워드, 아웃룩에서도 공통적으로 제공되는 기능으로, 파워포인트에서 적용한 테마를 오피스의 모든 프로그램에서 일관성 있는 형태로 유지할 수 있답니다. 파워포인트에 설정된 기본 테마는 'Office 테마'로, 슬라이드 마스터나 [디자인] 탭에서 원하는 테마로 바꿀 수 있어요.

▲ 슬라이드 마스터에서 테마 변경하기

▲ [디자인] 탭에서 테마 변경하기

문서작성

텍스트

도형도해

그림/표/차트

오디오/비디오

애니메이션

슬라이드쇼

테마디자인

저장/인쇄

예제파일 : 리더십_마스터.pptx   결과파일 : 리더십_마스터_완성.pptx

실무
예제 **02** # 슬라이드 마스터 디자인하기

1 Shift를 누른 상태에서 화면의 아래쪽에 있는 [기본] 단추(🔲)를 클릭하세요.

> **Tip**
> [보기] 탭─[마스터] 그룹에서 [슬라이드 마스터]를 클릭해도 됩니다.

2 슬라이드 마스터 보기로 이동하면 맨 위쪽에 있는 '슬라이드 마스터'의 제목 개체 틀을 선택하세요. [홈] 탭─[글꼴] 그룹에서 [글꼴 크기 작게]를 두 번 클릭하여 '글꼴 크기'를 [36]으로 지정하고 [굵게]를 클릭하세요. 제목 개체 틀의 크기 조정 핸들(◯)을 위쪽으로 드래그하여 제목 영역의 크기를 작게 조절해 보세요.

> **Tip**
> 개별 슬라이드를 작성하기 전에 슬라이드 마스터를 먼저 디자인하는 것이 좋아요. 그리고 제목 영역을 줄이면 본문 공간이 넓어집니다.

3 이번에는 내용 개체 틀을 선택하고 **[홈] 탭-[글꼴] 그룹**에서 **[글꼴 크기 작게]**를 한 번 클릭하여 **'글꼴 크기'**를 **[16+]**로 지정하세요. 내용 개체 틀의 크기 조정 핸들(○)을 위쪽으로 드래그하여 크기를 크게 조정하면서 약간 위쪽으로 이동하세요.

본문은 각 수준마다 글꼴 크기가 다르므로 직접 크기 값을 입력하지 않고 [글꼴 크기 작게]나 [글꼴 크기 크게]를 클릭하여 현재 지정된 값보다 작게 또는 크게 변경하세요.

4 46쪽의 '05. 글머리 기호의 모양과 색상 변경하기'를 참고하여 내용 개체 틀에 다음과 같이 글머리 기호의 모양과 색을 적용해 보세요. 내용 개체 틀을 선택하고 **[홈] 탭-[단락] 그룹**에서 **[단락] 대화 상자 표시 아이콘(⌐)**을 클릭하세요.

- **첫째 수준** : 도형 기호(❖), 색 : 테마 색 – 파랑, 강조 1
- **둘째 수준** : 속이 찬 정사각형 글머리 기호(▪), 색 : 테마 색 – 주황, 강조 2
- **셋째 수준** : 속이 찬 둥근 글머리 기호(●), 색 : 테마 색 – 녹색, 강조 6

5 [단락] 대화상자가 열리면 [들여쓰기 및 간격] 탭의 '간격'에서 '단락 앞'은 [0pt], '단락 뒤'는 [12pt], '줄 간격'은 [1줄]로 지정하세요. [한글 입력 체계] 탭을 선택하고 [한글 단어 잘림 허용]의 체크를 해제한 후 [확인]을 클릭하세요.

Tip

슬라이드 마스터에서 글머리 기호, 줄 간격, 한글 단어 잘림 방지 등을 변경하면 모든 슬라이드에 자동으로 적용되어 슬라이드를 만들 때마다 다시 지정할 필요가 없어서 편리해요.

6 슬라이드 마스터에 입력한 내용에 서식이 잘 적용되었는지 확인하기 위해 [기본] 단추(□)를 클릭하세요. 기본 보기 화면이 열리면 4번 슬라이드를 선택하여 제목과 글머리 기호를 확인해 보세요.

Tip

슬라이드 마스터 보기에서 기본 보기 화면으로 전환할 때 [슬라이드 마스터] 탭-[닫기] 그룹에서 [마스터 보기 닫기]를 클릭해도 됩니다.

**실무
예제 03   모든 슬라이드에 같은 배경 그림 지정하기**

1 Shift를 누른 상태에서 [기본] 단추(▤)를 클릭하여 슬라이드 마스터 보기로 이동하세요. '슬라이드 마스터'를 선택하고 [슬라이드 마스터] 탭-[배경] 그룹에서 [배경 스타일]을 클릭한 후 [배경 서식]을 선택하세요.

① Shift+클릭

> **Tip**
> 슬라이드의 빈 공간에서 마우스 오른쪽 단추를 눌러 [배경 서식]을 선택해도 됩니다.

2 화면의 오른쪽에 [배경 서식] 창이 열리면 [채우기] 단추(◇)가 선택된 상태에서 '채우기'의 [그림 또는 질감 채우기]를 선택하고 [파일]을 클릭하세요.

문서작성

텍스트

도형도해

그림/표/차트

오디오/비디오

애니메이션

슬라이드쇼

테마디자인

저장/인쇄

3 [그림 삽입] 대화상자가 열리면 부록 CD의 '배경1.png' 파일을 선택하고 [삽입]을 클릭하세요.

4 모든 슬라이드에 '슬라이드 마스터'와 같은 배경 그림이 삽입되면 [기본] 단추(圖)를 클릭하세요.

5 기본 보기 화면이 열리면 모든 슬라이드에 같은 배경 그림이 적용된 것을 확인할 수 있어요.

◐ **예제파일** : 리더십_로고.pptx   ◐ **결과파일** : 리더십_로고_완성.pptx

실무
예제 **04** 모든 슬라이드에 로고 삽입하기

1 Shift를 누른 상태에서 [기본] 단추(圖)를 클릭하여 슬라이드 마스터 보기로 이동하고 '슬라이드 마스터'를 선택한 후 [삽입] 탭-[이미지] 그룹에서 [그림]을 클릭하세요. [그림 삽입] 대화상자가 열리면 부록 CD의 'logo.png' 파일을 선택하고 [삽입]을 클릭하세요.

2 삽입한 로고의 크기를 조금 줄이고 화면의 오른쪽 위로 드래그하여 위치를 이동하세요. 나머지 레이아웃들을 차례대로 선택하면서 로고가 똑같은 위치에 제대로 적용되었는지 마스터 보기에서 확인해 보세요.

실무
예제 | **05** | **표지 슬라이드 디자인하기**

1 Shift 를 누른 상태에서 [기본] 단추(🔲)를 클릭하여 슬라이드 마스터 보기로 이동하세요. '제목
슬라이드 레이아웃'을 선택하고 **[슬라이드 마스터] 탭−[배경] 그룹**에서 **[배경 스타일]**을 클릭한 후
[배경 서식]을 선택하세요.

2 화면의 오른쪽에 [배경 서식] 창이 열리면 [채우기] 단추(🔷)가 선택된 상태에서 '채우기'의
[그림 또는 질감 채우기]를 선택하고 [파일]을 클릭하세요. [그림 삽입] 대화상자가 열리면 부
록 CD의 '배경2.png' 파일을 선택하고 [삽입]을 클릭하세요.

3 나머지 슬라이드는 디자인이 바뀌지 않고 '제목 슬라이드 레이아웃'의 배경 그림만 바뀐 것을 확인할 수 있어요.

4 '제목 슬라이드 레이아웃'의 제목 개체 틀을 선택하세요. [그리기 도구]의 [서식] 탭-[WordArt 스타일] 그룹에서 [자세히] 단추(▾)를 클릭하고 [채우기 – 검정, 텍스트 1, 윤곽선 – 배경 1, 진한 그림자 – 배경 1]을 선택하세요.

5 [슬라이드 마스터] 탭-[배경] 그룹에서 [배경 그래픽 숨기기]에 체크하세요.

> **Tip**
> [배경 그래픽 숨기기]에 체크하면 '슬라이드 마스터'에서 삽입했던 도형이나 그림과 같은 개체를 숨길 수 있어요.

6 [삽입] 탭-[이미지] 그룹에서 [그림]을 클릭하세요. [그림 삽입] 대화상자가 열리면 부록 CD의 'logo.png' 파일을 선택하고 [삽입]을 클릭하세요.

Tip

'슬라이드 마스터'에서 로고 이미지를 복사한 후 붙여넣기해도 됩니다.

7 삽입한 로고 이미지를 화면의 아래쪽으로 드래그하여 위치를 이동하고 [기본] 단추(▣)를 클릭하세요.

Tip

로고 이미지를 선택하고 ↓를 눌러 이동하거나 Shift를 누른 상태로 아래쪽으로 드래그하면 이미지의 중심을 유지하면서 쉽게 위치를 움직일 수 있어요.

8 기본 보기 화면이 열리면 첫 번째 슬라이드의 배경과 로고가 다른 슬라이드 레이아웃과 다르게 설정되었는지 확인해 보세요.

예제파일 : 리더십_바닥글.pptx　　**결과파일** : 리더십_바닥글_완성.pptx

실무
예제 **06** # 모든 슬라이드에 슬라이드 번호 삽입하기

1 [삽입] 탭-[텍스트] 그룹에서 [머리글/바닥글]을 클릭하세요. [머리글/바닥글] 대화상자가 열리면 [슬라이드] 탭에서 [슬라이드 번호]와 [제목 슬라이드에는 표시 안 함]에 체크하고 [모두 적용]을 클릭하세요.

> **Tip**
>
> 바닥글을 삽입하려면 [바닥글]에 체크하고 바닥글 내용을 입력하세요.

2 모든 슬라이드에 슬라이드 번호가 적용되었는지 확인해 보세요. '제목 슬라이드 레이아웃'을 제외한 두 번째 슬라이드부터 슬라이드 번호가 나타납니다.

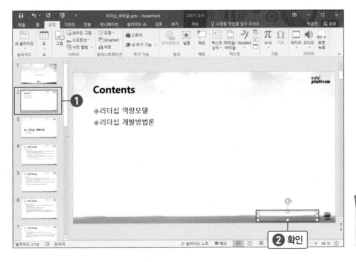

> **Tip**
>
> 슬라이드 번호는 기본 보기 화면에서 도 설정할 수 있어요.

문서작성

텍스트

도형도해

그림/표/차트

오디오/비디오

애니메이션

슬라이드쇼

테마디자인

저장/인쇄

3 슬라이드 번호의 위치와 서식을 변경하려면 슬라이드 마스터 보기에서 작업해야 해요. Shift를 누른 상태에서 [기본] 단추(▣)를 클릭하여 슬라이드 마스터 보기로 이동하세요. '슬라이드 마스터'를 선택하고 슬라이드 번호 텍스트 상자를 선택한 후 약간 아래쪽으로 드래그하여 위치를 옮겨주세요.

Tip

각각의 슬라이드에서 수정하면 슬라이드마다 번호의 위치와 서식이 달라지므로 슬라이드 마스터에서 작업해야 해요.

4 슬라이드 번호 텍스트 상자를 선택한 상태에서 [홈] 탭-[글꼴] 그룹의 [글꼴 크기]를 [14pt]로 지정하세요. [글꼴 색]을 '테마 색'의 [흰색, 배경 1]로 선택하고 [기본] 단추(▣)를 클릭하세요.

Tip

슬라이드 마스터에서 슬라이드 번호 서식을 변경하면 다른 슬라이드에도 똑같이 변경됩니다. 슬라이드 번호의 〈#〉 값은 시스템에서 표현하는 값이므로 지우면 안 됩니다.

5 기본 보기 화면이 열리면 나머지 슬라이드에도 슬라이드 번호의 위치와 서식이 제대로 변경되었는지 확인해 보세요.

잠깐만요 **두 번째 슬라이드의 페이지 번호를 1로 표시하기**

[디자인] 탭-[사용자 지정] 그룹에서 [슬라이드 크기]를 클릭하고 [사용자 지정 슬라이드 크기]를 선택하세요. [슬라이드 크기] 대화상자가 열리면 '슬라이드 시작 번호'에 『0』을 입력하고 [확인]을 클릭하세요.

첫 번째 슬라이드는 '제목 슬라이드 레이아웃'이므로 설정에 따라 슬라이드 번호가 표시되지 않고 두 번째 슬라이드부터 1번으로 표시됩니다.

실무
예제 **07** **다중 마스터 활용해 레이아웃 지정하기**

1 다른 문서에서 사용할 4번 슬라이드를 선택하고 [홈] 탭-[클립보드] 그룹에서 [복사]를 클릭하세요.

Tip

Ctrl + C 를 눌러 슬라이드를 복사해도 됩니다.

2 Ctrl + N 을 눌러 새 프레젠테이션을 열어보세요. [홈] 탭-[클립보드] 그룹에서 [붙여넣기]의 붙여넣기 를 클릭하고 '붙여넣기 옵션'의 [원본 서식 유지]()를 선택하여 **1** 과정에서 복사한 슬라이드를 붙여넣으세요.

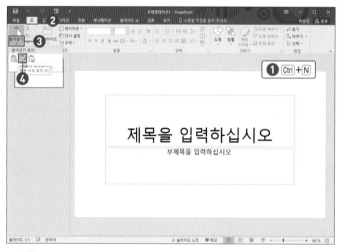

Tip

'붙여넣기 옵션'을 선택하지 않고 복사한 슬라이드를 그냥 붙여넣었다고 걱정하지 마세요. 마지막 슬라이드의 오른쪽 아래에 나타나는 [붙여넣기 옵션] 단추(📋(Ctrl)▾)를 클릭하고 [원본 서식 유지](📋)를 선택할 수 있어요. 원본의 서식은 제외하고 내용만 복사하고 싶으면 [대상 테마 사용](📋)을 선택하세요.

3 Shift 를 누른 상태에서 [기본] 단추(⊡)를 클릭하여 슬라이드 마스터 보기로 이동하고 '2번 슬라이드 마스터'가 삽입되었는지 확인해 보세요.

4 [기본] 단추(⊡)를 클릭하여 기본 보기 화면으로 이동하세요. [홈] 탭-[슬라이드] 그룹에서 [새 슬라이드]의 ᴺᴱ 슬라이드를 클릭하고 'Office 테마'의 [제목 및 내용]을 선택하세요.

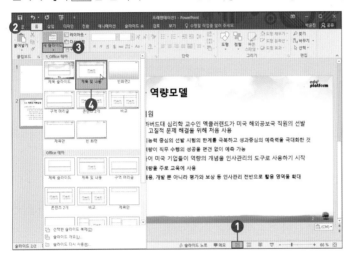

5 이와 같은 방법으로 두 종류의 슬라이드 마스터에 따른 다양한 레이아웃을 선택하여 삽입할 수 있어요.

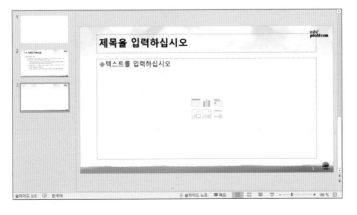

문서작성

텍스트

도형도해

그림/표/차트

오디오/비디오

애니메이션

슬라이드쇼

테마디자인

저장/인쇄

예제파일 : 리더십_글꼴.pptx   결과파일 : 리더십_글꼴_완성.pptx

프레젠테이션의 기본 글꼴 변경하기

1 Shift를 누른 상태에서 [기본] 단추(▣)를 클릭하여 슬라이드 마스터 보기로 이동하고 [슬라이드 마스터] 탭-[배경] 그룹에서 [글꼴]을 클릭한 후 [글꼴 사용자 지정]을 선택하세요. [새 테마 글꼴만들기] 대화상자가 열리면 다음의 그림과 같이 지정하고 [저장]을 클릭하세요.

> **Tip**
>
> 기본 보기 화면에서 [디자인] 탭-[적용] 그룹의 [자세히] 단추(▼)를 클릭하고 [글꼴]을 선택해도 됩니다. 글꼴은 영문 글꼴과 한글 글꼴을 구분해서 설정할 수 있어요.

2 [기본] 단추(▣)를 클릭하여 기본 보기 화면으로 이동하면 프레젠테이션 문서 전체의 기본 글꼴이 1 과정에서 지정한 서체로 변경된 것을 확인할 수 있어요.

> **Tip**
>
> 슬라이드 마스터에서 기본 글꼴을 변경하면 각각의 슬라이드마다 일일이 글꼴을 바꿀 필요가 없어서 편리해요.

1 | 슬라이드 마스터에서 표지와 본문 디자인하기

 예제파일 : 기획문서_배경.pptx   **결과파일** : 기획문서_배경_완성.pptx

슬라이드 마스터를 사용하여 문서의 표지와 본문에 다음의 서식을 적용해 보세요.

> • 슬라이드 마스터 – 배경 : 배경3.png, 텍스트 : 40pt, 굵게, 흰색, 배경에 맞게 위치 및 크기 조정
> • 제목 슬라이드 레이아웃 – 배경 : 배경4.png, 텍스트 : 54pt, 굵게, 검은색

Hint
① 슬라이드 마스터 보기에서 '슬라이드 마스터'를 선택하고 [슬라이드 마스터] 탭-[배경] 그룹에서 [배경 스타일]을 클릭한 후 [배경 서식]을 선택하세요. [배경 서식] 창에서 [그림 또는 질감 채우기]를 선택하고 [파일]을 클릭하여 '배경3.png' 파일을 선택하세요.
② 제목 레이아웃에는 '배경4.png' 파일을 적용하세요. '슬라이드 마스터'의 제목 글꼴에 [40pt], [굵게], [흰색]을 적용하고 배경 그림에 맞게 위치와 크기를 조정한 후 '제목 슬라이드 레이아웃'의 제목 글꼴에 [54pt], [굵게], [검은색]을 적용하세요.

2 | 슬라이드 번호를 가운데 아래에 표시하기

 예제파일 : 기획문서_바닥글.pptx   **결과파일** : 기획문서_바닥글_완성.pptx

제목 슬라이드 레이아웃을 제외한 모든 슬라이드에 14pt, 검은색의 슬라이드 번호가 가운데 아래에 나타나게 설정해 보세요.

Hint
① [삽입] 탭-[텍스트] 그룹에서 [머리글/바닥글]을 클릭하세요. [머리글/바닥글] 대화상자의 [슬라이드] 탭에서 [슬라이드 번호]와 [제목 슬라이드에는 표시 안 함]에 체크하고 [모두 적용]을 클릭하세요.
② 슬라이드 마스터 보기로 이동하고 '슬라이드 마스터'에서 슬라이드 번호에 [14pt], [검은색]을 지정하세요. [홈] 탭-[단락] 그룹에서 [가운데 맞춤]을 클릭하고 [홈] 탭-[그리기] 그룹에서 [정렬]을 클릭한 후 [맞춤]-[가운데 맞춤]을 선택하세요.

02

프레젠테이션 다양한 형식으로 저장하기

파워포인트 사용자가 늘어나면서 사용 목적 및 활용 범위도 더욱 넓어지고 다양해졌어요. 파워포인트 2016에서는 기존에 제공하던 파일 형식보다 더 많은 파일 형식을 제공하고 있습니다. 또한 파워포인트 문서를 저장할 때 내 컴퓨터뿐만 아니라 온라인(클라우드)에도 쉽게 저장하여 다른 사람들과 공유할 수 있도록 공동 작업에 대한 기능도 추가되었습니다. 이번 섹션에서는 파워포인트로 작업한 문서를 PDF 파일과 비디오 파일, 유인물, 그림 등의 다양한 형식으로 저장하는 방법에 대해 배워봅니다.

> PREVIEW

▲ 파워포인트 문서를 PDF로 저장하기

▲ 파워포인트 문서를 비디오 파일로 저장하기

> **섹션별 주요 내용**

01 | 프레젠테이션을 PDF 문서로 저장하기 **02** | 프레젠테이션을 비디오 파일로 저장하기
03 | 프레젠테이션을 CD용 패키지로 저장하기 **04** | 프레젠테이션을 유인물로 저장하기

🔵 **예제파일** : 향수.pptx   🔵 **결과파일** : 향수.pdf

실무
예제 **01**

프레젠테이션을 PDF 문서로 저장하기

1 [파일] 탭-[내보내기]를 선택하고 [PDF/XPS 문서 만들기]를 선택한 후 [PDF/XPS 만들기]를 클릭하세요.

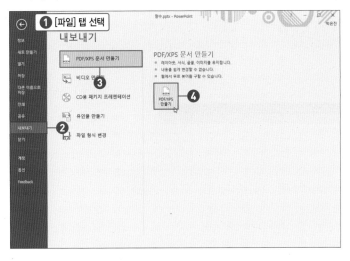

2 [PDF 또는 XPS로 게시] 대화상자가 열리면 PDF 문서를 저장할 위치를 선택하고 '파일 이름'에 『향수.pdf』를 입력한 후 [게시]를 클릭하세요. 문서가 게시되기 시작하면 잠시 기다리세요.

> **Tip**
>
> [게시 후 파일 열기]에 체크되어 있으면 문서가 PDF로 저장된 후 자동으로 실행됩니다.

3 게시가 완료되면 '향수.pdf' 파일이 곧바로 실행됩니다.

● 예제파일 : 향수.pptx　● 결과파일 : 향수.mp4

실무 예제 | **02** | **프레젠테이션을 비디오 파일로 저장하기**

1 [슬라이드 쇼] 탭-[설정] 그룹에서 [슬라이드 쇼 녹화]를 클릭하고 [처음부터 녹음 시작]을 선택하세요. [슬라이드 쇼 녹화] 대화상자가 열리면 [슬라이드 및 애니메이션 시간]에만 체크하고 [녹화 시작]을 클릭하세요.

> **Tip**
>
> [파일] 탭-[내보내기]에서 [비디오 만들기]를 선택하고 [기록된 시간 및 설명 사용]을 클릭한 후 [시간 및 설명 기록]을 선택해도 비디오 녹화 시간을 설정할 수 있어요.

2 슬라이드 쇼가 시작되면 녹화가 시작됩니다. 슬라이드를 클릭하면서 슬라이드 쇼를 끝까지 진행하면 이 과정이 모두 녹화됩니다. 녹화가 끝나고 시간을 저장할지 묻는 메시지 창이 열리면 [예]를 클릭하세요.

> **Tip**
>
> 슬라이드에 설정된 시간과 설명을 지우려면 [슬라이드 쇼] 탭-[설정] 그룹에서 [슬라이드 쇼 녹화]를 클릭하고 [지우기]를 선택하세요.

3 [여러 슬라이드] 단추(⊞)를 클릭하여 각 슬라이드마다 설정된 시간을 확인해 보세요.

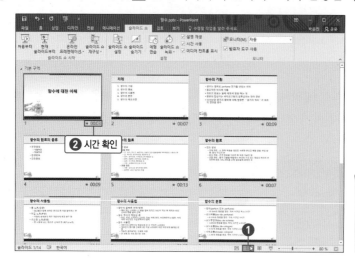

Tip

설정된 시간 중에서 일부 슬라이드만 수정하려면 [전환] 탭-[타이밍] 그룹에서 [다음 시간 후]에 체크하고 시간을 직접 수정하면 됩니다.

4 [파일] 탭-[내보내기]를 선택하고 [비디오 만들기]를 선택한 후 [인터넷 품질]을 클릭하여 중간 정도의 해상도로 비디오를 만드세요. [기록된 시간 및 설명 사용]을 선택하고 [비디오 만들기]를 클릭하세요.

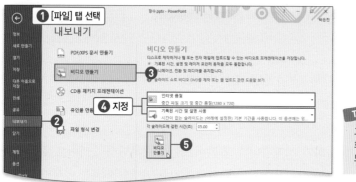

Tip

고화질 비디오가 필요한 경우 대형 화면 PT에 적합한 1920×1080 해상도로 저장할 수 있어요.

5 [다른 이름으로 저장] 대화상자가 열리면 파일을 저장할 위치를 선택하고 '파일 이름'에 『향수.mp4』를 입력하세요. '파일 형식'에서 [MPEG-4 비디오 (*.mp4)]를 선택하고 [저장]을 클릭하세요.

Tip

파워포인트 문서는 'Documents' 폴더가 아니라 다른 폴더에 저장해도 상관없으므로 사용자가 쉽게 찾을 수 있는 폴더를 선택하세요.

6 프레젠테이션이 비디오로 저장되는 동안 화면의 아래쪽에 있는 상태 표시줄에 비디오의 저장 상태가 표시됩니다. 저장을 중지하려면 [취소] 단추(⊗)를 클릭하세요.

7 'Documents' 폴더에서 '향수.mp4' 파일을 실행하여 슬라이드 쇼가 비디오 파일로 녹화되었는지 확인해 보세요.

문서작성

텍스트

도형/표현

그림/표/차트

오디오/비디오

애니메이션

슬라이드쇼

템플릿디자인

저장/인쇄

프레젠테이션을 CD용 패키지로 저장하기

1 **[파일] 탭-[내보내기]**를 선택하고 [CD용 패키지 프레젠테이션]을 선택한 후 [CD용 패키지]를 클릭하세요.

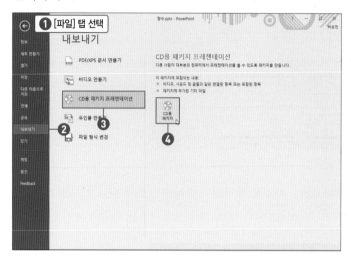

2 [CD용 패키지] 대화상자가 열리면 'CD 이름'에 『향수이해』를 입력하고 [옵션]을 클릭하세요. [옵션] 대화상자가 열리면 '다음 파일 포함'에서 [연결된 파일]과 [포함된 트루타입 글꼴]에 체크되어 있는지 확인하고 [확인]을 클릭하세요. [CD용 패키지] 대화상자로 되돌아오면 [폴더로 복사]를 클릭하세요.

> **Tip**
> - 프레젠테이션 문서와 함께 저장할 파일이 있으면 [CD용 패키지] 대화상자에서 [추가]를 클릭하여 필요한 파일을 추가하세요. 이때 형식이 다른 여러 종류의 파일도 함께 추가할 수 있어요.
> - [옵션] 대화상자에서 [연결된 파일]에 체크하면 문서에서 연결된 동영상과 소리, 외부 파일이 포함되고 [포함된 트루타입 글꼴]에 체크하면 추가된 글꼴도 함께 저장됩니다.
> - [CD용 패키지] 대화상자의 [CD로 복사]는 빈 CD를 CD-RW에 삽입해야만 사용할 수 있어요.

3 [폴더에 복사] 대화상자가 열리면 '폴더 이름'과 '위치'를 확인하고 [확인]을 클릭하세요.

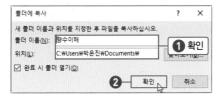

4 연결된 파일을 패키지에 포함하겠느냐고 묻는 메시지 창이 열리면 [예]를 클릭하세요.

> **Tip**
>
> 연결된 파일을 패키지에 포함하면 문서에 삽입하지 않고 연결된 개체도 함께 저장됩니다. 일반적인 방법으로 삽입한 동영상과 음악 파일은
> 이미 문서에 포함되어 저장되므로 별도의 파일로 저장되지 않아요.

5 폴더에 복사되기 시작하면 잠시 기다리세요.

6 '향수이해' 폴더가 열리면서 함께 저장된 파일들을 확인할 수 있어요. 이제 USB와 같은 휴대
용 저장 매체에 내용을 모두 복사해 두면 다른 컴퓨터에서도 오류가 발생하지 않으면서 안전
하게 프레젠테이션을 실행할 수 있어요.

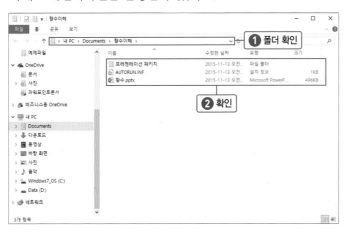

문서작성

텍스트

도형도해

그림/표/차트

오디오/비디오

애니메이션

슬라이드쇼

템플릿디자인

저장/인쇄

실무예제 04   프레젠테이션을 유인물로 저장하기

1 **[파일] 탭-[내보내기]**를 선택하고 [유인물 만들기]를 선택한 후 [유인물 만들기]를 클릭하세요. [Microsoft Word로 보내기] 대화상자가 열리면 [슬라이드 옆에 여백]을 선택하고 [확인]을 클릭하세요.

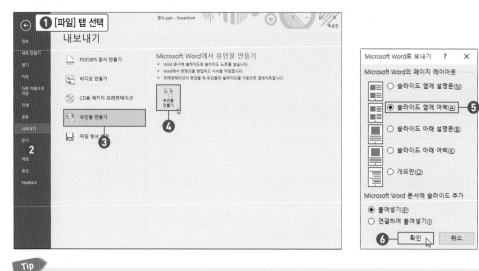

> **Tip**
>
> [슬라이드 옆에 설명문] 또는 [슬라이드 아래 설명문]을 선택하면 슬라이드 노트에 입력한 설명이 표시됩니다.

2 파워포인트 슬라이드가 워드 문서에서 그림으로 변환되면서 유인물이 만들어집니다.

1 | PDF 형식으로 프레젠테이션 문서 저장하기

예제파일 : 허브.pptx   **결과파일** : 허브.pdf

프레젠테이션 문서를 PDF 형식으로 변경하여 저장해 보세요.

Hint ① [파일] 탭-[내보내기]를 선택하고 [PDF/XPS 문서 만들기]를 선택한 후 [PDF/XPS 만들기]를 클릭하세요.
② [PDF 또는 XPS로 게시] 대화상자가 열리면 파일을 저장할 위치를 지정하고 파일 이름을 입력한 후 [게시]를 클릭하세요.
③ 저장된 PDF 파일이 실행되는지 확인하세요.

2 | 파워포인트 쇼 형식으로 저장하기

예제파일 : 허브.pptx   **결과파일** : 허브.ppsx

'파워포인트 쇼' 형식으로 저장하여 슬라이드 쇼가 자동으로 실행되도록 파일을 저장해 보세요.

Hint ① [파일] 탭-[내보내기]를 선택하고 [파일 형식 변경]을 선택한 후 '프레젠테이션 파일 형식'에서 [PowerPoint 쇼]를 선택하고 [다른 이름으로 저장]을 클릭하세요.
② [다른 이름으로 저장] 대화상자가 열리면 파일을 저장할 위치를 지정하고 파일 이름을 입력한 후 [저장]을 클릭하세요. 윈도우 탐색기에서 저장한 ppsx 파일을 찾아 실행하세요.

프레젠테이션의 인쇄 환경 설정하기

파워포인트의 기본 인쇄 설정 환경은 현재 프레젠테이션에 있는 모든 슬라이드를 컬러로 출력하는 것입니다. 하지만 인쇄 옵션에서 사용자가 원하는 인쇄 환경으로 맞춤 설정을 할 수도 있고 슬라이드 쇼에서 참고할 슬라이드 노트만 따로 인쇄하거나 배포할 자료를 유인물 형태로 인쇄할 수도 있어요. 이번 섹션에서는 파워포인트 문서를 흑백으로 인쇄하는 방법뿐만 아니라 다양한 용도에 따른 인쇄 설정 방법에 대해 배워봅니다.

> **PREVIEW**

▲ 슬라이드 크기와 방향 설정하기

▲ 인쇄 대상과 모양 설정하기

실무
예제 **01** # 인쇄용지와 슬라이드의 방향 설정하기

1 [디자인] 탭-[사용자 지정] 그룹에서 [슬라이드 크기]를 클릭하고 [사용자 지정 슬라이드 크기]를 선택하세요.

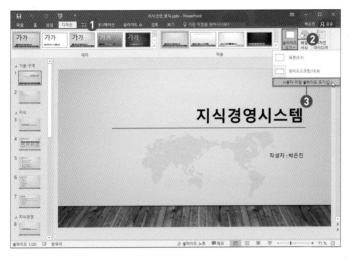

2 [슬라이드 크기] 대화상자가 열리면 '슬라이드 크기'에서 [A4 용지(210×297mm)]를 선택하고 [확인]을 클릭하세요. 크기 조절을 묻는 대화상자가 열리면 [맞춤 확인]을 선택하세요. 그러면 슬라이드의 크기가 '와이드 스크린(16:9)'에서 'A4 용지(210×297mm)' 크기로 변경됩니다.

❶ 최대화 : 슬라이드 크기가 변해도 콘텐츠의 크기를 유지해요.

❷ 맞춤 확인 : 슬라이드 크기에 맞게 콘텐츠의 크기를 줄여요.

예제파일 : 지식경영_회색조.pptx

실무
예제 **02** 필요한 슬라이드만 회색조로 인쇄하기

1 **[파일] 탭-[인쇄]**를 선택하세요. '설정'에서 [범위 지정]을 선택하고 '슬라이드 수'에 『1-2,8-20』을 입력한 후 [컬러]를 클릭하여 [회색조]를 선택하세요.

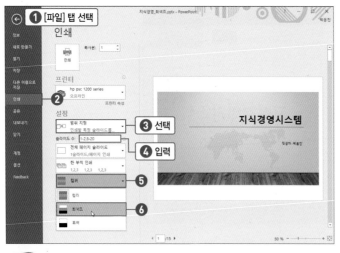

> **Tip**
> 떨어진 인쇄 범위는 쉼표(,)로 구분하고 연속 인쇄 범위는 하이픈(–)으로 연결합니다. 회색조로 인쇄하면 배경 그림은 인쇄되지 않고 삽입된 개체만 인쇄됩니다.

2 화면의 오른쪽에 인쇄 미리 보기 화면이 나타나면 인쇄할 페이지 수가 15페이지로 변경되었는지 확인하고 [인쇄]를 클릭하여 회색조로 인쇄하세요.

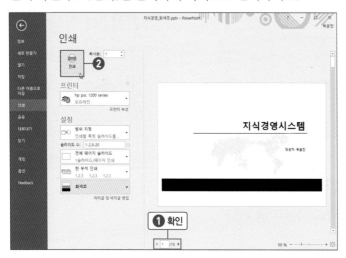

> **Tip**
> 인쇄 설정은 문서 내용과 함께 저장되지 않으므로 출력할 때마다 다시 설정해야 해요.

실무
예제 **03** 3슬라이드 유인물로 인쇄하기

1 [파일] 탭-[인쇄]를 선택하세요. '설정'에서 [모든 슬라이드 인쇄]를 선택하고 [전체 페이지 슬라이드]를 클릭한 후 '유인물'의 [3슬라이드]를 선택하세요.

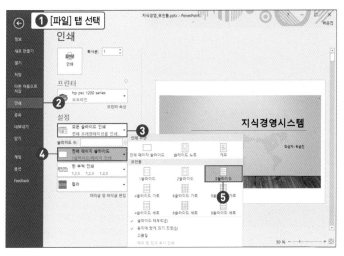

2 화면의 오른쪽에 인쇄 미리 보기 화면이 나타나면 세로 방향으로 '3슬라이드' 유인물이 인쇄되는지 확인해 보세요.

실무
예제 **04** **특정 구역만 선택해 세 장씩 인쇄하기**

1 인쇄 대상을 특정 구역으로 선택하려면 문서가 구역으로 나뉘어져 있어야 해요. 기본 보기 화면에서 프레젠테이션 문서가 구역으로 나뉘어져 있는지 확인하세요.

> **Tip**
>
> 구역으로 나뉘어져 있으면 슬라이드 축소판 그림 창의 그림 사이에 구역 이름이 나타납니다. 구역을 나누는 방법에 대해서는 33쪽을 참고하세요.

2 [파일] 탭-[인쇄]를 선택하고 '설정'에서 [지식경영]을 선택하세요. '복사본'에 [3]을 지정하고 [인쇄]를 클릭하세요.

1 특정 범위만 회색조로 인쇄하기

예제파일 : 마케팅_회색조.pptx

다음 인쇄 범위의 슬라이드만 선택하여 회색조로 인쇄해 보세요.

> **인쇄할 범위** : 1,2,10-16

Hint
① [파일] 탭-[인쇄]를 선택하고 '설정'에서 [범위 지정]을 선택한 후 『1,2,10-16』을 입력하세요.
② '설정'의 [컬러]를 [회색조]로 선택하고 [인쇄]를 클릭하세요.

2 모든 슬라이드를 2슬라이드 유인물로 다섯 장씩 인쇄하기

예제파일 : 마케팅_유인물.pptx

한 장의 종이에 2슬라이드 유인물로 다섯 장씩 인쇄해 보세요.

Hint
① [파일] 탭-[인쇄]를 선택하고 '설정'에서 [전체 페이지 슬라이드]를 클릭한 후 '유인물'의 [2슬라이드]를 선택하세요.
② '복사본'에 [5]를 지정하고 [인쇄]를 클릭하세요.

오피스 2016 프로그램 설치하기

오피스 2016 프로그램을 설치하는 방법에는 두 가지가 있어요. 오피스 2016 프로그램 설치형 제품을 구매하는 방법과 오피스 365 홈페이지(https://products.office.com/ko-kr/home)에 방문해 나에게 맞는 서비스를 선택해 가입하는 방법이 있습니다.

설치형 오피스 2016과 오피스 365 서비스의 차이점 알아보기

	설치형 오피스 2016	오피스 365 서비스
서비스 구성	워드, 엑셀, 파워포인트, 원노트 등의 응용프로그램으로만 구성	• 설치형 오피스 2016 제품 모두 포함 • OneDrive 클라우드 저장소 1TB, Skype 통화 등 다양한 온·오프라인 서비스 제공
사용 가능한 장치	한 대의 PC에서만 설치 사용 가능	PC, 스마트폰, 태블릿 등 다양한 장치에서 사용 가능
자동 업그레이드	지원 안함	온라인으로 항상 최신 버전 업그레이드
이용료 및 구입 비용	1회성 구입	• 월간 또는 연간 단위로 이용료 지불 • 다양한 요금제 선택 가입 가능
제품/서비스 종류	Office Home & Student, Office Home & Business 등	Office 365 Home, Personal 및 University, Office Home & Business 2016 등

오피스 온라인(Office Online)은 뭐에요?

오피스 온라인은 프로그램을 구입하거나 설치할 필요 없이 온라인상에서 누구나 무료로 사용할 수 있는 서비스입니다. 오피스 2016으로 작성한 문서를 열어서 편집하고 OneDrive에 저장할 수 있지만, 정식 오피스 2016 제품에 비해서 일부 기능은 제한될 수 있어요.

오피스 2016의 시스템 설치 요구 사항

필수 프로세서	1Ghz 이상 x86 또는 x64 비트 프로세서
필수 운영 체제	윈도우 7 이상, 윈도우 서버 2008 R2 또는 윈도우 서버 2012
필수 메모리 용량	1GB RAM(32비트), 2GB RAM(64비트)

오피스 2016 설치 따라하기

1 웹 브라우저의 주소 표시줄에 『www.office.com/myaccount』를 입력하여 사이트에 접속한 후 마이크로소프트 계정으로 로그인 하세요.

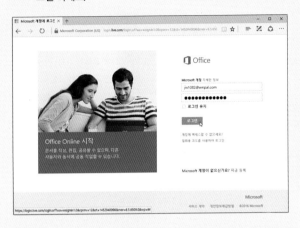

Tip 오피스 365를 구입하기 위해서는 마이크로소프트 계정이 없다면 [지금 등록]을 클릭하여 아이디와 비밀번호를 만드세요.

2 [지금 구매]를 클릭하면 Office 스토어로 이동합니다.

❶ **무료 체험** : [무료 체험]을 클릭하면 한 달간 무료로 평가판을 사용해 볼 수 있어요. 무료 체험이지만 신용카드가 필요합니다. 무료 체험 기간 이후 Office 365 Home의 월별 요금은 ₩11,900이고 언제든지 취소가 가능해요.

❷ **서비스 가입** : 각 서비스의 특징을 살펴보고 적합한 오피스 제품을 선택한 후 [지금 구입]을 클릭하면 서비스에 가입하거나 제품을 설치할 수 있어요.

Tip 오피스 365 프로그램에 대한 질문은 마이크로소프트의 도움말에서 찾을 수 있어요. 오피스 2016 프로그램 설치에 관한 보다 자세한 내용은 마이크로소프트의 도움말(www.microsoftstore.com/store/mskr/ko_KR/DisplayHelpOfficeFAQPage)을 통해 확인해 보세요.
오피스 프로그램 설치 및 구독 방법부터 제품군별 차이점 등 프로그램에 대한 자세한 답변을 얻을 수 있어요.

181

찾아보기

윈도우10 + 엑셀
파워포인트
워드 2016
한글 2014
무작정 따라하기
워드편

고경희, 박미정, 박은진 지음

길벗

활용제안 1 일단, 『무작정』 따라해 보세요!

실제 업무에서 사용하는 핵심 기능만 쏙 뽑아 실무 예제로 찾기 쉬운 구성으로 중요도별로 배치했기 때문에 **'무작정 따라하기'**만 해도 워드 사용 능력이 크게 향상됩니다. **'Tip'**과 **'잠깐만요'**는 예제를 따라하는 동안 주의해야 할 점과 추가 정보를 친절하게 알려줍니다. 또한 **'리뷰! 실무 예제'**로 자신의 실력을 점검해 보고 **'핵심! 실무 노트'**로 활용 능력을 업그레이드해 보세요.

핵심 키워드로 업무 능력 업그레이드!
• NEW/UP
• 우선순위 TOP 20

반드시 알고 넘어가야 할 주요 내용 소개!
• 학습안 제시
• 결과 미리 보기
• 섹션별 주요 기능 소개

필수 기능만 쏙 뽑아 실무에 딱 맞게!
• 핵심 기능 / 실무 예제
• 무작정 따라하기
• Tip / 잠깐만요

검색보다 빠르다!
• 탭

UP무 능력 향상을 위한 활용 실습
• 리뷰! 실무 예제

프로 비즈니스맨을 위한 활용 TIP!
• 핵심! 실무 노트

2 ## 자신의 『레벨에 맞는 학습법』을 찾아보세요!

워드를 최대한 쉽고 친절하게 알려주기 때문에 **초보 사용자**도 단기간에 **중급 사용자로 도약**할 수 있어요.
중, 고급 사용자라도 실무에서 다루는 현장감 넘치는 예제를 업무에 바로 적용할 수 있어서 **업무 활용 능력**을 높일 수 있어요! 자신의 단계에 맞는 **체계적인 학습법**을 찾아보세요.

'워드' 사용 수준에 따른 학습 단계는?

기초 완성	실무 핵심	프로 비즈니스
Chapter 1의 기본 기능 위주로 따라 하면서 문서를 만들어 보세요. 서식을 이용하여 문서를 꾸미거나 번호나 글머리 목록으로 단락을 표현하는 방법을 익혀봅니다.	Chapter 2에서 페이지 설정과 인쇄 방법을 학습하고 워드 문서에 그림, 수식, 하이퍼링크, 온라인 비디오, 표, 차트 등 다양한 개체를 삽입하고 편집하는 방법을 배웁니다.	Chapter 3에서 스타일을 이용하여 보다 효율적인 방법으로 서식을 적용하고 다단, 구역 설정 및 편지 병합, 검토와 양식 등을 활용하여 중급자로 거듭날 수 있는 유용한 기능을 학습해 봅니다.

단기간에 끝내는 맞춤 학습 계획

강의표의 일정을 따라하기보다는 미리 알고 있는 부분은 실습을 통해 정리하고 각 섹션의 '리뷰! 실무 예제'를 통해 기능을 확실히 다지도록 합니다. 목차 또는 인덱스를 통해 알고자 하는 기능을 찾아보고 'Tip'과 '잠깐만요'에서 설명한 부가적인 꿀팁도 놓치지 마세요. Chapter 3의 고급 문서 작성법은 파워유저로 거듭날 수 있는 기능이므로 꼼꼼하게 학습하도록 합니다. 좀 더 빠른 학습을 원한다면 우선순위 TOP 20 위주로 예제를 따라해 보세요.

주	해당 장	주제	예습	과제
1주	워크숍			
2주	Chapter 1	기본 문서 작성하기	Section 1	리뷰! 실무 예제
3주		단락 서식으로 문서 꾸미기	Section 2	리뷰! 실무 예제
4주		번호와 글머리 기호로 목록 만들기	Section 3	리뷰! 실무 예제, 핵심! 실무 노트
5주	Chapter 2	문서 저장과 페이지 설정 및 인쇄	Section 1	리뷰! 실무 예제
6주		개체 삽입하기	Section 2	리뷰! 실무 예제
7주		표와 차트 삽입하기	Section 2	리뷰! 실무 예제, 핵심! 실무 노트
8주	중간고사			
9주	Chapter 3	스타일 다루기	Section 1	리뷰! 실무 예제
10주		문서 디자인하기	Section 2	리뷰! 실무 예제
11주		편지, 검토, 양식 문서 작성하기	Section 3	리뷰! 실무 예제, 핵심! 실무 노트
12주	기말고사			

활용제안 3 『우선순위 TOP 20』과 『실무 난이도』를 적극 활용하세요!

워드 사용자들이 네이버 지식iN, 오피스 실무 카페 및 블로그, 웹 문서, 뉴스 등에서 **가장 많이 검색하고 찾아본 키워드를 토대로 우선순위 TOP 20**을 선정했어요. 이 정도만 알고 있어도 워드는 문제 없이 다룰 수 있답니다. 또한 각 예제마다 난이도를 표시하여 학습의 중요도를 살펴볼 수 있어요. 언제, 어디서든지 원하는 기능을 **금방 찾아 바로 적용**해 보세요!

순위 ▲	키워드	간단하게 살펴보기	빠른 페이지 찾기
1 ▲	인쇄 용지	문서 작업 전 반드시 인쇄 설정부터!	55, 57
2 ▲	데이터 수정	작성한 보고서의 데이터 편집 및 서식 수정	17
3 ▲	스타일	서식 작업 단순화. 빠른 문서 작성 가능	89, 91, 93, 95
4 ▲	특수 기호/한자 변환	한글을 한자로 빠르게 변환. 다양한 표기 가능	18
5 ▲	찾기/바꾸기	수정 텍스트를 찾아 한 번에 모두 변경	23
6 ▲	글머리 기호	기호 및 번호 매기기로 내용 정리	39~40, 42, 44
7 ▲	들여쓰기/내어쓰기	단계에 따라 내용 수준 조정 가능	31, 42
8 ▲	줄 간격	가독성을 위한 줄 간격 설정	33
9 ▲	페이지 번호	작업 문서의 분량 파악 및 해당 페이지 확인	103
10	그림 삽입	그림 삽입 후 [그림 도구]에서 다양하게 편집	61
11	비디오 파일 삽입	온라인 비디오 파일 삽입 가능	69
12	표 삽입	다량의 데이터를 표로 깔끔하게 정리	73, 75~76, 78
13	차트 삽입	수치 데이터를 한눈에 볼 수 있도록 디자인	80
14	표 크기 조절	표의 크기와 셀 너비, 높이 조절	76
15	탭 지정	데이터 줄 맞춰 입력 가능	34
16	머리글/바닥글	페이지마다 반복되는 디자인 표현	105
17	목차 삽입	목차 삽입 기능 목차 자동 삽입 가능	97
18	표지	표지 갤러리에서 쉽고 빠르게 삽입	63
19	문서 저장	워드 2016에서 작성한 문서 저장 방법	51
20	PDF 편집	PDF 문서를 워드에서 편집하고 저장	52

문서 기본 기능
필수 기능
업무 능률 ↑
시간 단축
보고서 정리
기본 기능
사용 빈도 높음
문서 꾸미기
협업 활용도 ↑

활용 제안 4 직접 먼저 따라해 본 『베타테스터』의 경험담을 들어보세요!

책이 출간되기 전, **베타테스터들이 원고를 직접 따라** 보면서 **이해되지 않는 내용을 수정**하고 **잘못된 부분을 고쳐**가면서 꼭 맞는 학습 방법을 제안해 주었습니다. 자신과 비슷한 연령, 작업 환경, 성별의 베타테스터들이 워드를 어떻게 공부하고 활용하고 있는지 먼저 경험해 본 사람들의 이야기를 듣고 참고해 보세요!

인턴

심재진

고품질 문서를 단숨에! 문서 정리도 완벽하게!

사무 관련 인턴 업무를 하다 보니 문서 정리를 할 일이 많습니다. 많은 양의 글을 깔끔하게 정리하고, 숫자는 표로 보기 쉽게 만들어야 하는데, 작업 시간은 오래 걸리지만 문서 꾸미기가 생각보다 쉽지 않았어요. 워드 기능은 대부분 안다고 생각했는데, 실제 업무에 적합한 기능을 제대로 사용하지 못하고 있었던 것 같습니다. 하지만 베타테스터 활동을 하면서 업무 시간도 단축하면서 양질의 문서를 만드는 방법을 익힐 수 있었습니다. 취업 준비생, 신입 초년생을 위한 필수 도서로 이 책을 강력 추천합니다.

교·강사

한유진

혼자서도 충분히! 강의용으로는 더욱 좋아요~

고등학교 학생들에게 컴퓨터 수업을 하다 보니 내용이 어렵지 않으면서 복습 과제도 내줄 수 있는 책이 필요합니다. 또한 업무 경험이 거의 없는 학생들에게 생생한 실무를 느끼게 해 줄 수 있는 책도 필요하죠. 특히 이 책은 제가 원하는 모든 요소를 완벽하게 갖춘 책이라고 할 수 있어요. 학생들이 혼자서도 충분히 따라할 수 있고 강사들이 가르치기 쉽게 구성되어 있기 때문에 남녀노소 누구나 워드를 배우고 싶은 사람이라면 부담 없이 볼 수 있습니다. 더불어 실력 향상까지 보장되니 만족도가 높은 책입니다.

공무원

장종학

언제, 어디서든지 원하는 문서를 빠르고 쉽게 만들 수 있습니다!

공무원 직업 특성상 문서를 다루는 일이 많습니다. 주로 흔글로 작업하는 편이기 때문에 워드에는 익숙하지 않은 편이죠. 워드나 흔글 두 프로그램 모두 워드프로세서라는 특성이 있지만, 미묘하게 사용법이 달라 애를 먹는 경우가 많았습니다. 하지만 베타테스터로 참여하여 원고 내용을 따라해 보면서 워드의 정확한 기능 사용법에 대해 알게 되었고, 흔글로 쉽게 작업했던 문서도 워드로 거의 비슷하게 구현할 수 있을 만큼 실력도 업그레이드되었습니다. 이제 워드 문서 작성은 자신있습니다!

? 무엇이든 물어보세요

책을 읽다 막히는 부분이 있으면 '길벗 홈페이지(www.gilbut.co.kr)' 회원으로 가입하고 '독자지원/자료실' → '자료/문의/요청' 게시판에 질문을 올리세요. 지은이와 길벗 독자지원센터에서 친절하게 답해 드립니다.

참여 방법

| 길벗 홈페이지(www.gilbut.co.kr) 회원 가입 후 로그인하기 | | 독자지원/자료실−자료/문의/요청−베타테스터 | | 질문 검색 또는 문의/요청하기 |

목차

NEW	워드 2016의 새로운 기능
UP	워드 2016의 업그레이드 기능
우선순위 TOP 20	실무 중요도에 따라 TOP01~TOP20까지 표시

CHAPTER 1
워드 2016의 기본 익히기

목차

부록 CD 사용법

윈도우 10+엑셀&파워포인트&워드 2016+한글 2014 부록 CD 이렇게 사용하세요!

이 책의 부록 CD에는 실습을 따라할 수 있는 예제파일과 결과파일이 각 챕터와 섹션별로 나뉘어 수록되어 있습니다.
부록 CD의 예제파일 및 결과파일은 내 컴퓨터에 복사하여 사용할 것을 권장합니다.

1 엑셀 2016

엑셀 2016에서 사용하는 예제파일과 결과파일이 각 챕터와 섹션별로 수록되어 있습니다. [핵심! 실무 노트]
에 해당하는 예제파일 및 결과파일은 각 챕터의 '핵심실무노트' 폴더에 따로 담겨 있습니다.

2 파워포인트 2016

파워포인트 2016에서 사용하는 예제파일과 결과파일이 각 챕터와 섹션별로 수록되어 있습니다. 실습에
필요한 사진과 음악도 섹션별로 나뉘어 담겨 있습니다. [핵심! 실무 노트]의 예제파일 및 결과파일은 각
챕터의 '핵심실무노트' 폴더에 담겨 있습니다.

3 워드 2016

워드 2016에서 사용하는 예제파일과 결과파일이 각 챕터와 섹션별로 수록되어 있습니다. [핵심! 실무 노
트]의 예제파일 및 결과파일은 각 챕터의 '핵심실무노트' 폴더에 담겨 있습니다.

4 한글 2014

한글 2014에서 사용하는 예제파일과 결과파일이 각 챕터와 섹션별로 수록되어 있습니다. [핵심! 실무 노
트]의 예제파일과 결과파일은 각 챕터의 '핵심실무노트' 폴더에 따로 담겨 있습니다.

CHAPTER 1

워드 2016의 기본 익히기

워드 2016은 전문가 수준의 문서를 만들기 위한 워드프로세스 프로그램으로, 이전 버전에 비해 다양한 서식을 지원하고 '언어 교정' 기능이 추가되어 문서를 더욱 편리하게 작성할 수 있게 되었어요. 또한 문서 확대 및 축소, 읽은 내용 기억 등의 읽기 환경이 개선되어 사용자가 문서를 편안하게 읽을 수 있도록 도와줍니다. 이번 챕터에서는 워드 2016에서 제공하는 다양한 기능을 사용하여 전문가처럼 일목요연하게 문서를 정리하는 방법에 대해 배워보겠습니다.

Windows 10
+ Excel
& PowerPoint
& Word 2016
+ Hangeul 2014

워드 2016 시작하기

문서 작성 프로그램인 워드 2016에서는 다양한 서식을 지원하고 '레이아웃 정리' 기능과 '언어 교정' 기능 등을 제공하여 사용자가 문서를 쉽게 작성할 수 있도록 도와줍니다. 또한 읽기 편한 가독성과 다양한 읽기 모드를 지원하고 읽은 내용의 기억 등 문서를 읽기 위한 기능도 새롭게 개선되었습니다. 이번 섹션에서는 워드 2016의 화면 구성을 살펴보고 새로운 문서 작성법에 대해 살펴보겠습니다.

> **PREVIEW**

▲ 'Back Stage' 화면 살펴 보기

▲ 기호 삽입하고 한자 변환하기

> **섹션별 주요 내용**
>
> 01 | 워드 시작 화면 살펴보기   02 | 새로운 기능 살펴보기   03 | 화면 구성 살펴보기
>
> 04 | 글꼴, 글꼴 크기, 글꼴 색 변경하기   05 | 기호 삽입하고 한자 변환하기
>
> 06 | 다양한 방법으로 텍스트 범위 선택하기   07 | 새로운 텍스트로 한 번에 변경하기
>
> 08 | 원하는 위치에서 페이지 나누기

핵심 기능 01 워드 시작 화면 살펴보기

워드 2016에서 제공하는 다양한 서식을 활용하면 쉽고 빠르게 전문가 수준의 문서를 작성할 수 있어요. 워드 2016을 실행하면 열리는 시작 화면인 'Back Stage'에서 새로운 문서와 서식 파일을 선택하거나, 필요에 따라 최근에 사용한 문서나 다른 워드 파일을 선택하여 문서를 작성해 보세요.

① **검색 입력 상자** : 찾으려고 하는 서식 파일의 검색어를 입력하며 원하는 문서를 검색한 후 다운로드할 수 있어요.

② **최근 항목** : 최근에 작업한 파일 목록으로, 여기서 문서를 선택하면 빠르게 실행할 수 있어요.

③ **새 문서** : 기본 서식만 적용된 빈 화면으로, 사용자가 원하는 문서 형태를 직접 작성할 수 있어요.

④ **다른 문서 열기** : 최근 사용한 통합 문서를 제외하고 다른 경로(컴퓨터, OneDrive 등)에 저장한 워드 문서를 열 수 있어요.

⑤ **서식 파일** : 워드 2016에서 기본적으로 제공하는 파일로, 목적과 필요에 따라 다양한 서식 파일을 선택할 수 있어요.

잠깐만요 **항상 새 문서로 워드 시작하기**

워드를 시작할 때마다 시작 화면을 표시하지 않고 곧바로 새로운 문서를 열 수 있어요. [파일] 탭-[옵션]을 선택하여 [Word 옵션] 창을 열고 [일반] 범주의 '시작 옵션'에서 [이 응용 프로그램을 시작할 때 시작 화면 표시]의 체크를 해제한 후 [확인]을 클릭하세요.

13

새로운 기능 살펴보기

1 | 설명 상자 사용해 빠르게 작업 수행하기

리본 메뉴에 추가된 설명 상자에 원하는 기능이나 명령을 입력하면 각 메뉴에 숨겨진 기능을 쉽게 찾을 수 있어요. 이 기능은 필요한 도움말을 찾거나 기능을 빠르게 실행하고 싶을 때 또는 스마트 조회를 사용하여 용어를 조사하거나 정의할 때 활용됩니다.

▲ 설명 상자

▲ '그림 삽입' 검색 결과

2 | 실시간으로 문서 공유하기

마이크로소프트의 클라우드 서비스인 OneDrive나 SharePoint에 문서를 온라인으로 저장하면 워드 2016이나 Word Online을 사용하는 동료와 초대 메일이나 링크를 통해 문서를 공유할 수 있어요. 또한 문서에서 수정 및 변경한 내용을 자동으로 공유하는 데 동의하면 다른 사람들이 작업한 내용을 실시간으로 확인할 수도 있어요.

▲ 문서를 공유할 사용자 초대하기

▲ 편집 작업 내용 실시간 확인하기

> **Tip**
> 문서 공유에서는 스카이프를 통한 화상 통화와 음성 통화, 메시지도 지원하고 있어요.

3 | 스마트 조회에서 찾은 정보 활용해 문서 작성하기

워드 2016에서 제공하는 '스마트 조회' 기능을 사용하면 문서에 작성한 내용을 정의하고 온라인 백과사전인 위키피디아와 웹에서 가장 관련성이 높은 검색 결과를 표시할 수 있어요. 스마트 조회는 검색 사이트인 Bing에서 제공하고 워드 2016에 조사 결과가 곧바로 표시됩니다.

▲ 스마트 조회로 정보 찾기

4 | 잉크 수식 실행하기

[삽입] 탭-[기호] 그룹에서 [수식]의 ⌐수식⌐을 클릭하고 [잉크 수식]을 선택하면 복잡한 수학 방정식이나 기호를 쉽게 입력할 수 있어요. 그리고 터치패드나 마우스를 이용하여 직접 작성한 내용이 텍스트로 곧바로 변환되고 쉽게 지우거나 고칠 수 있어서 수정이 매우 편리합니다.

▲ '잉크 수식' 기능 선택하기

▲ 수식 직접 입력하기

문서작성

서식지정

문서편집

개체삽입

스타일

문서요소

양식컨트

핵심 기능 03 화면 구성 살펴보기

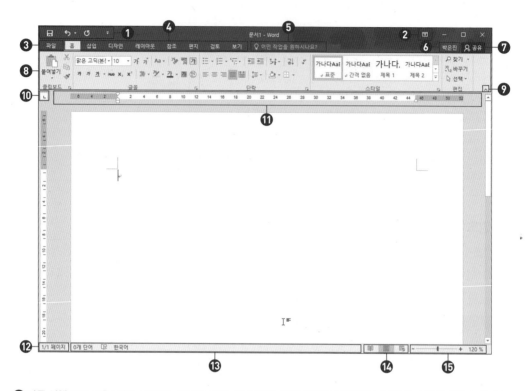

❶ **빠른 실행 도구 모음** : 자주 사용하는 도구를 모아놓은 곳으로, 사용자의 필요에 따라 도구를 추가 및 삭제할 수 있어요.

❷ **[리본 메뉴 표시 옵션] 단추(▣)** : 리본 메뉴의 탭과 명령 단추들을 모두 표시하거나 숨길 수 있어요

❸ **[파일] 탭** : 파일을 열고 닫거나 저장 및 인쇄할 수 있으며 공유, 계정, 내보내기 등의 문서 관리도 가능합니다. 또한 다양한 워드 옵션도 지정할 수 있어요.

❹ **탭** : 클릭하면 기능에 맞는 도구 모음이 나타나요. 기본적으로 제공되는 탭 외에 그림, 차트, 도형 등을 선택하면 [그림 도구]나 [표 도구]와 같은 상황별 탭이 추가로 나타납니다.

❺ **설명 상자** : 워드 2016 기능에 대한 도움말을 실행할 수 있어요. 영문명은 Tell me(텔미)입니다.

❻ **사용자 계정** : 로그인한 사용자의 계정과 등록한 사진이 표시됩니다. 계정을 만들면 공유 기능으로 다른 사용자와 문서를 주고받을 수 있어요.

❼ **공유** : 해당 문서를 작업하고 있는 사용자를 확인하고 공유 옵션을 지정할 창을 열 수 있어요.

❽ **리본 메뉴** : 선택한 탭과 관련된 명령 단추들이 비슷한 기능별로 묶여진 몇 개의 그룹으로 구성되어 있어요.

❾ **[리본 메뉴 축소] 아이콘(∧)** : 작업 화면이 좁아 작업하기에 불편하면 리본 메뉴를 축소하고 탭 이름만 표시할 수 있어요.

❿ **탭 선택기(└)** : 클릭할 때마다 왼쪽 탭과 오른쪽 탭으로 종류가 변경되어 설정됩니다.

⓫ **눈금자** : 가로 눈금자와 세로 눈금자를 이용하여 텍스트, 그래픽, 표 등을 정렬할 수 있어요.

⓬ **페이지 번호** : 문서에 페이지 번호를 표시해요. 클릭하여 [탐색] 창을 열고 문서를 검색할 수 있어요.

⓭ **상태 표시줄** : 단어 수, 언어 교정, 언어 정보 등을 나타내고 마우스 오른쪽 단추를 눌러 사용자가 정보를 선택하여 나타낼 수 있어요.

⓮ **화면 보기 단추** : [읽기 모드](▣), [인쇄 모양](▣), [웹 모양](▣) 등으로 화면의 보기 상태를 선택할 수 있어요.

⓯ **확대/축소 슬라이드바** : 슬라이드바를 드래그하여 화면 보기 비율을 10~500%까지 좀더 쉽게 확대 또는 축소할 수 있어요.

🔵 예제파일 : 이순신_텍스트.docx   🔵 결과파일 : 이순신_텍스트_완성.docx

실무
예제 **04**

글꼴, 글꼴 크기, 글꼴 색 변경하기

문서작성

1 첫 번째 줄의 제목을 드래그하여 선택하세요. [홈] 탭-[글꼴] 그룹에서 '글꼴'의 [HY견고딕]을 선택하고 [글꼴 크기]의 내림 단추(▼)를 클릭한 후 [14]를 선택하세요.

Tip

단축키	기능	단축키	기능
Ctrl + B	굵게	Ctrl + Shift + >	글꼴 크기 크게
Ctrl + I	기울임꼴	Ctrl + Shift + <	글꼴 크기 작게
Ctrl + U	밑줄		

2 제목을 선택한 상태에서 [홈] 탭-[글꼴] 그룹의 [글꼴 색]의 내림 단추(▼)를 클릭하고 '테마 색'의 [파랑, 강조 1]을 선택하세요.

Tip

텍스트의 크기나 색상 등의 서식을 설정할 때는 먼저 기본 서식으로 텍스트 내용을 모두 입력하고 서식을 변경할 부분만 드래그하여 지정하는 것이 좋아요.

17

기호 삽입하고 한자 변환하기

1 기호를 삽입하기 위해 제목의 앞을 클릭하여 커서를 올려놓고 **[삽입] 탭–[기호] 그룹**에서 **[기호]**를 클릭한 후 **[다른 기호]**를 선택하세요.

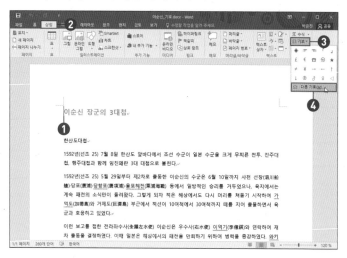

2 [기호] 대화상자의 [기호] 탭이 열리면 '글꼴'은 [(현재 글꼴)], '하위 집합'은 [도형 기호]를 지정하고 [◆]를 선택한 후 [삽입]을 클릭하세요. 기호가 삽입되면 [닫기]를 클릭하세요.

Tip

'글꼴'에서 [Wingdings]를 선택하면 다양한 모양의 그림 기호를 삽입할 수 있어요.

3 '한산도대첩'을 한자로 변환하기 위해 드래그하여 선택하고 **[검토] 탭–[언어] 그룹**에서 **[한글/한자 변환]**을 클릭하세요.

Tip

한자를 눌러도 [한글/한자 변환] 대화 상자가 열려요.

4 [한글/한자 변환] 대화상자가 열리면 '한자 선택'에서 [閑山島大捷]을 선택하고 '입력 형태'에서 [한글(漢字)]를 선택한 후 [변환]을 클릭하세요.

5 '한산도대첩(閑山島大捷)'과 같이 한글과 한자가 함께 표시되었습니다.

[한자 사전] 대화상자에서 한자의 음과 뜻 확인하기

[한글/한자 변환] 대화상자에서 [한자 사전] 단추(圖)를 클릭하면 변환할 한자의 음과 뜻을 확인할 수 있는 [한자 사전] 대화상자가 열려요.

텍스트 범위를 선택하는 편리한 방법 살펴보기

텍스트 범위를 선택할 때 단축키를 이용하면 업무 시간을 단축할 수 있으며 문서 작업도 훨씬 더 편리 해요.

단축키	선택 범위
F8 +방향키(←, →, ↑, ↓)	한 글자씩 선택
연속해서 F8 누르기	단어, 단락, 문서 순으로 선택 범위 확장
Shift + →	한 글자 오른쪽으로 선택
Shift + ←	한 글자 왼쪽으로 선택
Ctrl + Shift + →	단어의 끝까지 오른쪽으로 선택
Ctrl + Shift + ←	단어의 시작 위치까지 왼쪽으로 선택

실무 예제 **06** # 다양한 방법으로 텍스트 범위 선택하기

1 문서에 입력된 내용 중에서 빠르게 한 줄만 선택하려면 해당 줄의 왼쪽 여백을 클릭하세요.

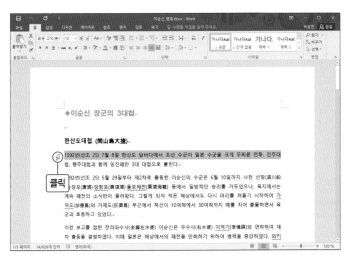

2 이번에는 단축키를 사용하여 문장을 한꺼번에 선택해 볼게요. '1592년(선조 25)'부터 '들려왔다.'의 문장 중에서 아무 곳에나 포인터를 올려놓고 Ctrl을 누른 상태에서 클릭하세요.

> **Tip**
>
> 문장은 마침표가 있는 곳까지의 내용이고 단락(문단)은 Enter를 눌러 나눈 내용의 묶음을 의미해요.

서식지정

문서관리

개체삽입

스타일

문서요소

양식검토

3 한 단락을 선택하려면 해당 단락의 왼쪽 여백을 두 번 클릭하세요.

Tip

단락 안에서 마우스를 세 번 클릭해
도 됩니다.

4 서로 떨어져 있는 텍스트를 동시에 선택해 볼까요? '1592년(선조 25)'을 드래그하여 선택하
고 Ctrl을 누른 상태에서 다음 단락의 '1592년(선조 25)'를 다시 드래그하여 선택하세요.

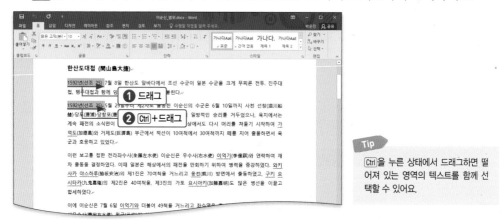

Tip

Ctrl을 누른 상태에서 드래그하면 떨
어져 있는 영역의 텍스트를 함께 선
택할 수 있어요.

5 문장 중에서 원하는 부분을 한꺼번에 선택하기 위해 두 번째 단락의 '이순신의~' 앞을 클릭하
여 커서를 올려놓고 Shift를 누른 상태에서 선택하려는 부분의 마지막 단어의 뒤를 클릭하세
요. 여기서는 '승리' 뒤를 클릭하여 범위를 선택했어요.

예제파일 : 이순신_바꾸기.docx   결과파일 : 이순신_바꾸기_완성.docx

실무
예제 **07**   **새로운 텍스트로 한 번에 변경하기**

1 변경할 텍스트를 문서의 처음부터 찾기 위해 첫 단락의 첫 번째 글자의 앞에 커서를 올려놓고 **[홈] 탭-[편집] 그룹**에서 **[바꾸기]**를 클릭하세요.

2 [찾기 및 바꾸기] 대화상자의 [바꾸기] 탭이 열리면 '찾을 내용'에는 『대첩』을, '바꿀 내용'에 는 『전투』을 입력하고 [모두 바꾸기]를 클릭하세요.

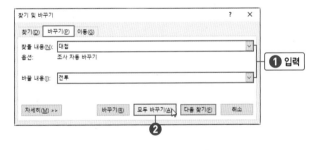

3 문서 내용 중에서 '대첩'이 모두 '전투'로 변경되었다고 알려주는 메시지 창이 열리면 [확인] 을 클릭하세요. 텍스트 바꾸기가 모두 완료되면 [찾기 및 바꾸기] 대화상자의 [닫기]를 클릭 하세요.

4 '바꾸기' 기능을 이용하면 새로운 텍스트로 한 번에 변경할 수 있어요.

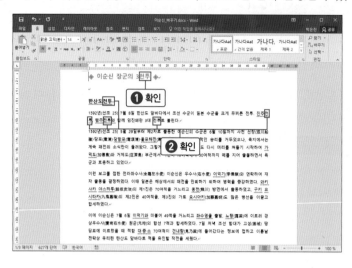

잠깐만요 **[찾기 및 바꾸기] 대화상자의 옵션 확대하기**

[찾기/바꾸기] 대화상자에서 [자세히]를 클릭하면 검색 옵션과 바꾸기 서식 및 옵션이 확대되어 더욱 다양한 서식을 적용하여 바꿀 수 있어요.

▲ [찾기 및 바꾸기] 대화상자가 축소된 경우   ▲ [찾기 및 바꾸기] 대화상자가 확대된 경우

실무
예제 **08**

원하는 위치에서 페이지 나누기

1 페이지를 나누기 위해 2페이지의 두 번째 제목인 '노량대첩'의 앞에 커서를 올려놓고 **[삽입]
탭-[페이지] 그룹**에서 **[페이지 나누기]**를 클릭하세요.

Tip

[Ctrl]+[Enter]를 누르거나 [레이아웃] 탭-[페이지 설정] 그룹에서 [나누기]의 [페이지]를 선택해도 되어요.

2 페이지 나누기를 실행하면 '노량대첩'부터는 다음 페이지에 나타납니다. **[홈] 탭-[단락] 그룹**에
서 **[편집 기호 표시/숨기기]**([Ctrl]+[*])를 클릭하면 본문에 '페이지 나누기'가 표시됩니다.

3 나누어진 페이지를 지우기 위해 편집 기호인 '페이지 나누기'를 드래그하여 선택하고 Delete 를 누르세요.

4 페이지 나누기가 삭제되면서 하나의 페이지에 내용이 다시 합쳐졌습니다.

1 | 제목 서식 수정하고 소제목 서식 한 번에 변경하기

🔵 **예제파일** : 효소_텍스트.docx   🔵 **결과파일** : 효소_텍스트_완성.docx

제목과 소제목의 텍스트를 다음과 같이 수정해 보세요.

• **제목** : 18pt, '주황, 강조 2'   • **소제목** : 12pt, 굵게

Hint
① 첫 줄의 제목 텍스트를 선택하고 [홈] 탭-[글꼴] 그룹에서 '글꼴 크기'는 [18], '글꼴 색'은 '테마 색'의 [주황, 강조 2], '맞춤'은 [가운데 맞춤]으로 지정하세요.
② 두 번째 줄에 커서를 올려놓고 [홈] 탭-[편집] 그룹에서 [선택]을 클릭한 후 [비슷한 서식의 모든 텍스트 선택]을 선택하여 소제목을 모두 선택한 후 [굵게], [12pt]를 지정하세요.

2 | 한자와 기호 삽입하기

🔵 **예제파일** : 효소_기호.docx   🔵 **결과파일** : 효소_기호_완성.docx

제목의 '효소'를 한자 '酵素'로 변경하고 소제목의 앞에 ✿ 기호를 삽입해 보세요.

Hint
① 제목에서 '효소'의 뒤에 커서를 올려놓고 [한자]를 누르세요.
② [한글/한자 변환] 대화상자가 열리면 '한자 선택'에서 해당 한자를 선택하고 '입력 형태'에서 [한글(漢字)]을 선택한 후 [변환]을 클릭하세요.
③ 소제목의 앞에 커서를 올려놓고 [삽입] 탭-[기호] 그룹에서 [기호]를 클릭한 후 [다른 기호]를 선택하세요.
④ [기호] 대화상자가 열리면 [기호] 탭의 '글꼴'에서 [Wingdings]를 선택하고 ✿를 찾아 삽입하세요.

서식 지정해 문서 꾸미기

문서를 작성할 때 줄 간격을 설정하거나 일정하게 들여쓰기 간격을 조정하는 것만으로도 문장의 가독성을 높이고 정돈되어 보이게 할 수 있어요. 따라서 이번 섹션에서는 단락 맞춤과 탭 지정, 텍스트 자동 맞춤 정렬 기능으로 문서를 정리해 보고, 탭과 탭 사이에 채움선을 표시하고, 테두리 음영을 지정하는 등 문서를 꾸미는 다양한 방법에 대해 배워봅니다.

> ## PREVIEW

▲ 단락에 테두리와 음영 지정하기

▲ 탭 지정하고 채움선 채우기

> 섹션별
> 주요 내용

실무
예제 **01**　　# 단락 맞춤, 테두리와 음영 지정하기

1 첫 줄의 제목에 커서를 올려놓고 [홈] 탭–[단락] 그룹에서 [가운데 맞춤]을 클릭하세요.

Tip

단축키	맞춤 방식	단축키	맞춤 방식
Ctrl + L	왼쪽 맞춤	Ctrl + E	가운데 맞춤
Ctrl + R	오른쪽 맞춤	Ctrl + J	양쪽 맞춤

2 '1. 대보름의 유래'의 왼쪽 여백을 클릭하여 문장을 선택하세요. [홈] 탭–[단락] 그룹에서 [테두리 없음]의 내림 단추(▾)를 클릭하고 [테두리 및 음영]을 선택하세요.

Tip

[홈] 탭–[단락] 그룹에서 [테두리]의 ▦를 곧바로 클릭하면 최근에 지정한 테두리로 적용됩니다. 따라서 적용하려는 테두리 스타일을 변경하려면 내림 단추(▾)를 클릭하고 다른 테두리를 선택하세요.

문서작성

서식지정

문서관리

개체삽입

스타일

문서요소

양식컨트롤

3 [테두리 및 음영] 대화상자가 열리면 [테두리] 탭의 '스타일'에서 세 번째에 있는 [점선]을 선택하고 '미리 보기'의 [위쪽 테두리](▥)와 [아래쪽 테두리](▥)를 차례대로 클릭하세요. [음영] 탭을 클릭하고 '채우기'의 내림 단추(▾)를 클릭한 후 '테마 색'의 [회색-25%, 배경 2]를 선택하고 [확인]을 클릭하세요.

4 소제목의 단락에 테두리와 음영이 지정되었습니다.

예제파일: 대보름_첫줄.docx   **결과파일**: 대보름_첫줄_완성.docx

실무
예제 **02**

첫 줄 들여쓰기와 여백 지정하기

1 본문의 첫 번째 단락에 커서를 올려놓고 [홈] 탭-[단락] 그룹에서 [단락 설정] 대화상자 표시 아이콘
(⬚)을 클릭하세요.

2 [단락] 대화상자가 열리면 [들여쓰기 및 간격] 탭에서 '들여쓰기'의 '왼쪽'은 [1.5글자], '첫
줄'은 [3글자]로 지정하고 [확인]을 클릭하세요.

> **Tip**
>
> 마우스 오른쪽 단추를 눌러 [단락]을 선택해도 [단락] 대화상자를 열 수 있어요.
> 여러 단락에 들여쓰기를 설정하려면 우선 해당 단락을 범위로 지정해야 해요.

3 단락 전체가 왼쪽으로 1.5글자 들여쓰기되면서 첫 번째 줄의 세 글자가 들여쓰기되었습니다.

Tip

[홈] 탭-[단락] 그룹에서 [들여쓰기]를 클릭해도 왼쪽 여백을 설정할 수 있어요.

잠깐만요 **단락의 첫 문자 장식 추가하기**

[삽입] 탭-[텍스트] 그룹에서 [단락의 첫 문자 장식 추가]를 선택하면 단락의 첫 문자를 특별히 강조하여 디자인할 수 있어요. [단락의 첫 문자 장식 옵션] 대화상자에서는 첫 문자의 서식을 다양하게 설정할 수 있습니다.

Tab 으로 들여쓰기 지정하기

Tab 을 누르면 커서의 위치에 따라 첫 줄을 들여쓰거나 왼쪽 여백을 지정할 수 있어요.

❶ **첫 줄 들여쓰기** : 단락에서 첫 줄의 맨 앞에 커서를 올려놓고 Tab 을 누르세요.

❷ **왼쪽 여백** : 단락의 첫 줄을 제외한 다른 줄의 맨 앞에 커서를 올려놓고 Tab 을 누르세요.

● 예제파일 : 대보름_줄간격.docx ● 결과파일 : 대보름_줄간격_완성.docx

실무
예제 **03** # 줄 간격과 단락 간격 지정하기

1 '대보름은~'부터 '대보름 행사다.'까지 네 개의 단락을 드래그하여 범위로 지정하고 [홈]
탭-[단락] 그룹에서 [선 및 단락 간격]을 클릭한 후 [줄 간격 옵션]을 선택하세요. [단락] 대화상자
의 [들여쓰기 및 간격] 탭이 열리면 '간격'의 '단락 뒤'는 [18pt], '줄 간격'은 [1줄]로 지정하고
[확인]을 클릭하세요.

2 줄 사이의 간격은 좁아지고 단락 사이의 간격은 넓게 설정되었는지 확인해 보세요.

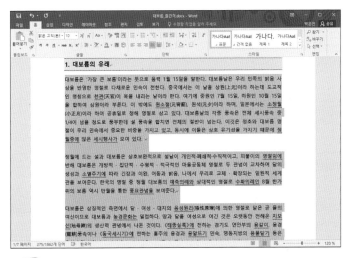

> **Tip**
>
> [단락] 대화상자의 [들여쓰기 및 간격] 탭에서 '간격'의 '줄 간격'을 [고정]으로 지정하고 '값'에 글자 크기를 포인트(pt)로 지정하면 문자의 크
> 기가 바뀌어도 줄 간격은 지정된 간격으로 그대로 유지됩니다.

예제파일 : 사업공고_탭.docx   결과파일 : 사업공고_탭_완성.docx

실무
예제 **04** **탭 지정하고 탭 사이에 채움선 표시하기**

1 [보기] 탭-[표시] 그룹에서 [눈금자]에 체크하세요.

Tip
탭을 설정할 때 눈금자가 있으면 편리하게 작업할 수 있어요.

2 탭을 설정할 단락의 범위를 지정하기 위해 2페이지의 두 번째 줄부터 네 번째 줄을 드래그하여 선택하고 [홈] 탭-[단락] 그룹에서 [단락] 대화상자 표시 아이콘(�</>)을 클릭하세요.

잠깐만요 **탭의 종류와 채움선 살펴보기**

탭의 종류	정렬 방법
왼쪽 탭	탭으로 이동한 텍스트가 지정한 위치에서 왼쪽 맞춤으로 정렬
가운데 탭	탭으로 이동한 텍스트가 지정한 위치에서 가운데 맞춤으로 정렬
오른쪽 탭	탭으로 이동한 텍스트가 지정한 위치에서 오른쪽 맞춤으로 정렬
소수점 탭	탭으로 이동한 텍스트가 지정한 위치에서 소수점을 기준으로 정렬
채움선	탭과 다음 값의 사이를 선택한 모양의 선으로 채움

3 [단락] 대화상자의 [들여쓰기 및 간격] 탭이 열리면 [탭]을 클릭하세요. [탭] 대화상자가 열리면 '탭 위치'에 『32』를 입력하고 '맞춤'은 [왼쪽], '채움선'은 [2……]를 선택하고 [설정]과 [확인]을 차례대로 클릭하세요.

Tip

본문 위쪽의 눈금자를 보면 범위를 지정한 네 줄 중에서 가장 긴 세 번째 줄이 20(글자) 정도에서 끝나는 것을 알 수 있어요. 따라서 탭 위치를 20보다 여유 있게 [32]로 지정했어요. 그리고 [지우기], [모두 지우기]를 클릭하면 설정된 탭을 지울 수 있어요.

4 탭의 위치와 채움선의 모양을 지정했으면 '2부'의 앞에 커서를 올려놓고 [Tab]를 누르세요. 그러면 탭 사이에 채움선이 표시되면서 '2부' 단어는 '32'(글자)의 위치로 이동되어 왼쪽 맞춤이 됩니다. 이와 같은 방법으로 다른 단락의 탭도 지정할 수 있어요.

Tip

[탭] 대화상자를 이용하지 않고 텍스트 범위를 지정한 후 눈금자에서 마우스를 클릭하는 방법으로 탭을 간단하게 설정할 수 있어요.

실무
예제 | **05**

균등 분할 이용해 텍스트 자동 맞춤하기

1 2페이지의 '6. 접수기간 및 안내'에서 '접수기간'을 드래그해 선택하고 Ctrl 을 누른 상태에서 '접수처', '주소', '문의', '제출방법'을 차례대로 드래그하여 모두 선택한 후 **[홈] 탭-[단락] 그룹** 에서 **[균등 분할]**을 클릭하세요. [텍스트 자동 맞춤] 대화상자가 열리면 '새 텍스트 너비'에 [5 글자]를 지정하고 [확인]을 클릭하세요.

> **Tip**
>
> 선택한 텍스트 중에서 '접수기간', '제출방법'의 길이가 네 글자이므로 새 텍스트의 너비를 네 글자 이상의 값으로 지정해야 해요.

2 선택한 다섯 개의 단어가 다섯 글자의 너비에 맞춰지면서 깔끔하게 정리되었습니다.

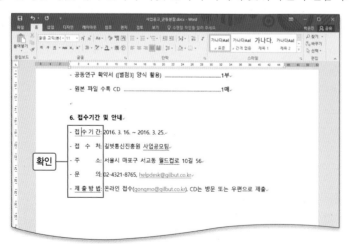

> **Tip**
>
> 이렇게 균등 분할된 단어를 클릭하면 하늘색 밑줄이 생깁니다. 그리고 [텍스트 자동 맞춤] 대화상자에서 [제거]를 클릭하면 설정된 균등 분할을 지울 수 있어요.

1 | 첫 단락 들여쓰기하고 텍스트 자동 맞춤하기

🔵 **예제파일** : 추천서_맞춤.docx   🔵 **결과파일** : 추천서_맞춤_완성.docx

본문에 있는 첫 번째 문장을 세 글자 들여쓰기하고 '성명', '생년월일', '현주소', '연락처'를 네 글자 균등 분할해 보세요.

Hint

① 본문에 커서를 올려놓고 마우스 오른쪽 단추를 눌러 [단락]을 선택하세요.
② [단락] 대화상자가 열리면 [들여쓰기 및 간격] 탭에서 '들여쓰기'의 '첫 줄'에 [첫 줄], [3글자]를 지정하고 [확인]을 클릭하세요.
③ Ctrl을 누르고 '성명', '생년월일', '현주소', '연락처' 단어를 드래그하여 모두 선택하고 **[홈] 탭-[단락] 그룹**에서 **[균등 분할]**을 클릭하세요.
④ [텍스트 자동 맞춤] 대화상자가 열리면 '새 텍스트 너비'에 [4글자]를 지정하고 [확인]을 클릭하세요.

2 | 오른쪽 탭과 탭 채움선 설정하기

🔵 **예제파일** : 추천서_탭.docx   🔵 **결과파일** : 추천서_탭_완성.docx

제출 서류에서 42글자의 위치에 오른쪽 탭을 설정하고 탭과 텍스트의 사이에 채움선을 채워보세요.

Hint

① '제출 서류'에 해당하는 다섯 줄을 범위로 지정하고 마우스 오른쪽 단추를 눌러 [단락]을 선택하세요.
② [단락] 대화상자가 열리면 [들여쓰기 및 간격] 탭에서 [탭]을 클릭하세요.
③ [탭] 대화상자의 '탭 위치'에 『42』를 입력하고 '맞춤'은 [오른쪽], '채움선'은 [5……]를 선택한 후 [설정]과 [확인]을 차례대로 클릭하세요.
④ '1부'의 앞에서 Tab을 눌러 탭과 채움선을 적용하세요.

번호와 글머리 기호 이용해 목록 만들기

목록에 글머리 기호나 번호를 삽입하면 내용의 계층과 순서를 좀 더 일목요연하게 정리할 수 있어요. 따라서 많은 양의 텍스트도 한눈에 보기 쉽게 정리할 수 있죠. 이번 섹션에서는 글머리 기호를 적용하고 스타일을 지정하는 방법부터 다단계 수준별로 목록을 지정하는 방법과 시작 번호를 변경하는 방법까지 배워봅니다.

> PREVIEW

▲ 글머리 기호 적용하기

▲ 번호 매기기

🔵 예제파일 : 유네스코_번호목록.docx   🔵 결과파일 : 유네스코_번호목록_완성.docx

실무
예제 **01**

번호 스타일 목록 작성하기

1 2페이지에서 '1. 등재 절차~'의 아래쪽에 있는 여섯 줄을 드래그하여 모두 선택하세요. **[홈]
탭-[단락] 그룹**에서 **[번호 매기기]**의 내림 단추(▾)를 클릭하고 **'번호 매기기 라이브러리'**의 원 번호
스타일을 선택하세요.

Tip

[번호 매기기] 단추(▤)를 직접 클릭
하면 [번호 매기기] 기능이 적용 또는
해제됩니다.

2 단락의 앞에 번호가 추가되면 **[홈] 탭-[단락] 그룹**에서 **[들여쓰기]**를 클릭하세요.

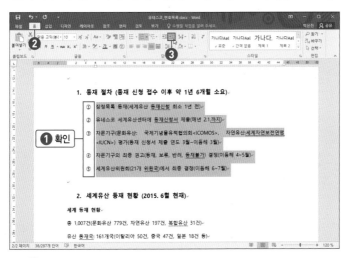

Tip

목록의 마지막 위치에서 Enter를 누르면 다음 단락에도 번호가 이어져서 입력됩니다. 이때 텍스트를 입력하지 않고 Enter를 한 번 더 누르면
번호 매기기가 중단됩니다.

실무
예제 | **02**

글머리 기호의 스타일 지정하기

1 2페이지에서 '2. 세계유산 등재 현황'의 하위 항목을 드래그하여 범위로 지정하세요. **[홈] 탭-[단락] 그룹**에서 **[글머리 기호]**의 내림 단추(▾)를 클릭하고 **[새 글머리 기호 정의]**를 선택하세요.

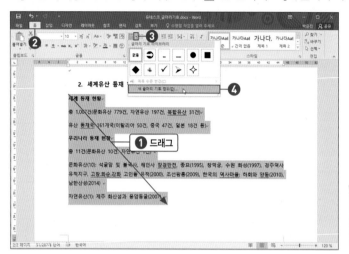

2 [새 글머리 기호 정의] 대화상자가 열리면 '글머리 기호'에서 [기호]를 클릭하세요.

3 [기호] 대화상자가 열리면 '글꼴'에서 [Wingdings]를 선택하고 ➲를 선택한 후 [확인]을 클릭하세요. [새 글머리 기호 정의] 대화상자로 되돌아오면 '미리 보기'에서 글머리 기호가 바뀌었는지 확인하고 [확인]을 클릭하세요.

Tip

[기호] 대화상자에서 '글꼴'을 [현재 글꼴]로, '하위 집합'을 [도형 기호]로 선택해도 다양한 모양의 글머리 기호를 삽입할 수 있어요.

4 지정한 범위에 선택한 글머리 기호가 적용되었는지 확인하고 '총 1007건~'부터 두 줄을 드래그하여 선택하세요. Ctrl을 누른 상태에서 '우리나라 등재 현황' 줄을 제외한 나머지 내용을 모두 드래그하여 함께 선택하고 [홈] 탭-[단락] 그룹에서 [들여쓰기]를 클릭하세요.

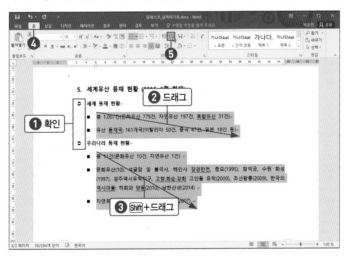

문서작성

서식지정

문서관리

개체삽입

스타일

문서요소

양식검토

▶ **예제파일** : 유네스코_다단계목록.docx   ▶ **결과파일** : 유네스코_다단계목록_완성.docx

실무
예제 **03** # 다단계 수준별 목록 지정하기

1 `Ctrl`을 이용해서 '3. 등재 기준'의 '가) 공통기준', '다) 문화유산', '차) 자연유산'을 제외한 나머지 부분을 드래그해서 함께 선택하세요. **[홈] 탭-[단락] 그룹**에서 **[다단계 목록]**을 클릭하고 **[목록 수준 변경]-[수준 2]**를 선택하세요.

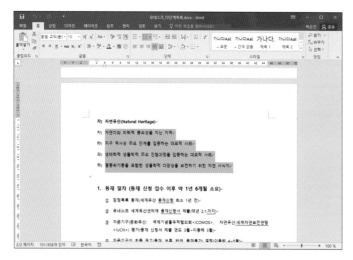

2 선택한 목록이 들여쓰기되면서 '수준 2'의 번호 목록으로 변경되면 추가할 내용을 작성하기 위해 마지막 목록의 끝에 커서를 올려놓고 Enter를 누르세요. '수준 2'의 새 목록이 추가되면 **[홈] 탭-[단락] 그룹**에서 **[내어쓰기]**를 클릭하세요.

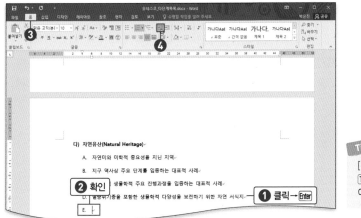

Tip

[내어쓰기]를 클릭하는 대신 Shift + Tab을 눌러도 '수준 1'로 변경할 수 있어요.

3 목록 수준이 '수준 1'로 변경되면 『복합유산(Mixed Heritage)』을 입력하고 Enter를 누르세요. 추가한 새 목록에 커서를 올려놓은 상태에서 **[홈] 탭-[단락] 그룹**의 **[들여쓰기]**를 클릭하세요.

Tip

[들여쓰기] 대신 Tab을 눌러도 목록을 '수준 2'로 변경할 수 있어요.

4 목록이 '수준 2'로 변경되면 『문화유산과 자연유산의 특징을 동시에 충족하는 유산』을 입력하세요.

● 예제파일 : 유네스코_시작번호.docx   ● 결과파일 : 유네스코_시작번호_완성.docx

실무
예제 **04** 시작 번호 변경하기

1 2페이지의 '1. 등재 절차~'에 커서를 올려놓고 **[홈] 탭-[단락] 그룹**에서 **[번호 매기기]**의 내림 단
추(⌄)를 클릭한 후 **[번호 매기기 값 설정]**을 선택하세요. [번호 매기기 값 설정] 대화상자가 열리
면 앞 페이지와 연속되도록 번호를 설정하기 위해 '시작 번호'에 『4』를 입력하고 [확인]을 클
릭하세요.

2 4번부터 번호가 매겨졌습니다.

1 | 목록 들여쓰기하고 다단계별로 글머리 기호 적용하기

🔘 **예제파일** : 향수_글머리기호.docx 🔘 **결과파일** : 향수_글머리기호_완성.docx

다음의 그림과 같이 목록을 들여쓰기하고 다단계별로 글머리 기호를 적용해 보세요.

Hint

① 목록을 드래그하여 범위로 지정하고 [홈] 탭-[단락] 그룹에서 [글머리 기호]의 내림 단추(▾)를 클릭한 후 [●]을 선택하세요.

② 들여쓰기할 부분은 Ctrl을 이용해서 드래그하여 범위로 지정하고 [홈] 탭-[단락] 그룹에서 [들여쓰기]를 클릭하세요.

③ [홈] 탭-[단락] 그룹에서 [글머리 기호]의 내림 단추(▾)를 클릭하고 [새 글머리 기호 정의]를 선택하세요.

④ [새 글머리 기호 정의] 대화상자가 열리면 '글머리 기호'의 [기호]를 클릭하고 [기호] 대화상자의 [[현재 글꼴]]에서 [–]를 선택하여 글머리 기호를 적용하세요.

2 | 다단계로 번호 매기고 번호 모양 지정하기

🔘 **예제파일** : 향신료_번호매기기.docx 🔘 **결과파일** : 향신료_번호매기기_완성.docx

다음의 그림과 같이 목록에 다단계별로 번호를 매기고 번호 모양을 지정해 보세요.

Hint

① 목록을 드래그하여 범위로 지정하고 [홈] 탭-[단락] 그룹에서 [번호 매기기]의 내림 단추(▾)를 클릭한 후 [1, 2, 3] 모양을 선택하세요.

② 들여쓰기할 부분은 Ctrl을 이용해서 드래그하여 범위로 지정하고 [홈] 탭-[단락] 그룹에서 [들여쓰기]를 클릭하세요.

③ [홈] 탭-[단락] 그룹에서 [번호 매기기]의 내림 단추(▾)를 클릭하고 [① ② ③] 모양을 선택하여 번호 모양을 변경하세요.

프로 비즈니스맨을 위한 활용 **Tip**

찾기 및 바꾸기 이용해 연속된 공백 쉽게 지우기

🔵 **예제파일** : 커뮤니케이션.docx   🔵 **결과파일** : 커뮤니케이션_완성.docx

외부에서 가져온 자료를 복사해서 워드 문서를 작성할 때 공백 문자가 함께 입력되는 경우가 많습니다.
이때 '바꾸기' 기능을 활용하면 연속된 공백을 쉽게 삭제할 수 있습니다.

1 연속된 공백 문자를 지우기 위해 문서의 맨 앞
에 커서를 올려놓고 [홈] 탭-[편집] 그룹에서
[바꾸기]를 클릭하세요.

2 [찾기 및 바꾸기] 대화상자의 [바꾸기] 탭이 열
리면 '찾을 내용'에는 공백 두 칸을, '바꿀 내용'
에는 공백 한 칸을 입력하고 [모두 바꾸기]를 클릭하
세요.

3 문서의 처음부터 끝까지 공백 두 칸을 공백 한
칸으로 321번 바꾸었다는 메시지 창이 열리면
[확인]을 클릭하세요.

4 [찾기 및 바꾸기] 대화상자의 [바꾸기] 탭으로
되돌아오면 아직 남아있는 공백을 추가로 제거
하기 위해 [모두 바꾸기]를 클릭하세요.

5 문서의 처음부터 끝까지 공백 두 칸을 공백 한 칸으로 163번 바꾸었다는 메시지 창이 다시 열리면 [확인]을 클릭하세요.

6 이와 같은 방법으로 바뀐 항목이 0이 될 때까지 [모두 바꾸기]를 계속 클릭하세요.

7 [찾기 및 바꾸기] 대화상자에서 더 이상 바꿀 항목이 없으면 [닫기]를 클릭하세요.

8 문서에서 공백 두 칸을 한 칸으로 변경하는 방법으로 연속된 공백 문자를 제거했어요. 문자 사이에 남아 있는 필요 없는 한 칸 공백을 하나씩 확인하면서 띄어쓰기를 점검하세요.

문서작성

서식지정

문서편집

개체삽입

스타일

문서요소

양식검토

CHAPTER 2 문서 관리와 개체 삽입하기

문서를 작성하기 전에는 반드시 환경을 설정해야 하고 인쇄하기 전에는 미리 보기를 통해 문서의 상태를 점검해 보세요. 문서에서 사용하는 개체는 내용을 돋보이게 하거나 내용을 이해시키는 데 매우 유용해요. 특히 워드 2016에서는 그림이나 도형 등의 그래픽 개체뿐만 아니라 온라인 비디오와 문서의 표지, 수식, 차트 등의 특별한 개체를 쉽게 삽입하고 편집할 수 있어요. 이번 챕터에서는 워드로 작성한 문서를 다양한 방법으로 저장해 보고 개체를 사용해 문서의 내용을 보기 쉽게 정리해 보겠습니다.

Windows 10
+Excel
& PowerPoint
&Word 2016
+Hangeul 2014

문서 저장하고
페이지 설정 및 인쇄하기

워드로 문서를 작성하려면 용지와 여백 방향이 설정되어야 편리하게 작업할 수 있어요. 문서를 작성하는 중간에 서식이나 개체의 위치를 바꾸면 문서 전체의 구조가 변경되어 문서 작업을 처음부터 다시 해야 할 수도 있어요. 따라서 문서에 텍스트를 입력하기 전에 사용자에게 맞는 환경 설정을 해 놓는 것이 좋아요. 이번 섹션에서는 페이지 레이아웃과 여백 등의 기본 설정과 문서 저장의 다양한 형식에 대해 배워봅니다.

> PREVIEW

▲ PDF 문서로 저장하고 편집하기

▲ 용지 방향과 여백 조절하여 인쇄하기

> 섹션별
> 주요 내용

01 | 워드 2016에서 작성한 문서 저장하기   02 | PDF 문서 열고 편집하기   03 | 용지의 방향 지정하고 페이지 나누기
04 | 페이지의 여백 지정하기   05 | 현재 페이지만 인쇄하기

핵심 기능 01 워드 2016에서 작성한 문서 저장하기

문서작성

서식지정

문서관리

개체삽입

스타일

문서요소

양식컨트롤

워드에서 새 문서를 작성하거나 서식 파일로 새 문서를 시작한 경우 *.docx 파일 형식으로 문서가 저장됩니다. 해당 형식은 워드 2007 버전부터 docx, xlsx, pptx와 같은 XML 기반의 파일 형식을 사용하고 파일이 자동으로 압축되어 경우에 따라 최대 75%까지 파일의 크기를 줄일 수 있어요. 따라서 파일을 저장하는 데 필요한 디스크 공간 및 전자우편, 네트워크를 통한 전송 비용을 줄이는 효과가 있습니다. 또한 파일이 구조화되어 각 데이터가 개별적으로 유지되어 있어서 파일에 있는 특정 구성 요소(예 차트 또는 표)가 손상된 경우에도 파일을 열 수 있어요.

워드 2016에서 작성한 새 문서를 저장하려면 [파일] 탭-[저장]([Ctrl]+[S])을 선택하거나 빠른 실행 도구 모음에서 [저장] 도구(🖫)를 클릭하세요. 오른쪽 창에서 저장 위치를 지정하기 위해 [찾아보기]를 클릭하세요.

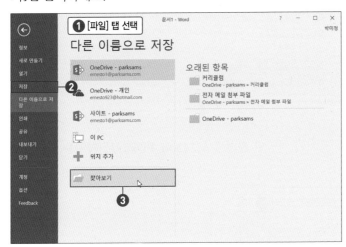

> **Tip**
>
> [저장] 도구(🖫)를 클릭해도 저장 위치와 파일 이름을 입력하기 위해 [다른 이름으로 저장] 대화상자가 열려요. [파일] 탭-[계정]에 로그인하면 Microsoft에서 제공하는 클라우드 서비스인 OneDrive에 파일을 저장할 수 있어요.

[다른 이름으로 저장] 대화상자가 열리면 저장하려는 폴더를 선택하고 '파일 이름'에 원하는 이름을 입력한 후 [저장]을 클릭하세요. 다른 이름으로 파일을 처음 저장할 경우에는 파일 이름을 꼭 입력해야 해요.

> **Tip**
>
> 이미 저장되어 있었던 문서의 경우 [저장]을 클릭하면 저장되었던 같은 위치에 같은 이름으로 최종 문서가 저장되므로 [다른 이름으로 저장] 대화상자가 열리지 않아요.

예제파일 : 대보름_PDF.pdf　　결과파일 : 대보름_PDF_수정.pdf

실무
예제 **02** **PDF 문서 열고 편집하기**

1 마이크로소프트 오피스 프로그램에서 작성한 문서는 모두 PDF로 저장할 수 있어요. 특히 워드 2016에서는 PDF 편집 기능으로 편집도 가능합니다. **[파일] 탭-[열기]**를 선택하고 [찾아보기]를 선택하세요.

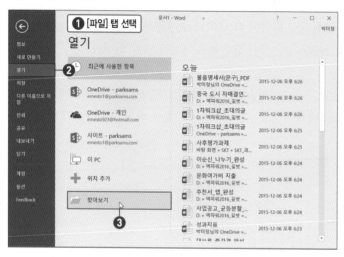

2 [열기] 대화상자가 열리면 PDF 문서가 저장된 폴더에서 '대보름_PDF.pdf' 파일을 선택하고 [열기]를 클릭하세요.

Tip

여기서는 부록 CD에서 제공하는 '대보름_PDF.pdf'로 실습했어요.

3 워드 문서로 변환된다는 메시지 창이 열리면 [확인]을 클릭하세요.

클릭

4 PDF가 워드 문서로 변환되면 일반적인 문서 편집을 할 수 있어요. 제목인 '대보름의 유래와 풍습'을 드래그하여 선택하고 [홈] 탭-[글꼴] 그룹에서 [텍스트 효과와 타이포그래피]를 클릭한 후 [채우기 – 검정, 텍스트 1, 윤곽선 – 배경 1, 진한 그림자 – 배경 1]을 선택하세요.

5 워드에서 편집한 문서를 다시 PDF 파일로 저장하려면 [파일] 탭-[내보내기]를 선택하고 [PDF/XPS 문서 만들기]를 클릭하세요.

6 [PDF 또는 XPS로 게시] 대화상자가 열리면 파일을 저장할 폴더 위치를 선택하세요. '파일 이름'에 『대보름_PDF_수정』을 입력하고 [게시]를 클릭하세요.

문서작성

서식지정

문서편집

개체삽입

스타일

문서요소

양식컨트롤

7 PDF 문서가 제대로 저장되었는지 확인하기 위해 PDF 뷰어를 설치하고 문서를 열어보세요.

Tip

윈도우 10 운영체제가 설치된 컴퓨터이면 마이크로소프트 엣지(Microsoft Edge)에서 확인할 수 있어요.

잠깐만요 **워드 2016의 문서 저장 파일 형식 살펴보기**

워드 파일로 문서를 저장하지 않고 다른 형식으로 문서를 저장하려면 [파일] 탭-[다른 이름으로 저장하기]를 선택하여 파일 형식을 변경한 후 저장해야 합니다. 이때 PDF 파일로 저장하려면 [파일] 탭-[내보내기]에서 저장하세요.

파일 형식	확장자	기타 다른 파일 형식	확장자
문서	.docx	PDF/XPS 문서	.pdf/.xps
매크로 사용 문서	.docm	이전 버전의 워드 파일 형식	.doc
서식 파일	.dotx	서식이 있는 텍스트 문서	.rtf
매크로 사용 서식 파일	.dotm	웹 페이지 문서	.html

예제파일 : 성과지표_용지.docx　결과파일 : 성과지표_용지_완성.docx

실무
예제

03 용지의 방향 지정하고 페이지 나누기

1 예제에서 제공하는 문서의 내용은 표의 자료가 가로 방향으로 되어 있어서 세로 방향으로 작성하기 어려워 보이므로 문서를 쉽게 편집하기 위해 방향을 바꿔보겠습니다. [레이아웃] 탭-[페이지 설정] 그룹에서 [용지 방향]을 클릭하고 [가로]를 선택하세요.

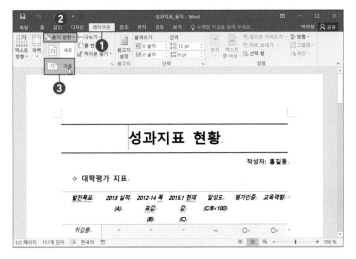

2 용지의 방향이 가로 방향으로 바뀌면서 페이지 너비만큼 표가 넓어졌습니다. 이번에는 두 번째 표의 위치인 '성과지표' 항목을 두 번째 페이지로 넘기기 위해 '성과지표'의 앞에 커서를 올려놓고 [레이아웃] 탭-[페이지 설정] 그룹에서 [나누기]를 클릭한 후 '페이지 나누기'의 [페이지]를 선택하세요.

> **Tip**
>
> 용지의 방향이 바뀔 때 표의 너비가 자동으로 조절되지 않으면 [표 도구]의 [레이아웃] 탭-[표] 그룹에서 [속성]을 클릭하세요. [속성] 대화상자가 열리면 [표] 탭의 '크기'에서 [너비]의 체크를 해제하세요.

3 '성과지표' 항목의 위치가 2페이지로 이동되었습니다. 이번에는 페이지 전체를 한눈에 보기 위해 [보기] 탭-[확대/축소] 그룹에서 [페이지 너비]를 클릭하세요.

4 페이지 너비만큼 보기가 변경되었습니다.

실무 예제 04 | 페이지의 여백 지정하기

1 [레이아웃] 탭-[페이지 설정] 그룹에서 [여백]을 클릭하고 원하는 여백 설정이 없으면 [사용자 지정 여백]을 선택하세요. [페이지 설정] 대화상자의 [여백] 탭이 열리면 '위쪽'과 '아래쪽'에는 『2cm』를, '왼쪽'과 '오른쪽'에는 『3cm』를 입력하고 [확인]을 클릭하세요.

2 문서의 여백이 지정한 간격만큼 변경되었습니다.

실무
예제 **05** 　**현재 페이지만 인쇄하기**

1 문서의 인쇄 환경을 설정하기 위해 **[파일] 탭-[인쇄]**를 선택하세요.

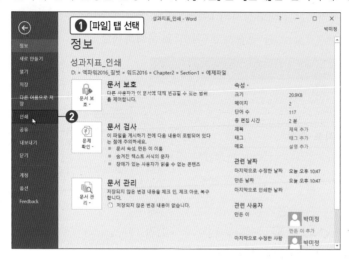

2 전체 문서가 아닌 현재 페이지를 세부 인쇄하기 위해 '설정'에서 [현재 페이지 인쇄]를 선택하세요. '복사본'에 [3]을 지정하고 [인쇄]를 클릭하세요.

1 PDF 문서 편집해 OneDrive에 저장하기

🔵 **예제파일** : Word새기능.pdf 🔵 **결과파일** : Word새기능_완성.docx

워드에서 'Word새기능.pdf' 문서를 열고 내용을 변경한 후 OneDrive에 '2016문서' 폴더를 새로 작성해
보세요. 다시 워드 문서로 저장하고 Word Online에서 문서를 열어보세요.

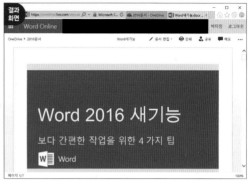

Hint ① 워드에서 PDF 문서를 실행하고 'Word 시작'을 'Word 2016 새기능'으로 변경하여 편집하세요.
② OneDrive에 새 폴더 '2016문서'를 작성하고 워드 문서로 저장하세요.
③ Word Online에서 문서를 열어보세요.

2 편집 문서에 용지의 방향과 여백 설정해 인쇄하기

🔵 **예제파일** : 문화여가비지출.docx 🔵 **결과파일** : 문화여가비지출_완성.docx

'문화여가비지출' 문서의 용지 방향과 여백, 복사본 및 인쇄 페이지를 설정해 보세요.

Hint ① 용지의 방향을 [가로]로 변경하세요.
② 용지의 여백을 기본으로 지정하세요.
③ '복사본'에 『2』를 입력하고 복사 페이지는 [모든 페이지 인쇄]로 지정하세요.

워드 2016에서는 온라인에서 찾은 그림과 비디오를 별도로 저장하지 않고 곧바로 삽입한 후 워드에서 직접 재생할 수 있어요. 또한 미리 제공되는 문서 표지를 선택하여 적용할 수도 있고 자주 사용하는 상용구나 문서 속성, 필드 등 빠른 문서 요소로 저장한 후 필요할 때마다 간편하게 삽입할 수도 있어요. 이번 섹션에서는 삽입한 그림을 텍스트와 어울리게 배치하는 방법부터 메모, 수식, 비디오 삽입 등 다양한 개체 삽입에 대해 배워봅니다.

> **PREVIEW**

▲ 그림 삽입하기

▲ 수식 삽입하기

📀 예제파일 : 녹차_그림.docx   📀 결과파일 : 녹차_그림_완성.docx

실무
예제 **01** # 그림 삽입하고 텍스트와 어울리게 배치하기

1 '녹차는 토마토, ~'의 앞을 클릭하여 커서를 올려놓고 [삽입] 탭-[일러스트레이션] 그룹에서 [그림]을 클릭하세요. [그림 삽입] 대화상자가 열리면 부록 CD의 '그림1.jpg'를 선택하고 [삽입]을 클릭하세요.

Tip

온라인에서 직접 검색한 그림을 삽입하려면 [삽입] 탭-[일러스트레이션] 그룹에서 [온라인 그림]을 클릭하세요. [그림 삽입] 창이 열리면 [Bing 이미지 검색]을 이용하여 웹에서 그림을 검색한 후 문서에 곧바로 삽입할 수 있어요.

2 삽입한 그림을 선택한 상태에서 [그림 도구]의 [서식] 탭-[크기] 그룹에서 [고급 레이아웃 : 크기] 대화상자 표시 아이콘(⬚)을 클릭하세요.

❶ 삽입 확인

문서작성

서식지정

문서관리

개체삽입

스타일

문서요소

양식검토

3 [레이아웃] 대화상자의 [크기] 탭이 열리면 '배율'에서 '높이'와 '너비'를 각각 [30%]로 지정하고 [확인]을 클릭하세요.

4 삽입된 그림의 오른쪽 위에 표시된 [레이아웃 옵션] 단추(☐)를 클릭하고 '텍스트 배치'의 [정사각형]을 선택하세요.

Tip

[레이아웃] 대화상자의 [텍스트 배치] 탭의 '텍스트 줄 바꿈'이나 [그림 도구]의 [서식] 탭-[정렬] 그룹에서 [텍스트 줄 바꿈]을 클릭하여 텍스트 배치를 설정할 수 있어요.

5 그림과 함께 텍스트가 배치되었습니다.

예제파일 : 녹차_문서표지.docx　　　결과파일 : 녹차_문서표지_완성.docx

실무
예제 **02** # 문서 표지 완성하기

1 [삽입] 탭-[페이지] 그룹에서 [표지]를 클릭하고 [전체]를 선택하세요.

2 표지가 삽입되면 제목에는 『녹차 향기』를, 부제에는 『녹차의 종류와 효능에 대하여』를 입력하여 표지를 완성하세요.

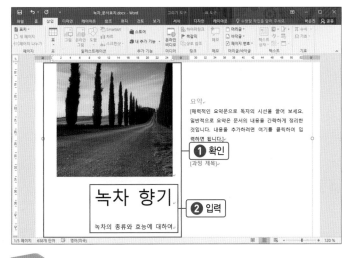

> **Tip**
>
> 삽입한 표지를 제거하려면 [삽입] 탭-[페이지] 그룹에서 [표지]를 클릭하고 [현재 표지 제거]를 선택하세요.

📄 **예제파일** : 녹차_하이퍼링크.docx   📄 **결과파일** : 녹차_하이퍼링크_완성.docx

실무
예제 | **03** | 하이퍼링크 설정해 원하는 사이트로 이동하기

1 문서의 맨 아래쪽에 있는 4페이지의 '하동녹차 바로가기'를 드래그하여 선택하고 **[삽입]
탭-[링크] 그룹**에서 **[하이퍼링크]**를 클릭하세요.

2 [하이퍼링크 삽입] 대화상자가 열리면 '주소'에 『http://www.greentea.go.kr/main/』을 입
력하고 [확인]을 클릭하세요.

> Tip
> 문서에 웹 주소를 직접 입력해도 하이퍼링크가
> 자동으로 설정되어요.

잠깐만요 | **하이퍼링크 연결 대상**

하이퍼링크를 이용하여 연결할 수 있는 대상에는 다음과 같은 종류가 있어요.

❶ **기존 파일 또는 웹 페이지** : 다른 파일 또는 인터넷 URL로 연결
❷ **현재 문서** : 문서 내 특정 위치(예: 문서 맨 위 또는 특정 제목)로 연결
❸ **새 문서 만들기** : 아직 만들지 않은 새 파일에 연결
❹ **전자 메일 주소** : 전자 메일 메시지에 연결

3 텍스트 '하동녹차 바로가기'가 파란색으로 변경되면 Ctrl 을 누른 상태에서 텍스트를 클릭하세요.

Tip

하이퍼링크가 설정된 텍스트에서 마우스 오른쪽 단추를 눌러 [하이퍼링크 제거]를 선택하면 하이퍼링크를 제거할 수 있어요. 하이퍼링크가 설정된 텍스트는 Ctrl 을 누른 채 클릭하면 브라우저에서 해당 링크가 열립니다.

4 인터넷 브라우저가 실행되면서 '하동녹차' 사이트로 이동합니다.

잠깐만요 **자동 하이퍼링크 기능 해제하기**

워드 문서에 인터넷 URL이나 메일주소를 입력하면 자동으로 하이퍼링크가 설정됩니다. 이 기능을 해제하려면 [파일] 탭-[옵션]을 선택하고 [언어 교정] 범주에서 [자동 고침 옵션]을 클릭하세요. [자동 고침] 대화상자가 열리면 [입력할 때 자동 서식] 탭을 선택한 후 [인터넷과 네트워크 하이퍼링크로 설정]의 체크를 해제합니다.

예제파일 : 녹차_메모.docx　**결과파일** : 녹차_메모_완성.docx

실무
예제 **04** 　**메모 삽입하고 편집하기**

1 1페이지에서 '세계 10대 건강식품'을 드래그하여 범위로 지정하고 **[삽입] 탭–[메모] 그룹**에서 **[메모]**를 클릭하세요.

2 화면의 오른쪽에 메모 창이 열리면 메모 내용 『세계 10대 건강식품 확인 부탁드려요』를 입력하세요.

예제파일 : 속도_수식.docx   결과파일 : 속도_수식_완성.docx

실무
예제 **05** **수식 삽입하고 편집하기**

1 2페이지에서 '6. 가속도'의 아래쪽을 클릭하여 커서를 올려놓고 **[삽입] 탭-[기호] 그룹**에서 **[수식]**의 내림 단추(⌄)를 클릭한 후 **[잉크 수식]**을 선택하세요. 잉크 수식을 입력할 수 있는 창이 열리면 마우스나 터치 펜을 이용하여 다음의 그림과 같이 직접 수식을 입력하고 **[삽입]**을 클릭하세요.

> **Tip**
> [수식]의 내림 단추(⌄)를 클릭하고 [새 수식 삽입]을 선택하여 수식을 삽입할 수도 있어요.

2 '6. 가속도'의 아래쪽에 **1** 과정에서 입력한 수식이 삽입되면 ⋮ 단추를 클릭하여 수식을 선택하고 **[홈] 탭-[글꼴] 그룹**에서 '글꼴 크기'를 **[16]**으로 지정하세요. **[홈] 탭-[단락] 그룹**에서 **[왼쪽 맞춤]**을 클릭하세요.

> **Tip**
> 입력된 수식을 클릭한 상태에서 수식 창의 내림 단추(⌄)를 클릭한 후 [양쪽 맞춤-왼쪽]을 선택해도 됩니다.

3 3페이지의 끝에서 두 번째 줄의 수식의 맨 끝부분을 클릭하고 『+』를 입력하세요. [수식 도구] 의 [디자인] 탭-[구조] 그룹에서 [분수]를 클릭하고 '분수'의 [상하형 분수]를 선택하세요.

4 삽입된 분수 수식의 아래쪽에는 『2』를, 위쪽에는 『1』을 입력하세요. 맨 마지막 위치를 클릭하며 커서를 올려놓고 [수식 도구]의 [디자인] 탭-[구조] 그룹에서 [첨자]를 클릭한 후 '아래 첨자 및 위 첨자'의 [위 첨자]를 선택하세요.

5 입력된 수식 기호의 앞쪽에 『at』를 입력하고 첨자 부분을 클릭하여 『2』를 입력하세요. 화면의 빈 공간을 클릭하여 수식 편집을 끝내세요.

예제파일 : 녹차_비디오.docx   결과파일 : 녹차_비디오_완성.docx

실무
예제 **06**   # 온라인 비디오 삽입하고 재생하기

1 제목의 아래쪽에 커서를 올려놓고[삽입] 탭−[미디어] 그룹에서 [온라인 비디오]를 클릭하세요.

2 [비디오 삽입] 창이 열리면 'YouTube'의 검색 창에 『녹차향기』를 입력하고 [검색] 단추()
를 클릭하세요.

Tip

[검색] 단추()를 클릭하는 대신 Enter를 눌러도 되어요.

문서작성

서식지정

문서관리

개체삽입

스타일

문서요소

양식검토

3 검색 결과가 나타나면 삽입할 비디오를 선택하고 [삽입]을 클릭하세요.

Tip

검색 결과 화면은 왼쪽의 그림과 다를 수 있으므로 원하는 비디오를 선택해도 됩니다.

4 선택한 온라인 비디오가 문서에 삽입되었습니다.

5 재생 단추(▶)를 클릭하면 문서에서 삽입한 온라인 비디오를 곧바로 재생하여 시청할 수 있습니다.

1 | 온라인 그림 검색하여 삽입하고 텍스트와 배치하기

예제파일 : 제주_그림.docx　**결과파일** : 제주_그림_완성.docx

웹에서 '용두암' 이미지를 검색하고 크기를 50%로 조정하여 텍스트의 왼쪽에 삽입한 후 정사각형 모양으로 텍스트와 배치해 보세요.

Hint　① [삽입] 탭-[일러스트레이션] 그룹에서 [온라인 그림]을 클릭하여 [그림 삽입] 창을 열고 [Bing 이미지 검색]에 『용두암』을 입력한 후 검색하세요.
　　　　② 라이선스 검토 메시지 창이 나타나면 [모든 웹 결과 보기]를 클릭하고 원하는 그림을 선택하여 삽입하세요.
　　　　③ 그림의 높이와 너비를 [50%]로 설정하고 '레이아웃 옵션'의 '텍스트 배치'에서 [정사각형]을 선택하세요.

2 | 수식 입력하고 갤러리에 저장하기

예제파일 : 뉴턴_수식.docx　**결과파일** : 뉴턴_수식_완성.docx

2페이지의 '중력의 법칙 :'에 수식 $Fg = G\dfrac{m_1 m_2}{r^2}$ 를 입력하고 '중력법칙'이라는 이름으로 수식 갤러리에 저장해 보세요.

Hint　① [삽입] 탭-[기호] 그룹에서 [수식]을 클릭하고 [잉크 수식]을 선택하여 함수를 입력하세요.
　　　　② 입력한 함수를 선택하고 수식 창의 내림 단추(▾)를 클릭한 후 [새 수식으로 저장]을 선택하세요.

03

표와 차트 삽입하기

워드 2016에서는 복잡한 행과 열이 있는 표를 얼마든지 그릴 수 있어요. 삽입한 표에 테두리나 윤곽선을 추가하면 문서에서 표를 더욱 돋보이게 꾸밀 수도 있고 수치 데이터를 다양한 모양의 차트를 삽입하여 표현할 수도 있어요. 이번 섹션에서는 스타일 갤러리에서 표와 차트를 선택하여 문서에 빠르게 삽입하는 방법부터 사용자가 원하는 서식 요소를 적용하는 방법까지 배워봅니다.

> PREVIEW

▲ 표 삽입하고 스타일 및 테두리 서식
   지정하기

▲ 차트 삽입하고 차트의 종류 변경하기

> 섹션별
> 주요 내용

01 | 표 삽입하고 스타일 지정하기　02 | 표에 행과 열 추가하기　03 | 표의 크기와 셀 너비, 높이 조절하기
04 | 표에 대각선과 테두리 지정하기　05 | 차트 삽입하고 차트의 종류 변경하기

예제파일 : 자동차_표삽입.docx   **결과파일** : 자동차_표삽입_완성.docx

실무
예제 **01** # 표 삽입하고 스타일 지정하기

1 1페이지의 마지막에 표를 삽입하기 위해 커서를 올려놓고 **[삽입] 탭-[표] 그룹**에서 **[표]**를 클릭한 후 드래그하여 7×6 크기의 표를 작성하세요.

2 방향키(←, →, ↓, →)나 [Tab]을 이용하여 다음 셀로 이동하면서 다음의 내용을 입력하세요.

구분	2012년		2013년		2014년	
	수출량	증감률	수출량	증감률	수출량	증감률
미국	694	17.9%	759	9.5%	798	17.1%
동유럽	284	6.0%	226	−20.3%	158	−23.5%
중동	614	−1.9%	594	−3.4%	558	3.8%
중남미	197	9.3%	381	−12%	299	−13.2%

3 표의 왼쪽 위에 있는 ⊞ 단추를 클릭하여 표 전체를 선택하세요. [표 도구]의 [디자인] 탭-[표 스타일] 그룹에서 [자세히] 단추(▾)를 클릭하고 '눈금 표'의 [눈금 표 4 – 강조색 1]을 선택하세요.

> **Tip**
>
> 표의 왼쪽 위에 있는 ⊞ 단추를 클릭하면 표 전체를 선택할 수 있어요.

4 표를 선택한 상태에서 [표 도구]의 [디자인] 탭-[표 스타일 옵션] 그룹에서 [줄무늬 행]의 체크를 해제하세요.

실무예제 02　표에 행과 열 추가하기

1 표의 2행과 3행 사이에 마우스 포인터를 올려놓으면 나타나는 삽입 컨트롤 단추(⊕)를 클릭하여 행을 빠르게 삽입해 보세요.

Tip

삽입 컨트롤 단추(⊕)는 두 열 사이의 위쪽 또는 두 행 사이의 왼쪽으로 마우스 포인터를 이동하면 나타납니다. 삽입 컨트롤 단추(⊕)를 클릭하면 해당 위치에 새로운 열 또는 행을 삽입할 수 있어요.

2 삽입한 행의 각 셀에 『계』, 『1789』, 공백, 『1960』, 공백, 『1813』, 공백을 차례대로 입력하세요. 7열의 아무 셀이나 클릭하여 커서를 올려놓고 [표 도구]의 [레이아웃] 탭-[행 및 열] 그룹에서 [오른쪽에 삽입]을 클릭하여 맨 오른쪽에 열을 삽입하세요.

Tip

표의 마지막 행에 있는 오른쪽 끝 셀에서 Tab 을 누르면 맨 아래에 한 행이 삽입되어요.

75

🔵 **예제파일** : 교통_셀크기.docx   🔵 **결과파일** : 교통_셀크기_완성.docx

실무
예제 **03**

표의 크기와 셀 너비, 높이 조절하기

1 표의 아래쪽에 위치한 크기 조정 핸들(□) 위에 마우스 포인터를 올려놓으세요. 마우스 포인터가 ⬍ 모양으로 변하면 아래쪽으로 드래그하여 표의 전체 크기를 크게 조절하세요.

2 [표 도구]의 [레이아웃] 탭-[셀 크기] 그룹에서 [자동 맞춤]을 클릭하고 [창에 자동으로 맞춤]을 선택하여 가로 크기를 자동으로 지정하세요. '2011년' 열부터 '2014년' 열의 마지막 행까지 드래그하여 범위로 지정하고 [표 도구]의 [레이아웃] 탭-[셀 크기] 그룹에서 [열 너비를 같게]를 클릭하세요.

3 표의 왼쪽 위에 있는 ⊞ 단추를 클릭하여 표 전체를 선택하고 [표 도구]의 [레이아웃] 탭-[셀 크기] 그룹에서 [행 높이를 같게]를 클릭하세요.

4 [표 도구]의 [레이아웃] 탭-[맞춤] 그룹에서 [가운데 맞춤]을 클릭하세요.

5 숫자가 입력된 셀을 모두 드래그하여 선택하고 [표 도구]의 [레이아웃] 탭-[맞춤] 그룹에서 [오른쪽 가운데 맞춤]을 클릭하세요.

실무
예제 **04** 표에 대각선과 테두리 지정하기

1 첫 번째 셀을 클릭하고 [표 도구]의 [디자인] 탭−[테두리] 그룹에서 [펜 색]의 내림 단추(⌄)를 클릭하고 '테마 색'의 [흰색, 배경 1]을 선택하세요.

2 [표 도구]의 [디자인] 탭−[테두리] 그룹에서 [테두리]의 테두리를 클릭하고 [하향 대각선 테두리]를 선택하세요.

Tip

테두리를 지정할 때는 테두리의 색(펜 색)과 두께(펜 두께)를 먼저 지정하고 적용할 테두리의 위치를 지정해야 해요. [표 도구]의 [디자인] 탭−[테두리] 그룹에서 [테두리]를 클릭하고 [테두리 및 음영]을 선택하면 '선 색', '선 두께' 등의 다양한 테두리 옵션을 지정할 수 있어요.

3 첫 번째 행을 드래그하여 범위로 지정하세요. [표 도구]의 **[디자인] 탭-[테두리] 그룹**에서 **[테두리]**의 테두리를 클릭하고 **[안쪽 세로 테두리]**를 선택하세요.

4 제목 행을 제외한 나머지를 드래그하여 모두 범위로 지정하고 [표 도구]의 **[디자인] 탭-[테두리] 그룹**에서 **'펜 두께'**를 **[1 1/2pt]**로 지정하세요. **[펜 색]**을 클릭하고 **'테마 색'**의 **[파랑, 강조 1]**을 선택하고 **[테두리]**의 **[바깥쪽 테두리]**를 선택하세요.

5 '여객' 부분만 드래그하여 범위로 지정하고 [표 도구]의 **[디자인] 탭-[테두리] 그룹**에서 **[테두리]**의 테두리를 클릭한 후 **[아래쪽 테두리]**를 선택하세요.

문서작성

서식지정

문서편집

가치살인

스타일

문서요소

양식검토

예제파일: 교통_차트.docx　　**결과파일**: 교통_차트_완성.docx

차트 삽입하고 차트의 종류 변경하기

1 표의 왼쪽 위에 있는 ⊞ 단추를 클릭하여 표 전체를 선택하고 Ctrl+C를 눌러 복사하세요.

2 표의 아래쪽을 클릭하여 커서를 올려놓고 [삽입] 탭-[일러스트레이션] 그룹에서 [차트]를 클릭하세요.

3 [차트 삽입] 대화상자가 열리면 [모든 차트] 탭의 [세로 막대형]에서 [묶은 세로 막대형]을 선택하고 [확인]을 클릭하세요.

4 차트가 삽입되면서 [Microsoft Word의 차트] 창이 열리면 A1셀을 클릭하고 Ctrl + V 를 눌러 복사한 데이터를 붙여넣으세요.

5 [Microsoft Word의 차트] 창의 4행 머리글과 5행 머리글을 드래그하여 4행과 5행 전체를 범위로 지정하고 마우스 오른쪽 단추를 눌러 [삭제]를 선택하세요.

Tip
데이터를 삭제하지 않고 오른쪽 아래의 파란색 점(■) 위에 마우스 포인터를 올려놓은 후 ↖ 모양으로 바뀌면 드래그하여 차트를 그릴 영역을 지정할 수도 있어요.

6 기본 묶은 세로 막대형 차트가 만들어지면 [차트 도구]의 **[디자인] 탭-[데이터] 그룹**에서 **[행/열 전환]**을 클릭하세요.

문서시작

서식지정

문서편집

개체삽입

스타일

문서요소

양식건트

7 차트의 행과 열이 바뀌었으면 [차트 도구]의 **[디자인] 탭-[종류] 그룹**에서 **[차트 종류 변경]**을 클릭하세요.

Tip

차트 데이터의 입력 작업이 끝나면 [닫기] 단추(⊠)를 클릭하여 [Microsoft Word의 차트] 창을 닫으세요.

8 [차트 종류 변경] 대화상자가 열리면 [모든 차트] 탭에서 [콤보]를 선택합니다. '항공'의 차트 종류에 [표식이 있는 꺾은선형]을 선택하고 [보조 축]에 체크한 후 [확인]을 클릭하세요.

9 콤보 차트가 만들어지면 차트 제목에 『국제 여객 수송량 추이』를 입력하여 차트를 완성하세요.

1 | 표 삽입하고 셀 병합하기

🔵 **예제파일** : 신청서_표삽입.docx   🔵 **결과파일** : 신청서_표삽입_완성.docx

다음과 같은 표를 삽입하고 셀을 병합해 보세요.

> **Hint**　① [삽입] 탭-[표] 그룹에서 [표]를 클릭하여 5×7 크기의 표를 삽입하고 데이터를 입력하세요.
> ② [표 도구]의 [레이아웃] 탭-[병합] 그룹에서 [셀 병합]을 클릭하여 표 모양을 완성하세요.

2 | 표에 행 추가하고 텍스트 맞춤 변경하기

🔵 **예제파일** : 신청서_표편집.docx   🔵 **결과파일** : 신청서_표편집_완성.docx

표의 마지막에 행을 추가하여 내용을 입력하고 '연락처' 항목의 '전화', '휴대폰', '팩스', 'e-mail'을 제외한 모든 데이터를 가운데 양쪽 맞춤 정렬해 보세요.

> **Hint**　① 표를 선택하고 [표 도구]의 [레이아웃] 탭-[맞춤] 그룹에서 [가운데 맞춤]으로 설정하세요.
> ② '전화', '휴대폰', '팩스', 'e-mail' 셀을 클릭하고 [가운데 양쪽 맞춤]을 설정하세요.
> ③ 마지막 셀에 클릭하고 Tab 을 눌러 한 행을 추가하세요.
> ④ 마지막 행 전체를 드래그하여 범위로 지정하고 셀 병합한 후 텍스트를 입력하세요.

표를 빠른 문서 요소에 추가하고 빠르게 사용하기

🔘 **예제파일** : 회의록.docx 🔘 **결과파일** : 회의록_완성.docx

빠른 문서 요소 갤러리를 사용하여 상용구, 문서 속성, 필드를 포함해서 다시 사용 가능한 콘텐츠를 만들고 저장한 후 찾을 수 있어요. 자주 사용하는 표를 빠른 문서 요소 갤러리에 추가해 두면 쉽고 빠르게 사용할 수 있어서 편리해요.

1 표의 왼쪽 위에 있는 🕀 단추를 클릭하여 빠른 문서 요소에 추가할 표를 선택하고 [삽입] 탭-[텍스트] 그룹에서 [빠른 문서 요소 탐색]을 클릭한 후 [선택 영역을 빠른 문서 요소 갤러리에 저장]을 선택하세요.

2 [새 문서 블록 만들기] 대화상자가 열리면 '이름'에 『회의록』을 입력하세요. '저장 위치'는 모든 문서에서 사용할 수 있는 [Normal.dotm]을, '옵션'은 [해당 페이지의 내용 삽입]을 선택하고 [확인]을 클릭하세요.

3 Ctrl+N을 눌러 새 문서를 열고 [삽입] 탭-[텍스트] 그룹에서 [빠른 문서 요소 탐색]을 클릭한 후 [회의록]을 선택하세요.

4 빠른 문서 요소 갤러리에 '회의록'으로 저장된 표가 쉽고 빠르게 삽입되었습니다. 빠른 문서 요소 갤러리에서 마우스 오른쪽 단추를 누르면 빠른 문서 요소를 좀 더 다양한 위치에 삽입할 수 있어요.

5 빠른 문서 요소 갤러리에서 마우스 오른쪽 단추를 눌러 [구성 및 삭제]를 선택하세요.

6 [문서 블록 구성 도우미] 대화상자가 열리면 등록된 빠른 문서 요소를 편집 또는 삭제할 수 있어요.

문서작성

서식지정

문서관리

개체삽입

스타일

문서요소

양식검토

CHAPTER 3 고품질의 고급 문서 작성하기

문서에서 자주 반복되는 제목이나 본문의 서식은 매번 지정하는 것보다 라이브러리처럼 등록하여 필요할 때마다 적용하면 편리해요. 이렇게 스타일을 사용하면 일관성 있는 문서를 빠르게 작성할 수도 있고 서식의 변경이나 적용이 매우 쉽기 때문에 작업 소요 시간과 비용을 줄일 수도 있어요. 형식이 통일된 고품질 문서를 작성하려면 스타일뿐만 아니라 머리글/바닥글, 페이지 번호를 삽입하고 단과 구역 등을 나누어 문서의 레이아웃을 꾸며야 하며 양식 컨트롤을 사용해서 문서의 형식을 다양하게 다루고 '검토' 기능을 이용해 문서의 변경 내용을 쉽게 관리할 수 있어야 합니다. 이번 챕터에서는 스타일 작성과 함께 엑셀 자료를 바탕으로 '편지 병합' 기능을 이용해서 초청장이나 수료증과 같은 일부 요소만 다른 문서를 쉽게 작성하는 방법을 배워봅니다.

Windows 10
+Excel
& PowerPoint
&Word 2016
+Hangeul 2014

스타일 이용해 일관성 있는 문서 작성하기

스타일을 지정해 두면 적용한 서식을 수정하기 위해 일일이 해당 단락이나 문자를 편집하지 않고도 스타일을 한 번에 수정하여 변경할 수 있어요. 이번 섹션에서는 작성한 스타일에 개요 수준을 지정한 후 문서를 확대 및 축소하여 한눈에 정렬해 보겠습니다. 그리고 이렇게 작성한 스타일로 목차를 작성해 봅니다.

> **PREVIEW**

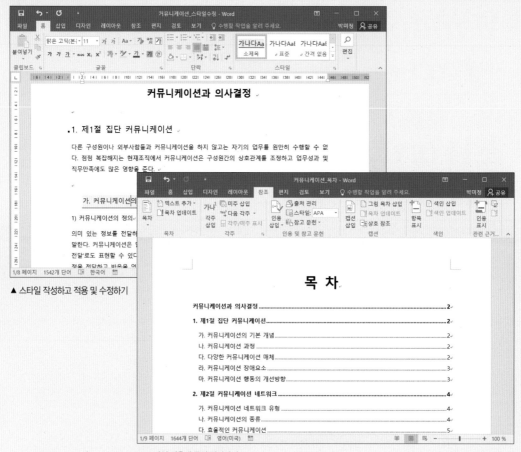

▲ 스타일 작성하고 적용 및 수정하기

▲ 스타일 이용해 목차 작성하기

> **섹션별 주요 내용**

01 | 제목 스타일 지정하기 02 | 단락 스타일 지정하고 적용하기 03 | 서식 변경해 스타일 수정하기
04 | 스타일에 개요 수준 지정하기 05 | 스타일 이용해 자동 목차 작성하기

⏺ **예제파일 :** 커뮤니케이션_스타일.docx   ⏺ **결과파일 :** 커뮤니케이션_스타일_완성.docx

실무
예제 **01** # 제목 스타일 지정하기

1 제공하는 스타일을 적용하기 위해 문서 제목인 '커뮤니케이션과 의사결정'에 커서를 올려놓고 [**홈**] 탭–[**스타일**] 그룹에서 [**자세히**] 단추(▾)를 클릭하세요.

> **Tip**
>
> 스타일은 대부분 단락 스타일이기 때문에 제목을 드래그할 필요 없이 단락 안에 커서만 올려놓으면 됩니다. 적용할 스타일이 바로 보이지 않으면 [**자세히**] 단추(▾)를 클릭하여 더 많은 스타일 갤러리에서 스타일을 선택하세요.

2 스타일 갤러리에서 [**제목**] 스타일을 선택하여 제목에 스타일을 적용하세요.

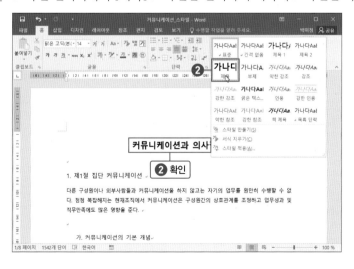

3 이번에는 두 번째 수준의 제목인 '1. 제1절 집단 커뮤니케이션'을 드래그하여 선택하거나 커서를 올려놓으세요. 다른 절의 제목을 동시에 선택하기 위해 **[홈] 탭-[편집] 그룹**에서 **[선택]**을 클릭하고 **[서식이 비슷한 텍스트 선택]**을 선택하세요.

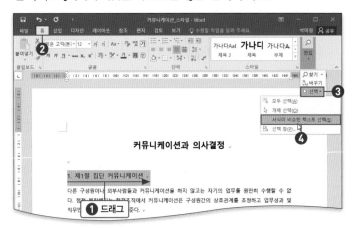

4 **[홈] 탭-[스타일] 그룹**에서 **[자세히] 단추(▽)**를 클릭하고 **[제목 1]** 스타일을 선택하세요.

5 모든 절 단위 제목에 '제목 1' 스타일이 한 번에 적용되었습니다.

🔵 **예제파일** : 커뮤니케이션_단락스타일.docx   🔵 **결과파일** : 커뮤니케이션_단락스타일_완성.docx

실무
예제 **02** 단락 스타일 지정하고 적용하기

1 이미 서식이 적용된 서식을 새로운 스타일 이름으로 지정해 볼까요? '가. 커뮤니케이션의 기본 개념'을 드래그하여 선택하고 [홈] 탭-[스타일] 그룹에서 [자세히] 단추(▼)를 클릭한 후 [스타일 만들기]를 선택하세요.

Tip

이 단락에는 이미 글꼴 크기와 들여쓰기 등의 서식이 적용되어 있어요.

2 [서식에서 새 스타일 만들기] 대화상자가 열리면 '이름'에 『소제목』을 입력하고 [확인]을 클릭하세요.

3 단락 스타일로 지정된 단락과 서식이 같은 모든 단락에 스타일을 적용하기 위해 '나. 커뮤니케이션 과정'을 드래그하여 선택하세요. **[홈] 탭–[편집] 그룹**에서 **[선택]**을 클릭하고 **[서식이 비슷한 텍스트 선택]**을 선택하세요.

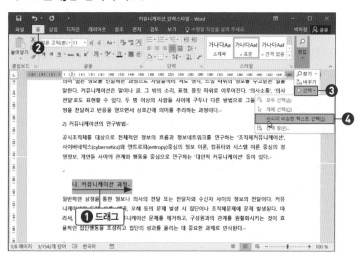

4 선택한 모든 단락에 **[홈] 탭–[스타일] 그룹**에서 **[소제목]** 스타일을 클릭하여 적용하세요.

실무
예제 **03**   # 서식 변경해 스타일 수정하기

1 작성한 스타일의 일부 서식을 수정하기 위해 [홈] 탭-[스타일] 그룹에서 [소제목] 스타일을 마우스 오른쪽 단추로 눌러 [수정]을 선택하세요.

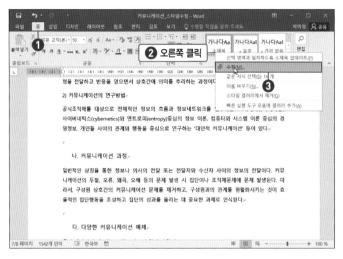

2 [스타일 수정] 대화상자가 열리면 '속성'의 '다음 단락의 스타일'을 [표준]으로 지정하고 [서식]을 클릭한 후 [테두리]를 선택하세요.

> **Tip**
>
> '다음 단락의 스타일'은 현재 단락에서 Enter를 누르면 자동으로 지정되는 스타일이에요. '소제목'으로 지정한 단락의 다음 단락은 '표준' 스타일을 적용하기 위한 것입니다.

3 [테두리 및 음영] 대화상자의 [테두리] 탭이 열리면 '스타일'에서 [실선]을 선택하고 '미리 보기'에서 아래쪽 단추(▤)와 오른쪽 단추(▤)를 클릭하세요.

4 이번에는 [음영] 탭을 선택하고 '채우기'의 내림 단추(▽)를 클릭한 후 '테마 색'의 [흰색, 배경 1, 5% 더 어둡게]를 선택하고 [확인]을 클릭하세요.

> **Tip**
> 적용 대상이 단락인지 확인하세요. 텍스트의 경우 해당 문자에만 음영과 테두리가 적용되어요.

5 '소제목' 스타일이 적용된 모든 단락의 서식이 변경되었습니다.

난이도 ① ② ③ ④ ⑤

실무
예제 **04** 스타일에 개요 수준 지정하기

1 '소제목' 단락 스타일이 적용된 '가. 커뮤니케이션의 기본 개념'에 커서를 올려놓고 [홈] 탭-[단락] 그룹에서 [단락 설정] 대화상자 표시 아이콘 ( )을 클릭하세요.

2 [단락] 대화상자가 열리면 [들여쓰기 및 간격] 탭에서 '개요 수준'의 내림 단추( )를 클릭하고 [수준 2]를 선택한 후 [확인]을 클릭하세요.

'제목'과 '제목 1' 스타일에는 개요 수준이 이미 '수준 1'로 지정되어 있어요.

3 다른 단락에도 적용하기 위해 **[홈] 탭-[스타일] 그룹**에서 **[소제목]** 스타일을 마우스 오른쪽 단추로 눌러 [선택 영역과 일치하도록 소제목 업데이트]를 선택하세요.

4 개요 수준이 적용되면 개요 수준에 따라 하위 수준의 단락을 축소 및 확대시킬 수 있어요. '가. 커뮤니케이션의 기본 개념'의 앞에 있는 ⊿ 단추를 클릭하세요.

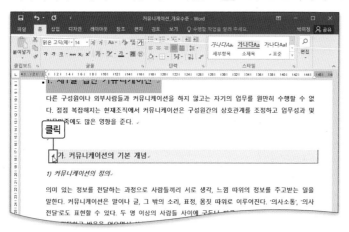

5 '가. 커뮤니케이션의 기본 개념' 아래의 단락이 모두 축소되었습니다.

● **예제파일** : 커뮤니케이션_목차.docx   ● **결과파일** : 커뮤니케이션_목차_완성.docx

실무
예제 **05** # 스타일 이용해 자동 목차 작성하기

1 목차를 작성하려면 개요 수준이 지정된 스타일이 먼저 지정되어 있어야 해요. 이미 지정된 '제목', '제목 1', '소제목' 스타일로 목차를 작성하기 위해 1페이지의 본문 맨 앞에 커서를 올려놓고 **[참조] 탭-[목차] 그룹**에서 **[목차]**를 클릭한 후 **[사용자 지정 목차]**를 선택하세요.

2 **[목차]** 대화상자의 **[목차]** 탭이 열리면 원하는 기준으로 목차를 작성하기 위해 **[옵션]**을 클릭하세요.

3 [목차 옵션] 대화상자에서 목차에 적용할 스타일과 수준을 지정하면 되어요. '소제목', '제목', '제목 1'을 제외한 나머지 스타일에서 '목차 수준'의 수준 표시를 제거하고 [확인]을 클릭하세요.

4 [목차] 대화상자의 [목차] 탭으로 되돌아오면 '일반'의 '서식'에서 [정형]을 선택한 후 [확인]을 클릭하세요.

5 1쪽에 목차가 삽입되었습니다.

1 | '큰제목'과 '작은제목' 스타일 작성하고 적용하기

🔵 **예제파일** : 축구에 대한 이해.docx 🔵 **결과파일** : 축구에 대한 이해_완성.docx

'축구에 대한 이해' 문서의 제목에 '큰제목'과 '작은제목' 스타일을 작성하고 같은 서식에 적용해 보세요.

Hint ① '1. 축구의 정의 및 역사'와 서식이 같은 모든 단락에 '큰제목' 스타일을 지정하세요.
② 다음 제목인 '가. 축구의 정의'와 서식이 같은 모든 제목에 '작은제목' 스타일을 작성하세요.
③ '작은제목' 스타일이 지정된 단락의 텍스트에 [진한 빨강], [굵게], [기울임꼴] 서식을 지정하고 스타일을 업데이트하세요.

2 | 작성한 스타일로 자동 목차 만들기

🔵 **예제파일** : 축구에 대한 이해_목차.docx 🔵 **결과파일** : 축구에 대한 이해_목차_완성.docx

'축구에 대한 이해' 문서에 지정된 스타일로 목차를 작성해 보세요.

Hint ① '큰제목' 스타일이 적용된 단락의 개요 수준을 [수준1]로 지정하고 '작은제목'은 [수준2]로 변경하세요.
② 맨 앞에 쪽을 추가하고 사용자 지정 목차로는 큰제목을, 작은 제목으로는 목차를 작성하세요.
③ 목차는 [꾸밈형]으로, 수준 표시는 [2]로 지정하고 목차를 작성하세요.

02 보기 좋게 문서 디자인하기

문서를 작성할 때 전체적인 레이아웃은 용지 설정뿐만 아니라 단이나 구역 설정으로 구성할 수 있어요. 여기에 문서 요소를 삽입하면 문서를 좀 더 체계적으로 정리하고 꾸밀 수 있어요. 이런 문서 요소에는 머리글/바닥글 및 페이지 번호 등이 있고 워터마크, 주석 표시 등은 빠른 문서 요소 기능으로 문서에 쉽게 추가할 수 있어요.

PREVIEW

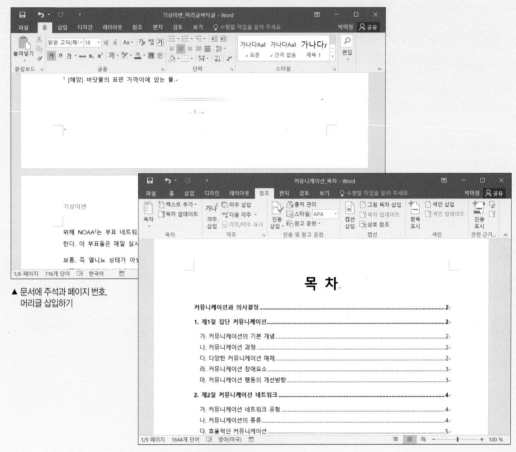

▲ 문서에 주석과 페이지 번호, 머리글 삽입하기

▲ 스타일 이용해 목차 작성하기

섹션별 주요 내용

01 | 워터마크와 페이지의 테두리 삽입하기   02 | 페이지 번호 삽입하기   03 | 머리글과 바닥글 지정하기
04 | 다단 설정하고 단 나누기   05 | 내용이 바뀌는 부분을 구역으로 나누기

● 예제파일 : 성과지표_디자인.docx   ● 결과파일 : 성과지표_디자인_완성.docx

실무
예제 **01** # 워터마크와 페이지의 테두리 삽입하기

1 문서의 전체에 테두리를 지정하기 위해 **[디자인] 탭-[페이지 배경] 그룹**에서 **[페이지 테두리]**를 클릭하세요.

> **Tip**
>
> **[홈] 탭-[단락] 그룹**에서 **[테두리]**의 내림 단추(▾)를 클릭하고 **[테두리 및 음영]**을 선택하여 [테두리 및 음영] 대화상자를 열고 [페이지 테두리] 탭을 선택해도 됩니다.

2 [테두리 및 음영] 대화상자의 [페이지 테두리] 탭이 열리면 '설정'에서 [상자]를 선택하세요. '스타일'은 세 번째 점선, '색'은 '테마색'의 [회색 – 50%, 강조 3, 50% 더 어둡게], '두께'는 [1 1/2pt]로 선택하고 [확인]을 클릭하세요.

3 이번에는 워터마크를 삽입하기 위해 **[디자인] 탭-[페이지 배경] 그룹**에서 **[워터마크]**를 클릭하세요. 원하는 스타일의 워터마크가 없으면 **[사용자 지정 워터마크]**를 선택하세요.

4 [워터마크] 대화상자가 열리면 [텍스트 워터마크]를 선택하고 '텍스트'에 『내부용』을 입력하세요. '글꼴'은 [맑은 고딕], '색'은 '테마 색'의 [파랑, 강조 5, 60% 더 밝게], '레이아웃'은 [대각선]을 지정하고 [확인]을 클릭하세요.

5 문서의 배경에 워터마크가 삽입되었습니다.

● 예제파일 : 기상이변_페이지번호.docx　● 결과파일 : 기상이변_페이지번호_완성.docx

실무
예제 **02** # 페이지 번호 삽입하기

1 문서의 전체에 페이지 번호를 삽입하기 위해 [삽입] 탭-[머리글/바닥글] 그룹에서 [페이지 번호]를 클릭하고 [아래쪽]을 선택한 후 '일련 번호'의 [가는 줄]을 선택하세요.

> **Tip**
>
> 워드 2016에서는 다양한 스타일의 페이지 번호를 제공하고 있어요.

2 바닥글 영역에 페이지 번호가 삽입되면 번호 서식을 지정해 볼까요? [머리글/바닥글 도구]의 [디자인] 탭-[머리글/바닥글] 그룹에서 [페이지 번호]를 클릭하고 [페이지 번호 서식]을 선택하세요.

3 [페이지 번호 서식] 대화상자가 열리면 '번호 서식'에서 [-1-, -2-, -3-, ...]을 선택하고 [확인]을 클릭하세요.

4 페이지 번호의 서식이 변경되었는지 확인하고 [머리글/바닥글 도구]의 [디자인] 탭-[닫기] 그룹에서 [머리글/바닥글 닫기]를 클릭하세요.

> **Tip**
> 본문 영역을 더블클릭해도 '머리글/바닥글' 영역에서 빠져 나올 수 있어요. 다시 바닥글 영역을 선택하려면 페이지 번호를 더블클릭하세요.

5 페이지를 이동하여 페이지 번호가 자동으로 삽입된 것을 확인하세요.

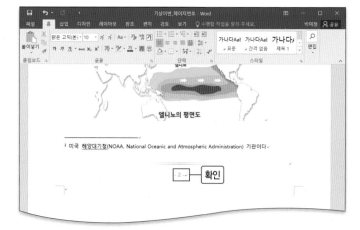

⬤ 예제파일 : 기상이변_머리글바닥글.docx　⬤ 결과파일 : 기상이변_머리글바닥글_완성.docx

실무
예제 **03** # 머리글과 바닥글 지정하기

1 문서의 전체에 머리글을 삽입하기 위해 [삽입] 탭-[머리글/바닥글] 그룹에서 [머리글]을 클릭하고 [머리글 편집]을 선택하세요.

문서작성

서식지정

Tip

제공된 머리글 중에서 원하는 머리글 이 있으면 곧바로 선택해서 빠르게 삽입해도 됩니다.

2 머리글의 왼쪽 영역에 커서가 표시되면 『기상이변』을 입력하고 Tab 을 두 번 눌러 오른쪽 영 역으로 이동하세요. [머리글/바닥글 도구]의 [디자인] 탭-[삽입] 그룹에서 [날짜 및 시간]을 클릭 하세요.

Tip

머리글과 바닥글의 영역은 모두 왼쪽, 가운데, 오른쪽, 이렇게 세 영역으로 구분되어 있고 여기에 직접 텍스트나 그림을 삽입하거나 제공된 문서 요소를 삽입해도 됩니다.

문서관리

개체삽입

스타일

문서요소

양식컨트롤

3 [날짜 및 시간] 대화상자가 열리면 '사용 가능한 형식'에서 [2015년 12월]을 선택하고 [자동으로 업데이트]에 체크한 후 [확인]을 클릭하세요.

4 머리글 영역에 두 가지 요소가 삽입되면 [머리글/바닥글 도구]의 **[디자인] 탭-[닫기] 그룹**에서 **[머리글/바닥글 닫기]**를 클릭하세요.

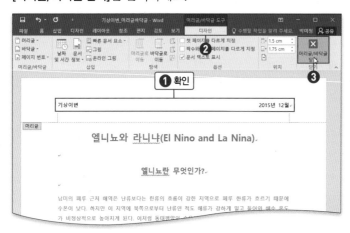

5 문서의 전체에 머리글이 삽입되었는지 살펴보기 위해 아래쪽 페이지로 이동해서 머리글을 확인하세요.

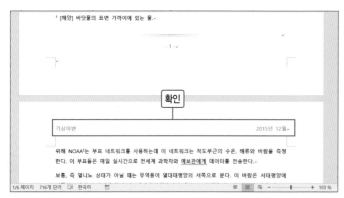

실무
예제 **04** **다단 설정하고 단 나누기**

1 문서에서 원하는 범위를 두 단 이상의 레이아웃으로 나눌 수 있어요. 문서 전체를 두 단으로
나누기 위해 [Ctrl]+[A]를 누르세요. 문서 전체가 선택되면 [레이아웃] 탭-[페이지 설정] 그룹에서
[단]을 클릭하고 [기타 단]을 선택하세요.

2 [단] 대화상자가 열리면 '미리 설정'에서 [둘]을 선택하고 [경계선 삽입]과 [단 너비를 같게]
에 체크한 후 [확인]을 클릭하세요.

> **Tip**
> 기본적으로 [단 너비를 같게]에 체크되어 있어요. 단 너비를
> 다르게 지정하려면 [단 너비를 같게]의 체크를 해제해야 해요.

3 이번에는 1쪽의 '설문대할망'부터 다음 단으로 넘기기 위해 '설문대할망'의 앞에 커서를 올려 놓으세요. [레이아웃] 탭-[페이지 설정] 그룹에서 [나누기]를 클릭하고 [단]을 선택하세요.

4 '설문대할망' 내용이 오른쪽 단으로 이동되었습니다.

잠깐만요 **구역과 단을 사용하는 이유 알아보기**

'단'은 좌우로 레이아웃을 나누는 기능이고 '구역'은 문서를 위아래로 구분할 때 사용해요. 구역을 나누지 않으면 여러 단을 나누어 사용해도 1구역으로 사용됩니다. 그리고 한 페이지에서도 상황에 따라 여러 구역으로 나눌 수 있어요.

주로 구역은 페이지의 설정을 변경하거나 이전 영역과 페이지 번호 또는 머리글/바닥글을 지정할 때 삽입해요. 범위를 설정해서 단을 나누면 굳이 구역을 나누지 않아도 자동으로 단을 나눈 영역과 나누지 않은 영역이 서로 다른 구역이 됩니다.

스마트워크란?

스마트워크란 정보통신기술(ICT)을 이용해 시간과 장소의 제약 없이 업무를 보는 방식을 말한다. 예를 들어 최근 이용자 수가 급격히 늘고 있는 스마트폰을 활용하여 사무실이 아닌 현장에서 직접 일을 처리하는 것 또한 일종의 스마트워크라 할 수 있다.

스마트워크는 보통 3가지 유형으로 나누는데, 집에서 회사의 정보통신망에 접속해 업무를 수행하는 재택근무, 스마트폰을 이용해서 현장에서 직접 업무를 수행하는 이동근무, 자택 인근의 원격사무실에 출근해서 일하는 스마트워크센터 근무 등으로 나눌 수 있다. 일반적으로

생각하는 '회사'와 '사무실'의 개념이 조금 달라지는 것이다.

회사원들이 보통 오전 9시에 출근해서 오후 6시에 퇴근하는 지금의 업무 형태와 비교했을 때 출퇴근 시간이 줄어들고, 보다 장소에 구애받지 않고 보다 유연하게 업무를 진행할 수 있다는 점이 특징적이다. 스마트워크가 본격적으로 활성화 되면 인터넷에 연결이 가능한 곳이라면 그 어디든 업무공간이 될 수 있고, 또한 스마트폰과 태블릿PC의 등장으로 업무공간은 무한정 넓어지고 다양화 될 것이다.

스마트워크의 필요성

• 유연하고 합리적인 근무방식 필요

우리나라는 1980년대후반 약 10% 수준이었던

근무형태 등을 고려하여 적합한 직무를 개발하고, 재택근무, 이동근무 등 다양하고 유연한 근

▲ 여러 구역에 단 설정하기

내용이 바뀌는 부분을 구역으로 나누기

1 이번에는 내용이 바뀌는 부분을 구역으로 나누고 일부 구역의 페이지 설정을 변경해 볼게요.
1페이지에서 '설문대할망'의 앞에 커서를 올려놓고 [레이아웃] 탭-[페이지 설정] 그룹에서 [나누기]를 클릭한 후 '구역 나누기'의 [다음 페이지부터]를 선택하세요.

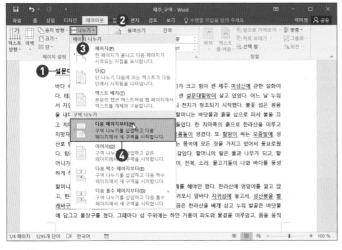

> **Tip**
>
> 현재 보기 상태에서는 구역이 구분되지 않아요. 구역을 정확하게 보려면 [보기] 탭-[보기] 그룹에서 [초안]을 클릭하고 구역을 확인하거나
> 상태 표시줄에서 마우스 오른쪽 단추를 눌러 [구역]에 체크하세요.

2 '설문대할망' 부분부터 다음 페이지로 넘어가면서 구역이 변경됩니다. 이와 같은 방법으로
3쪽에 있는 '삼성혈의 신화'도 구역을 [다음 페이지부터]로 나눠보세요.

3 '삼성혈의 신화'가 포함된 구역에 커서를 올려놓고 [레이아웃] 탭-[페이지 설정] 그룹에서 [용지 방향]을 클릭한 후 [가로]를 선택하세요.

Tip

현재 구역은 3구역으로, 3구역의 페이지만 용지의 방향이 가로로 변경됩니다.

4 4페이지의 용지가 가로로 변경되었습니다. 나뉜 구역에서 변경된 페이지 설정을 보기 위해 [보기] 탭-[확대/축소] 그룹에서 [여러 페이지]를 클릭하세요.

5 4쪽부터 용지의 방향이 가로로 변경되었는지 확인해 보세요.

1 | 페이지 번호와 바닥글, 주석, 워터마크 지정해 문서 꾸미기

예제파일 : 탄생석_디자인.docx　　**결과파일** : 탄생석_디자인_완성.docx

짝수와 홀수 페이지에 바닥글을 다르게 삽입하고 페이지 번호, 워터마크, 주석을 추가해 보세요.

Hint

① 문서의 왼쪽 아래 영역에서 홀수 페이지의 바닥글은 '작성자: 홍길동'을, 짝수 페이지의 바닥글은 '월별탄생석'을 삽입하세요.

② 1페이지에 주석(번호 서식 : I, ii, ii, …)을 삽입하세요(탄생석 : 태어난 달을 상징하는 보석, 화강암 : 석영, 장석, 운모 등으로 이루어진, 심성암의 하나).

③ 워터마크를 '탄생석'으로 삽입하세요(궁서체, 대각선, 진한 보라, 강조 1, 80% 더 밝게).

④ 바닥글 오른쪽 영역에서 페이지 번호를 짝수 페이지에 삽입하세요.(현재 위치, 서식 : 페이지 1/1)

2 | 단과 구역 나누고 전체 페이지에 이중선 테두리 지정하기

예제파일 : 탄생석_레이아웃.docx　　**결과파일** : 탄생석_레이아웃_완성.docx

각 탄생석별로 내용 부분은 2단으로 지정하고 일부 내용은 다른 단으로 넘긴 후 전체 페이지에 이중선 테두리를 지정해 보세요.

Hint

① 각 탄생석 제목 아래의 내용을 모두 2단으로 지정하세요.

② 2페이지의 3월 탄생석에서 '아쿠아마린은 예부터~'라는 문단을 단 나누기하여 오른쪽 단으로 넘기세요.

③ 페이지 테두리를 [이중선 상자]로 지정하세요.

Section 03

편지, 검토,
양식 문서 작성하기

워드 2016에서는 각종 양식 문서나 초청장, 수료증과 엑셀로 된 자료를 병합시켜서 같은 내용의 문서를 여러 장 반복하여 자료별로 생성할 수 있어요. 또한 콘텐츠 컨트롤을 삽입하여 문서를 꾸미면 설문이나 체크 리스트를 아주 쉽게 작성할 수 있죠. '검토' 기능은 여러 명의 검토자가 문서를 수정했을 때 최종 검토자가 변경 내용을 추적하고, 해당 내용을 반영하여 효율적인 문서로 만들 수 있으며, '공유' 기능으로 허락된 사용자와 동시에 문서를 편집할 수 있어요.

> ## PREVIEW

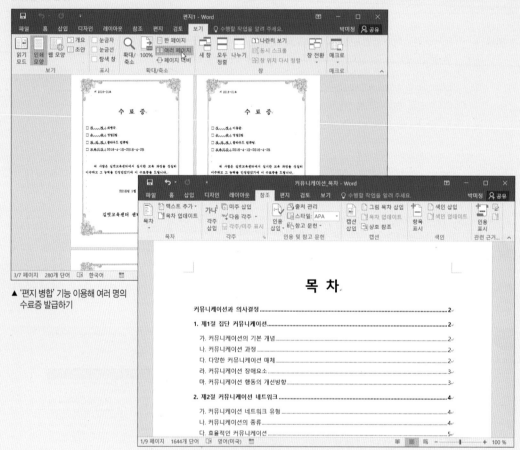

▲ '편지 병합' 기능 이용해 여러 명의 수료증 발급하기

▲ 변경 내용 추적과 공유로 문서 공동 작성하기

> 섹션별
> 주요 내용

01 | 편지 병합할 주요 문서와 원본 데이터 편집하기   02 | 편지 병합해 수료증 완성하기

03 | 컨트롤 삽입해 양식 문서 작성하기   04 | 변경 내용 추적해 적용하기

편지 병합할 주요 문서와 원본 데이터 편집하기

1 수료증의 원본이 되는 '수료증.docx' 파일을 열고 [편지] 탭-[편지 병합 시작] 그룹에서 [편지 병합 시작]을 클릭한 후 [편지]를 선택하세요.

2 교육생 데이터를 선택하기 위해 [편지] 탭-[편지 병합 시작] 그룹에서 [받는 사람 선택]을 클릭하고 [기존 목록 사용]을 선택하세요.

3 [데이터 원본 선택] 대화상자가 열리면 부록 CD의 '교육생명단.xlsx' 엑셀 파일을 선택하고 [열기]를 클릭하세요.

4 [테이블 선택] 대화상자가 열리면 '주소록$' 테이블을 선택하고 [확인]을 클릭하세요.

Tip

엑셀의 워크시트가 여러 개인 경우 테이블 이름도 시트의 개수만 큼 표시됩니다.

5 교육생 중에서 이번 수료증을 표시할 과정을 선택하기 위해 **[편지] 탭-[편지 병합 시작] 그룹**에서 **[받는 사람 목록 편집]**을 클릭하세요.

6 [편지 병합 받는 사람] 대화상자가 열리면 [필터]를 선택하세요.

7 [필터 및 정렬] 대화상자가 열리면 [레코드 필터] 탭에서 '필드'에는 『교육과정』을, '비교'에는 『포함』을, '비교값'에는 『클라우드』를 입력하고 [확인]을 클릭하세요.

8 [편지 병합 받는 사람] 대화상자로 되돌아오면 [확인]을 클릭하세요.

Tip

이 실습은 다음 쪽에서 계속 실습할 것입니다.

문서작성

서식지정

문서관리

개체삽입

스타일

문서요소

양식컨트롤

실무 예제 **02** **편지 병합해 수료증 완성하기**

1 주요 문서와 받을 사람이 모두 편집된 상태에서 주요 문서에 병합할 필드를 삽입해 볼게요. '성명:'의 뒤에 커서를 올려놓고 [편지] 탭-[필드 쓰기 및 삽입] 그룹에서 [병합 필드 삽입]을 클릭한 후 [이름]을 선택하세요.

2 이와 같은 방법으로 '소속', '과정명', '교육기간' 필드를 해당 위치에 삽입하세요.

3 필드의 삽입 결과를 알아보기 위해 [편지] 탭-[결과 미리 보기] 그룹에서 [결과 미리 보기]를 클릭하세요. 이어서 [다음 레코드] 단추(▶)를 클릭하여 대상자가 바뀌는지 확인해 보세요.

4 이제 현재 문서를 병합된 문서로 저장할 것인지, 인쇄할 것인지의 여부를 지정해야 하므로 **[편지] 탭-[마침] 그룹**에서 **[완료 및 병합]**을 클릭하고 **[개별 문서 편집]**을 선택하세요. [새 문서로 병합] 대화상자가 열리면 레코드 병합에서 원하는 레코드를 지정하세요. 여기서는 모든 레코드를 개별 페이지로 작성하기 위해 [모두]를 선택하고 [확인]을 클릭하세요.

5 새로운 문서 [편지1]에 레코드별로 각각의 수료증이 각 페이지마다 작성되었습니다. 결과를 확인하기 위해 **[보기] 탭-[확대/축소] 그룹**에서 **[여러 페이지]**를 클릭하면 모두 7페이지의 문서가 작성되었습니다.

Tip

이렇게 병합된 문서를 저장해 하거나 인쇄하세요.

실무
예제 | **03** | # 컨트롤 삽입해 양식 문서 작성하기

1 문서에 양식을 다룰 수 있는 컨트롤을 삽입하려면 리본 메뉴에 [개발 도구] 탭이 표시되어야
합니다. '교육 구분'의 'KOLAS' 앞에 커서를 올려놓고 **[개발 도구] 탭–[컨트롤] 그룹**에서 **[확인란
콘텐츠 컨트롤]**을 클릭하세요.

> **Tip**
>
> 리본 메뉴의 [개발 도구] 탭을 표시하
> 려면 [파일] 탭–[옵션]에서 [리본 사
> 용자 지정]을 클릭한 후 [개발 도구]
> 탭에 체크하세요.

2 'KOLAS'의 앞에 확인한 컨트롤이 삽입되었습니다. 이와 같은 방법으로 나머지 텍스트의 앞
에도 컨트롤을 삽입하세요. '날짜' 입력란에 커서를 올려놓고 **[개발 도구] 탭–[컨트롤] 그룹**에서
[날짜 선택 콘텐츠 컨트롤]을 클릭하세요.

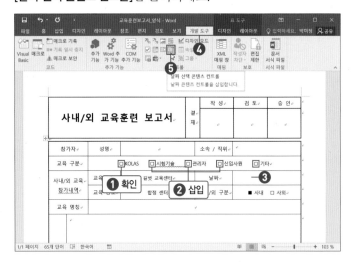

3 날짜 선택 콘텐츠 컨트롤이 삽입되면 내림 단추(⌄)를 클릭하여 원하는 날짜를 선택하세요.

4 '날짜' 항목에 날짜가 삽입되면 표에서 '성명' 입력란에 커서를 올려놓고 [개발 도구] 탭-[컨트롤] 그룹에서 [서식 있는 텍스트 콘텐츠 컨트롤]을 클릭하세요.

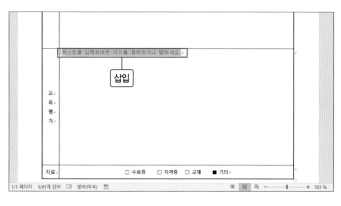

5 이와 같은 방법으로 '소속 / 직위', '교육 명칭', '교육내용', '교육평가' 입력란에 [서식 있는 텍스트 콘텐츠 컨트롤]을 삽입하세요.

실무
예제 **04** **변경 내용 추적해 적용하기**

1 검토자에 따라 수정이나 편집 내용을 추적하여 문서에 적용할지 판단하는 기능은 '변경 내용 추적'입니다. 이 기능을 설정하기 위해 **[검토] 탭-[추적] 그룹**에서 **[변경 내용 추적 옵션] 대화상자 표시 아이콘(**□**)**을 클릭하세요.

2 [변경 내용 추적 옵션] 대화상자가 열리면 '모든 메모 및 변경 내용에 표시할 내용'에서는 [수정 내용]을, '검토 창'에서는 [세로]를 선택하고 [확인]을 클릭하세요.

3 지금부터 내용이 변경되면 검토 창에 해당 내용을 모두 표시하기 위해 **[검토] 탭–[추적] 그룹**에서 **[변경 내용 추적]**의 🖱을 클릭하고 **[변경 내용 추적]**을 선택하세요.

검토 창을 클릭하거나 닫습니다.

4 'green food'의 'g'를 'G'로 변경하세요. 변경된 내용이 있으면 여백에 빨간색 선이 표시됩니다.

5 변경 내용을 좀 더 상세하게 확인하기 위해 **[검토] 탭–[추적] 그룹**에서 **[메모 및 변경 내용 모두]**를 선택하고 **[검토 창]**을 클릭하세요.

6 변경된 모든 내용이 사용자별로 표시되면 지금부터 변경 내용을 적용할지의 여부를 지정해 볼게요. 문서의 첫 부분에 커서를 올려놓고 **[검토]** 탭-**[변경 내용]** 그룹에서 **[적용]**의 █ 을 클릭 한 후 **[변경 내용 모두 적용]**을 선택하세요.

Tip

내용에 따라 적용할지의 여부를 판단하려면 **[검토]** 탭-**[변경 내용]** 그룹에서 **[다음]**을 클릭하여 **[적용]** 또는 **[적용 안 함]**을 선택하세요.

7 더 이상 변경 내용에 대한 수정이 없으므로 **[검토]** 탭-**[추적]** 그룹에서 **[검토 창]**을 클릭하여 검토 창을 없애세요. 더 이상 변경 내용을 표시하고 싶지 않으면 **[검토]** 탭-**[추적]** 그룹에서 **[변경 내용 추적]**의 █ 를 클릭하여 해제하세요.

Tip

[변경 내용 추적]을 해제하면 내용을 수정해도 더 이상 변경 내용이 표시되지 않아요.

1 편지 병합해 동호회원을 위한 파티 초대장 완성하기

예제파일 : 파티초대장.docx, 동호회명단.xlsx　**결과파일** : 파티초대장_완성.docx

'파티초대장' 워드 문서와 '동호회명단' 엑셀 문서를 이용해 '참석통보' 회원만 초대하는 초대장을 완성해 보세요.

Hint | ① '동호회명단' 엑셀 문서와 '파티초대장' 워드 문서로 편지를 병합하세요.
② 파티 초대장에 병합할 레코드는 '참석통보' 회원으로 지정하세요.
③ 개별 문서로 만들고 '파티초대장_완성.docx'로 저장하세요.

2 양식 문서 작성하고 문서 보호하기

예제파일 : 양식신청서.docx　**결과파일** : 양식신청서_완성.docx

신청서를 양식으로 작성할 콘텐츠 컨트롤을 삽입하고 '양식 채우기'로 문서를 보호해 보세요.

Hint | ① 제목 '양식'의 뒤에 콤보상자 컨트롤을 삽입하고 목록으로 [제정], [개정], [폐기]를 추가하세요.
② '신청일자', '보존년한' 입력란에는 날짜 선택 콘텐츠 컨트롤을, 나머지 모든 입력란에는 서식이 있는 텍스트 콘텐츠 컨트롤 삽입하세요.

문서 공유해 공동 작업하기

🔖 **예제파일** : 교육훈련보고서_공유.docx　　🔖 **결과파일** : 교육훈련보고서_공유_완성.docx

1 워드 2016은 실시간으로 문서를 공동으로 편집할 수 있어요. 먼저 공동으로 편집할 문서를 클라우드에 저장하기 위해 **[파일] 탭-[다른 이름으로 저장]**을 선택하고 **[OneDrive - 개인]**을 선택한 후 오른쪽 창에서 원하는 위치를 선택하세요.

2 **[다른 이름으로 저장]** 대화상자가 열리면 저장 폴더와 이름을 확인하고 **[저장]**을 클릭하세요.

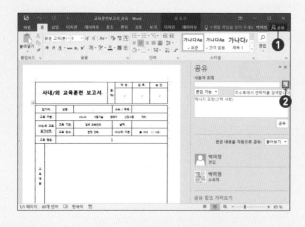

3 문서가 저장되었으면 화면의 오른쪽 위에 있는 **[공유]**를 클릭하세요. 화면의 오른쪽에 **[공유]** 창이 열리면 함께 편집할 사용자를 초대하기 위해 **[주소록에서 연락처를 검색합니다.]** 단추(🔳)를 클릭하세요.

Tip

사용자의 이메일이나 같은 팀 사이트의 사용자인 경우에는 이름으로 검색할 수 있어요.

4 [주소록: 전체 주소 목록] 창이 열리면 편집할 사용자를 더블클릭하여 [받는 사람]에 추가하고 [확인]을 클릭하세요.

5 [공유] 창에 주소가 입력되면 '편집 가능' 여부를 지정하고 설명을 입력한 후 [공유]를 클릭하세요.

Tip

공유가 진행되면 빠른 실행 도구 모음의 [저장] 도구(🖫)가 '공유'(🖫)로 표시됩니다.

6 현재 문서 편집자는 [박은진]과 [박미정]입니다. 초대된 사용자와 실시간으로 입력하고 있고 [박은진] 사용자는 '직위'를 입력하고 있어요.

Tip

커서의 위치를 확인해 보면 알 수 있어요.

7 공유로 다른 사용자가 입력한 위치를 클릭하면 해당 사용자 정보가 표시됩니다. 이제 [공유] 창을 닫아 공유를 끝내세요.

Tip

편집이 끝난 문서는 자동으로 저장되므로 다시 클라우드에 저장할 필요가 없어요.

문서작성

서식지정

문서관리

개체삽입

스타일

문서요소

양식컨트롤

찾아보기

WINDOWS 10+EXCEL&POWERPOINT&WORD 2016+HANGEUL 2014

윈도우10 + 엑셀 파워포인트 워드 2016 한글 2014 무작정 따라하기

한글편

고경희, 박미정, 박은진 지음

길벗

활용제안 1 일단, 『무작정』 따라해 보세요!

실제 업무에서 사용하는 핵심 기능만 쏙 뽑아 실무 예제로 찾기 쉬운 구성으로 중요도별로 배치했기 때문에 **'무작정 따라하기'**만 해도 한글 사용 능력이 크게 향상됩니다. 'Tip'과 '잠깐만요'는 예제를 따라하는 동안 주의해야 할 점과 추가 정보를 친절하게 알려줍니다. 또한 **'리뷰! 실무 예제'**로 자신의 실력을 점검해 보고 **'핵심! 실무노트'**로 활용 능력을 업그레이드해 보세요.

반드시 알고 넘어가야 할 주요 내용 소개!
- 학습안 제시
- 결과 미리 보기
- 섹션별 주요 기능 소개

핵심 키워드로 업무 능력 업그레이드!
- NEW/UP
- 우선순위 TOP 20

필수 기능만 쏙 뽑아 실무에 딱 맞게!
- 핵심 기능 / 실무 예제
- 무작정 따라하기
- Tip / 잠깐만요

검색보다 빠르다!
- 탭

UP무 능력 향상을 위한 활용 실습
- 리뷰! 실무 예제

프로 비즈니스맨을 위한 활용 TIP!
- 핵심! 실무 노트

자신의 『레벨에 맞는 학습법』을 찾아보세요!

흔글을 최대한 쉽고 친절하게 알려주기 때문에 **초보 사용자**도 단기간에 **중급 사용자**로 도약할 수 있어요. **중, 고급 사용자**라도 실무에서 다루는 현장감 넘치는 예제를 업무에 바로 적용할 수 있어서 **업무 활용 능력**을 높일 수 있어요! 자신의 단계에 맞는 **체계적인 학습법**을 찾아보세요.

'흔글' 사용 수준에 따른 학습 단계는?

기초 완성	실무 핵심	프로 비즈니스
Chapter1에서 새로운 기능을 살펴보고 문서 마당으로 문서를 만들어 보세요. 텍스트를 입력하고 서식을 설정해 문서 편집의 기초를 완성할 수 있습니다. 도형을 그리거나 서식을 꾸미면 더욱 보기 좋은 문서가 됩니다.	Chapter2에서는 쪽 기능을 설정하고 글머리표로 문단을 지정해 고급 문서를 작성할 수 있습니다. 문단 번호와 수준을 지정하거나 개요를 사용하면 문단을 정리할 수 있고 다단으로 문서의 레이아웃을 구성할 수 있습니다.	Chapter3에서는 주석을 달거나 덧말을 넣고 문단의 스타일을 지정하여 문서를 작성할 수 있습니다. 메일 머지로 대량으로 메일을 발송하거나 SNS에 문서 내용을 올리며 실무에 강한 문서를 만들 수 있습니다.

단기간에 끝내는 맞춤 학습 계획

강의표의 일정을 따라하기보다는 미리 알고 있는 부분은 실습을 통해 정리하고 각 섹션의 '리뷰! 실무 예제'를 통해 기능을 확실히 다지도록 합니다. 목차 또는 인덱스를 통해 알고자 하는 기능을 찾아보고 'Tip'과 '잠깐만요'에서 설명한 부가적인 꿀팁도 놓치지 마세요. Chapter 3의 기능적인 문서 작성법은 파워유저로 거듭날 수 있는 기능이므로 꼼꼼하게 학습하도록 합니다. 좀 더 빠른 학습을 원한다면 우선순위 TOP 20 위주로 예제를 따라해 보세요.

일	Chapter	Section	주제	과제
1일	Chapter 1	Section 1	흔글 2014 시작하기	리뷰! 실무 예제
2일		Section 2	흔글 문서 작성하기	리뷰! 실무 예제
3일		Section 3	서식과 편집 기능으로 문서 꾸미기	리뷰! 실무 예제
4일		Section 4	편집 용지 설정하고 인쇄하기	리뷰! 실무 예제, 핵심! 실무 노트
5일	Chapter 2	Section 1	순서가 있는 문서 만들기	리뷰! 실무 예제
6일		Section 2	쪽 기능으로 문서 정리하기	리뷰! 실무 예제
7일		Section 3	개체 삽입하기	리뷰! 실무 예제
8일		Section 4	표와 차트 삽입하기	리뷰! 실무 예제, 핵심! 실무 노트
9일	Chapter 3	Section 1, 2	스타일과 차례 작성하기, 메일 머지와 라벨 양식 문서 만들기	리뷰! 실무 예제
10일		Section 3	검토 기능 익히고 SNS 문서 올리기	리뷰! 실무 예제, 핵심! 실무 노트

활용제안 3 『우선순위 TOP 20』과 『실무 난이도』를 적극 활용하세요!

흔글 사용자들이 네이버 지식iN, 오피스 실무 카페 및 블로그, 웹 문서, 뉴스 등에서 **가장 많이 검색하고 찾아본 키워드를 토대로 우선순위 TOP 20**을 선정했어요. 이 정도만 알고 있어도 흔글은 문제 없이 다룰 수 있답니다. 또한 각 예제마다 난이도를 표시하여 학습의 중요도를 살펴볼 수 있어요. 언제, 어디서든지 원하는 기능을 **금방 찾아 바로 적용**해 보세요!

순위 ▲	키워드	간단하게 살펴보기	빠른 페이지 찾기
1 ▲	글자판 변경 입력	한글, 영어, 일어 등 다양한 언어로 데이터 입력을 자유롭게	23, 30
2 ▲	데이터 편집	작성된 보고서의 내용 편집과 서식 지정	37~40, 45
3 ▲	스타일	반복되는 서식의 자동화, 빠른 문서 작성과 서식 통일	123~131, 137
4 ▲	모양 복사	글자 또는 문단의 모양을 그대로 복사	45
5 ▲	특수 문자	화살표, 단위 기호, 통화 등 다양한 특수 문자 입력	26
6 ▲	한자 변환	한자의 발음으로 입력 또는 한글을 한자로 변환	24
7 ▲	찾기/바꾸기	문서 내에 수정할 내용 찾아 한번에 바꾸기	43
8 ▲	문단번호와 글머리표	문단에 번호 및 기호로 구분하고 정리하기	67, 71
9 ▲	문단 정렬 방식	문단의 들여쓰기 및 내어쓰기, 문단 정렬하기	41
10	다단	문단을 여러 단으로 나누어 정렬	87
11	쪽 번호	작업 문서의 분량 파악 및 쪽 번호 확인	85
12	탭 설정	여러 개의 항목을 세로로 가지런히 나열해 입력	47
13	표 삽입	기본적인 양식 문서 작성과 내용의 정리	109
14	머리말/꼬리말	작업 문서 전체에 반복되는 고정적인 텍스트나 문서 요소	83
15	그림 삽입	문서의 내용에 맞는 다양한 그림, 그리기 마당 개체 삽입	97
16	글상자 삽입	텍스트를 입력하지 못하는 개체에 텍스트 삽입과 강조기능	100
17	차트 삽입	수치 데이터를 시각적인 자료로 크기 표현	116
18	블록 설정	문서를 편집하기 위해 내용을 선택하는 다양한 방법	37
19	주석	본문에서 언급한 내용에 대한 보충 자료를 구체적으로 제시	92
20	바탕쪽	문서 전체 쪽에 공통으로 적용되는 쪽 모양	81

문서 기본 기능
필수 기능
업무 능률 ↑
현업 활동도
업무 꿀팁
기본 기능
사용 빈도 높음
보고서 필수
기본 기능

활용 제안 4 직접 먼저 따라해 본 『베타테스터』의 경험담을 들어보세요!

책이 출간되기 전, 베타테스터들이 원고를 직접 따라해 보면서 이해되지 않는 내용을 수정하고 잘못된 부분을 고쳐가면서 꼭 맞는 학습 방법을 제안해 주었습니다. 자신과 비슷한 연령, 작업 환경, 성별의 베타테스터들이 워드를 어떻게 공부하고 활용하고 있는지 먼저 경험해 본 사람들의 이야기를 듣고 참고해 보세요!

학생

이홍신

문서 작성의 기본을 익혀 빠르고 효율적인 문서 작업을 할 수 있어요!

과제물이나 보고서를 작성할 때 흔글을 자주 사용합니다. 기본적인 문서 작성 방법을 충분히 익힌 후 과제를 시작하니 훨씬 빠르고 편하게 마무리할 수 있었습니다. 글꼴이나 단락 서식을 지정하고, 개체 삽입과 문서 저장 기능 등 다양한 문서 활용 방법을 배울 수 있어 보기 편한 과제를 만들 수 있어 좋은 학점을 받을 수 있는 실력을 기른 것 같아 다음 학기도 든든합니다.

신입사원

정다훈

어떤 문서 업무가 생겨도 곧바로 실무에 적용할 수 있어요!

정확한 업무가 정해지지 않은 신입사원이기 때문에 흔글의 전반적인 기본 기능을 익히고 싶었습니다. 어떤 업무가 주어져도 실무에 곧바로 적용할 수 있도록 문서의 기초 작성 방법부터 회사의 기본 양식 문서에 내용을 입력하고, 회의 자료나 기타 보고서를 저장하고 출력하는 방법까지 두루 학습할 수 있어 알차게 준비할 수 있었습니다.

공공기관

박은희

효과적인 내용 전달을 위한 문서 편집 스킬 UP!

업무 특성 상 문서를 흔글로 작성하는 경우가 많습니다. 기본적인 문서 작성부터 표, 그림을 삽입하는 방법을 익히니 내용을 보기 좋고 명확하게 보여줄 수 있는 문서를 작성할 수 있어 유용했습니다. 다양한 곳에서 사용하는 안내문과 이메일의 효과적인 내용 전달을 위해 정돈된 문서를 만들 수 있도록 흔글의 활용 기능을 익혀두려고 합니다.

무엇이든 물어보세요

책을 읽다 막히는 부분이 있으면 '길벗 홈페이지(www.gilbut.co.kr)' 회원으로 가입하고 '독자지원/자료실' → '자료/문의/요청' 게시판에 질문을 올리세요. 지은이와 길벗 독자지원센터에서 친절하게 답해 드립니다.

참여 방법

| 길벗 홈페이지(www.gilbut.co.kr) 회원 가입 후 로그인하기 | | 독자지원/자료실–자료/문의/요청–베타테스터 | | 질문 검색 또는 문의/요청하기 |

목차

목차

**부록 CD
사용하기**

윈도우 10+엑셀&파워포인트&워드 2016+한글 2014 부록 CD
이렇게 사용하세요!

이 책의 부록 CD에는 실습을 따라할 수 있는 예제파일과 결과파일이 각 챕터와 섹션별로 나뉘어
수록되어 있습니다. 부록 CD의 예제파일 및 결과파일은 내 컴퓨터에 복사하여 사용할 것을 권장
합니다.

엑셀 2016   파워포인트 2016   워드 2016   한글 2014

CHAPTER 1 기본 문서 작성하기

흔글 2014는 윈도우용 워드프로세서 프로그램으로, 사용자의 편리성을 고려하여 개선된 인터페이스와 강력해진 편집 기능을 제공하며 보다 간편하고 신속하게 편집 작업을 수행할 수 있습니다. 한글, 영문, 한자, 특수기호 외에도 다양한 언어와 문자를 쉽게 입력할 수 있고, 여러 가지 형태의 서식을 적용하여 문서를 보기 좋게 꾸밀 수 있으며 원하는 모양으로 출력할 수 있습니다. 이번 챕터에서는 흔글 2014에서 제공하는 다양한 기능들을 사용하여 문서를 작성해 보고, 서식과 편집 기능을 활용해 문서를 꾸미는 방법과 페이지를 설정하고 인쇄하는 방법에 대해 배워봅니다.

Windows 10
+Excel
& PowerPoint
&Word 2016
+Hangeul 2014

흔글 2014 시작하기

흔글 2014는 개선된 사용자 인터페이스와 강력해진 편집 기능으로 보다 간편하고 신속하게 문서 편집 작업을 수행할 수 있습니다. 새롭게 추가된 '오피스 커뮤니케이터'는 여러 사람이 실시간으로 문서의 내용을 확인하고 편집할 수 있도록 실시간 협업 환경을 만들어줍니다. 또한 문서에 단어를 입력하는 동시에 단어의 뜻을 실시간으로 검색할 수 있으며, 문서를 책처럼 펼쳐 볼 수 있도록 인쇄할 수도 있습니다.

PREVIEW

▲ 흔글 2014의 시작 화면

▲ 문서마당으로 문서 작성하기

흔글 2014의 새로운 기능

1 | 세련된 프레임 적용

흔글 사용자의 문서 작성 패턴을 조사하고 분석하여 열림 상자의 구성은 이전 버전에서 그대로 유지하였으나 세련되고 깔끔한 프레임을 적용했습니다. 그래서 흔글 2014를 실행하면 산뜻한 색감의 새로운 화면을 확인할 수 있습니다.

2 | 온라인 도움말 제공

사용자의 컴퓨터가 인터넷에 연결된 경우 수시로 업데이트되는 최신 온라인 도움말이 제공됩니다. 새로운 기능에 대한 설명을 신속하게 업데이트하여 웹에 게시해 흔글 사용자가 최신 내용의 도움말을 즉시 확인할 수 있도록 합니다. 네이버나 구글 등 포털 사이트에서의 검색도 지원합니다.

3 | 한컴 자동 업데이트 강화

'한컴 업데이터'는 프로그램 기능이 수정되거나 향상되었는지 주기적으로 자동 검토합니다. 만일 업데이트할 내용이 있으면 작업 표시줄의 알림 영역에 업데이트 알림 메시지가 나타나므로 사용자는 편리하게 프로그램을 최신 버전으로 유지할 수 있습니다.

4 | 오피스 커뮤니케이터 추가

한/글, 한/셀, 한/쇼와 연동되는 '오피스 커뮤니케이터'는 여러 사람이 실시간으로 문서의 변경 내용을 확인하고 편집할 수 있는 실시간 협업 기능을 지원합니다. 협업할 문서를 만들고 사용자의 메일 계정 리스트를 등록하면 협업을 시작할 수 있습니다. 이때 다른 사용자에게 전자 우편을 발송하여 협업에 참여시킬 수도 있습니다. 이러한 효율적인 협업 환경 제공을 통해 작업 그룹의 생산성을 극대화하고 구성원들이 보다 적극적으로 커뮤니케이션 할 수 있게 도와줍니다.

5 | 실시간 사전 검색 및 상용구 입력 기능 추가

단어를 입력하는 동시에 단어의 뜻을 검색하고 등록된 상용구를 바로 문서에 입력할 수 있는 기능이 추가되었습니다. 검색할 사전 및 상용구의 종류를 선택할 수 있으며 검색 지연 시간, 검색 결과 개수도 설정할 수 있습니다.

6 | 동영상 개체 넣기 기능 추가

동영상 파일을 문서에 직접 삽입함으로써 동영상 파일을 문서 밖에서 재생해야 하는 번거로움을 없애고 보다 동적인 문서를 만들 수 있습니다. 흔글 2014는 한글 문서에 .avi, .wmv, .mpeg, .mpg 확장자의 동영상 파일을 개체로 삽입할 수 있도록 지원합니다. 문서의 용량에 제한이 있다면 로컬 드라이브의 동영상 파일을 문서에 완전히 포함하지 않고 링크로만 연결할 수도 있습니다.

7 | 편집 화면 회색조 보기 지원

컬러 인쇄가 필요하지 않을 경우에 양질의 회색조 인쇄물을 출력할 수 있도록 편집 화면 또는 미리보기 화면에 회색조 보기 기능이 추가되었습니다. 컬러, 회색조, 연한 회색조 중에서 사용자가 원하는 효과를 선택하여 적용할 수 있습니다.

8 | 쪽 번호 기능 개선

흔글 2014에서는 문서의 위쪽/아래쪽 여백뿐만 아니라 오른쪽/왼쪽 여백에도 쪽 번호를 입력할 수 있도록 기능이 개선되었습니다. 머리말/꼬리말 메뉴의 쪽 번호 목록에 '오른쪽 여백 위', '오른쪽 여백 가운데', '오른쪽 여백 아래'와 같이 문서의 오른쪽/왼쪽 여백에 쪽 번호를 입력할 수 있는 스타일이 추가되었습니다. 이 목록에서 원하는 스타일을 선택하면 쪽 번호가 해당 위치에 삽입됩니다. 또한 쪽 번호를 매길 때 시작 번호를 '1'이 아닌 '0'부터 지정할 수 있습니다.

9 | 소책자 모양으로 인쇄하기 기능 추가

여러 장으로 구성된 문서를 책처럼 펼쳐 볼 수 있도록 용지 한 면에 두 쪽을 인쇄할 수 있는 기능이 추가되었습니다. 이 기능을 사용하면 소책자를 만들기에 용이하도록 쪽 순서가 자동으로 재배열되어 출력되므로 사용자가 쪽 순서를 직접 계산하지 않아도 됩니다.

10 | HWPX 파일 형식 지원

'HWPX(OWPML, Open Word-Processor Markup Language)'란 개방형 워드프로세서 마크업 언어를 의미하며 HWP 문서의 콘텐츠 표현에 대한 KS 표준으로 개발된 파일 형식입니다. 흔글 2014에서는 KS 표준 문서 형식인 HWPX로 저장할 수 있도록 지원합니다.

11 | 악성코드 차단 기능 지원

흔글 문서를 불러올 때 악성코드 포함 여부를 확인하고 만약 악성코드가 포함된 경우 이를 사전에 차단해주는 기능이 추가되었습니다. 문서에 악성코드가 탐지된 경우 사용자에게 메시지를 통해 알려주고 해당 문서를 불러오지 않습니다.

흔글 2014 시작하고 종료하기

1 바탕 화면에서 '한컴오피스 한글 2014' 아이콘을 더블클릭하여 흔글 2014를 실행합니다. 만약 바탕 화면에 바로가기 아이콘이 없으면 [시작] 단추(●)를 클릭하고 **[모든 프로그램]**−**[한컴오피스 한글 2014]**를 선택하여 실행합니다.

더블클릭

2 흔글 2014 프로그램을 종료하려면 **[파일] 탭**−**[끝]**을 클릭하거나 문서 창의 [닫기](ⅹ)를 클릭해 흔글 2014 프로그램을 종료할 수 있습니다.

닫기

문서 닫기

Tip

현재 실행중인 문서만 닫고 새로운 빈 문서를 실행하고 싶다면 **[파일] 탭**−**[문서 닫기]**(Ctrl + F4)를 선택하거나 **[문서 닫기]**(ⅹ)를 클릭합니다. 이때 문서를 저장하지 않았다면 문서를 저장할 것인지 묻는 대화상자가 열립니다.

흔글 2014의 화면 구성 살펴보기

흔글 2014의 화면을 보면 매우 다양한 요소들로 구성되어 있다는 것을 알 수 있습니다. 복잡해 보이지만 그만큼 다양한 기능을 가지고 있습니다. 참고로 아래 화면 구성과 실제 컴퓨터 모니터에 보이는 모습이 약간 다를 수도 있습니다. 이는 여러 가지 환경 설정에 따라 열림 상자나 문서 창의 모습이 달라지기 때문입니다.

❶ 제목 막대(파일명[문서경로])	⓯ 작업 창 메뉴 아이콘
❷ 메뉴 탭	⓰ 세로 이동 막대
❸ 열림 상자(기본 도구 상자)	⓱ 문서 탭 이동
❹ 창 최소화	⓲ 문서 탭
❺ 창 최대화	⓳ 새 문서 만들기 탭
❻ 닫기(프로그램 종료)	⓴ 가로 이동 막대
❼ 도구 상자 단계별 접기/펴기	㉑ 보기 선택 아이콘
❽ 도움말	㉒ 전/다음 쪽 이동 아이콘
❾ 문서 닫기	㉓ 상황선
❿ 서식 도구 상자	㉔ 전체 화면 보기
⓫ 탭 종류 단추	㉕ 쪽 윤곽 보기
⓬ 가로 눈금자	㉖ 폭 맞춤 보기
⓭ 세로 눈금자	㉗ 쪽 맞춤 보기
⓮ 커서	㉘ 화면 확대/축소

열림 상자와 메뉴 알아보기

흔글 2014는 동적으로 변화하는 열림 상자와 가장 자주 사용하는 기능을 모은 서식 도구 상자를 제공합니다. 열림 상자는 이전의 도구 상자보다 메뉴 배치가 효율적이고 기능을 명확히 전달할 수 있도록 큰 아이콘을 메뉴명과 함께 제공합니다. 기본 도구 상자 영역에는 메뉴 탭이 기본으로 나타나며, 상황에 따라 종류별 개체 탭, 상태 탭이 동적으로 나타납니다.

❶ **메뉴 탭** : 흔글 2014에는 [파일], [편집], [보기], [입력], [서식], [쪽], [보안], [검토], [도구]의 메뉴가 있으며 이 9개 메뉴의 이름을 클릭하면 각각 해당 메뉴 탭의 열림 상자가 열리고 내림 단추(▼)를 클릭하면 하위 메뉴가 펼쳐집니다.

❷ **열림 상자(기본 도구 상자)** : 열림 상자는 사용자가 문서 작성 등의 작업을 할 때 관련 있는 기능을 쉽고 편리하게 찾아 작업할 수 있도록 분류하여 아이콘으로 모아 놓은 부분입니다. 선택한 메뉴에 따라 펼쳐지는 열림 상자의 모양이 달라집니다.

❸ **서식 도구 상자** : 자주 사용하는 기능을 모아 놓은 서식 도구 상자는 항상 고정된 아이콘을 표시합니다.

잠깐만요 ### 도구 상자 사용자 설정하기

메뉴, 열림 상자, 서식 도구 상자 위에서 마우스 오른쪽 단추를 클릭한 후 [사용자 설정]을 선택하면 사용자가 자주 사용하는 기능들로 편리하게 도구 상자를 설정할 수 있습니다.

[사용자 설정] 대화상자 ▶

문서마당으로 새 문서 만들고 저장한 후 불러오기

1 서식 도구 상자에서 [새 문서]의 내림 단추(⋅)를 클릭한 후 [문서마당]([Ctrl]+[Alt]+[N])을 선택합니다. [문서마당] 대화상자가 열리면 [문서마당 꾸러미] 탭을 선택합니다.

> **Tip**
> [파일] 탭-[새 문서]-[문서마당] 메뉴를 선택해도 됩니다.

2 [문서마당 꾸러미] 탭에서 꾸러미 종류를 고른 다음 원하는 서식 파일을 선택하고 [열기]를 클릭합니다. 여기서는 [학생 문서] 꾸러미의 [보고서 표지 04] 서식 파일을 선택하였습니다. '미리 보기'에서 해당 서식 파일을 미리 볼 수 있습니다.

> **Tip**
> 흔글 문서마당 꾸러미에는 가정 문서, 가족신문 문서, 광고지 문서, 종교 문서, 명함 문서, 라벨 문서, 생활 문서, 선생님 문서, 업무 문서, 엽서 문서, 원고지 문서, 학교 문서, 일기 문서, 일정관리 문서, 주소록 문서, 지방/축문 문서, 초대장 문서, 팩스 문서, 편지 문서, 프레젠테이션 문서, 학생 문서 등 2,900여 종의 다양한 서식 파일이 들어 있습니다.

잠깐만요 **문서마당 꾸러미 편집하기**

❶ 새 꾸러미([Insert])(+) : 새 문서마당 꾸러미를 만듭니다.

❷ 꾸러미 고치기(✎) : 등록된 꾸러미의 이름을 고치거나 경로를 새로 지정합니다.

❸ 꾸러미 지우기([Delete])(×) : 사용하지 않는 문서마당 꾸러미 목록을 삭제합니다.

❹ 등록되지 않은 서식 파일 불러오기(▭) : 폴더 안에 있는 서식 파일(*.hwt)을 불러옵니다.

3 문서 작성을 마치고 저장을 하기 위해 **[파일] 탭-[저장하기]**(`Alt`+`S`)를 선택하거나 서식 도구 상자에서 **[저장하기]**(`📄▾`)를 클릭합니다.

Tip

문서를 저장하지 않은 상태일 때에는 문서 창의 제목 표시줄(또는 문서 탭)에 '빈문서'이라는 이름으로 나타납니다.

4 [다른 이름으로 저장하기] 대화상자가 열리면 문서를 저장할 경로로 '저장 위치'에 [문서] 폴더를 선택하고 '파일 이름'에 저장할 파일명인『보고서』를 입력한 다음 [저장]을 클릭합니다.

Tip

저장할 경로와 파일명은 자유롭게 선택하고 입력할 수 있으며 한 번 저장한 후에는 변경된 부분만 저장됩니다.

5 **[파일] 탭-[문서 닫기]**(`Alt`+`F4`)를 선택하거나 **[문서 닫기]**(`✕`)를 클릭하여 문서를 닫은 후 **[파일] 탭-[불러오기]**(`Alt`+`O`)를 선택하거나 서식 도구 상자에서 **[불러오기]**(`📁▾`)를 클릭합니다.

6 [불러오기] 대화상자가 열리면 저장된 문서가 있는 [문서] 폴더에서 [보고서] 파일을 선택하고 [열기]를 클릭합니다.

7 저장된 문서가 열리는 것을 확인합니다.

잠깐만요 **[문서] 탭의 색깔과 의미 알아보기**

1 | [견적서] : 문서가 변경되어 저장할 내용이 있음을 의미합니다.

2 | [견적서] : 문서가 변경되었으며 자동 저장으로 저장되었음을 의미합니다.

3 | [견적서] : 문서의 변경된 내용이 모두 저장되었음을 의미합니다.

문서에 암호 설정하기

[보안] 탭-[문서 암호 설정]을 클릭하면 문서 보안을 위하여 파일에 문서 암호를 지정할 수 있습니다. 암호는 다섯 글자 이상으로 설정할 수 있으며 암호가 설정된 문서는 암호를 정확하게 입력하지 않으면 열 수 없습니다.

1 문서마당을 이용하여 새 문서를 만들기

예제파일 : 새 문서에서 시작하세요.   **결과파일** : 견적서.hwp

문서마당에서 [구매 문서] 꾸러미의 [견적서] 서식 파일을 이용하여 새 문서를 만든 후 '문서' 폴더에 '견적서.hwp'로 저장하세요.

Hint | ① 서식 도구 상자의 [새 문서] 내림 단추(▾)-[문서마당]을 선택한 후 [문서마당 꾸러미] 탭의 [구매 문서] 꾸러미의 [견적서]를 선택하고 [열기]를 클릭합니다. ▶ ② 선택한 서식의 새로운 문서가 만들어집니다. ▶ ③ 서식 도구 상자의 [저장하기](🖫▾)를 클릭하여 '문서' 폴더에 '견적서'라는 이름으로 저장합니다.

2 문서에 암호 설정하기

예제파일 : 견적서.hwp   **결과파일** : 견적서_보안.hwp

다음과 같이 문서에 암호를 설정해 보세요.

설정할 암호 : 12345

Hint | ① [보안] 탭-[문서 암호 설정]을 선택한 후 [문서 암호]에 설정할 암호를 입력합니다. ▶ ② '암호 확인'에서 암호를 한 번 더 입력한 후 [설정]을 클릭하여 암호를 설정합니다.

이번 섹션에서는 문서 작성의 기본인 다양한 문자를 입력하는 방법을 배워보겠습니다. 한글, 영문, 숫자뿐만 아니라 한글을 한자로 변환하거나 특수 문자를 입력하는 방법을 익히고, 글자판을 변경하여 다양한 문자를 입력해보고 한컴 사전을 사용하는 방법도 살펴보겠습니다.

> **PREVIEW**

▲ 글자 겹치기로 문자 입력하기

▲ 글자판 변경하여 일본어 입력하기

> **섹션별
> 주요 내용**

01 텍스트 입력하기　**02** 한자 입력하고 변환하기　**03** 특수 문자 입력하고 글자 겹치기
04 되돌리기와 다시 실행하기　**05** 글자판 변경하여 입력하기　**06** 한컴 사전 사용하기

예제파일 : 새 문서에서 시작하세요.   결과파일 : 로컬푸드.hwp

핵심
기능 | **01** # 텍스트 입력하기

문서작성

1 혼글 2014를 실행한 후 새 문서에 다음의 내용을 입력합니다. 영문을 입력하려면 한/영 을 누르
거나 Shift + Spacebar 를 누릅니다.

Tip

대문자를 입력하는 방법은 두 가지
입니다. 일시적으로 대문자를 입력할
때에는 Shift 와 영문 키보드를 함께 누
릅니다. 연속으로 대문자를 입력할
때에는 CapsLock 을 눌러 놓고 영문 키
보드를 누릅니다.

2 줄 바꿈이 필요한 곳에서는 Enter 를 누르고 다음 내용을 입력합니다.

Tip

Enter 를 누르면 줄이 바뀌면서 문단도
바뀌며(문단 바꿈), Shift + Enter 를 함께
누르면 줄은 바뀌지만 문단은 유지됩
니다(줄 바꿈).

서식작성

쪽 서식관리

개체삽입

스타일

잠깐만요 Backspace 와 Delete 비교하기

1 | Backspace : 커서 왼쪽의 내용을 지웁니다. 커서 위치가 왼쪽으로 이동합니다.
2 | Delete : 커서 오른쪽의 내용을 지웁니다. 커서 위치는 그대로 유지됩니다.

예제파일 : 로컬푸드_한자.hwp   결과파일 : 로컬푸드_한자_완성.hwp

실무
예제 **02** 한자 입력하고 변환하기

1 한자를 입력하려면 우선 바꿀 내용을 한글로 입력한 후 한자로 변환해야 합니다. '운송'에서 '운' 뒤에 커서를 두고 [한자] 또는 [F9]를 누릅니다. [한자로 바꾸기] 대화상자가 열리면 원하는 한자를 찾아 선택하고 [바꾸기]를 클릭합니다. 같은 방법으로 '송'도 한자로 변환합니다. 참고로 한자음을 한글로 입력한 후 바꿀 때 한자음을 모르면 입력할 수 없습니다.

> **Tip**
> [한자로 바꾸기] 대화상자에서 [자전 보이기](⊞)를 클릭하면 문서에서 선택한 한자의 음과 뜻의 자전 정보를 함께 보여줍니다.

2 한글 단어를 입력한 후 마우스로 드래그하여 단어를 블록 설정하거나 단어 끝에 커서를 두고 [한자] 또는 [F9]를 누릅니다. 여기서는 '생산지'를 선택한 후 [한자]를 눌러 [生産地]를 클릭한 후 [바꾸기]를 눌러 한자로 바꾸었습니다.

> **Tip**
> 흔글 2014에는 16만 개 이상의 한자 단어가 등록되어 있습니다.

3 '소비지'의 뒤쪽에 커서를 두고 [한자] 또는 [F9]를 누르면 [한자로 바꾸기] 대화상자가 열립니다. '입력 형식'을 [한글(漢字)]로 선택한 후 [바꾸기]를 클릭합니다.

4 한자의 발음만 알고 싶을 때는 [보기] 탭-[한자 발음 표시]를 선택하면 입력된 한자의 발음이 표시됩니다. 이것은 화면에 보이지만 인쇄되지는 않습니다.

Tip

문서를 인쇄할 때 [인쇄] 대화상자의 [확장] 탭에서 '선택 인쇄'의 [한자 발음 표시]에 체크한 후 [인쇄]를 클릭하면 한자 발음 표시도 인쇄할 수 있습니다.

5 한자가 입력된 부분을 드래그하여 블록 설정한 후 [편집] 탭-[글자 바꾸기]-[한글로 바꾸기] ([Alt]+[F9])를 선택합니다. [한글로 바꾸기] 대화상자가 열리면 '바꿀 방법'에서 [漢子를 한글로]에 체크하고 [바꾸기]를 클릭하면 한자를 한꺼번에 한글로 바꿀 수 있습니다.

🔴 예제파일 : 로컬푸드_특수.hwp　　🔴 결과파일 : 로컬푸드_특수_완성.hwp

실무
예제 **03**　**특수 문자 입력하고 글자 겹치기**

1 특수 문자를 입력할 첫 줄 맨 앞에 커서를 두고 [편집] 탭-[문자표]의 내림 단추(⬚)를 클릭하고 [문자표]([Ctrl]+[F10])를 선택합니다. [문자표 입력] 대화상자가 열리면 [기호2] 영역에서 [▶]를 선택하고 [넣기]를 클릭합니다.

2 네 번째 단락의 맨 앞에 커서를 두고 [입력] 탭-[글자 겹치기]를 선택한 다음 [글자 겹치기] 대화상자가 열리면 '겹쳐 쓸 글자'의 입력란을 클릭하고 [Ctrl]+[F10]을 눌러 [문자표 입력] 대화상자를 엽니다.

3 [사용자 문자표] 탭의 '문자 영역'에서 [기호1]을 선택한 후 [△]와 [▽]을 각각 더블클릭하여 '입력 문자'에 넣은 후 [넣기]를 클릭합니다.

4 [글자 겹치기] 대화상자의 '겹쳐 쓸 글자'에 [△ ▽]가 입력되어 있습니다. '미리 보기'에 해당 글자가 겹쳐진 글자의 모양이 나옵니다. [넣기]를 클릭합니다.

5 첫 번째 [●]를 지우고 **[입력] 탭–[글자 겹치기]**를 선택합니다.

6 [글자 겹치기] 대화상자가 열리면 '겹쳐 쓸 글자'에 『62』를 입력하고 [모양과 겹치기]를 선택합니다. 첫 번째 원 모양을 선택한 다음 [넣기]를 클릭하면 원 모양 안에 62라는 숫자가 써집니다.

Tip
[글자 겹치기]를 사용하면 원, 사각형, 삼각형 등 다양한 도형 안에 들어가는 숫자나 텍스트를 원하는 대로 얼마든지 만들 수 있습니다.

7 그 다음 이어지는 '●' 부분도 모두 지우고 같은 방법으로 글자 겹치기 기능을 이용하여 원 안에 65까지 입력합니다.

잠깐만요 **사전용 약물**

㉑, ㉮, Ⓐ, ⓐ, ㄱ 등과 같은 글자는 글자 겹치기 기능을 이용하는 것보다 [편집] 탭-[문자표]의 내림 단추(▾)를 클릭하고 [문자표]를 선택한 후 [문자표 입력] 대화상자에서 [흔글(HNC) 문자표]의 [사전용 약물] 문자 영역에서 삽입하는 것이 모양도 예쁘고 간편합니다.

▲ [문자표 입력] 대화상자

실무 예제 **04** 되돌리기와 다시 실행하기

1 문서에서 괄호 안에 입력된 영문을 Delete 또는 Backspace 를 눌러 모두 지우고, 한자는 한자 또는 F9 를 눌러 한글로 변환합니다. 만약 영문을 잘못 지우거나 한자를 한글로 잘못 변환했다면 **[편집] 탭-[되돌리기]**(Ctrl+Z)를 선택하거나 서식 도구 상자의 **[되돌리기]**(⟲ ·)를 눌러서 영문을 삭제하고 한자를 한글로 변환한 작업을 모두 원래대로 되돌릴 수 있습니다.

Tip

최대 256단계까지 작업을 되돌릴 수 있으며, 여러 개의 문서를 열어 놓고 작업할 경우 '되돌리기'할 내용은 각 문서마다 따로 기억됩니다.

2 되돌리기 한 내용을 살펴보고, 한자를 한글로 변환하는 작업만 다시 실행하려면 **[편집] 탭-[다시 실행]**(Ctrl+Shift+Z)을 선택하거나 서식 도구 상자의 **[다시 실행]**(⟳ ·)을 눌러서 필요한 작업 단계까지 동작을 다시 실행합니다.

실무 예제 **05** **글자판 변경하여 입력하기**

1 한국어 입력상태에서는 한글을, 영어 입력상태에서는 알파벳을 입력할 수 있습니다. 첫 번째 줄에 커서를 위치하고 『로컬 푸드』라고 입력한 다음 [한/영] 또는 키보드 왼편의 [Shift]+[Spacebar] 를 눌러서 한/영 전환한 다음 『(local food)』를 입력합니다.

Tip

[도구] 탭-[글자판]-[글자판 자동 변경]에 체크하면 자동으로 한/영 전환하여 오타를 수정할 수 있습니다. 한글과 영문을 잘못 선택하고 입력한 오타 수정에 유용합니다(예를 들어 '한글'을 'gksrmf'로 잘못 입력한 경우 자동으로 '한글'로 수정되도록 설정).

2 키보드 오른편의 [Shift]+[Spacebar] 를 눌러서 키보드를 입력해보면 일본어(ひらがな, 히라가나) 가 입력되는 것을 확인할 수 있습니다. 그런데 『ロ-カルフ-ド』를 입력하려면 일본어의 종류 를 'かたかな(가타가나)'로 변경해야 합니다. [도구] 탭-[글자판]-[글자판 바꾸기]([Alt]+[F2])를 선택합니다.

Tip

키보드 오른쪽 [Shift]+[Spacebar] 를 누를 때, 오른쪽 [Shift]를 먼저 누른 상태에서 [Spacebar]를 누르면 쉽게 일본어 글자판으로 변경할 수 있습니다. 이때 오른쪽 [Shift]+[Spacebar] 를 한 번 더 누르면 특수 문자의 글자판으로 변경됩니다.

3 [입력기 환경 설정] 대화상자가 열리면 '현재 글자판'을 [일본어] [かたかな]로 선택한 후 [설정]을 클릭합니다.

4 입력하려는 글자의 키보드 자판 배열을 알 수 없으므로 글자판을 보면서 입력해보겠습니다. [도구] 탭-[글자판]-[글자판 보기]([Alt]+[F1])를 선택하여 글자판을 화면에 표시한 후 글자판을 보면서 첫 번째 줄의 마지막에『ロ-カルフ-ド』를 입력합니다.

5 글자판을 이용하여 일본어를 입력해 완성한 결과 화면입니다.

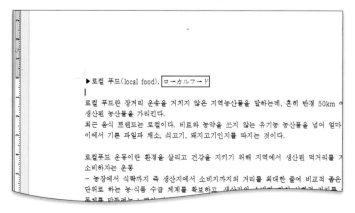

잠깐만요 **[입력기 환경 설정] 대화상자에서 글자판 설정하기**

1 | 흔글 2014에 기본으로 설정된 글자판

제1글자판	한글-두벌식 표준
제2글자판	영어-쿼티
제3글자판	일본어-Hiragana
제4글자판	특수기호-도형

2 | 글자판 바꾸기 기능 사용하기

글자판 바꾸기 기능을 사용하여 자주 사용하는 네 종류의 언어를 등록해 두면 Shift+Spacebar를 이용하여 손쉽게 글자판을 변경할 수 있습니다. [도구] 탭-[글자판]-[글자판 바꾸기](Alt+F2)를 선택하여 [입력기 환경 설정] 대화상자가 열리면 글자판을 직접 선택할 수 있습니다.

3 | 설정된 네 개의 글자판 쉽게 바꾸기

키보드 왼쪽 Shift+Spacebar : '제1글자판'과 '제2글자판' 전환
키보드 오른쪽 Shift+Spacebar : '제3글자판'과 '제4글자판' 전환

커서 위치 이동하기

커서의 위치를 이동하는 여러 방법 중 단축키를 활용해 간편하게 커서를 이동하는 방법을 알아두면 문서 작성 시간이 빨라집니다.

키	기능	키	기능
←	한 글자 왼쪽으로 이동	Ctrl+End	현재 화면의 끝 줄로 이동
→	한 글자 오른쪽으로 이동	Alt+Home	문단의 처음으로 이동
↑	한 줄 위로 이동	Alt+End	문단의 끝으로 이동
↓	한 줄 아래로 이동	PgUp	한 화면 앞으로 이동
Ctrl+←	왼쪽 단어의 시작으로 이동	PgDn	한 화면 뒤로 이동
Ctrl+→	오른쪽 단어의 시작으로 이동	Ctrl+PgUp	문서의 처음으로 이동
Home	줄의 처음으로 이동	Ctrl+PgDn	문서의 끝으로 이동
End	줄의 끝으로 이동	Alt+PgUp	한 쪽 앞의 첫 부분으로 이동
Ctrl+Home	현재 화면의 첫 줄로 이동	Alt+PgDn	한 쪽 뒤의 첫 부분으로 이동

예제파일 : 로컬푸드_한컴사전.hwp　　**결과파일** : 로컬푸드_한컴사전_완성.hwp

1 [운송]을 드래그하여 블록으로 설정하면 바로 '민중국어사전'에 등록된 단어 설명이 팝업창
으로 나타납니다. 팝업창에서 해당 단어의 의미와 발음, 한자 등을 쉽게 확인할 수 있습니다.

> **Tip**
>
> 한컴 사전에는 방대한 양의 민중국어
> 사전, 한영엣센스, 영한엣센스, 한글
> 유의어사전, 영어유의어사전, 영중사
> 전, 중영사전뿐만 아니라 한일사전,
> 일한사전이 들어 있습니다.

2 한컴 사전을 통해 좀 더 자세한 내용을 알고 싶으면 **[검토] 탭-[사전 모음]-[한컴 사전]**(F12)을
클릭합니다.

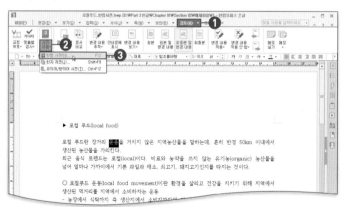

3 이때 한글인 '운송'이라는 단어를 검색한 상태에서 **[영어]** 탭을 클릭하면 영문 사전을 검색한
결과가 나타납니다.

4 만약 [트렌드]라는 문자를 선택하고 F12 를 눌러 한컴 사전을 실행한 다음 [발음으로 찾기]를 클릭하면 [트렌드] 발음의 영어 단어를 찾을 수 있습니다.

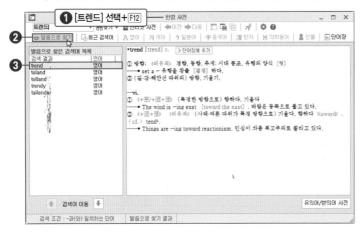

5 [복사하기](📋)를 클릭하고 사전에서 검색한 결과를 블록 설정한 후 복사하여 문장 내에서 사용할 수 있습니다.

잠깐만요 **한컴 사전 실시간 검색하기**

실시간 검색은 단어를 입력하는 동시에 단어의 뜻을 검색하고 등록된 상용구를 바로 입력할 수 있도록 도와줍니다. 또한, 검색할 사전 및 상용구의 종류를 선택할 수 있으며 검색 지연 시간, 검색 결과 개수도 설정할 수 있습니다. [도구] 탭 - [환경 설정]-[기타] 탭을 클릭해 '검색'의 [실시간 검색]을 클릭하여 실행할 수 있습니다.

[실시간 검색] 대화상자 ▶

1 한글 단어를 한자로 바꾸기

● **예제파일** : 여름캠프_한자.hwp   ● **결과파일** : 여름캠프_한자_완성.hwp

다음과 같은 모양으로 한글 단어를 한자로 변환하세요.

주도성(珠淘省), 성숙(成熟), 참여(參與)

Hint ① 한자로 변환할 단어의 뒤쪽에서 커서를 위치한 후 한자 혹은 F9 를 눌러 [한자로 바꾸기] 대화상자를 엽니다.
▶ ② 아래의 '입력 형식'에서 한자의 모양을 선택한 후 변환합니다.

2 문자표를 이용하여 특수 문자 삽입하기

● **예제파일** : 여름캠프_특수.hwp   ● **결과파일** : 여름캠프_특수_완성.hwp

캠프 일정, 캠프 장소, 캠프 참가비 앞에는『◉』기호를, '자세한 일정은..' 앞에는『※』기호를 삽입하세요.

Hint ① 특수 문자를 삽입할 위치에 커서를 위치한 후 Ctrl + F10 을 누릅니다. ▶ ② [사용자 문자표] 탭의 [기호1], [기호2] 문자 영역에서 해당 특수 문자를 선택하여 삽입합니다.

03 서식과 편집 기능으로 문서 꾸미기

이번 섹션에서는 문서의 모양(서식)을 꾸미기 위해 블록을 설정하고 편집하는 방법과 입력한 내용에 다양한 글자 모양과 문단 모양을 지정하는 방법을 배워보겠습니다. 또한 모양을 빠르게 바꾸는 방법과 찾아 바꾸기로 텍스트를 한꺼번에 수정하는 방법에 대해서도 배워보겠습니다.

> **PREVIEW**

▲ 문장의 여백과 들여쓰기 설정하고 모양 복사하기

▲ 탭 설정하기

> **섹션별 주요 내용**

01 | 블록 설정하고 편집하기   02 | 글꼴과 글자 크기 바꾸기   03 | 글자 모양 바꾸기
04 | 문단 정렬 방식과 여백 바꾸기   05 | 찾아 바꾸기로 텍스트 한꺼번에 수정하기
06 | 문단 모양 꾸미고 모양 복사하기   07 | 탭 설정하기

◈ 예제파일 : 셀프리더십_블록.hwp   ◈ 결과파일 : 셀프리더십_블록_완성.hwp

블록 설정하고 편집하기

1 문서의 마지막 단락을 마우스로 드래그해서 블록으로 설정한 후 **[편집] 탭-[오려두기]**(Ctrl+
X)를 클릭합니다.

> **Tip**
>
> [오려두기] 대신에 [복사하기]를 선택
> 하면 이동이 아닌 복사하기가 실행됩
> 니다.

2 이동 막대를 드래그하여 잘라낸 내용을 붙여 넣을 곳인 문서의 맨 앞으로 이동한 다음 두 번째
줄을 클릭한 후 **[편집] 탭-[붙이기]**(Ctrl+V)를 클릭합니다.

3 1번 과정에서 오려두었던 내용이 문서의 앞쪽으로 이동한 것을 확인합니다.

4 [◆]를 드래그하여 블록 설정한 다음 Ctrl 을 누른 채 복사할 위치까지 드래그한 후 마우스 포인터의 모양이 🖫일 때 원하는 위치에서 손을 뗍니다.

5 블록으로 설정된 부분이 복사되어 해당 위치에 삽입됩니다. 같은 방법으로 아래쪽 항목에도 똑같이 복사합니다.

> **Tip**
> Ctrl 을 누르지 않고 마우스를 드래그하면 [복사하기] 대신에 [이동하기]가 실행됩니다.

잠깐만요 **블록을 설정하는 방법 살펴보기**

문서에서 블록을 설정할 때에는 여러 가지 방법으로 간편하게 설정할 수 있습니다.

1 | Shift + 방향키(←, →, ↑, ↓) : 커서가 이동한 방향과 위치만큼 블록으로 설정합니다.

2 | F3 : F3 을 한 번 누를 때마다 블록을 설정합니다. 한 단어 블록 → 한 문단 블록 → 문서 전체 블록 순으로 설정 영역이 변경됩니다.

3 | 마우스 클릭 : 마우스를 한 번 클릭할 때마다 블록을 설정합니다. 한 단어 블록 → 한 문단 블록 순으로 설정 영역이 바뀝니다.

4 | Ctrl + A : 문서 전체를 블록으로 설정할 때 사용합니다.

● 예제파일 : 셀프리더십_글꼴.hwp ● 결과파일 : 셀프리더십_글꼴_완성.hwp

핵심
기능 | **02** | # 글꼴과 글자 크기 바꾸기

1 글자 모양을 바꾸려는 부분을 블록으로 설정합니다.

2 서식 도구 상자에서 [글꼴]의 내림 단추(▾)를 클릭하여 [한컴 솔잎 B] 서체를 선택합니다.

> **Tip**
> [서식] 탭-[글꼴]-[글자 크기]에서
> 선택해도 됩니다.

3 텍스트를 블록으로 설정한 상태에서 서식 도구 상자에서 [글자 크기]를 [24pt]로 선택합니다.

>
> **Tip**
> 기본 글꼴은 [함초롱바탕], 크기는
> [10.0pt]로 설정되어 있습니다.
> 한글 전용 글꼴(*.HTF)은 한글 프로그
> 램에서만 사용 가능한 글꼴입니다.

● 예제파일 : 셀프리더십_글자.hwp   ● 결과파일 : 셀프리더십_글자_완성.hwp

실무
예제 **03** 　**글자 모양 바꾸기**

1 글자의 모양을 바꿀 제목 부분을 드래그하여 블록으로 설정한 후 **[편집] 탭-[글자 모양]**(Alt + L)을 클릭합니다.

2 **[글자 모양]** 대화상자가 열리면 **[기본]** 탭의 '언어별 설정'의 '자간'을 『10%』로, '속성'에서 '글자 색'을 [바다색]으로, '음영 색'을 [연한 올리브색]으로 선택한 후 [설정]을 클릭합니다.

3 제목 텍스트의 글자 모양이 설정한 대로 변경되었는지 확인합니다.

● 예제파일 : 셀프리더십_문단.hwp　● 결과파일 : 셀프리더십_문단_완성.hwp

실무
예제 **04**

문단 정렬 방식과 여백 바꾸기

1 제목의 문단 정렬 모양을 바꾸기 위해 제목에 마우스를 클릭한 후 서식 도구 상자의 [가운데 정렬](≡)을 선택합니다.

> **Tip**
> 문단 정렬의 기본 값은 [양쪽 정렬] (≡)입니다. 서식 도구 상자뿐만 아니라 [서식] 탭에서도 정렬 방식을 설정할 수 있습니다.

2 본문 여백과 들여쓰기를 변경하기 위해 '자기 설정 목표'부터 마지막 문단까지 블록으로 설정한 후 [편집] 탭-[문단 모양](Alt +T)을 클릭합니다.

① 드래그

> **Tip**
> 블록으로 설정하지 않으면 커서가 위치한 문단의 모양만 바뀌게 됩니다.

잠깐만요 **눈금자 들여쓰기 표식 알아보기**

문단 왼쪽 여백　　　　　　　　　　　　　　　　　　　　　　문단 오른쪽 여백

❶ ▽ : 첫 줄 시작 위치
❷ △ : 나머지 줄 시작 위치

3 [문단 모양] 대화상자가 열리면 [기본] 탭의 '여백'에서 '왼쪽'과 '오른쪽'을 각각 [20pt]로 지정합니다. '첫 줄'에서 [내어쓰기]를 선택하고 값을 [15pt]로 지정한 후 [설정]을 클릭합니다.

4 '셀프리더십의 정의'부터 4개의 문단을 드래그하여 블록 설정한 다음 눈금자의 [첫 줄 시작 위치](▽) 표식에 마우스 포인터를 대고 오른쪽으로 드래그합니다. 이렇게 눈금자의 표식을 직접 드래그해서 여백이나 들여쓰기 값을 설정할 수도 있습니다.

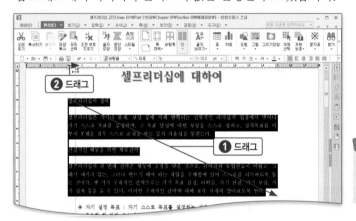

Tip
이 때 Alt 를 누른 상태에서 마우스를 드래그하면 수치 값으로 보여주므로 좀 더 상세한 위치 설정이 가능합니다.

5 문단의 여백과 들여쓰기 설정을 변경한 모습입니다.

Tip
문단의 구분 단위는 Enter 입니다. Enter 를 눌러 줄을 바꾸면 줄만 바뀌는 것이 아니라 문단도 바뀝니다. 하지만 Shift + Enter 를 누르면 줄은 바뀌지만 문단은 앞줄과 이어집니다.

● 예제파일 : 셀프리더십_바꾸기.hwp ● 결과파일 : 셀프리더십_바꾸기_완성.hwp

실무
예제 **05** # 찾아 바꾸기로 텍스트 한꺼번에 수정하기

1 문서 내에 띄어쓰기 된 '셀프 리더십'을 '셀프리더십'으로 붙여 쓰도록 수정하면서 [밑줄]과 [진하게]를 적용해 글자 모양을 변경해보겠습니다. **[편집] 탭-[찾기]**의 내림 단추(□)를 클릭한 후 **[찾아 바꾸기]**(Ctrl + F2 또는 Ctrl + H)를 클릭합니다.

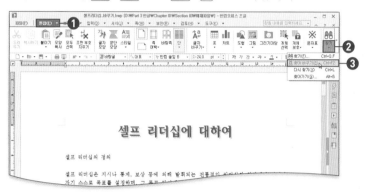

2 [찾아 바꾸기] 대화상자가 열리면 '찾을 내용'에 『셀프 리더십』을 입력하고 '바꿀 내용'에 『셀 프리더십』을 입력합니다. 그런 다음 바꿀 내용의 [서식 찾기](◑◑▾)를 클릭한 다음 [바꿀 글자 모양]을 선택합니다.

> **Tip**
> [서식 찾기]를 실행하면 [찾을 내용]의 글자 모양이나 문단 모양 등을 설정할 수 있습니다.

3 [글자 모양] 대화상자가 열리면 [기본] 탭을 선택하고 '속성'에서 [진하게](가)와 [밑줄](가) 을 각각 두 번씩 눌러 설정한 다음 [설정]을 클릭합니다.

> **Tip**
> 글꼴에 적용된 속성을 해제하려면 마지막의 [보통모양] 아이콘(가)을 클릭하면 됩니다.

4 [찾아 바꾸기] 대화상자로 돌아오면 '찾을 방향'을 [문서 전체]로 선택하고 [모두 바꾸기]를 클릭합니다.

5 바꾸기 실행 결과 창이 열리면 [확인]을 클릭합니다.

6 '셀프리더십'으로 일괄 변경되면서 동시에 [진하게]와 [밑줄]이 설정된 것을 확인할 수 있습니다.

● **예제파일** : 셀프리더십_문단모양.hwp　　● **결과파일** : 셀프리더십_문단모양_완성.hwp

실무
예제 **06** # 문단 모양 꾸미고 모양 복사하기

---

1 넷째 문단의 '자기 설정 목표'부터 문단 전체를 드래그하여 블록으로 설정한 다음 **[편집]** 탭-**[문단 모양]**(Alt+T)을 클릭합니다.

2 [문단 모양] 대화상자가 열리면 [테두리/배경] 탭에서 다음과 같이 지정한 후 [설정]을 클릭 합니다.

> **'테두리'**-**'종류'** : 이중 실선 / **굵기** : 0.5mm / **색** : 바다색 / **문단 테두리 연결에 체크** / **'간격'**-모두 1.00mm

3 블록 설정을 해제하고 문단에 커서를 위치한 다음 **[편집] 탭-[모양 복사]**(Alt+C)를 클릭합니다.

Tip
블록 지정을 해제한 상태에서 [모양 복사](Alt+C)를 클릭하면 모양이 복사됩니다.

4 [모양 복사] 대화상자가 열리면 '본문 모양 복사'의 [글자 모양과 문단 모양을 둘 다 복사]를 선택하고 [복사]를 클릭합니다.

5 문단의 모양을 적용할 대상인 문단을 모두 블록으로 설정한 다음 **[편집] 탭-[모양 복사]**(Alt+C)를 클릭합니다. 복사해 둔 문단의 글자 모양과 문단 모양이 그대로 적용되었는지 확인해 보세요.

Tip
블록으로 설정한 상태에서 [모양 복사](Alt+C)를 클릭하면 복사해 둔 모양이 적용됩니다. 한 번 복사해 둔 모양은 계속 모양 복사가 가능합니다.

핵심
기능 **07** # 탭 설정하기

1 탭을 설정할 부분('제출서류의 1)~4)까지')을 드래그하여 블록으로 설정한 다음 [편집] 탭-[문단 모양]([Alt]+[T])을 선택합니다.

Tip

탭 설정은 블록으로 설정한 문단에 설정됩니다. 눈금자에서 마우스 오른쪽 단추를 클릭하여 [탭 설정]을 선택해도 됩니다.

2 [문단 모양] 대화상자가 열리면 [탭 설정] 탭을 클릭합니다. '탭 종류'를 [오른쪽]으로 선택하고 '채울 모양'은 [점선]으로, '탭 위치'는 『410』으로 입력한 다음 [추가]를 클릭합니다. 탭이 추가 되면 [설정]을 클릭합니다.

Tip

탭 위치의 단위는 기본적으로 '포인트(pt)'로 설정되어 있지만 그 밖에도 밀리미터(mm), 센티미터(cm), 인치("), 파이카(pi), 픽셀(px), 급(gp), 글자(ch) 등의 단위가 있으며 ▲▼를 클릭해보면 각 단위마다 최대값을 확인할 수 있습니다. 여기서는 'pt' 단위의 최대값인 '425.2' 보다 조금 작은 값인 '410'으로 설정했습니다.

3 설정이 완료되더라도 설정한 문단에는 아무런 변화도 보이지 않습니다.

4 탭을 지정할 '1부' 앞에 커서를 놓고 Tab 을 누릅니다. 탭 사이가 점선으로 채워지면서 '1부'는 줄의 끝으로 이동하여 오른쪽 정렬되는 것을 확인할 수 있습니다. 같은 방법으로 아래쪽의 값들도 '1부' 앞에서 Tab 을 눌러 줍니다.

잠깐만요 **탭의 종류 알아보기**

1 | 왼쪽 탭 : 탭으로 이동한 텍스트가 지정한 위치에 왼쪽 정렬됩니다.

2 | 오른쪽 탭 : 탭으로 이동한 텍스트가 지정한 위치에 오른쪽 정렬됩니다.

3 | 가운데 탭 : 탭으로 이동한 텍스트가 지정한 위치에 가운데 정렬됩니다.

4 | 소수점 탭 : 탭으로 이동한 숫자가 지정한 위치에 소수점을 기준으로 정렬됩니다.

눈금자에서 탭 설정하기

눈금자에서 마우스 오른쪽 단추를 눌러 탭의 종류와 위치를 바로 설정할 수도 있습니다.

1 | 문서에 여백 설정하기

예제파일 : 태권도_여백.hwp **결과파일** : 태권도_여백_완성.hwp

문서에 다음과 같이 왼쪽 여백을 설정하세요.

1단계(가,나,다) : 왼쪽 15pt / 2단계(1),2),3)..) : 왼쪽 35pt

Hint 여백을 설정할 문단을 범위로 지정하고 [편집] 탭-[문단 모양](Alt + Tab↹)을 클릭하여 [기본] 탭에서 '왼쪽' 여백을 지정합니다.

2 | 탭 설정하기

예제파일 : 학습문제.hwp **결과파일** : 학습문제_완성.hwp

기존 문서에 설정된 탭을 모두 제거하고 다음과 같이 왼쪽 탭을 설정하세요.

탭 종류 : 왼쪽 탭 / 탭 위치 : 100pt, 200pt, 300pt

Hint ① 탭을 설정할 문단을 블록으로 설정하고 [편집] 탭-[문단 모양](Alt + T)을 클릭합니다. [탭 설정]에서 '탭 목록'의 [모두 지우기](✕)를 눌러 삭제합니다. ▶ ② 새로운 탭을 각각 『100pt』, 『200pt』, 『300pt』로 입력한 후 탭을 추가하고, 문제의 번호 앞에서 Tab 을 각각 눌러서 탭을 적용합니다.

04 편집 용지 설정하고 인쇄하기

혼글 2014에서는 문서 정보 기능을 통해 현재 작성중인 문서의 통계와 일반 정보를 쉽게 알 수 있으며, 필요할 때마다 버전별로 문서를 저장해 이력을 관리할 수 있습니다. 또한 편집 용지부터 인쇄에 대한 세부 내용을 설정할 수 있으며 쪽 모양을 문서에 맞게 작성하고 전자 문서 형식인 PDF 문서도 쉽게 만들 수 있습니다.

PREVIEW

▲ 편집 용지 설정과 인쇄 미리보기

▲ PDF 문서 만들기

실무
예제 **01** 　**문서 요약 내용 바꾸기**

1 문서에 적용된 정보를 알아보고 일부 요약 내용을 편집하기 위해 **[파일] 탭-[문서 정보]**를 클릭합니다.

2 [문서 정보] 대화상자에서 [문서 요약] 탭을 선택한 후 '제목'은『일본실학사상의 배경』으로, '주제'는『일본』으로 입력합니다. '지은이'에『홍길동』을 입력하고, '키워드'는『실학, 일본』으로 입력한 후 [확인]을 클릭합니다.

잠깐만요 **[문서 정보] 대화상자 알아보기**

[문서 정보] 대화상자의 [일반] 탭에서는 일반적인 문서 정보가 한눈에 보여 문서에 대해 빠르게 이해할 수 있습니다. [문서 통계] 탭에서는 문서 전체의 분량을 알 수 있고, [그림 정보] 탭에서는 문서에 삽입된 그림의 목록에서 그림을 변경하거나 한꺼번에 파일로 저장하여 다른 프로그램에서 사용할 수 있도록 설정할 수 있습니다.

▲ [일반] 탭　　　　　　▲ [문서 통계] 탭　　　　　　▲ [그림 정보] 탭

실무
예제 **02** 　버전별로 문서 저장하고 관리하기

1 필요에 따라 문서 작성중 해당 시점에 저장해야 할 필요가 있습니다. 작성 시점마다 버전별로
저장하기 위해 **[검토] 탭**의 내림 단추(▼)를 클릭하고 **[문서 이력 관리]**를 선택합니다.

2 [문서 이력 관리] 대화상자에서 현재까지의 문서 작업을 저장하기 위해 [새 버전으로 저장]
(⊞)을 클릭합니다.

3 [새 버전으로 저장] 대화상자의 '설명'에『1장 내용 작성』이라고 입력한 후 [확인]을 클릭합니다.

4 [문서 이력 관리] 대화상자의 '버전 정보'에 [버전1]이 추가된 것을 확인하고 [닫기]를 클릭합니다.

5 이번에는 추가 내용에 해당하는 문서를 현재 문서에 끼워 넣기 위해 본문 맨 아래를 클릭하여 커서를 위치한 후 **[입력] 탭-[문서 끼워 넣기]**를 선택합니다.

Tip

문서 끼워 넣기 기능은 커서 위치에 새로운 문서가 삽입되므로 정확한 위치에 커서를 둔 후 실행해야 합니다.

6 [문서 끼워 넣기] 대화상자에서 끼워 넣을 파일로 예제파일의 '일본 실학사상의 특징.hwp'를 선택한 후 [넣기]를 클릭합니다.

Tip

서로 다른 문서를 하나의 파일로 합칠 때에는 서식을 고려해야 합니다. [문서 끼워 넣기] 대화상자에서 끼워 넣을 문서의 서식 옵션을 선택할 수 있습니다. 문서에 적용된 서식을 유지하기 위해 [스타일 유지]나 [쪽 모양 유지]에 체크하고 [넣기]를 클릭합니다.

7 문서가 현재 문서 뒤에 삽입되었습니다. 이제 다시 현재까지의 작업에 대해 새로운 버전으로 저장하기 위해 **[검토] 탭–[문서 이력 관리]**를 클릭합니다.

8 [문서 이력 관리] 대화상자에서 [새 버전으로 저장]()을 클릭합니다. 다시 [새 버전으로 저장] 대화상자가 열리면 '설명'에 『2장 내용 추가』를 입력한 후 [확인]을 클릭합니다.

Tip
별도의 버전 저장 없이 문서를 저장할 때마다 버전 저장이 되도록 하려면 선택 사항에서 [문서를 저장할 때 버전 정보 자동 저장]에 체크합니다.

9 두 번째 버전의 문서가 추가되었습니다. 이렇게 버전별로 관리되는 문서에서 특정 버전의 문서를 다시 열거나 여러 버전 간에 문서를 비교하고 싶을 때에는 **[검토] 탭–[문서 비교]**를 클릭합니다.

실무
예제 | **03**　　**편집 용지 방향과 여백 설정하기**

1 현재 작성중인 문서에서 편집 용지를 가로 방향으로 간단히 변경하려면 **[편집] 탭-[가로]**를 클릭합니다. 이번에는 여백을 변경하기 위해 **[쪽 여백]**을 클릭한 후 **[넓게(머리말/꼬리말 여백 포함)]**을 선택합니다.

2 편집 용지와 여백이 변경되었습니다. 이제 표를 본문 너비에 맞게 오른쪽으로 드래그하여 크기를 조절합니다.

실무
예제 **04**

한 문서에 다른 편집 용지 사용하기

1 이번에는 현재 편집중인 문서의 다음 쪽부터 다른 편집 용지를 지정하려면 문서의 맨 끝에 커서를 둔 후 [쪽] 탭-[편집 용지]([F7])를 클릭합니다.

2 [편집 용지] 대화상자가 열리면 '용지 방향'을 [가로]로 선택하고 '적용 범위'의 내림 단추(▼)를 클릭하여 [새 구역으로]를 선택한 후 [설정]을 클릭합니다.

3 다음 쪽의 편집 용지가 가로로 변경되었습니다.

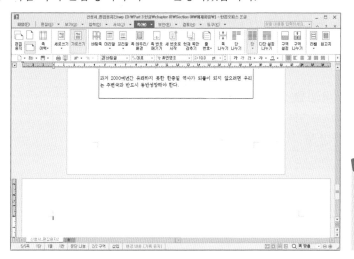

잠깐만요 **새 문서의 편집 용지 설정하기**

현재 작성중인 문서가 아닌 새 문서를 열었을 때 항상 똑같이 지정될 편집 용지에 대한 설정은 **[도구] 탭-[환경 설정]**에서 설정합니다. [환경 설정] 대화상자의 [새 문서] 탭에서 '용지 종류', '용지 방향', '제본', '용지 여백' 등을 설정할 수 있습니다. 이제 새 문서를 열 때마다 설정된 값으로 용지가 열립니다.

▲ [환경 설정] 대화상자

인쇄 설정과 미리 보기

1 인쇄 항목을 설정하기 위해 **[파일] 탭-[인쇄]**를 선택합니다.

2 [인쇄] 대화상자가 열리면 [기본] 탭에서 '프린터 선택', '인쇄 범위', '인쇄 매수', '인쇄 방식'을 지정합니다. 여기서는 '인쇄 매수'를 [3], '인쇄 방식'을 [모아 찍기-2쪽씩]으로 지정했습니다. 그런 다음 [워터마크] 탭을 클릭합니다.

3 문서의 무단 복제를 방지하기 위해 인쇄 시 문서에 글자가 나타나도록 워터마크를 삽입하겠습니다. [워터마크] 탭에서 [글자 워터마크]를 선택하고 '글자 입력'에 문서 인쇄 시 나타날 글자인『대외비』를 입력합니다. '글꼴'은 [한컴 윤체M]를 선택하고 [미리 보기]를 클릭합니다.

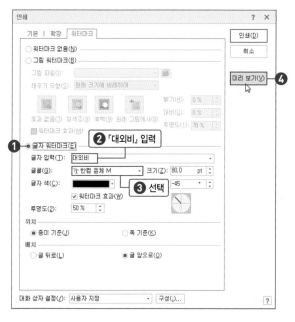

4 [미리 보기] 창에서 인쇄될 문서를 확인합니다. 미리 보기에서도 각종 인쇄 항목을 추가 설정할 수 있습니다. 더 이상 변경할 설정이 없다면 [인쇄]를 클릭합니다.

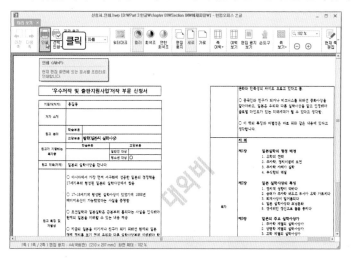

미리 보기의 다양한 옵션 기능 알아보기

미리 보기 기능을 실행하면 인쇄 전에 화면을 확인하는 기능뿐만 아니라 편집 용지, 화면과 인쇄물에 적용될 색조 형태, 다양한 쪽 보기 형식을 지정할 수 있습니다. 화면으로 볼 내용을 확대/축소하거나 여러 쪽을 한번에 볼 수 있도록 [여러 쪽], [맞 쪽]을 선택하여 문서 내용을 쉽게 확인할 수 있습니다. 다시 문서를 편집하려면 **[미리 보기] 탭-[닫기]**를 클릭하거나 **[현재 쪽 편집]**을 클릭합니다.

1 | 화면 확대 및 축소하기

▲ 화면 확대

▲ 맞쪽 보기

▲ 여러 쪽 보기

2 | 여러 색상의 화면 보기

▲ 컬러

▲ 회색조

1 | 편집 용지 설정하고 인쇄 미리 보기

🔵 **예제파일** : 서부대개발.hwp 🔵 **결과파일** : 서부대개발_완성.hwp

현재 문서의 편집 용지를 [B5], 가로, 여백은 위/아래/왼쪽/오른쪽 모두 [20.00mm] 조건으로 설정하고 인쇄 미리 보기를 해 보세요.

Hint | ① [쪽] 탭-[편집 용지]를 클릭하여 [편집 용지] 대화상자를 실행합니다. ▶ ② '용지 종류'는 [B5]로, '용지 방향'은 [가로], '용지 여백'은 [위/아래/왼쪽/오른쪽] 모두 『20.00mm』로 입력해 변경합니다. ▶ ③ [파일] 탭-[미리 보기]를 선택합니다.

2 | 문서 정보 변경하고 PDF 문서로 저장하기

🔵 **예제파일** : 시장상황.hwp 🔵 **결과파일** : 시장상황_완성.hwp, 시장상황.pdf

[문서 정보] 대화상자의 문서 요약 내용을 변경하고 PDF 문서로 저장하세요.

제목 : 시장상황 / 주제 : 골프 / 지은이 : 홍길동

Hint | ① [파일] 탭-[문서 정보]를 클릭하여 [문서 정보] 대화상자를 실행합니다. ▶ ② [문서 요약] 탭에서 '제목'을 『시장상황』, '주제'를 『골프』, '지은이'를 『홍길동』으로 입력하고 [확인]을 클릭합니다. ▶ ③ [파일] 탭-[PDF로 저장하기]를 클릭합니다. 문서 이름을 그대로 두고 [저장]을 클릭합니다.

1 | PDF 문서 만들기

📌 **예제파일** : 일본실학사상의 배경_PDF.hwp   📌 **결과파일** : 일본실학사상의 배경_PDF_완성.pdf

1 PDF 파일로 만들 문서를 열고 시작 쪽에 커서를 위치한 후 [파일] 탭-[PDF로 저장하기]를 클릭합니다.

2 [PDF로 저장하기] 대화상자가 열리면 [저장 설정]을 클릭합니다.

3 [한컴 PDF 설정] 대화상자의 '저장 범위'에서 [현재부터]를 선택하고 [설정]을 클릭합니다.

4 다시 [PDF 저장하기] 대화상자로 돌아오면 '저 장 위치'와 '파일 이름'을 확인한 후 [저장]을 클릭합니다. 여기서는 '문서' 폴더에 저장합니다.

5 저장된 PDF 문서를 확인하기 위해 저장된 폴더 위치로 이동한 후 해당 파일을 더블클릭하여 실행합니다.

6 Adobe Reader를 통해 문서를 확인합니다.

CHAPTER 2 다양한 기능으로 고급 문서 작성하기

흔글 2014는 문서 작성중에 다양한 개체나 쪽 기능을 적용하여 문서를 좀 더 고급스럽게 꾸밀 수 있습니다. 문단에 글머리표나 문단 번호를 지정하여 항목을 나열하거나 개요를 적용하여 문서의 내용을 깔끔하게 정리하는 것은 물론, 머리말/꼬리말, 쪽 번호, 바탕쪽 등 쪽 전체에 적용하는 기능으로 문서를 더욱 일관성 있게 꾸밀 수 있습니다. 또한 그림 및 동영상 등 다양한 멀티미디어 개체를 텍스트와 함께 삽입하여 문자 외에 시각적인 기능을 문서에 삽입할 수 있고, 문서의 내용을 쉽게 설명할 수 있는 표나 차트를 삽입하여 문서를 더욱 품위 있게 작성할 수 있습니다.

Windows 10 + Excel & PowerPoint & Word 2016 + Hangeul 2014

01

순서가 있는 문서 만들기

혼글 2014에서 문단의 흐름이 있는 문서를 만들려면 글머리표나 문단 번호를 이용해 문단을 구분해야 합니다. 단락의 순서를 지정해야 할 경우 문단 번호와 문단 수준을 구분하여 지정하고, 글머리표에는 문자표를 사용해 다양한 기호와 그림을 사용할 수 있습니다. 특히 여러 단계의 단락 순서를 문서 전체에 지정할 때에는 개요 스타일을 사용해야 합니다.

PREVIEW

▲ 글머리표와 문단 번호로 정리하기

▲ 개요로 문단 정리하기

글머리표로 문단 지정하기

1　글머리표를 지정할 목록 전체를 드래그하여 선택한 후 [서식] 탭-[글머리표]를 클릭합니다.

2　기본적인 글머리표가 바로 적용됩니다. '사업개요' 아래의 내용은 상세 설명 부분에 속하므로 다른 글머리로 지정하기 위해 다시 '사업명~'부터 '업무분야~'까지 블록으로 설정하고 [서식] 탭-[글머리표]의 내림 단추(⊡)를 클릭한 후 [글머리표 모양]을 선택합니다.

3 [문단 번호/글머리표] 대화상자에서 [글머리표] 탭의 [사용자 정의]를 클릭합니다.

4 [글머리표 사용자 정의 모양] 대화상자에서 [문자표]를 클릭합니다.

5 [문자표 입력] 대화상자의 [사용자 문자표] 탭에서 '문자 영역'에 [화살표]를 선택하고 [└]를 선택한 후 [넣기]를 클릭합니다.

6 다시 [글머리표 사용자 정의 모양] 대화상자로 돌아오면 [설정]을 클릭합니다.

7 다시 한 번 [문단 번호/글머리표] 대화상자에서 [설정]을 클릭하여 글머리표 적용을 마칩니다.

> **Tip**
> 문단 번호를 적용하거나 해제할 때에는 단축키 Ctrl + Shift
> + Insert를 누르고, 글머리표를 적용하거나 해제할 때에는
> 단축키 Ctrl + Shift + Delete를 누릅니다.

8 이어서 다음 단락을 입력하기 위해 문서 끝에 커서를 위치한 후 Enter를 누르면 위와 같은 글머
리표가 입력됩니다.

9 『인원 : 50명』을 입력한 후 Enter 를 누릅니다.

10 더 이상 입력할 내용이 없으면 글머리표 상태에서 한 번 더 Enter 를 누릅니다. 그러면 문단에 목록 입력이 중단됩니다.

예제파일 : 태권도_순서.hwp 결과파일 : 태권도_순서_완성.hwp

실무
예제 **02** # 문단 번호와 수준 지정하기

1 순서가 있는 문단은 문단 번호로 지정해야 하며, 문단의 수준을 고려하여 번호를 다르게 지정할 수 있습니다. 먼저 문단 번호를 지정할 범위를 블록 설정하고 **[서식] 탭-[문단 번호]**의 내림 단추(:)를 클릭한 후 목록 중에 **[1. 가. 1) 가)..]**를 선택합니다.

2 문단 전체에 문단 번호가 순서대로 지정되었습니다. 이번에는 '신청서 접수' 아래의 모든 문단의 수준을 변경하기 위해 '2.'부터 '8.'까지 드래그하여 선택한 후 **[서식] 탭-[한 수준 감소]**를 클릭합니다.

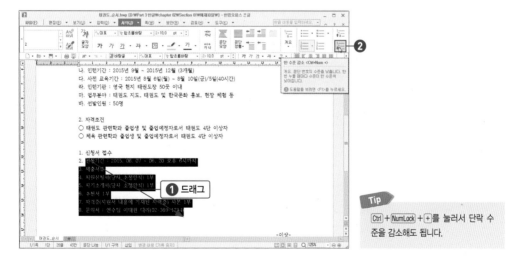

Tip

Ctrl + NumLock + + 를 눌러서 단락 수준을 감소해도 됩니다.

3 이번에는 제출 서류 아래의 4줄을 드래그하여 선택한 후 같은 방법으로 **[서식] 탭-[한 수준 감소]** 를 클릭합니다.

4 문단 번호와 수준이 지정된 목록을 완성했습니다.

예제파일 : 태권도_시작번호.hwp   결과파일 : 태권도_시작번호_완성.hwp

실무
예제 **03** ## 문단 시작 번호 지정하고 변경하기

1 위의 문단에 이어서 순서를 지정하려면 전체를 한번에 선택하여 동일한 문단 번호를 지정하 거나 시작 번호를 변경해야 합니다. 먼저 '1. 신청서 접수'에 커서를 두고 [서식] 탭-[문단 번호] 의 내림 단추(⋅)를 클릭한 후 [문단 번호 모양]을 선택합니다.

2 [문단 번호/글머리표] 대화상자에서 [1수준의 시작 번호]를『3』으로 입력해 변경한 후 [설정] 을 클릭합니다.

3 시작 번호가 '3'으로 변경되었습니다.

실무
예제 **04** **개요 기능으로 문단 정리하기**

1 일반적인 문단 번호와 비교되도록 기존 목록에 개요 번호를 지정해 보겠습니다. 먼저 '사업개요'의 목록 전체를 드래그하여 선택한 후 [서식] 탭-[개요]의 내림 단추(⬚)를 클릭하여 '개요' 목록 중에 [1. 가. ▶ (1) (가) - ①]을 선택합니다.

> **Tip**
>
> '개요'는 문서의 구조를 나눌 때 사용하는 스타일로써, 주요 제목에 개요를 사용하면 문서를 요약하는 데 도움이 됩니다. 개요를 지정할 때 [서식] 탭-[개요]에서 지정해도 되지만 문단 수준을 고려해서 바로 지정하려면 [서식] 탭에서 수준에 맞는 개요 스타일을 직접 클릭합니다. 예를 들어 [1 수준: 개요 1], [2 수준: 개요 2]...처럼 선택합니다.

2 같은 방법으로 아래 방향의 모든 문단에 '개요'를 지정합니다.

3 '1. 사업개요' 아래의 문단을 드래그하여 선택한 후 [서식] 탭-[한 수준 감소]를 클릭합니다.

4 같은 방법으로 '자격조건'과 '신청서 접수' 아래 목록도 **3**번 과정을 참고해 [한 수준 감소]로 수준을 변경합니다.

Tip
[서식] 탭에서 [개요2]를 클릭해도 똑같이 설정됩니다.

5 '나. 제출서류' 아래의 네 줄을 선택한 후 다시 [서식] 탭-[한 수준 감소]를 클릭하여 3 수준의 문단으로 개요를 지정합니다.

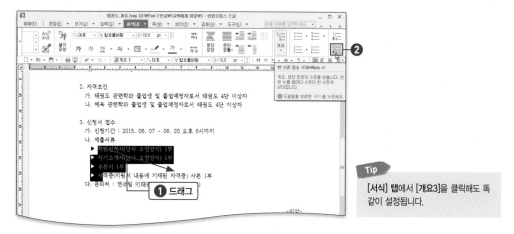

Tip
[서식] 탭에서 [개요3]을 클릭해도 똑같이 설정됩니다.

● 예제파일 : 홍보_사용자정의개요.hwp　　● 결과파일 : 홍보_사용자정의개요_완성.hwp

실무
예제 **05**　나만의 개요 번호 모양을 만들어 문단 정리하기

1 개요는 사용자 정의로 문서에 적용할 개요 번호 모양을 직접 만들어 적용할 수 있습니다. 새롭게 개요 번호 모양을 추가하기 위해 '홍보대행 서비스'에 커서를 위치한 후 [**서식**] **탭-**[**개요**]의 내림 단추(⏷)를 클릭해 [**개요 번호 모양**]을 선택합니다.

2 [개요 번호 모양] 대화상자에서 [사용자 정의]를 클릭합니다.

3 [개요 번호 사용자 정의 모양] 대화상자의 '수준'에서 [1 수준]을 클릭하고 '번호 서식'에『□』를 입력합니다. '□' 기호는 한글의 자음『미음(ㅁ)』을 입력한 후 다시 선택하여 <kbd>한자</kbd>를 눌러 [특수 문자로 바꾸기] 대화상자에서 원하는 문자로 선택하고 [바꾸기]를 클릭합니다.

4 '수준'에서 [2 수준]을 클릭하여 '번호 모양'을 [1,2,3]으로 변경한 후 [설정]을 클릭합니다.

잠깐만요 **개요 스타일에 글자 모양 지정하기**

문서에 적용된 개요는 스타일(자주 사용하는 글자 모양이나 문단 모양을 미리 정해 놓고 쓰는 것)이 지정되어 있으므로 문서에서 개요가 적용되어 있다면 일일이 해당 문단을 선택하여 글자 모양을 변경하지 않고 [개요 번호 사용자 정의 모양]에서 수준별로 [글자 모양]을 지정해 놓으면 한번에 문서에 적용된 개요 문단의 글자모양을 쉽게 변경할 수 있습니다.

▲ 개요 글자 모양 지정하기

▲ 글자 모양 스타일 지정하기

5 다시 [개요 번호 모양] 대화상자로 돌아오면 [설정]을 클릭합니다.

6 '홍보대행 서비스'에 개요 번호가 지정됩니다. 이어서 '보도자료 작성 및 배포', '기사화 서비스', 'eBook 제작 대행 서비스'에 차례로 **[서식] 탭-[개요]**를 클릭하여 적용한 후 '보도자료 작성 및 배포', '기사화 서비스'에는 **[한 수준 감소]**를 클릭하여 **[2 수준]** 문단으로 지정합니다.

1 글머리표와 문단 번호로 문서 만들기

🔘 **예제파일** : 세미나_공지.hwp 🔘 **결과파일** : 세미나_공지_완성.hwp

공지문 아래의 문단을 글머리표와 문단 번호를 지정하여 작성해 보세요.

Hint ① '세미나명'부터 아래 문단 전체를 선택하고 [서식] 탭-[글머리표]에서 [ㅁ]로 지정합니다. ▶ ② 다시 강의 내용 아래의 '강의주제, 강의일자, 강의장소'를 드래그하여 선택하고 [가), 나), 다)로 지정되도록 문단 번호를 변경합니다. ▶ ③ '라) 최대인원 : 50명'을 '강의장소' 아래에 추가하고, 맨 마지막 문단의 글머리는 해제합니다.

2 개요로 구조적인 문서 만들기

🔘 **예제파일** : 강사공고문.hwp 🔘 **결과파일** : 강사모집공고문_완성.hwp

문서에 개요를 사용하여 구조적인 문서를 만들고 글꼴과 [1 수준]의 굵기를 아래와 같이 지정하세요.

> 개요 : 1. 가. - / 글꼴 : 12pt / 1 수준 : 굵게

Hint ① 개요가 삽입될 문단 전체에 [서식] 탭-[개요]를 클릭하여 [1. 가. 1)로 적용합니다. ▶ ② 사용자 정의에서 [3 수준]의 글머리 기호를 [-]로 지정합니다. ▶ ③ [1 수준] 아래의 항목은 모두 [서식] 탭-[한 수준 감소]를 클릭하고, '3. 강사지원 자격 기준', '4. 모집방법'의 일부는 결과와 같이 [3 수준]으로 지정합니다. ▶ ④ 개요가 적용된 모든 문단의 글꼴 크기를 [12pt], [1 수준]의 문단은 [굵게] 지정합니다.

02

쪽 기능으로 문서 정리하기

흔글 2014의 쪽 기능에는 배경이나 테두리, 단 설정과 같이 문서 전체에 동일한 모양을 주거나 레이아웃을 지정하는 기능이 있습니다. 머리말/꼬리말 및 쪽 번호처럼 쪽에 순서와 문서 전체를 디자인할 수 있는 기능을 적용해 문서를 완성할 수 있습니다. 특히 단과 구역 설정으로 문서의 구성을 변경하여 원하는 형태의 문서로 만들 수 있습니다.

> **PREVIEW**

▲ 쪽에 테두리 및 배경과 머리말/꼬리말, 다단 지정하기

▲ 구역마다 바탕쪽 다르게 지정하고 주석 삽입하기

> **섹션별 주요 내용**

01 | 쪽 배경과 테두리 지정하기   02 | 머리말/꼬리말 지정하기   03 | 쪽 번호 매기기

04 | 다단으로 문서 레이아웃 구성하기   05 | 구역마다 바탕쪽 다르게 지정하기   06 | 주석 달고 덧말 넣기

⊘ 예제파일 : 한옥_쪽.hwp   ⊘ 결과파일 : 한옥_쪽_완성.hwp

실무
예제 | **01**

쪽 배경과 테두리 지정하기

1 문서 전체 쪽에 배경과 테두리를 지정하기 위해 **[쪽] 탭-[쪽 테두리/배경]**을 클릭합니다.

2 [쪽 테두리/배경] 대화상자에서 테두리의 '종류'는 [실선], '굵기'는 [0.7mm]로 설정한 후 [위쪽](🔲)과 [아래쪽](🔲)을 클릭하여 표시합니다. 또한 '위치'에서 '모두'의 위쪽 단추(🔺)를 클릭하여 [10.00mm]로 선택합니다.

3 [배경] 탭을 클릭한 후 '채우기'에서 [그러데이션]을 선택합니다. '유형'은 [수평], '시작 색'은 [흰색], '끝 색'은 [바다색 90% 밝게]를 선택한 후 [설정]을 클릭합니다.

4 쪽 배경색과 쪽 위아래로 테두리가 지정되었습니다.

바탕쪽으로 문서 전체에 동일한 쪽 모양 만들기

바탕쪽은 쪽 배경에서 지정할 수 있는 색이나 그림 외에도 문서 전체 쪽에 공통으로 쪽 모양을 지정할 수 있는 기능입니다. 특정 위치에 이미지나 도형 등 같은 개체나 텍스트 등을 삽입할 수 있으며, 구역을 나누면 구역마다 다른 배경과 쪽 모양을 지정할 수 있어 한 문서 안에서도 장마다 다른 배경과 레이아웃을 가지고 문서를 만들 수 있습니다.

[쪽] 탭-[바탕쪽]을 클릭하여 개체나 텍스트를 이용해 바탕쪽을 꾸밉니다.

▲ 바탕쪽에서 작성하기

▲ 바탕쪽이 적용된 문서

실무
예제 | **02**

머리말/꼬리말 지정하기

1 문서 전체 쪽에 머리말을 지정하기 위해 [쪽] 탭-[머리말]을 클릭한 후 [머리말/꼬리말]((Ctrl) + (N), (H))을 선택합니다.

> **Tip**
>
> [쪽] 탭-[머리말]을 클릭하여 '위쪽'이나 '왼쪽/오른쪽'을 선택하면 이미 제공된 머리말을 정해진 위치에 바로 삽입할 수 있습니다.

2 [머리말/꼬리말] 대화상자의 '종류'에서 [머리말]을 선택한 후 [만들기]를 클릭합니다.

> **Tip**
>
> 제공된 머리말이나 꼬리말을 선택하려면 '머리말/꼬리말마당'에서 선택해도 됩니다.

3 '머리말' 영역에 커서가 나타나면 서식 도구 모음에서 [오른쪽 정렬]을 클릭한 후 『한국건축양식』을 입력합니다.

2 『한국건축양식』 입력

4 이어서 [머리말/꼬리말] 탭-[꼬리말]을 클릭한 후 제공된 꼬리말 마당에서 [쪽 번호, 파일 이름]을 선택합니다.

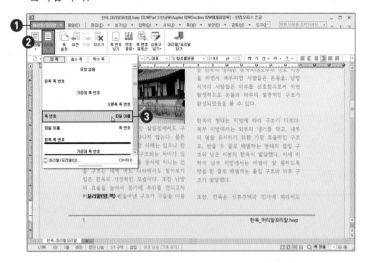

5 꼬리말이 입력되면 [머리말/꼬리말] 탭-[머리말/꼬리말 닫기]를 클릭합니다.

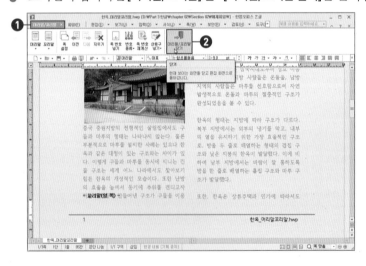

6 매 쪽마다 머리말과 꼬리말이 추가된 것을 확인합니다.

⬤ **예제파일** : 일본실학사상_쪽번호.hwp   ⬤ **결과파일** : 일본실학사상_쪽번호_완성.hwp

실무
예제 **03**   # 쪽 번호 매기기

1 문서 전체에 쪽 번호를 입력하기 위해 [쪽] 탭-[쪽 번호 매기기]((Ctrl)+(N),(P))를 클릭합니다.

2 [쪽 번호 매기기] 대화상자가 열리면 '번호 위치'에서 [아래 쪽 가운데]를 선택합니다. 번호 모
양은 [1,2,3], [줄표 넣기]에 체크한 후 [넣기]를 클릭합니다.

3 이 문서의 첫 페이지는 번호가 표시되지 않도록 하기 위해 1쪽에 커서를 위치한 후 **[쪽] 탭-[현재 쪽만 감추기]**를 클릭합니다. [감추기] 대화상자가 열리면 [쪽 번호]에 체크한 후 [설정]을 클릭합니다.

4 첫 쪽에 번호가 감춰지면 이제 2쪽 '1장 일본실학사상의 형성과 배경'에 커서를 클릭한 후 **[쪽] 탭-[새 번호로 시작]**을 클릭합니다. [새 번호로 시작] 대화상자에서 [쪽 번호]를 선택한 후 '시작 번호'에 『1』을 입력합니다. [넣기]를 클릭합니다.

5 2쪽이 '1'로 시작 번호가 변경되었습니다.

● 예제파일 : 한옥_다단.hwp   ● 결과파일 : 한옥_다단_완성.hwp

실무
예제 **04**

다단으로 문서 레이아웃 구성하기

1 1쪽에 '한옥의 특징'부터 문서 맨 끝의 '참고' 전 단락까지 드래그하여 범위를 선택한 후 **[쪽]** 탭-**[단]**의 내림 단추(□)를 클릭하여 **[둘]**을 선택합니다.

2 2쪽에 있는 '한옥의 공간구성' 제목 앞에 커서를 위치한 후 **[쪽]** 탭-**[다단 설정 나누기]**를 클릭합니다. 한 번 더 클릭하여 정확히 윗 단과 분리합니다.

Tip

[쪽] 탭-**[단 나누기]**는 커서 이후의 내용을 다음 단으로 넘기는 역할을 하지만 **[단 설정 나누기]**는 한 쪽에서 여러 단의 모양을 나누어야 할 때 사용하는 기능으로, 앞 단과 상관없이 새로운 단 모양을 설정할 때 사용합니다. 즉, **[단 설정 나누기]** 이후의 단은 앞 단과 다른 단 구성(한 단, 세 단 등)으로 레이아웃을 지정할 수 있습니다.

3 마지막 쪽에 있는 '한옥의 구성 요소와 상징성' 앞에 커서를 위치한 후 **2**번과 같은 방법으로 [쪽] 탭-[다단 설정 나누기]를 클릭하여 새로운 단을 설정합니다.

4 이제 1쪽에 있는 첫 단락 아래를 클릭한 후 [입력] 탭-[문단 띠]를 클릭합니다.

Tip

구역이 나번 후 현재 위치가 어느 구역에 있는지 확인하려면 상황선에서 '1/2구역'과 같은 구역 수를 확인하면 됩니다.

5 앞 문단과 아래 문단 사이에 문단 띠가 삽입되었습니다.

Tip

문단 띠는 도형처럼 선택하여 꾸밀 수 있습니다.

예제파일 : 일본실학사상_바탕쪽.hwp　　결과파일 : 일본실학사상_바탕쪽_완성.hwp

실무
예제 **05**　　# 구역마다 바탕쪽 다르게 지정하기

1 예제파일을 실행하면 현재 문서에서 1쪽을 제외한 모든 쪽에 바탕쪽이 지정되어 있는 것을 확인할 수 있습니다. 이 바탕쪽을 2장 내용부터 다르게 지정하기 위해 11쪽의 '2장 일본 실학사상의 특징' 앞에 커서를 위치한 후 [쪽] 탭-[구역 나누기]를 클릭합니다.

2 구역이 나뉘면서 쪽이 변경됩니다. 새로운 바탕쪽을 지정하기 위해 [쪽] 탭-[바탕쪽]을 클릭합니다.

3 이미 지정된 바탕쪽을 삭제하기 위해 **[바탕쪽] 탭-[앞 구역 바탕쪽 연결]**을 클릭하여 해제합니다. 그런 다음 [바탕쪽] 창의 '[양 쪽] 바탕쪽을 만들까요?'에서 [만듦]을 클릭합니다.

4 새로운 바탕쪽을 만들지 않고 이전 바탕쪽을 가져와 수정하기 위해 **[바탕쪽] 탭-[바탕쪽 가져오기]**를 클릭합니다. [바탕쪽 가져오기] 대화상자에서 '종류'의 [양 쪽]에 체크하고 [가져오기]를 클릭합니다.

5 이어서 [가져오기]를 클릭합니다.

6 [바탕쪽] 탭-[첫 쪽 제외]를 클릭하여 기능을 해제합니다.

7 글상자에 입력된 '1'을 [2]로 수정합니다. 그런 다음 [바탕쪽] 탭의 ⊠를 클릭하여 바탕쪽을 빠져나갑니다.

8 두 구역의 바탕쪽이 다르게 지정되었습니다.

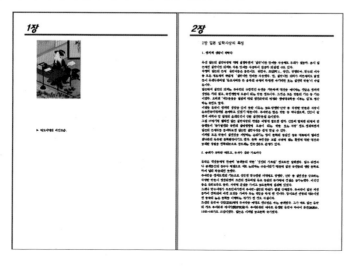

● **예제파일** : 일본실학사상_주석.hwp ● **결과파일** : 일본실학사상_주석_완성.hwp

실무
예제 | **06** | 주석 달고 덧말 넣기

1 '각주'는 현재 쪽 아래에 특정 내용을 자세히 설명하는 메모로, 각주를 삽입할 2쪽의 '성리학' 앞을 클릭하여 커서를 위치한 후 **[입력] 탭-[각주]**를 클릭합니다.

2 2쪽 아래에 '1)'의 번호가 입력되면 『유교에 철학적 세계관을 부여하고 유교를 심성 수양의 도리로 확립한 새로운 학풍』을 추가로 입력하고 **[주석] 탭-[닫기]**를 클릭합니다.

3 이번에는 '미주'를 삽입하기 위해 3쪽에 있는 '왕인' 앞에 커서를 위치한 후 **[입력] 탭−[미주]**를 클릭합니다.

4 문서 맨 끝에 번호가 삽입되면 미주의 번호 모양을 변경하기 위해 **[주석] 탭−[번호 모양]**을 클릭한 후 **[i, ii, iii]**을 선택합니다.

5 번호 모양이 'i)'로 변경되면 내용을 『4세기 후반 무렵 왜국(倭國)에 건너가서 활동한 백제의학자』로 입력한 후 **[주석] 탭−[닫기]**를 클릭하여 완성합니다.

6 20쪽에 '퇴계'를 블록으로 설정하고 **[입력] 탭−[덧말]**을 클릭합니다.

7 [덧말 넣기] 대화상자에서 '본말'은 이미 입력되어 있으므로 '덧말'에 『이황의호』로 입력한 후 [넣기]를 클릭합니다.

> **Tip**
> 블록으로 설정하지 않고 덧말을 입력하면 새로운 본문과 함께 덧말이 추가로 입력되므로 내용이 이중으로 삽입됩니다.

8 '퇴계' 위에 덧말이 입력되었습니다.

1 | 지역마다 머리말/꼬리말 지정하기

예제파일 : 중국도시.hwp   **결과파일** : 중국도시_완성.hwp

현재 문서의 1쪽을 제외한 내용마다 새로운 머리말을 '중국의 도시'로 지정하고 쪽 오른쪽 하단에 '-1-' 형식의 페이지 번호를 삽입해 보세요.

Hint ① [쪽] 탭-[머리말]을 클릭하고 [만들기]를 클릭하고 왼쪽 위치에 『중국의 도시』를 입력합니다. ▶ ② [쪽] 탭-[쪽 번호 매기기]를 클릭하여 오른쪽 아래에 번호 종류를 『1,2,3』으로, 줄표를 포함하여 입력합니다. ▶ ③ 1쪽에 [현재 쪽만 감추기]를 클릭하고 [머리말]에 체크하여 감춥니다.

2 | 2단으로 레이아웃 지정하고 쪽 테두리 삽입하기

예제파일 : 중국도시_단과테두리.hwp   **결과파일** : 중국도시_단과테두리_완성.hwp

문서 3쪽의 그림부터 '~ 떠올랐다'까지 2단, 다시 4쪽 그림부터 문서 끝까지 2단으로 지정하고 문서 전체 쪽 테두리를 [0.5mm], [멜론] 색으로 지정하세요.

Hint ① 3쪽 그림부터 '~ 떠올랐다'까지 범위를 선택한 후 [쪽] 탭-[단]을 클릭하여 [둘]로 선택하고, 같은 방법으로 4쪽에 그림부터 문서 끝까지 범위를 선택한 후 [쪽] 탭-[단]을 클릭하여 [둘]로 선택합니다. ▶ ② [쪽] 탭-[쪽 테두리/배경]을 클릭하여 '선 종류'는 [실선], [0.5mm], [멜론]을 지정하고 '위치'는 [모두] 단추를 클릭한 후 [설정]을 클릭합니다.

개체 삽입하기

흔글 2014는 그림, 글상자, 도형 등을 삽입하여 다양한 모양으로 문서를 꾸미고 온라인의 비디오를 별도의 저장없이 바로 흔글 문서 내에 삽입하고 재생할 수 있습니다. 수식 입력기를 이용하여 간단한 산술식은 물론 복잡한 수식에 이르기까지 어떠한 수학식도 손쉽게 작성할 수 있으며 글맵시를 이용하여 문자에 다양한 효과를 적용하여 꾸밀 수 있습니다.

PREVIEW

▲ 문서에 그림 삽입하기

▲ 동영상 삽입하고 재생하기

예제파일 : 성곽길_그림.hwp, 지도.jpg　　결과파일 : 성곽길_그림_완성.hwp

핵심
기능　**01**　# 문서에 그림 삽입하기

1 문서에 그림을 삽입하기 위해서 **[편집] 탭-[그림]**을 클릭합니다. [그림 넣기] 대화상자가 열리면 부록 CD에서 [지도.jpg] 파일을 선택한 후 [넣기]를 클릭합니다.

> **Tip**
>
> [그림 넣기] 대화상자의 옵션에 [문서에 포함]과 [마우스로 크기 지정]에 체크되어 있는지 확인하세요. [문서에 포함]에 체크하면 그림 파일을 문서에 연결(link)하는 것이 아니므로 삽입한 그림의 경로가 바뀌어도 문서에 그림이 나타나지 않는 등의 영향을 받지 않습니다.

2 마우스로 드래그하여 삽입할 그림의 크기와 위치를 지정합니다.

3 삽입한 그림을 선택한 후 더블클릭합니다.

4 [개체 속성] 대화상자가 열리면 [기본] 탭을 선택한 후 '위치'의 '본문과의 배치'에서 [어울림]
()을 클릭합니다.

5 [여백/캡션] 탭을 클릭하고 '바깥 여백'에서 '모두'의 위쪽 단추(▲)를 클릭해 모두 [3.00mm]
로 설정합니다.

6 [그림] 탭을 선택한 후 '확대/축소 비율'에서 [가로 세로 같은 비율 유지]에 체크하고, 가로와 세로 모두『60.00』를 입력합니다. [설정]을 클릭합니다.

7 삽입한 그림을 다음과 같이 오른쪽의 텍스트와 어울리도록 배치합니다.

Tip

한글 프로그램에서 읽을 수 있는 그림 파일 형식은 AI, BMP, CDR, CGM, DRW, DXF, EMF, EPS, GIF, JPG, PCX, PIC, PICT, PLT, PNG, SVG, TIFF, WMF, WPG 등입니다.

핵심
기능 **02**   # 글상자 삽입하기

1 지도 위에 글상자를 삽입하기 위해 **[편집] 탭-[도형]-[가로 글상자]**를 선택합니다.

2 지도 그림 위에서 마우스를 가로로 드래그하여 글상자를 그린 다음 입력란에 『**제1코스**』를 입력합니다. 글상자의 속성을 변경하기 위해 글상자를 더블클릭합니다.

3 [개체 속성] 대화상자가 열리면 [선] 탭의 '사각형 모서리 곡률'에서 [둥근 모양](▢)을 선택하고 [설정]을 클릭하여 글상자를 완성합니다.

실무
예제 **03**   **도형과 색, 모양을 바꾸고 복사하기**

1 선을 그려 넣기 위해 **[편집] 탭-[도형]-[직선]**을 선택합니다. 글상자에서 지도의 붉은 선을 향해
드래그하여 직선을 그립니다. 직선을 선택한 후 더블클릭합니다.

> **Tip**
>
> 다양한 도형을 그리려면 **[편집] 탭-[그리기 마당]**을 클릭하여 도형을 선택할 수 있습니다.

2 [개체 속성] 대화상자가 열리면 [선] 탭에서 '선'의 '색'은 [진달래색]을 선택합니다. '굵기'에
『0.3』을 입력합니다. '화살표'의 '끝 모양'을 아래와 같이 설정한 후 '끝 크기'를 [작은 폭 작은
높이]로 선택한 후 [설정]을 클릭합니다.

3 Shift를 누른 채 글상자와 화살표를 클릭하여 함께 선택하고, Ctrl을 누른 채 드래그하여 2코스 위치로 복사합니다.

4 3, 4코스에도 같은 방법으로 복사합니다.

5 복사된 글상자의 텍스트 내용을 그림과 같이 수정하여 다음과 같이 완성합니다.

실무
예제 **04**　　# 하이퍼링크 입력하기

1　하이퍼링크는 문서의 특정한 위치에 현재 문서, 다른 문서, 웹 페이지 등을 연결하여 쉽게 참
조하거나 이동하게 해 줍니다. 텍스트에 하이퍼링크를 설정하기 위해 마지막 페이지로 이동
한 후 참고 URL 주소에 하이퍼링크를 설정해보겠습니다. 'http://tour.jongno.go.kr'을 블록
으로 설정한 다음 [입력] 탭-[하이퍼링크]를 클릭합니다. [하이퍼링크] 대화상자가 열리면
'연결 종류'에서 [웹 주소]를 선택하고 '연결 대상'에 『http://tour.jongno.go.kr』를 입력한
후 [넣기]를 클릭합니다.

2　하이퍼링크가 연결되면 텍스트에는 파란색 밑줄 서식이 자동으로 설정됩니다. 이때 텍스트에
마우스 포인터를 놓고 마우스의 왼쪽 단추를 한 번 누르면 연결된 하이퍼링크의 주소로 이동
합니다.

Tip
삽입된 하이퍼링크 표시 안에 커서
를 놓고 마우스 오른쪽 단추를 누른
다음 빠른 메뉴에서 [하이퍼링크 지
우기]를 선택하면 하이퍼링크를 지울
수 있습니다.

실무
예제 | **05**   # 동영상 삽입하고 재생하기

1 동영상을 삽입할 위치에 커서를 위치한 후 **[입력] 탭-[동영상]**을 클릭합니다. [동영상 넣기] 대
화상자가 열리면 '로컬 동영상'의 '파일 이름'에서 [동영상 파일 선택](📁)을 클릭한 후 부록
CD의 '낙산공원.wmv' 파일을 선택합니다. [동영상 넣기] 대화상자의 [문서에 포함]에 체크
한 후 [넣기]를 클릭합니다.

Tip

동영상 파일을 문서에 포함하면 항
상 안정적으로 동영상 재생이 가능합
니다. 또한 웹 사이트에 게시된 동영
상의 소스 코드를 이용하면 웹 사이
트의 동영상 파일도 문서에서 재생할
수 있습니다.

2 동영상이 삽입되면 적당한 크기와 위치로 조정한 후 [재생](▶)을 클릭하면 흔글 문서 내에서
동영상을 재생할 수 있습니다.

Tip

흔글에서 지원하는 동영상 형식은
.avi, .wmv, .mpeg, .mpg입니다.

예제파일 : 뉴턴_수식.hwp   결과파일 : 뉴턴_수식_완성.hwp

실무
예제 **06**   **복잡한 수식 입력하기**

1 수식을 입력하기 위해서 '힘과 가속도의 법칙' 뒤쪽에 커서를 위치한 후 [**입력**] 탭-[**수식**]의 내
림 단추(▾)를 클릭합니다. [**기타 공식**]-[**뉴턴 제2법칙**]을 선택합니다.

2 마지막 줄의 '작용과 반작용 법칙' 뒤쪽에 커서를 위치한 후 [**입력**] 탭-[**수식**]-[**수식 편집기**]를 선
택합니다.

3 [수식 편집기] 대화상자가 열리면 ▲▾의 ⓐ를 클릭합니다.

4 『F』를 입력한 후 를 클릭하여 아래 첨자로『AB』를 입력합니다.

5 Tab을 두 번 눌러 커서의 위치를 이동한 후『=』와『-』를 입력하고 앞의 내용과 동일하게 한 번 더 입력합니다. 그런 다음 [넣기](↵)를 클릭하여 수식을 입력합니다.

> **Tip**
> 'F_{AB}='이나 'F_{AB}='와 같은 모양이 되지 않도록 필요한 수식의 모양을 확인하고 Tab을 눌러 커서의 위치를 조정한 후 입력합니다. 같은 내용은 복사해서 입력해도 됩니다.

6 수식 편집기에서 입력한 내용이 한글 문서에 입력된 것을 확인합니다.

1 | 문서에 그림 삽입하고 글맵시로 제목 꾸미기

● 예제파일 : 한옥_그림.hwp, 한옥.jpg　　● 결과파일 : 한옥_그림_완성.hwp

문서에 한옥 그림을 삽입하고 크기를 줄인 후 '3mm'의 여백을 주어 글의 왼쪽에 배치하고 제목은 글맵시를 이용하여 문서를 꾸며보세요.

Hint ① 그림을 삽입한 후 그림 크기를 줄여 왼쪽으로 배치하고 [개체 속성] 대화상자의 [여백/캡션] 탭에서 여백을 『3mm』로 입력해 조정합니다. ▶ ② [채우기-진한 자주색 그러데이션, 연자주색 그림자, 위쪽 리본 사각형 모양]를 선택한 후 [개체 속성] 대화상자의 [기본] 탭에서 '위치'의 [자리 차지]를 선택하고 '가로' [단]의 [가운데]로 선택하여 삽입합니다.

2 | 수식 편집기를 이용하여 수식 입력하기

● 예제파일 : 오일러_수식.hwp　　● 결과파일 : 오일러_수식_완성.hwp

수식입력기를 이용하여 '$\gamma = \lim_{n \to \infty}\left(1 + \frac{1}{2} + \frac{1}{3} + \cdots + \frac{1}{n} - \log n\right)$'의 수식을 입력하세요.

Hint ① [입력] 탭-[수식]-[수식 편집기]를 이용하여 수식을 입력합니다. ▶ ② '$\lim_{n \to \infty}$'와 분수 수식을 이용합니다.

04

표와 차트 삽입하기

흔글 2014는 다양한 모양의 표와 차트를 손쉽게 그릴 수 있습니다. 필요에 따라 표의 셀을 합치거나 나눌 수 있으며 테두리나 셀의 모양을 자유롭게 표현할 수 있습니다. 또한 표에 입력된 값을 계산하는 기능과 자동 채우기 기능도 추가되어 좀 더 편리하게 입력할 수 있습니다. 그리고 수치 데이터는 여러 가지 모양의 차트 종류와 차트 요소들 중에서 자유롭게 선택하여 다양하게 표현할 수 있습니다.

> ## PREVIEW

▲ 표 삽입하고 편집하기

▲ 차트 삽입하고 편집하기

📀 **예제파일** : 유기동물_표삽입.hwp 📀 **결과파일** : 유기동물_표삽입_완성.hwp

실무
예제 **01**

표 삽입하고 데이터 입력하기

1 표를 삽입할 위치에 커서를 위치하고 **[편집] 탭-[표]**를 클릭합니다. [표 만들기] 대화상자가 열리면 '줄 수'와 '칸 수'에 각각 『3』, 『6』을 입력한 후 [만들기]를 클릭해 표를 삽입합니다.

Tip

[편집] 탭-[표]의 내림 단추(▼)를 클릭한 후 '3줄×6칸'으로 구성된 표를 만들고 싶으면 마우스를 드래그하여 3행 6열을 구역으로 지정해 표를 삽입할 수도 있습니다.

2 표가 삽입되면 다음과 같이 내용을 입력합니다.

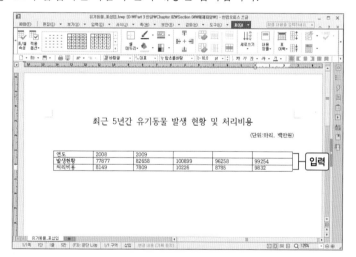

연도	2008	2009			
발생현황	77877	82658	100899	96258	99254
처리비용	8149	7809	10226	8785	9832

3 1행의 2열부터 마지막 열까지 드래그하여 블록으로 지정한 다음[**표**] **탭-**[**채우기**]의 내림 단추 (⊡)를 클릭하여 [**표 자동 채우기**]를 선택합니다. 4열부터 마지막 열까지 나머지 내용을 자동으로 로 채웁니다.

> **Tip**
> [채우기]의 오른쪽 내림 단추(⊡)를 클릭한 후 [자동 채울 내용]을 선택하여 자동으로 채울 내용을 선택하거나 사용자가 추가로 정의할 수 있습니다.

4 숫자가 입력된 곳을 드래그하여 블록으로 지정한 후[**표**] **탭-**[**1,000 단위 구분 쉼표**]의 내림 단추 (⊡)를 클릭하여 [**자릿점 넣기**]를 선택하면 숫자에 자동으로 천 단위 구분 쉼표가 삽입됩니다.

> **Tip**
> [자릿점 빼기]를 선택하면 천 단위 구분 쉼표를 제거할 수 있습니다.

5 표 전체의 데이터를 모두 드래그하여 블록으로 설정한 후 서식 도구 상자에서 [**가운데 정렬**] (▤)을 선택합니다.

● 예제파일 : 유기동물_표편집.hwp   ● 결과파일 : 유기동물_표편집_완성.hwp

난이도 1 2 **3** 4 5

실무 예제 | 02

열 추가하고 셀을 합쳐 원하는 표 모양 만들기

1 6열의 임의의 셀에 마우스를 클릭한 후 [표] 탭-[오른쪽에 칸 추가하기]를 클릭하여 6열 오른쪽에 새로운 열을 하나 추가합니다.

> **Tip**
>
> 칸(또는 줄)을 추가하거나 지울 때는 셀을 블록으로 지정하지 않고 클릭하여 커서가 나타나게 한 상태에서 작업해야 합니다.

2 2행에 『계』를 입력합니다. 1열부터 7열까지 드래그하여 블록으로 설정한 다음 [표] 탭-[셀 너비를 같게]를 클릭하여 가로 셀 너비를 같게 설정합니다.

① 『계』 입력

② 드래그

잠깐만요 **셀 블록 설정하기**

1 | 마우스로 블록 설정하는 방법

❶ 블록 설정할 셀을 마우스 왼쪽 단추를 누르고 드래그합니다.

❷ 블록 설정할 셀을 Ctrl을 누른 채 마우스 왼쪽 단추를 클릭합니다.

2 | F5로 셀 블록 설정하는 방법

❶ 셀 안에 커서를 위치하고 F5를 한 번 누르면 셀 블록이 설정됩니다.

❷ F5를 두 번 누르고 화살표 방향키(←, →, ↑, ↓)를 누르면 셀 블록 설정이 확장됩니다.

❸ F5를 세 번 누르면 표 전체 셀 블록이 설정됩니다.

그 밖의 다양한 셀 블록 설정 방법은 F1을 눌러 도움말을 실행한 뒤 '표 단축키'를 검색하면 확인할 수 있습니다.

3 1행의 1열부터 7열까지 블록으로 지정한 다음 [표] 탭-[셀 합치기]를 클릭하여 셀을 하나로 합 칩니다. 같은 방법으로 2행의 1~4열, 5열의 2~3행, 6열의 2~3행, 7열의 2~3행을 하나의 셀로 합칩니다.

> **Tip**
> 셀을 나눌 때는 셀에 커서를 클릭하고 [표] 탭-[셀 나누기]를 선택하여 나누려고 하는 개수의 행(줄 수), 열 (칸 수) 값을 입력합니다.

4 '계'의 합계 값을 수식 계산으로 입력하기 위해 '계'의 아래쪽에 커서를 클릭하고 [표] 탭-[계산 식]-[가로 합계]를 선택하면 자동으로 가로 숫자 값들의 합계가 계산되어 입력됩니다.

> **Tip**
> 주어진 쉬운 계산식 외에 계산식을 입력하려면 [계산식]을 선택하여 수식이나 함수를 직접 선택하거나 입력할 수 있습니다.

5 열을 추가하고, 셀을 합친 후 계산식 기능으로 값을 입력한 결과입니다.

실무 예제 **03**   # 원하는 방향으로 표와 셀 크기 조절하기

1 위쪽 표를 선택한 후 표의 아래쪽 가운데 조절점에 마우스 포인터를 놓으면 마우스 포인터의 모양이 ⬍으로 바뀝니다. 마우스를 클릭하여 아래로 드래그해 표의 크기를 늘립니다.

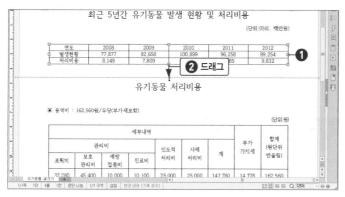

2 아래쪽 표의 안쪽을 드래그하여 표 전체를 블록으로 지정하고 Ctrl+↑를 세 번 눌러 셀의 크기를 줄여줍니다.

잠깐만요 **셀 크기 조절하기**

마우스로 셀 크기 조절하는 방법
마우스 포인터를 셀 경계선 위에 놓으면 마우스 포인터의 모양이 ⬍ 또는 ⬌으로 바뀝니다. 이때 마우스 왼쪽 단추를 누른 채 원하는 방향으로 마우스를 드래그하면 셀 크기를 조절할 수 있습니다.

키보드로 셀 크기 조절하는 방법
크기 조절을 원하는 셀을 블록 설정한 다음,
1 | Ctrl + → 또는 ↓ : 열 또는 행의 크기가 늘어납니다.
2 | Ctrl + ← 또는 ↑ : 열 또는 행의 크기가 줄어듭니다.

실무
예제 **04** 셀에 배경색과 대각선 넣기

1 그림과 같이 셀을 블록으로 설정한 다음 [표] 탭-[셀 배경색]의 내림 단추(▾)를 클릭하고 [바다색 90% 밝게]를 선택하여 적용합니다.

2 표 전체를 셀 블록으로 설정한 다음 [표] 탭-[셀 테두리 모양/굵기]-[셀 테두리 굵기]-[0.5 mm]를 선택합니다.

3 [표] 탭-[셀 테두리]의 내림 단추(▼)를 클릭하고 [바깥쪽 모두]를 선택하여 적용합니다.

4 셀에 배경색과 테두리를 설정한 모습입니다.

▲ 표 적용 옵션

▲ 표 스타일 옵션

실무
예제 **05** ## 차트 삽입하기

1 차트로 만들 표의 내용을 드래그하여 블록으로 설정한 후 **[표] 탭-[차트]**를 클릭합니다.

2 세로 막대형 차트가 자동 삽입되면 원하는 크기로 조정한 후 **[차트] 탭-[데이터 범위]-[행]**을 선택하여 행 기준 차트로 변경합니다.

1 | 셀 합치기, 줄 추가하기, 테두리, 표 서식 적용하여 시간표 만들기

예제파일 : 시간표.hwp　　**결과파일** : 시간표_완성.hwp

1행의 1~2열을 셀 합치기 후 대각선을 넣고, 2열의 2~3행에 셀 합치기를 적용한 후 아래로 6교시까지
같은 모양으로 행을 복사한 후 1행에 [루비색 90% 밝게]의 셀 배경색을 적용합니다.

Hint　① 합칠 셀을 블록 설정한 후 [표] 탭−[셀 합치기]를 적용합니다. ▶ ② 1행 1열에 클릭한 후 [표] 탭−[셀 테두리]
에서 대각선 모양을 선택하고, 1행에 셀 배경색을 지정합니다. ▶ ③ 1교시 셀을 블록으로 지정한 후 셀 복사하고
커서를 클릭한 후에 [셀 붙이기]([Ctrl]+[V])하여 '아래쪽'을 선택해 필요한 횟수만큼 반복합니다.

2 | 차트 삽입하고 차트 모양 편집하기

예제파일 : 교육비.hwp　　**결과파일** : 교육비_완성.hwp

[3차원 설정 묶은 세로 막대형]으로 삽입 후 '범례' 위치는 [차트 아래쪽], '제목'은 『학생 1인당 공교육
비 비교』로 입력합니다. '색상'은 [초록색/붉은색 혼합 색조(나비)]를 선택하여 적용하세요.

Hint　① [차트] 탭−[차트 종류]에서 변경할 차트 모양 선택합니다. ▶ ② 색상에서 색을 변경합니다. ▶ ③ [제목], [범
례]에서 위치와 값을 설정합니다.

1 차트 모양 변경하고 편집하기

예제파일 : 유기동물_차트편집.hwp **결과파일** : 유기동물_차트편집_완성.hwp

1 차트를 선택하고 [차트] 탭 – [효과] – [테두리 – 내부 흰색, 효과 – 아래쪽 사선 그림자]를 선택하여 적용합니다.

2 [차트] 탭 – [범례]의 내림 단추(▾)를 클릭하고 [아래쪽 표시]를 선택하여 적용합니다.

3 [차트] 탭 – [계열] – [자료점 이름표]를 선택한 다음 [자료점 선택] 대화상자가 열리면 [발생현황]을 [계열 기본 값]으로 선택하고 [선택]을 클릭합니다.

4 [자료점 이름표 모양] 대화상자가 열리면 '위치'
를 [바로 위]로 선택하고 [설정]을 클릭합니다.

5 발생현황 막대차트의 위쪽에 이름표가 들어가
는 것을 확인할 수 있습니다.

6 같은 방법으로 [차트] 탭-[계열]-[자료점 이름
표]를 선택한 다음 [자료점 선택] 대화상자가 열
리면 '계열'에서 [처리비용]을 선택하고 [선택]을 클릭
합니다.

7 [자료점 이름표 모양] 대화상자가 열리면 '위치'
를 [바로 위]로 선택하고 [설정]을 클릭합니다.

CHAPTER 3 기능적인 문서 작성하기

스타일 기능을 이용하여 서식을 변경하거나 선택 항목을 일관성 있게 문서에 적용해 작업할 수 있게 함으로써 업무 시간을 줄이고 효율성을 높일 수 있습니다. 또한 흔글 2014에서는 다양한 형식의 메일 머지와 라벨 그리고 양식 문서를 지원해 손쉽게 기능적인 문서를 작성할 수 있으며, 검토 기능의 교정, 사전 기능 외에도 문서의 변경된 내용을 추적하고 비교할 수 있는 기능이 있습니다. 그리고 흔글에서 작성한 문서를 SNS를 통해 쉽게 공유할 수 있습니다.

Windows 10
+ Excel
& PowerPoint
& Word 2016
+ Hangeul 2014

01

스타일과 차례 작성하기

자주 사용하는 글자 모양이나 문단 모양을 미리 정해 놓고 사용하는 것을 '스타일(styles)'이라고 합니다. 스타일을 만들어 놓으면 필요할 때 그 스타일을 선택하는 것만으로 해당 문단의 글자 모양과 문단 모양을 한꺼번에 바꿀 수 있습니다. 스타일은 단순히 글자 모양이나 문단 모양을 간편하게 선택하기 위해서라기보다, 긴 글에 대하여 일관성 있는 문단 모양을 유지하면서 편집 작업을 하는 데 꼭 필요한 기능입니다.

> **PREVIEW**

▲ 스타일 적용하기

▲ 스타일로 차례 만들기

> **섹션별 주요 내용**
> **01** | 문단 스타일과 글자 스타일   **02** | 스타일 편집하기   **03** | 다른 문서에 스타일 사용하기
> **04** | 서식 파일로 저장하기   **05** | 스타일로 차례 만들기

예제파일 : 축구_스타일.hwp   결과파일 : 축구_스타일_완성.hwp

실무
예제 **01**

문단 스타일과 글자 스타일

1 첫 번째 줄의 제목을 드래그하여 블록으로 설정한 다음 서식 도구 상자에서 텍스트 서식을 다음과 같이 지정합니다.

> **글꼴** : 한컴소망M / **글자크기** : 14pt / **글자색** : 진달래색

2 [서식] 탭-[자세히](⤓)를 클릭하여 [스타일](F6)을 선택하고 [스타일] 대화상자가 열리면 [스타일 추가하기](⊞)를 클릭합니다.

> **Tip**
> [편집] 탭-[스타일] 내림 단추(∙)를 클릭하고 [스타일]을 선택해도 됩니다.

3 [스타일 추가하기] 대화상자가 열리면 '스타일 이름'에『제목1』을 입력하고 '스타일 종류'에서 [글자]를 선택한 후 [추가]를 클릭하여 스타일을 추가합니다.

4 [스타일] 대화상자에서 '제목1'이라는 이름의 글자 스타일이 만들어진 것을 확인할 수 있습니다. [설정]을 클릭하여 현재 블록 설정한 글자에 '제목1' 스타일을 지정합니다.

잠깐만요 **스타일 종류 구분하기**

1 | **문단 스타일** : 글자 모양, 문단 모양, 탭 설정, 문단 테두리/배경, 문서 양식을 지정한 스타일로 이름 앞에 ▣ 모양의 아이콘이 나타납니다.

2 | **글자 스타일** : 글꼴, 글자 크기, 글자 속성 등의 글자 모양만을 지정한 스타일로 이름 앞에 ▣ 모양의 아이콘이 나타납니다.

※ 현재 문서에서 적용된 스타일이라면 ▣ 또는 ▣ 모양으로 나타납니다.

5 화면 오른쪽 작업 창 메뉴 아이콘에서 [스타일]( )을 클릭하여 스타일 작업 창이 나타나면 현재 커서가 위치한 글자 또는 문단에 적용된 스타일을 확인할 수 있습니다.

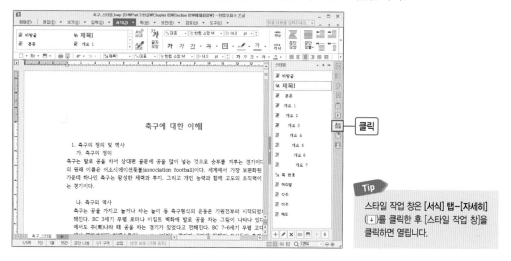

클릭

Tip
스타일 작업 창은 [서식] 탭-[자세히]( )를 클릭한 후 [스타일 작업 창]을 클릭하면 열립니다.

6 축구의 정의 아래쪽 설명 부분에 마우스를 클릭하고 [스타일] 작업 창에서 '본문' 스타일을 선택하여 적용합니다.

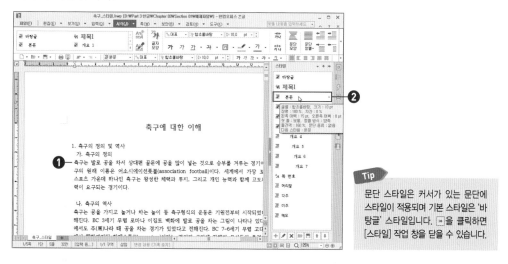

Tip
문단 스타일은 커서가 있는 문단에 스타일이 적용되며 기본 스타일은 '바탕글' 스타일입니다. 을 클릭하면 [스타일] 작업 창을 닫을 수 있습니다.

실무 예제 02 스타일 편집하기

1 '축구의 정의 및 역사'를 드래그하여 블록으로 설정한 후 서식 도구 상자에서 글자 속성을 다음과 같이 설정합니다.

> 글꼴 : 한컴 윤고딕 760 / 글자크기 : 12pt / 글자색 : 바다색

2 [스타일] 작업 창에서 현재 선택된 문단에 적용되어 있는 '개요 1' 스타일의 오른쪽 내림 단추(▼)를 클릭하여 [스타일 추가/편집]을 선택합니다.

Tip

만약 [스타일] 작업 창이 열려있지 않다면 [작업창 메뉴 아이콘]에서 [스타일](圖)을 클릭합니다.

126

3 [스타일] 대화상자가 열리면 [현재 모양으로 바꾸기]()를 클릭하여 새롭게 설정한 서식으로 [개요 1] 스타일을 변경합니다. "현재 모양을 [개요 1] 스타일 내용에 반영할까요?"를 묻는 대화상자에서 [반영]을 클릭합니다.

4 다시 [스타일] 대화상자로 돌아오면 [설정]을 클릭합니다.

> **Tip**
> [개요 1] 스타일은 문단 스타일이므로 글자 속성 외에도 문단 여백, 줄 간격, 정렬 방식 등 다양한 속성을 변경할 수 있습니다. 이때 ▤을 클릭하면 문단 모양을, 개은 글자 모양을, ▦을 클릭하면 문단 번호/글머리표 모양을 변경할 수 있습니다.

5 본문 화면에서 [개요 1] 스타일의 속성이 변경된 것을 확인할 수 있습니다.

6 다음 페이지로 이동해보면 같은 [개요 1] 스타일이 적용되어 있던 다른 문단에도 동일하게 스타일이 적용된 것을 볼 수 있습니다.

잠깐만요 **문단 스타일 모양 복사하기**

1 | 문단 스타일 복사하기

복사하려는 문단 스타일이 있는 곳을 마우스로 클릭한 후 [편집] 탭-[모양 복사](Alt + C)를 클릭한 후 [모양 복사] 대화상자가 열리면 '본문 모양 복사'에서 [문단 스타일]을 선택하고 [복사]를 클릭하면 스타일이 복사됩니다.

▲ [모양 복사] 대화상자

2 | 복사한 스타일 적용하기

복사한 스타일을 적용할 부분을 블록으로 설정하고 [편집] 탭-[모양 복사](Alt + Ctrl)를 클릭합니다.

난이도 1 2 3 4 5

핵심
기능 **03**

다른 문서에 스타일 사용하기

1 스타일을 복사할 문서인 '태권도_스타일복사.hwp'를 열고 [서식] 탭-[자세히]-[스타일](F6)
을 클릭합니다.

2 [스타일] 대화상자가 열리면 [스타일 가져오기](📁)를 클릭합니다.

클릭

Tip

스타일 마당(📁)에는 논문 스타일, 단행본 스타일, 보고
서 스타일, 신문 스타일, 편지글 스타일, 프레젠테이션 스
타일 등이 있으며, 견본 문서와 함께 각기 다른 스타일을
쉽게 선택해서 적용할 수 있습니다.

3 [스타일 가져오기] 대화상자가 열리면 '파일 선택'의 📁를 클릭하여 [불러오기] 대화상자가 열리면 부록 CD에서 '축구_스타일원본.hwp' 파일을 선택한 후 [열기]를 클릭합니다.

4 '원본'에 해당 파일의 스타일이 모두 표시되면 [바탕글]부터 [개요 3]까지 Shift를 누른 상태에서 모두 선택한 후 〉를 클릭하여 모두 '현재' 파일의 스타일에 적용합니다.

5 스타일을 복사할지 묻는 대화상자가 열리면 [복사]를 선택합니다. [스타일 덮어쓰기] 대화상자에서 같은 이름을 덮어쓸지 물으면 [모두]를 선택하면 됩니다.

6 그러면 원본 파일에서 현재 파일로 스타일이 복사됩니다. [스타일 가져오기] 대화상자에서 [닫기]를 클릭합니다.

7 [스타일] 대화상자로 돌아오면 복사해온 대로 스타일 모양이 변경된 것을 확인할 수 있습니다. [취소]를 클릭하여 [스타일] 대화상자를 닫습니다.

8 복사한 스타일을 문서에 적용해보겠습니다. 첫 번째 줄의 제목을 블록으로 설정한 후 [서식] 탭-[스타일]에서 [제목1] 스타일을 선택하여 적용합니다.

Tip
스타일 복사 기능을 이용하면 다른 문서 파일의 스타일을 현재 문서에 복사하여 손쉽게 적용할 수 있습니다.

난이도 ①②③④⑤

실무
예제 **04** # 서식 파일로 저장하기

1 스타일을 서식 파일로 저장할 '축구_스타일원본.hwp' 파일을 열고 [서식] 탭-[자세히]-[스타일]
([F6])을 클릭합니다.

2 [스타일] 대화상자가 열리면 [스타일 내보내기]([□])를 클릭합니다.

3 [스타일 내보내기] 대화상자가 열리면 [파일 선택]에서 [새 스타일 파일]을 선택하고 [파일 열기](📂)를 클릭합니다.

4 [스타일 내보내기] 대화상자가 열리면 '문서' 폴더에 '파일 이름'을 『나만의스타일』로 입력하고 '파일 형식'은 '스타일 파일(*.sty)'로 선택한 후 [저장]을 클릭합니다.

5 [새 스타일 파일] 대화상자가 열리면 '제목'에 『고딕스타일』을 입력하고 [작성]을 클릭합니다.

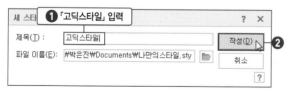

6 [스타일 내보내기] 대화상자 화면으로 돌아오면 [모두 복사하기](>>)를 클릭하여 '축구_스타일원본.hwp' 파일의 모든 스타일을 '나만의스타일.sty' 파일에 모두 복사합니다.

7 '나만의스타일.sty' 파일에 스타일이 모두 복사되면 [닫기]를 클릭합니다. 저장할 것인지 묻는 [스타일] 대화상자가 열리면 [저장]을 선택하여 스타일 파일로 저장을 완료합니다.

> **Tip**
> 이렇게 저장된 스타일 파일은 [스타일] 대화상자에서 [스타일 가져오기](□)를 이용하여 쉽게 문서에 적용할 수 있습니다.

실무
예제 | **05** | 스타일로 차례 만들기

1 페이지 제목 아래쪽에 커서를 위치하고 **[도구] 탭-[제목 차례]**의 내림 단추(🔸)를 클릭하여 [차례 만들기]를 선택합니다.

2 [차례 만들기] 대화상자가 열리면 '제목 차례'에서 [개요 문단으로 모으기]에 체크하고 '개요 수준'을 [3 수준]까지로 선택합니다. 그런 다음 [표 차례], [그림 차례], [수식 차례]의 체크를 해제한 후 '만들 위치'는 [현재 문서의 커서 위치]로 , '탭 모양'은 [오른쪽 탭], '채울 모양'은 [점선]으로 선택 후 [만들기]를 클릭합니다.

Tip

새롭게 만들어 추가한 스타일을 사용한 경우에는 [스타일로 모으기]에 체크하고 적용할 스타일 이름을 선택하면 됩니다.

3 커서가 있던 위치에 개요 스타일을 이용한 차례가 삽입되었습니다.

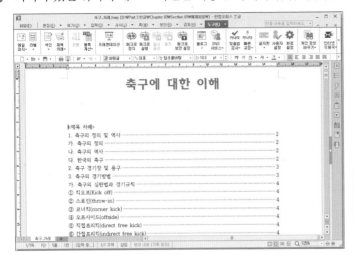

> **Tip**
>
> 차례 제목의 수준별로 들여쓰기를 하려면 [서식] 탭-[문단 모양]에서 왼쪽 여백을 수준에 따라 조금씩 다르게 설정하면 됩니다.

잠깐만요 **차례 코드로 모으기**

1 | 제목 차례 표시를 달아 줄 단어 다음 위치를 클릭하고 [도구] 탭 - [제목 차례]-[제목 차례 표시]를 선택하면 차례 코드가 삽입됩니다. 차례가 필요한 단어에 이 과정을 계속 반복합니다.

2 | [도구] 탭-[제목 차례]-[차례 만들기]를 선택합니다. [차례 만들기] 대화상자가 열리면 [차례 코드로 모으기]에 체크하고 [만들기]를 클릭하면 '차례 코드'가 삽입되면서 차례가 만들어집니다.

▲ [차례 만들기] 대화상자

[차례 만들기] 대화상자의 '만들 위치' 확인하기

❶ **현재 문서의 커서 위치** : 커서를 클릭한 위치에 차례가 삽입됩니다.

❷ **새 탭** : 새로운 탭에 차례가 삽입됩니다.

1 | 큰제목, 중제목, 소제목의 스타일을 작성하고 적용하기

예제파일 : 커뮤니케이션_스타일.hwp　　**결과파일** : 커뮤니케이션_스타일_완성.hwp

문서에 설정된 서식을 이용하여 '큰제목, 중제목, 소제목'으로 순서대로 스타일을 추가하고, 기존에 적용된 스타일 중 '개요 1'은 [큰제목]으로, '개요 2'는 [중제목], '개요 3'은 [소제목] 스타일로 변경하여 적용하세요.

Hint　① 녹색 부분을 블록 설정한 후 [F6]을 눌러 [스타일] 대화상자를 실행하고 [스타일 추가하기]를 클릭하여 『큰제목』이라는 이름으로 스타일을 추가하고 같은 방법으로 '중제목', '소제목' 스타일도 추가한 후 순서를 조정합니다.
▶ ② '개요 1', '개요 2', '개요 3' 스타일을 각각 '큰제목', '중제목', '소제목'으로 변경합니다.

2 | 스타일을 이용하여 차례 작성하기

예제파일 : 커뮤니케이션_차례.hwp　　**결과파일** : 커뮤니케이션_차례_완성.hwp

1에서 미리 작성한 '큰제목, 중제목, 소제목' 스타일로 차례를 완성해 보세요.

Hint　차례 만들기 기능을 이용하여 '개요 문단으로 모으기', '만들 위치 : 현재 문서의 커서 위치', '탭 모양 : 오른쪽탭', '점선 모양' 선택 후 [만들기]를 클릭하여 삽입하고, 필요 없는 텍스트는 삭제합니다.

메일 머지와 라벨 및 양식 문서 만들기

흔글 2014에서는 흔글로 작성한 데이터 파일 외에도 엑셀 데이터를 사용한 메일 머지 기능이 가능합니다. 데이터베이스로 관리되는 대상을 흔글 문서에 적용하여 초대장이나 라벨 문서와 다량의 문서를 쉽게 작성할 수 있습니다. 또한 흔글에서는 양식 개체나 누름틀을 삽입하여 사용자의 입력을 받아 문서를 작성하는 다양한 기능을 제공하고 있습니다. 이런 기능을 포함하여 문서 마당에 저장한다면 서식 문서로 사용할 수 있습니다.

> **PREVIEW**

▲ 메일 머지를 사용해 초청장 만들기

▲ 양식 개체와 누름틀을 사용해 팩스 표지 작성하기

> **섹션별 주요 내용**

핵심 기능 **01** **메일 머지로 초대장 작성하기**

1 메일 머지는 본문이 될 문서와 데이터로 사용될 문서가 작성되어 있어야 합니다. 우선 부록 CD의 예제파일에서 '초대장_본문.hwp' 문서를 열고 새로 데이터 사용할 문서를 작성하기 위해 [파일] 탭-[새 문서]((Alt)+(N))를 클릭합니다.

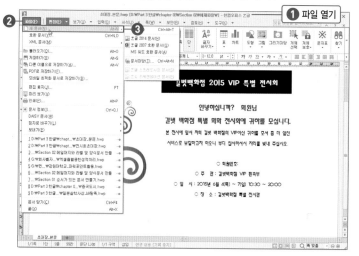

2 새 문서가 열리면 먼저 『2』를 입력한 후 (Enter)를 누릅니다. 여기서 '2'는 필드가 2개라는 뜻으로, 성명과 회원번호에 대한 값을 아래쪽에 입력하면 됩니다. 이어서 실제 값인 『강경아』와 『BH1001』을 차례로 (Enter)를 눌러 입력합니다.

3 나머지 데이터를 `Enter`를 눌러가며 다음 그림과 같이 차례로 입력합니다. 『김미경, BH1202, 김미승, GT1310, 김지윤, BA1091, 송영란, YU8342, 황민숙, YW1922, 허정, TM8231』을 입력한 후 [저장하기]를 클릭합니다.

4 [다른 이름으로 저장하기] 대화상자가 열리면 문서를 저장할 '저장 위치'에 [내 문서] 폴더를 선택한 후 '파일 이름'을 『회원명단』으로 입력하고 [저장]을 클릭합니다.

5 데이터 파일이 완성되면 '초청장_본문.hwp' 문서에 데이터 필드를 표시해야 합니다. 문서에서 '회원님' 앞에 커서를 위치한 후 [도구] 탭-[메일 머지]-[메일 머지 표시 달기]를 선택합니다.

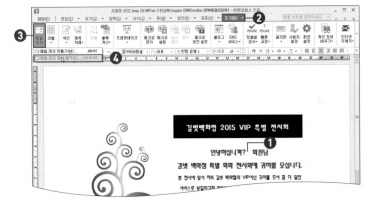

6 [메일 머지 표시 달기] 대화상자가 열리면 [필드 만들기] 탭을 선택하고 '필드 번호나 이름을 입력하세요.'에 『1』을 입력한 후 [넣기]를 클릭합니다. 다시 '회원번호' 뒤에 커서를 위치한 후 같은 방법으로 [필드 만들기] 탭에서 『2』를 입력하고 [넣기]를 클릭합니다.

Tip
2개의 필드 중에서 '성명'은 [필드1], '회원번호'는 [필드2]에 해당됩니다.

7 [도구] 탭-[메일 머지]를 클릭한 후 [메일 머지 만들기]를 선택합니다.

8 [메일 머지 만들기] 대화상자가 열리면 '자료 종류'에서 [흔글 파일]의 [파일 선택](📁)을 클릭합니다.

9 '회원명단.hwp'이 저장된 [내 문서] 폴더에서 '회원명단.hwp' 파일을 선택하고 [열기]를 클릭합니다.

10 다시 [메일 머지 만들기] 대화상자로 돌아오면 '출력 방향'을 [화면]으로 선택한 후 [확인]을 클릭합니다.

> **Tip**
> '출력 방향'을 [파일]로 선택하면 데이터가 적용된 문서로 새롭게 파일을 저장할 수 있습니다. 데이터 개수만큼 쪽 수가 생성됩니다. [프린터]로 지정할 경우 바로 문서를 인쇄할 수 있습니다.

11 [미리 보기] 화면이 열리면 첫 데이터가 적용되면서 초청장 문서가 완성된 것을 확인할 수 있습니다. [다음]을 클릭하여 데이터가 제대로 적용되는지 확인하고 [인쇄]를 클릭하면 데이터 개수만큼 바로 출력할 수 있습니다.

> **Tip**
> 미리 보기 쪽을 살펴보면 7쪽에 해당되는 초청장 문서가 완성된 것을 확인할 수 있습니다.

엑셀 자료로 초대장 작성하기

1 | 주소록과 같이 데이터가 엑셀로 저장되어 있는 경우에도 쉽게 메일 머지를 작성할 수 있습니다. 부록 CD의 '초대장_
본문.hwp' 문서에서 [메일 머지 표시 달기] 기능을 이용해서 [성명]과 [회원코드] 필드를 삽입합니다. 흔글 문서에 작
성한 데이터 파일과는 달리 엑셀에는 필드명이 있으므로 같은 '필드명'을 입력해야 합니다. 만약 이미 입력된 필드에
[성명]이 있으면 선택한 후 [넣기]를 클릭합니다.

2 | 본문에 필드가 삽입되면 [도구] 탭-[메일 머지]를 클릭한 후 [메일 머지 만들기]를 선택합니다. [메일 머지 만들기] 대
화상자에서 자료 종류를 [흔셀/엑셀 파일]로 선택하고 [파일 추가]를 클릭하여 부록 CD에 제공된 '회원주소록.xls' 파
일을 불러옵니다. 이어서 출력 방향은 [파일]로 선택하고, [파일 이름]은 문서 폴더에 『초대장.hwp』로 이름을 변경한
후 [확인]을 클릭합니다.

3 | 엑셀 파일에는 여러 시트가 존재할 있으므로 데이터가 있는 시트와 레코드를 선택한 후 저장된 파일이나 미리보기 화
면으로 확인합니다.

실무 예제 **02** DM 발송용 라벨 만들기

1 빈 문서에서 라벨을 작성하기 위해 **[도구] 탭-[라벨]**을 클릭한 후 **[라벨 문서 만들기]**를 선택합니다. [라벨 문서 만들기] 대화상자가 열리면 [라벨 문서 꾸러미] 탭에서 [Anylabel]을 선택하고 여러 종류 중에 [우편발송 라벨(16칸)-V3240]을 선택한 후 [열기]를 클릭합니다.

> **Tip**
> [라벨 문서 꾸러미]에는 다양한 회사의 라벨 문서가 있습니다. 사용하고 있는 라벨 용지가 있다면 그 용지에 맞는 라벨 회사의 제품을 선택해야 합니다. 여기서는 일반적인 A4 용지에 표를 이용해서 작성한 예입니다.

2 16칸짜리 표가 작성됩니다. 라벨에 필요한 내용을 입력하기 전에 표에 대한 속성을 변경하기 위해 표 전체를 범위로 선택한 후 **[표] 탭-[표/셀 속성]**을 클릭합니다.

3 [표/셀 속성] 대화상자에서 [셀] 탭을 선택하고 [안 여백 지정]에서 왼쪽은 『7』, 위쪽은 『5』를 입력한 후 [설정]을 클릭합니다.

4 범위가 선택된 상태에서 [표] 탭-[셀 테두리]를 클릭한 후 [모두]를 선택합니다.

5 첫 셀에 다음과 같은 내용을 입력하고 서식 도구 모음에서 '글꼴 크기'는 [12pt], [진하게]를 클릭합니다.

실무
예제 **03**

엑셀 데이터로 라벨 완성하기

1 주소록에 있는 필드를 메일 머지 표시로 달기 위해 먼저 '홍길동'을 드래그합니다. [**도구**] 탭–
[**메일 머지**]를 클릭한 후 [**메일 머지 표시 달기**]를 선택합니다.

2 [메일 머지 표시 달기] 대화상자가 열리면 [**필드 만들기**] 탭에서 [**필드 이름**]을 『**성명**』으로 입
력하고 [**넣기**]를 클릭합니다. 같은 방법으로 나머지 [**주소**], [**우편번호**]를 차례로 넣습니다.

3 메일 머지 표시가 입력되면 [**도구**] 탭–[**메일 머지**]를 클릭한 후 [**메일 머지 만들기**]를 선택합니다.

4 [메일 머지 만들기] 대화상자가 열리면 '자료 종류'를 [흔 셀/엑셀 파일]로 선택하고 [파일 추가]를 클릭한 후 '회원주소록.xls'를 선택합니다. '출력 방향'은 [파일]로 선택하고 '파일 이름'을 입력합니다. 여기서는 『라벨주소』로 입력한 후 [확인]을 클릭합니다.

Tip
'출력 방향'에서 입력한 '파일 이름'이 저장되는 장소에 라벨 문서가 저장됩니다

5 [시트 선택] 대화상자에서 '시트 목록'에 있는 [Sheet1]을 선택하고 [선택]을 클릭합니다.

6 [주소록 레코드 선택] 대화상자가 열리면 [선택]을 클릭합니다.

Tip
전체가 아닌 일부 레코드만 선택해서 라벨에 반영할 수 있습니다.

7 저장된 라벨 문서를 열어 확인합니다.

라벨 문구 복사하여 전체 셀에 채우기

입력된 라벨의 문구를 전체 셀에 채우려면 표 전체를 드래그하거나 F5 를 눌러 방향키로 범위를 선택한 후 A 를 누릅니다. 그러면 전체 셀에 같은 내용이 채워집니다.

▲ 표 전체 드래그하기

▲ 같은 내용 채우기

예제파일 : 팩스표지.hwp   결과파일 : 팩스표지_완성.hwp

실무
예제 | **04** | # 양식 개체로 팩스 표지 작성하기

1 팩스 문서에서 사용자의 입력을 받을 수 있도록 내용을 입력할 위치에 커서를 위치하고 **[입력]**
탭-[누름틀]을 클릭합니다.

2 누름틀로 사용자 입력 개체가 삽입되었습니다.

3 문구를 변경하기 위해 필드 위에서 마우스 오른쪽 단추를 클릭한 후 [누름틀 고치기]를 선택합니다.

4 [필드 입력 고치기] 대화상자가 열리면 '입력할 내용의 안내문'의 기존 내용을 삭제하고 『받는 사람 입력』으로 수정한 후 [고치기]를 클릭합니다.

5 같은 방법으로 나머지 셀(팩스번호, 쪽수, 제목, 내용)에 누름틀로 입력하고 문구를 수정합니다.

6 이번에는 날짜 셀에 클릭하고 **[입력] 탭-[입력 도우미]**를 클릭한 후 **[상용구]-[만든 날짜]**를 선택합니다.

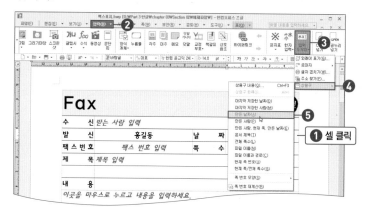

7 날짜가 입력되면 내용을 클릭하고 **[입력] 탭-[양식 개체]**를 클릭한 후 **[선택 상자 넣기]**를 선택합니다.

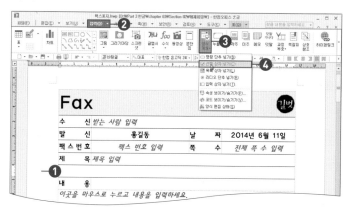

8 입력된 양식 개체를 Ctrl+C를 눌러 복사한 후 한 칸 띄운 위치에 Ctrl+V를 눌러 붙여넣습니다. 같은 방법으로 5개의 같은 개체를 입력합니다. 첫 번째 **[선택 상자1]**을 선택한 후 **[양식 개체] 탭-[속성 보이기/숨기기]**를 클릭합니다.

9 [양식 개체 속성] 창이 열리면 먼저 [Caption] 속성을 [긴급]으로 수정합니다. 그런 다음 글자 모양 편집을 위해 [CharShape]에 ▦을 클릭합니다.

10 [글자 모양] 대화상자가 열리면 '기준 크기'를 [12pt], '글꼴'은 [한컴 윤고딕 240]으로 선택한 후 [설정]을 클릭합니다.

11 나머지 양식 개체도 같은 글자 모양으로 '검토 요망', '설명 요망', '답신 요망', '재사용'으로 [Caption]을 변경합니다.

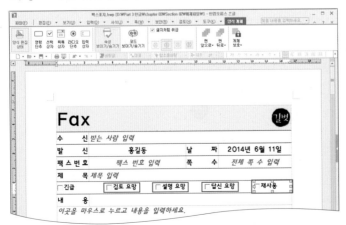

12 Shift를 누르고 개체를 모두 선택한 후 [양식 개체] 탭-[양식 편집 상태]를 선택합니다.

13 편집 상태가 해제되면서 양식 개체를 포함하는 문서가 완성되며, 원하는 선택 상자에 표시할 수 있습니다.

개인 정보 바꾸기와 개인 정보 보호 기능 사용하기

흔글 2014의 개인 정보 바꾸기 기능을 사용하면 문서 일부분을 사용자가 선택한 다른 문자(예 : *****, ~~~~, xxxxx 등)로 변경할 수 있어 내용을 손쉽게 숨길 수 있습니다. 이렇게 변경된 문자는 [편집] 탭-[되돌리기](🔄)로만 원래의 내용으로 돌아갈 수 있으며, 프로그램을 종료하게 되면 그 내용을 복구할 수 없습니다.

개인 정보 바꾸기 기능은 [도구] 탭-[개인 정보 바꾸기]를 클릭해 설정합니다. [개인 정보 바꾸기] 대화상자가 열리면 '개인 정보 선택 사항'의 항목에서 원하는 항목에 체크한 후 '바꿀 문자 선택'에서 형태를 선택합니다. [모두 바꾸기]를 누르면 문서 내에서 해당하는 모든 항목이 바뀝니다.

▲ 개인 정보 바꾸기 설정

▲ 개인 정보 바꾸기 전

▲ 개인 정보 바꾸기 후

만약 일부 내용을 사용자가 선택한 문자로 변경하고, 나중에 원본 문서 내용을 확인해야 한다면 [보안] 탭-[개인 정보 보호]를 클릭해 기능을 사용해야 합니다. 암호를 사용하여 문서에서 원하는 부분에 [개인 정보 보호] 기능을 지정하고 다시 [보호 해제]하면 원본 문서로 되돌릴 수 있습니다.

▲ 개인 정보 보호하기

▲ 보호 암호 설정하기

1 | 엑셀 데이터로 텐트카드 이름표 만들기

예제파일 : 텐트카드.hwp, 교육생.xls **결과파일** : 텐트카드_완성.hwp

메일 머지 기능을 사용해 표에 입력된 내용대로 텐트카드에 붙일 이름표를 엑셀 파일로 제공된 교육생 명단만큼 작성해 보세요.

> **Hint** ① [도구] 탭-[메일 머지]-[메일 머지 표시 달기]를 클릭하고 각 위치에 [이름], [소속], [교육과정] 필드를 넣습니다.(예 : '홍길동'을 범위 지정하고 [이름] 필드 삽입) ▶ ② [도구] 탭-[메일 머지]-[메일 머지 만들기]를 선택하고, 자료 종류를 [흔셀/엑셀 파일]로 선택하고 '교육생.xls' 파일로 선택한 후 화면으로 출력합니다.

2 | 양식 개체를 포함한 견적서 작성하기

예제파일 : 서비스계약서.hwp **결과파일** : 서비스계약서_완성.hwp

본문에서 " "안에 [입력 상자 넣기] 양식 개체를 삽입하고 개체 속성에서 높이는 [5]로 지정한 후 '이용자' 항목의 모두 4개의 양식 개체를 복사하여 문서를 완성해 보세요.

> **Hint** ① " " 안에 커서를 두고 [입력] 탭-[양식 개체]의 내림 단추를 클릭한 후 [입력 상자 넣기]를 선택합니다. ▶ ② 삽입된 개체를 선택하고 [양식 개체] 탭-[속성 보이기/숨기기]를 클릭한 후 'height'를 [5]로 변경합니다. ▶ ③ 편집된 '입력 상자 넣기' 양식 개체를 복사한 후 이용자 아래의 4개의 항목에 붙여 넣습니다.

검토 기능 익히고 SNS에 문서 올리기

흔글 2014는 맞춤법이나 문서 비교, 변경 내용 추적 등 다양한 검토 기능이 있어 문서를 더욱 정교하게 만들고 여러 검토 자들의 의견을 문서에 반영한 최종본을 완성할 수 있습니다. 또한 작성한 문서를 트위터나 페이스북과 같은 SNS에 올리거 나 계정을 관리할 수 있으며, 흔글 2014로 작성한 문서를 더 쉽게 블로그에 올릴 수 있습니다.

> **PREVIEW**

▲ 검토 기능으로 변경 내용 추적

▲ 블로그에 문서 올리기

난이도 1 2 3 4 5

실무
예제 **01**

검토자에 따라 다르게 작성된 변경 내용 추적하기

1 문서를 편집하기에 앞서 검토자에 따라 변경된 내용에 대한 추적을 진행하기 위해 **[검토]** 탭-
[변경 내용 추적]의 내림 단추(ⓘ)를 클릭합니다. 목록에서 **[변경 내용 추적]**을 선택합니다.

> **Tip**
>
> **[검토]** 탭-**[변경 내용 추적]** 아이콘
> (🖉)을 바로 클릭해도 됩니다.

2 문서 내용 중에 '파란'을 삭제하고 『줌』을 입력합니다. 이어서 'ㅇ 홍보직원을 ~' 문단 아래에
『ㅇ 페이스북이나 카카오 스토리 및 블로그에 자료를 홍보해야 하는 경우』를 추가로 입력합
니다.

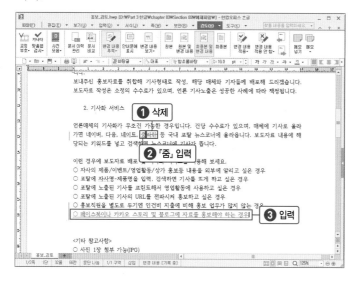

3 내용이 변경되면 문서에 바로 표시가 됩니다. 다른 검토자로 변경하기 위해 **[검토] 탭−[변경 내용 추적]**의 내림 단추(⬇)를 클릭하여 **[사용자 이름 변경]**을 선택합니다.

4 [사용자 이름 바꾸기] 대화상자가 열리면 사용자 이름을 『이순신』으로 입력하고 [설정]을 클릭합니다.

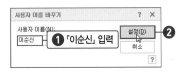

5 'ㅇ 홍보직원을 ~ 경우'를 삭제합니다. 검토자가 변경되었기 때문에 파랑색으로 변경 내용이 표시됩니다. 검토자별로 특정 색상을 지정하지 않는 이상 색상은 랜덤으로 표시됩니다.

6 이제 변경된 내용을 적용하기 위해 [검토] 탭-[변경 내용 적용]의 내림 단추(⬇)를 클릭하여 [표시된 변경 내용 모두 적용]을 클릭합니다.

Tip

변경된 내용을 하나씩 검토하면서 적용 여부를 선택해도 됩니다. [검토] 탭-[변경 내용 적용]의 내림 단추(⬇)를 클릭하여 [적용 후 다음으로 이동]을 선택하거나 [다음]을 클릭해가며 [변경 내용 적용]을 클릭해도 됩니다.

7 변경 내용이 모두 적용되었습니다. 변경 내용 추적을 중지하려면 다시 [검토] 탭-[변경 내용 추적]을 클릭하여 해제합니다.

잠깐만요 **특정 검토자가 변경한 내용만 표시하기**

특정 검토자의 변경 내용만 표시하고 싶다면 [검토] 탭-[변경 내용 보기]의 내림 단추(⬇)를 클릭하여 [검토자]를 선택해 원하는 검토자를 선택하면 됩니다.

검토자 목록 ▶

실무 예제 | 02 문서에 메모 삽입하기

1 문서에 메모를 삽입하기 위해 '페이스북이나 카카오 스토리'를 드래그해 블록으로 지정한 후 [검토] 탭 –[메모 넣기]를 클릭합니다.

2 [메모:1] 입력란에 『계정이 있어야 하며, 바로 등록 가능』을 입력합니다. 메모가 삽입되면 본문을 클릭하여 메모 입력을 마칩니다.

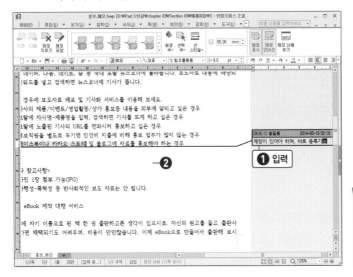

Tip

메모를 표시하거나 숨기는 옵션을 지정하려면 [검토] 탭 –[메모]의 내림 단추(▾)를 클릭하여 [메모 보이기/숨기기]를 선택합니다.

● **예제파일** : 새 문서에서 시작하세요.　　● **결과파일** : 각자의 블로그에서 확인하세요.

블로그 계정 등록하기

1 블로그로 문서를 직접 작성해서 올리려면 먼저 계정이 등록되어야 합니다. 흔글 2014에서 계
정을 등록하려면 자신의 블로그 사이트에서 지원하는 'API 연결 암호'를 발급받아 입력해야
합니다. 네이버 블로그의 경우 관리 모드로 들어가 '글쓰기 API 설정'에서 'API 연결 암호'의
[복사]를 클릭합니다.

> **Tip**
>
> 네이버 블로그의 경우 자신의 블로그
> 관리 홈에서 '글쓰기 API 설정'을 클릭
> 하여 API 관련정보에서 발급받습니다.

2 흔글 2014의 새 문서를 엽니다. [도구] 탭-[블로그]의 내림 단추(⏷)를 클릭한 후 [블로그 계정 관
리]를 선택합니다.

3 [블로그 계정 관리] 대화상자가 열리면 [계정 등록하기](⊞) 클릭합니다.

4 [계정 등록하기] 대화상자가 열리면 '블로그 정보'의 'API'를 『네이버』로 선택합니다. 이어서 '사용자 아이디'에 본인의 네이버 아이디를 입력하고, API 연결 암호에 발급받은 암호를 Ctrl+V를 눌러 붙여 넣기 합니다. '자동 접속'에 체크한 후 [설정]을 클릭합니다. [블로그 계정 등록] 창이 나타나면 [확인]을 클릭하세요.

5 다시 [블로그 계정 관리] 대화상자로 돌아오면 계정 목록에 추가된 계정을 확인하고 [닫기]를 클릭합니다.

예제파일 : 중국도시_블로그.hwp   결과파일 : 각자의 블로그에서 확인하세요.

블로그에 문서 올리기

1 이제 문서를 블로그로 올리기 위해 [도구] 탭-[블로그]의 내림 단추(▾)를 클릭하여 [블로그로 올리기]를 선택합니다.

> **Tip**
>
> 이미 블로그 계정이 등록되어 있습니다. 만약 여러 개의 계정을 등록 했다면 원하는 계정을 선택한 후 블로그에 올립니다.

2 [블로그로 올리기] 대화상자가 열리면 게시물 제목을 입력하고 게시물 위치를 선택합니다. 이어서 게시물 공개 선택 사항에서 [공개] 또는 [비공개]를 선택하고 [등록]을 클릭합니다.

3 [블로그로 올리기] 창이 열리면 [확인]을 클릭합니다.

3 자신의 블로그의 해당 카테고리에서 등록된 게시물을 확인합니다.

1 | 변경 내용 추적과 메모 삽입하기

🔵 **예제파일** : 리더십.hwp   🔵 **결과파일** : 리더십_완성.hwp

'강감찬' 검토자의 이름, 색상은 [파랑색]으로 문서의 일부 서식과 내용을 삭제하여 변경 내용 추적을 하고, 삭제된 내용에 『다른 내용으로 대체 요망』 메모를 삽입해 보세요.

Hint   ① [검토] 탭-[변경 내용 추적]-[사용자 이름 변경]을 클릭한 후 이름을 『강감찬』으로 입력하고 다시 [변경 내용 추적]을 클릭합니다. ▶ ② [검토] 탭-[변경 내용 보기]-[검토자]를 클릭하고 색상은 모두 [파랑]으로 선택합니다. ▶ ③ 문서의 제목은 글꼴을 [윤고딕 240], [14pt]로 지정하고, 다음 단락의 '리더십' 뒤에 『(Leadership)』을 입력하고, 첫 문단의 '물론 이러한~ 할 수 있다'의 문장을 삭제합니다. ▶ ④ 삭제된 문장을 선택하고 [검토] 탭-[메모 삽입]-『다른 내용으로 대체 요망』을 입력합니다.

2 | SNS에 문서 올리기

🔵 **예제파일** : 리더십_페이스북.hwp   🔵 **결과파일** : 각자의 페이스북에서 확인하세요.

문서에서 제목을 제외한 모든 내용을 자신이 계정을 등록한 SNS서비스에 올려보세요.

Hint   ① SNS 계정이 등록되지 않은 경우 [검토] 탭-[SNS 서비스]를 클릭하여 해당 서비스의 계정을 등록합니다. ▶ ② 내용을 선택한 후 [검토] 탭-[SNS 서비스]-[글 올리기]를 클릭합니다. ▶ ③ 각자의 SNS에서 문서의 내용을 확인합니다.

1 | SNS 계정 관리하고 문서 올리기

예제파일 : 중국도시_sns.hwp **결과파일** : 각자의 SNS에서 확인하세요.

1 흔글 2014에서 SNS 계정을 추가해 놓으면 언제 든지 해당 문서를 트위터나 페이스북에 작성한 문서 내용을 쉽게 올릴 수 있습니다. 계정을 추가하기 위해 [도구] 탭-[SNS 서비스]의 내림 단추(│)를 클릭 하여 [SNS 계정 관리하기]를 선택합니다.

2 [SNS 계정 관리] 대화상자가 열리면 [계정 등록 하기]([+])를 클릭합니다. [SNS 계정 등록하기] 대화상자가 열리면 'SNS 서비스'를 [페이스북]으로 선 택하고 [페이스북 로그인]을 클릭합니다.

3 [페이스북 로그인] 대화상자에서 페이스북에서 사용하는 이메일과 비밀번호를 입력한 후 [로그 인]을 클릭합니다.

4 다시 [SNS 계정 등록하기] 대화상자로 돌아오면 다시 한 번 [암호 입력]과 [암호 확인]에 비밀번호를 입력한 후 [설정]을 클릭합니다. [SNS 계정 관리] 대화상자가 열리면 페이스북 계정이 등록되면 [닫기]를 클릭합니다.

5 이제 열린 문서에서 그림을 포함하여 페이스북에 올릴 내용을 드래그하여 블록으로 설정한 후 [도구] 탭-[SNS 서비스]의 내림 단추(ⓓ)를 클릭해 [페이스북으로 올리기]를 선택합니다.

6 [페이스북으로 올리기] 대화상자가 열리면 [글 올리기]를 클릭합니다. 업데이트가 완료되면 [페이스북으로 올리기] 대화상자에서 [연결]을 클릭합니다.

7 이제 페이스북의 타임라인에서 올린 문서를 확인합니다.

> **Tip**
>
> SNS에 문서의 내용을 올릴 때 최대 420자로 제한되어 있으므로 그 이상이 되는 내용은 잘리거나 올라가지 않을 수 있습니다.

찾아보기

WINDOWS 10+EXCEL&POWERPOINT&WORD 2016+HANGEUL 2014